문학교육총서 **7**

문학교육개론 II : 실제 편

문학교육총서 7

문학교육개론 II
실제 편

류수열 한창훈 정소연 김정우 임경순 한귀은 서유경
조하연 이민희 최지현 김혜영 오지혜 황혜진

역락

『문학교육개론』의 발간에 부쳐

구인환·우한용·박인기·최병우·박대호 공저의 『문학교육론』이 간행된 것이 1988년, 김대행·우한용·정병헌·윤여탁·김종철·김중신·김동환·정재찬 공저의 『문학교육원론』이 나온 것이 2000년이다. 그 전후로 많은 문학교육론이 상재되었으나 문학교육 입문서로는 이 책들이 제일 많이 읽힌 듯하다. 여러 필자들이 전공 분야를 나눠 맡아서 원고를 쓰고 서로 토의하며 내용을 조정한 덕분이라고 생각한다.

이제 한국문학교육학회에서 『문학교육개론』 I·II를 내놓는데, 이전의 책들보다 더 방대한 내용을 더 많은 필자가 참여하여 집필하였다. 특히 문학교육학계의 중견·신진 학자들을 중심으로 다양한 학문적 배경을 지닌 전문가들을 적소에 배치하여 문학교육을 개괄하는 데 필요한 내용들을 넓고 깊게 다루었다.

이 책은 문학교육학을 정립하고 이끌어 온 선배 학자들에 대한 후배 학자들의 오마주이자, 이제 막 문학교육학의 바다에 배를 띄우는 젊은 연구자들에게 건네는 해도(海圖)이고, 문학 교사 혹은 문학 애호가로서 자신의 문학적 깨침과 울림을 타인과 공유하고자 하는 모든 이에게 보내는 지남침(指南針)이다. 자부하건대, 이 책은 현 단계 문학교육학계의 역량을 총 결집한 성과라 보아도 지나치지 않을 것이다. 물론, 완벽한 의미에서 공저라 부르기에는 부족한 것도 사실이다. 추후 계속된 수정을 약속함과 아울러, 무엇보다도 이 책의 단점이 이 책을 읽고 성장한 학문 후속 세대에 의하여 보완되길 기대한다.

문학과 문학교육의 의의에 비해 그 가치가 저평가되어 있다는 점은 누차 지적된 바이다. 스토리텔링이나 문학의 생활화, 한국 문학의 세계화 등에서 문학(교육)의 활로를 찾기도 하고 문학 치료, 미디어 콘텐츠 사업, 한국어교육 등 새로운 시장을 찾는 데 부심하기도 한다. 그러나 역시 중요한 것은 초·중·고 정규 교육에서 이루어지는 정통 문학교육이다. 질과 양 면에서 문학적으로 성숙하고 평생 학습을 통해 문학적 소양을 기르며 문학으로써 타인과 소통·연대하는 인간형을 기르는 데 학교가 진력해야 한다. 그 도정에 이 책이 의미 있게 기여했으면 한다.

이 책은 한국문학교육학회의 <문학교육총서> 제6권과 7권에 해당한다. 학회에 대한 일상적인 지원을 넘어 지금까지 총서를 발행해 준 역락출판사의 이대현 대표와 편집진에게 감사드린다. 책의 발행을 총괄한 정재찬 부회장과 류수열 총무이사 등의 상임이사진, 그리고 문학교육학회 이지영·김세림 간사의 노고에도 치하를 드린다. 누구보다도 깊은 고마움을 표할 분은 공사다망한 중에 흔쾌히 집필에 참여해 준 필자 선생님들이다. 그리고 이 책을 보며 문학과 문학교육에 대한 비전을 기르고 좋은 문학교육자가 될 모든 분들에게도 미리 당겨서 감사를 드린다. 역사 속의 수많은 문인들에게도.

2014. 8
한국문학교육학회 회장 김 창 원

차례

문학의 가치와 문학교육

문학 갈래의 이론과 문학교육

문학사와 문학교육

문학교육의 확장

문학의 가치와 문학교육

제1장

자아의 성찰과 타자의 이해

우리의 생애는 문학과 더불어 시작되었다. 말을 알아듣기 전부터 자장가를 들었고, 말을 알아듣고부터는 할머니나 어머니의 '무릎 학교'에서 이야기를 들었다. 문학이 인간의 원초적 생애를 채우는 문화적 기억이 되는 것은 어떤 가치 때문일까? 그것은 하나의 명제로 정리될 수 없으나 어떤 경우에도 인간의 성장을 돕는 문학의 미덕을 배제할 수는 없다. 인간의 성장이란 아주 다양한 측면에서 일어나는 일이지만, 결국 경험의 확장과 심화를 바탕으로 하는 자아성찰과 타자 이해가 중핵이 될 것이다.

이 장에서는 자아성찰과 타자 이해의 개념과 그 관계, 그리고 문학을 통한 자아성찰의 원리와 교수·학습 방안, 문학을 통한 타자 이해의 원리와 교수·학습 방안을 차례로 학습한다. 이런 주제는 어떤 면에서 모든 문학 독자들이 문학 독서를 통해 경험하는 바이지만, 막상 문학교육적 실천의 장에서는 막연한 과제가 될 수 있다. 이 장을 통해 문학의 내재적 가치인 자아성찰과 타자 이해를 교육적으로 실천할 수 있는 능력을 길러보도록 하자.

1. 자아성찰과 타자 이해의 개념과 그 관계

(1) 자아성찰과 타자 이해의 개념

인간은 자아(自我)를 지닌 존재다. 자아란 직관적으로 이해되면서도 쉽게 설명하기는 힘든 개념이다. 철학적·종교적·교육학적·과학적 사유를 통해 수많은 논의가 이어졌음에도 불구하고 자아는 여전히 명쾌한 개념으로 정리되지 않는다. 그러나 자아 개념이 인간과 동물을 구별하는 경계선이라는 것이 모든 논의의 기본적인 전제라는 점은 분명하다.

사전적으로 자아는 인간이 자신의 동일성(同一性, identity) 또는 연속성(連續性, continuity)을 의식할 때 그러한 의식을 하는 주체를 가리킨다. 그리고 정신분석학적으로는 쾌락을 추구하는 본능과 도덕성을 추구하는 초자아와 상호작용하면서 현실에 근거한 판단과 조정의 기능을 맡고 있는 주체를 가리킨다.

자아성찰(自我省察)이란 스스로를 되돌아보고 반성한다는 의미이다. 자아는 개인마다 다르다는 점에서 주관성을 띠는 개념인 반면, 성찰 과정에는 자아를 대상화해서 바라보는 객관적인 관점이 필요하다. 성찰이라는 개념이 흔히 종교적 수행이나 명상의 차원에서 이해되면 내면으로의 침잠에 초점이 있다. 반면 자아의 대상화는 궁극적으로 세계 및 타인과의 관계를 전제로 하기에 객관적 관점이 필연적으로 요청된다. 이렇게 본다면 자아성찰은 주관과 객관이 통합된 개념으로 볼 수도 있다.

인간은 자신이 관찰하거나 체험한 사실은 물론이고 자기 자신의 심리적 상태까지 대상화할 수 있는 능력을 지니고 있다. 인간이 동물과 달리 자아를 성찰할 수 있다는 것은 인간으로서 매우 중요한 본성이자 능력이다.

자아 개념과 맞서는 상대 개념이 바로 타자(他者)이다. 인간은 세계 속에서 '나'를 제외한 다른 존재들과 함께 공존한다. 그러므로 인간은 자아를 의식하는 동시에 타자를 구별하게 된다. 타자는 기본적으로 '나'라는 존재의 바깥에 놓여 있는 모든 사람을 가리키는데, 그들은 모두 '나'와 다른 고유의 자아를 지닌 사람이기도 하다. 타자는 또한 '나'를 중심으로 남을 바라보는 관점에서 서 있을 때 성립되는 개념으로서, 중심에 서 있는 '나'를 기준으로 대상화되고 주변화된 존재를 가리키기도 한다.

타자 중에는 자신과 비슷한 삶을 사는 존재, 자신과는 확연히 다른 삶을 사는 존재, 인간의 평균적인 수준과 범위에서 한참 벗어난 삶을 사는 존재가 모두 포함된다. 이들 타자와의 만남과 그들에 대한 이해는 피할 수 없는 삶의 조건이자, 인간의 지적·정서적 성장에 필수불가결한 계기가 된다.

(2) 자아성찰과 타자 이해의 관계

인간은 스스로 자아를 성찰할 줄 아는 존재이자 타자와 관계를 맺고 살아가는 사회적 존재로서 매순간 경험하는 모든 일들을 통해 성장한다. 즉 인간은 완성된 형태로 존재하는 불변의 그 무엇이 아니라, 항상 자신을 형성해 가는 과정으로서 존재하는 것이다. 이 과정은 발달, 성장, 성숙 등의 용어로 표현되기도 한다. 이 용어들은 모두 끊임없는 변화를 뜻하고 있고, 과정으로서의 의미를 지니고 있는 것이다.

이 '과정'은 사회적 관계망 속에서 이루어진다. 다른 사람을 전제로 하지 않을 때 '나'라는 자의식이 형성될 수 없으며, 따라서 인간이 고유한 자기 자신을 표상하는 일도 불가능하다.[1] 즉 인간은 사회적 관계 속에서 스스로의 자아 정체성을 확립해 가며 끊임없이 성장하는 존재라 할 수 있다.

자아를 성찰하는 것과 타자를 이해하는 것은 분리된 개념이 아니다. 맥킨

---

1) 정영근, 『삶과 인격형성을 위한 인간이해와 교육학』, 문음사, 2004, 199면.

타이어(A. MacIntyre)는 '나'의 이야기는 타인의 이야기를 전제하지 않으면 성립할 수 없으며, '나'와 '너'의 이야기가 서로 맞물리면서 공동체의 이야기를 만들어간다고 말한다.[2] 부버(M. Buber)는 인간의 실존이란 오로지 개체만을 중시하는 입장에서의 개별적 존재자를 의미하지 않으며, 또한 집단성을 강조하는 입장에서 말하듯 공동체를 전제로 한 존재자인 것만도 아니고, 인간에게는 이 두 가지 측면이 동시에 나타난다고 본다. 인간은 다른 개별적 존재자와 생동적인 관계를 형성함으로써 개별적 실존이 되며, 각자가 생동적으로 관계하는 집단으로부터 공동체를 형성함으로써 공동체적 실존이 된다는 것이다.[3] 이러한 설명은 '너'라고 부르는 타자와의 만남과 응답에서 '나'는 비로소 진정한 자기가 된다는 논리로 집약된다.

■ 부버의 '나'와 '너'
부버는 이 세상에 '나-그것(I-It)'의 관계와 '나-너(I-you)'의 관계가 존재한다고 보았다. '나-그것'의 관계는 일시적이고 기계적으로 대상을 바라보는 도구적 관계이다. 그러나 '나-너'의 관계는 인격적이고 서로 신뢰를 형성하며, 무엇보다 '나'가 자아를 찾고 참다운 삶을 살 수 있도록 하는 관계를 말한다.

타자에 대한 이해가 곧 자아성찰로 연속되고, 다시 자아성찰의 결과가 타자에 대한 이해로 귀결되는 것은 우리의 일상에서도 흔하게 겪는 일이다. 그러나 이를 아주 응축된 과정으로 겪는 것은 문학 활동을 통해서이다. 제각각 다른 마음을 지니고 삶을 영위하는 다양한 타자들이 등장하는 문학 작품을 읽는 일 자체가 자아와 타자의 만남을 적극적으로 도모하는 것이기 때문이다. 자신의 경험을 문학적으로 표현하는 과정 또한 타자와 자신의 비교를 통해 대상화하는 자아성찰의 과정을 거치게 마련이다. 이처럼 문학을 통한 자아성찰과 타자 이해가 인간이 더욱 인간다워지도록 지적·정서적 성숙을 견인해내는 것은, 양자가 지속적으로 순환되면서 일어나는 자연스러운 결과라 할 수 있다.

---

2) Alasdair MacIntyre, C., *After Virtue,* Notre Dame, 1987, 이진우 역, 『덕의 상실』, 문예출판사, 1997, 318면.
3) 정영근, 앞의 책, 2004, 200면 참조.

2. 문학과 자아성찰

(1) 문학 작품을 통한 자아성찰의 원리

인간은 자아성찰을 통해 주체성을 지닌 존재로 성장해 간다. 주체가 제대로 형성되려면, 성찰적 질문 과정과 주체의 진정성을 강조하는 과정이 포함되어야 한다.[4] 이 과정에서 문학 활동이 큰 역할을 할 수 있는 것은 문학 자체가 성찰적 과정을 통해 생산된 것이기 때문이다.

흔히 문학을 '인간의 가치 있는 경험을 언어로 형상화한 예술'로 정의하는바, 여기에서 '언어적 형상화'가 문학의 형식이라면 '인간의 가치 있는 경험'은 문학의 내용을 이룬다. 그 경험이란 대체로 시에서는 어떤 정서의 형태로 드러나고, 소설이나 극에서는 총체적인 삶으로 드러날 수 있다. 중요한 점은 작가가 자신의 개인적·공동체적 경험을 성찰을 통해 형상화한다는 것이다. 독자는 작품 수용을 통해 작가의 성찰적 질문을 읽는다. 이는 곧 문학을 통한 간접 경험이다. 이를 통해 독자는 스스로의 정체성을 형성하고 자아를 성찰한다. 문학교육에서 작가가 어떤 경험을 형상화했고, 독자가 상상력을 통해 어떤 추체험을 형성하는지에 주목하는 이유가 여기에 있다.

문학은 기본적으로 생산자인 작가가 자신의 개인적·공동체적 삶을 성찰한 결과물이다. 이를 가장 극명하게 보여주는 것은 '자화상'과 같은 제목을 달고 있는 시이다.

산모퉁이를 돌아 논가 외딴 우물을 홀로 찾아가선
가만히 들여다 봅니다.

---

4) 김성진, 『문학비평과 소설교육』, 태학사, 2012, 138면.

우물속에는 달이 밝고 구름이 흐르고 하늘이
펼치고 파아란 바람이 불고 가을이 있습니다.

그리고 한 사나이가 있습니다.
어쩐지 그 사나이가 미워져 돌아갑니다.

돌아가다 생각하니 그 사나이가 가엾어집니다.
도로 가 들여다 보니 사나이는 그대로 있습니다.

다시 그 사나이가 미워져 돌아갑니다.
돌아가다 생각하니 그 사나이가 그리워집니다.

우물속에는 달이 밝고 구름이 흐르고 하늘이
펼치고 파아란 바람이 불고 가을이 있고
추억(追憶)처럼 사나이가 있습니다.

— 윤동주, 「자화상」

   시에서는 자아를 대상화하여 성찰하는 모습을 흔히 '거울'의 이미지를 통해 많이 표현한다. 위의 시에서는 '우물'이 거울을 대신하는 매개로 활용되면서 온전하지 못한 자아로 인해 괴로워하는 시적 화자의 모습이 형상화된다. 이 작품은 윤리적 결벽성을 지니고 있었던 시인 윤동주의 자의식을 솔직하게 그려낸 것이다. '자화상(自畵像)'이라는 제목 자체가 스스로 자신을 그린 그림이라는 비유적 함축을 담고 있거니와, 이 시는 '자화상'이라는 제목에 지극히 적실하게 부합하는 서정시 작품이라 하겠다. '자화상'을 제목으로 앞세우고 있는 대개의 시편들이 그러한 것처럼, 이 시 또한 자아성찰의 한 결과물이다.[5)]

흔히 '대상(Object) – 관계(Relation) – 의미(Meaning)' 혹은 'ORM'으로 시상이 전개되는 것으로 설명되는 시조 또한 문학이 자아성찰의 결과물임을 보여준다. 시조의 ORM 구조는 초장에 시적 대상이 제시되고, 중장에서 다른 대상과 맺는 관계를 통해 그 대상의 시적 의미나 성격이 확정되며, 종장에서는 그것이 시적 주체인 화자에게 어떤 의미를 지니는지가 드러나는 것을 일컫는다. 자연물이 시적 대상인 작품이라면, 그것은 그 자연물에 자아를 비추어보고 이로부터 배움과 깨달음을 얻는 성찰적 사고의 과정이 담긴다.[6]

문학이 자아성찰의 결과물이라는 점을 서정시 계열의 작품에만 국한하여 이해해서는 안 된다. 인간의 자아에는 서정적 자아, 도덕적 자아, 심미적 자아, 의지적 자아, 역사적 자아, 소통적 자아, 공동체적 자아 등 무수한 자아들이 있는바, 이 점을 고려하면 자아성찰의 결과물이 반드시 서정시 계열의 자화상 형태로 표현되는 것이 아니라는 점도 알 수 있다. 가령 물 가운데서 지내는 것이 뭍에서 지내는 것보다 오히려 안온하다는 역설적 인식을 보여주고 있는 「주옹설(舟翁說)」이라는 권근의 수필도 자신의 삶에 대한 성찰로부터 발상을 얻은 것이고, 이순신을 서술자로 내세워 임진왜란의 경과를 다루고 있는 김훈의 「칼의 노래」에도 역사와 정치, 권력, 전쟁, 그리고 인간을 바라보는 작가의 자아가 개입되게 마련이다.

한편 자아에 대한 의식이 나와 외계가 다르다는 것을 아는 인지적 자아의식으로부터 이 세계에서 자신이 지향하고자 하는 방향감을 모색하는 실존적 자아의식으로 나아간다는 설명[7]을 기준으로 할 때, 문학 작품은 대체로 인지

---

5) 근대 이전 문인들도 대부분 이와 유사한 성격의 글을 운문과 산문 등 다양한 양식으로 남겨두고 있다. 이에 대해서는 심경호, 『선인들의 자서전 – 나는 어떤 사람인가』, 이가서, 2010 참조. 그리고 이상, 윤동주, 서정주를 비롯하여 근대 이후 시인들의 자화상 시편에 대해서는 정효구, 「한국 근,현대시 속에 나타난 '자화상' 시편의 양상과 그 의미 – 근대적 자아인식의 극복을 위한 하나의 시론(試論)」, 『인문학지』 43, 충북대 인문학연구소, 2011 참조.
6) 김대행, 「손가락과 달의 문학교육론」, 『문학교육 틀짜기』, 역락, 2006 및 최홍원, 『성찰적 사고와 문학교육론』, 지식산업사, 2012 참조.

적인 차원의 자아의식을 넘어 실존적 자아의식을 담아낸다는 점도 기억해 둘 만하다. 인지적 자아의식은 자족적이고 폐쇄적인 수준에 그치지만, 실존적 자아의식은 타인과 더불어 소통할 수 있는 대화의 수준에 놓인다. 대화 수준의 자아의식은 독자에게 적극적으로 말을 건네는 소통을 지향한다. '내가 경험한 풍경은 이러저러하다'나 '이런 훌륭한 삶을 살았던 이가 있었다'는 식의 선언적인 주제를 일방적으로 전달하는 데서 끝나는 작품일수록 감동은 줄어든다. 대신 '이런 장면을 대면한다면 당신의 마음은 어떨까', '삶은 과연 살 만한 것인가' 등의 질문을 던지는 작품일수록 독자의 호응을 얻을 가능성은 더 높다.

■ 감상의 개념
'문학 감상'에서의 '감상(鑑賞)'은 몇 가지 동음이의어와 혼동되기 쉽다. '감상(感想, feelings)'은 '마음속에 느끼어 생각함', '감상(感傷, sentiment, sentimentality)'은 '사물에 대해 느낀 바가 있어 마음속으로 슬퍼하거나 아파함 또는 그러한 마음'이라는 뜻을 지닌다. '감상(鑑賞)'의 '감(鑑)'은 '거울', '거울에 비추어 보다', '성찰하다'라는 뜻을 지니고, '상(賞)'은 '기리다', '찬양하다'라는 뜻을 지닌다. '감상(鑑賞)'은 또한 '감식[鑑]'과 '자기화[賞]'의 두 차원으로 나누어 설명되기도 한다.

독자들은 작가들의 이러저러한 질문들에 답하면서 자신의 자아를 성찰하게 되는 것이다. 정도의 차이는 있겠지만 모든 독자들에게 문학 작품은 하나의 거울로 다가선다. 그 거울에 자신의 삶을 비추어 보는 것이다. 이는 문학 작품 읽기에 본질적으로 내재된 기제이기도 하다.

이런 맥락에서 문학을 통한 자아성찰은 필연적으로 문학 감상(鑑賞, appreciation) 활동을 동반하게 된다. 감상은 작품에 대해 주체적으로 반응하고 평가하는 활동이고,[8] 필연적으로 작품의 자기화 과정과 맞물리게 된다. 따라서 감상은 블룸(B. S. Bloom)의 교육 목표 분류에 따르면 평가(evaluation)에 해당하는 것으로 볼 수 있다. 이런 점에서 감상은 객관성과 타당성을 지향하는 해석(解釋)이나 이해(理解)와는 구별된다.

시의 경우 그 의미를 시인의 의도(intentional meaning)와 작품의 실제적 의미

---

7) 정범모, 『인간의 자아실현』, 나남출판, 1997, 103면.
8) 조하연, 「감상(鑑賞)의 개념 정립을 위한 소고(小考)」, 『문학교육학』 15, 한국문학교육학회, 2004.

(actual meaning), 독자 자신이 발견해내는 작품의 의의(significance)로 구분한다면,[9] 문학 감상은 결국은 독자 자신이 그 의의를 스스로 발견해 내는 일이라 할 수 있다. 소설 독서의 경우 작중인물을 서사 주체로, 독자를 심미 주체로 상정할 때 독자는 세 가지 방향으로 자아를 성찰하는 것으로 설명된다. 즉 가치 상향적 행위를 하는 서사 주체에 대해서는 선망을 통해, 가치 하향적 행위를 하는 서사 주체에 대해서는 감계를 통해, 가치 평형적 행위를 하는 서사 주체에 대해서는 동정하면서 자아성찰을 하게 되는 것이다.[10]

이처럼 문학의 감상은 문학 독서의 내재적 기제로서 지극히 당연한 절차이긴 하지만, 정작 문학 교실에서는 이 국면이 제대로 실현되지 않았다는 점에 주목할 필요가 있다. 우리의 문학 교실에서 학습자의 주체적 감상을 허용하고 장려하기는커녕 오히려 경계하거나 제한해 왔던 전통이 있었던 것이다.

물론 여기에는 그럴 만한 이유가 있었다. 동양의 독서 전통에서는 글을 통해 선인들과 만나는 경험, 선인들의 길을 따라 가는 것을 강조했다. 이는 글에는 고정적인 의미가 있고, 이를 정확하게 파악하여 그대로 받아들이는 것이 글을 올바르게 이해하는 것이라고 보는 관점이다. 서구의 해석학적 전통 또한 고대로부터 적합한 텍스트 주석의 규칙을 세우려는 이론으로 발전되어 오다가 근대 이후 그 개념과 범위가 확장되었다. 이런 입장의 연장선상에서 문학 교수·학습은 텍스트에 담긴 작가의 의도나 작품의 실제적 의미를 객관적인 것으로 받아들이는 데 집중하게 된다.

그러나 현대에 들어 이러한 언어관과 문학관은 도전을 받고 있다. 언어가 의미를 명료하게 전달한다는 보편적인 언어관은 커다란 의심을 받고 있으며, 모든 의미는 신뢰할 만하지 않고 끊임없이 유동적으로 미끄러진다는 해체적 사유마저 대두되었다. 문학을 대하는 관점과 태도 역시 이와 같은 궤적을 그

---

9) 김준오, 『시론』, 삼지원, 1982, 104면.
10) 김중신, 『소설감상방법론 연구』, 서울대학교출판부, 1995, 73~154면 참조.

리고 있다. 텍스트에 대한 문학사적 평가 등 객관적 지식보다는 텍스트와의 만남을 통해 독자가 무엇을 얻고 깨닫는가 하는 점이 일차적인 관심사가 되어 가고 있는 것이다.

이처럼 문학을 통한 자아성찰은 결국 문학 읽기의 내재적인 근원인 동시에, 한편으로는 언어관과 문학관의 변화 추이라는 외재적 조건을 반영한 강조점이기도 하다.

한편 학습자가 문학 독서 행위를 넘어 그 연장선상에서 스스로 글을 쓰는 일은 좀 더 적극적인 의미의 자아성찰 과정이라 할 수 있다. 독자의 능동성이나 주체성을 강조할 때 흔히 인용되는 '읽기는 곧 다시 쓰기(Reading is Rewriting)'라는 명제는, 독서 행위 자체가 또 하나의 텍스트를 독자가 인지적으로 구성해낸다는 뜻을 담고 있다. 그런데 독서가 본질적으로 능동적이고 주체적인 행위라 하더라도, 그 결과를 자아성찰을 동반하는 글쓰기로 연장하게 되면 독서 체험의 질은 훨씬 높아질 수 있다.

무진은 있다. 그러나 '무진은 없다'고 해석하는 것이 이 작품의 의미를 더 깊게 한다고 나는 믿는다. 또 '당신은 무진을 떠나고 있다'는 팻말을 보며 "나는 심한 부끄러움을 느꼈다."라고 말할 때의 그 '부끄러움'을 '고향 또는 그것으로 상징되는 순수를 버린 데 대한 자책감'으로 해석하기보다는, 좀 더 공세적으로 즉 '출세와 신분 상승이라는 원대한 목표를 잊어버리고 고향이나 순수라는 (관념 또는) 농본잔재로 도주한 데 대한 자책감'으로 해석되길 바란다. 그럴 때 우리는 이 소설이 얼마만큼 무서운 것인지 알게 된다. 왜냐하면 철부지 윤희중이 이렇게, 독하게, 말하기 때문이다. "나는 내게 주어진 한정된 책임 속에서만 살기로 약속한다." 그는 안개를 박차고 분화되며, 자기 정체성, 즉 60년대 한국인이 가졌던 보편적인 목표를 위해 매진할 것을 다짐한다.[11]

---

11) 장정일, 『장정일의 독서 일기 2』, 미학사, 1995, 134면.

이 글은 김승옥의 「무진기행」에 대한 감상이라 할 수 있다. 글쓴이 자신이 작가이기도 하지만 여기에서는 일단 독자로서 수행한 작품 감상에 주목해 보기로 하자.

이 글에서 두드러진 것은 우선 작품에 대한 일반적인 통념에 대한 반론을 제기하면서 자신의 고유한 안목을 드러내고 있다는 점이다. '부끄러움'의 의미를 '공세적으로' 해석하면서 개성적인 시선을 보여주고 있는 것이다. 거기에는 당연히 글쓴이 자신의 경험과 사색이 얼마간은 개입하고 있을 것이다. 이로부터 이 글의 글쓴이가 한 독자로서 작가와의 소통을 통해 자아를 성찰하고 있음을 추론해 볼 수 있다.

그리고 작중인물의 성격을 당대의 사회사적 표상으로 일반화하면서 글쓴이 자신이 속한 공동체 차원으로 그 의미를 확장하고 있다는 점도 눈여겨볼 만하다. 이 또한 결국에는 집단적 자아에 대한 성찰이라 할 수 있다. 이 점은 문학 독서의 경험을 글쓰기로 연장하는 일이 자아성찰의 한 방법임을 분명히 보여준다.

물론 이러한 글쓰기가 가능한 것은 이 글의 글쓴이가 작품에 대해 높은 전문성을 가진 독자이기 때문이기도 하다. 그러나 '지식의 구조'라는 개념을 매개로 하여 '물리학을 공부하는 초등학교 3학년 학생은 물리학자와 동일한 일을 한다'는 브루너(J. S. Bruner)의 입론12)에 기대면, 초등학생이든 중학생이든, 혹은 고등학생이든 각각 그 수준에서 독자로서의 역할을 수행한다고 볼 수 있다. 따라서 수준 높은 완결성에 대한 강박을 버린다면 글쓰기를 통한 자아성찰이 초등교육이나 중등교육에서도 충분히 실현 가능한 문학교육의 한 국면임을 알 수 있다.

▣ 브루너의 '지식의 구조'
지식의 구조(structure of knowledge)는 학문을 구성하는 가장 기본적인 개념과 원리를 말한다. 브루너는 구조화된 지식이 학문의 가장 핵심적인 내용이므로, 지식의 구조가 학습의 전이를 수월하게 만들어주고 쉽게 이해하게 해주며 효율적인 학습을 보장한다고 보았다. 따라서 교사들은 학습자의 수준에 따라 지식의 구조를 적절히 조정해야 하며, 학습자들은 지식의 구조를 학습할 때 표현 방식, 경제성, 생성력을 고려하도록 해야 한다. 지식의 구조는 활동으로서의 학문, 교육과정, 원리 등을 동시에 지칭하는 용어로 널리 사용되고 있다.

---

12) 이에 대해서는 이홍우, 『교육의 목적과 난점』, 교육과학사, 1995, 333~341면 참조.

나아가 이러한 글쓰기를 통한 자아성찰은 문학치료적 효과를 낳을 수도 있다. 자신이 쓴 글을 남들에게 공개하지 않더라도, 글쓰기 자체만으로 내면에 가두어 두었던 상처를 꺼내 거리를 두고 바라보는 계기가 되며, 궁극적으로 자기 이해와 함께 수용, 화해, 어느 정도의 치유를 도모할 수 있다.[13]

그러나 문학을 대안적이거나 대중적인 치료 수단으로만 한정하는 것은 문학의 본질적 가치를 제대로 실현하지 못하는 결과를 초래할 수도 있다. 이는 문학이 본질적으로 인문학의 반성적 기능에 의한 치유 효과를 지니고 있기 때문이다. 문학은 도덕적, 미학적 감수성의 신장, 정신세계에 대한 시야의 확장, 논리적 사유 능력의 함양에 기여하고, 세계와 인간에 관한 모든 문제에 대한 반성의 시선으로 바라보게 하며, 편견, 관습, 전통이 하는 억압에서 우리를 해방시켜 자유의 길로 나아가게 만드는 내재적 기능을 지니고 있는 것이다.[14] 문학의 치유 기능에 대한 관심과 신뢰의 궁극적인 근거는 바로 이 지점에서 찾아야 할 것이다.

한 가지 더 주의할 것은, 자아성찰이 반드시 부끄러움, 죄의식, 자책감, 분노, 비애, 절망 등의 부정적인 측면에만 결부되어 일어나는 것은 아니라는 점이다. 오히려 성취감, 윤리적 숭고, 사랑의 환희, 이상에 대한 동경, 즐거움, 희망 등의 긍정적 정서와 결부된 자아성찰도 가능해야 하고 필수적이어야 한다. 이 경우 자아성찰은 인문학의 반성적 기능에 의한 치유의 의미와 맞물리면서 자아 효능감이나 도덕적 만족감의 증진을 불러오게 된다. 그 결과 자아성찰은 심리적 강화(reinforcement) 효과를 통해 인간의 자아실현이라는 교육의 궁극적인 목적에 다다르게 될 것이다.

---

13) Gillie Bolton(eds.), *Writing cures : an introductory handbook of writing in counselling and psychotherapy*, Taylor & Francis, 2004, 김춘경·이정희 역, 『글쓰기 치료』, 학지사, 2012, 200~206면 참조.
14) 박이문, 『통합의 인문학』, 지와 사랑, 2009, 35면 참조.

(2) 자아성찰을 위한 교수·학습 방안

문학을 통한 자아성찰이 문학 독서의 내재적 기능이라 하더라도, 교수·학습 국면에서는 이에 대한 적극적이고 의도적인 안내가 요구된다. 자아성찰을 겨냥하는 교수·학습의 중핵적인 요소는 작품을 독자 쪽으로 견인해 가는 것이다. 여기에는 작품에 대한 문학사적 지식도, 문학 용어에 대한 이해도 필수적이지 않다. 오직 작품에 형상화된 '가치 있는 경험'을 거울로 삼아 독자의 개인적 삶이나 공동체적 삶을 조회해 보는 것이다.

이를 위한 구체적인 방법으로는 다음 몇 가지를 들 수 있다. 이들은 순차적이거나 위계적인 관계에 있는 것은 아니며, 작품 자체의 성격이나 학습자의 발달 정도에 따라 선택적으로 활용될 수 있다.

첫째, 작가의 문제의식이나 작품 속 인물 혹은 화자의 시각 등 작품의 내재적 요소를 기준으로 자기 자신을 성찰하도록 하는 것이다. 가령 시인의 자전적 고백이라 할 수 있는 백석의 「남신의주 유동 박시봉방」에서 화자는 지난날을 회고하면서 슬픔과 부끄러움을 느끼다가 이를 자신의 의지나 잘못이 아닌 운명에 의한 것이라는 생각을 하면서, '굳고 정한 갈매나무'를 떠올리며 새로운 삶에 대한 각오를 다진다. 이 작품에서 운명론적 세계관은 자신의 처지에 대한 체념이나 포기가 아니라 자신을 위로하는 심리적 기제로 작동한다. 그렇다면 학습자들로 하여금 이러한 운명론적 세계관에 기대어 과거나 현재의 삶을 성찰해 보도록 할 수 있다.

둘째, 작품이 문제 삼는 삶의 의미에 대해 성찰하도록 하는 것이다. 현진건의 「운수 좋은 날」은 흔히 식민지 시대 하층민의 삶을 실감나게 그려낸 리얼리즘 계열의 소설로 평가받고 있지만, 아이러니 구조에 상응하는 삶의 아이러니를 또 다른 주제로 설정할 수 있다. 가장 운수 좋은 날이라고 생각한 그 날이 바로 그에게는 괴로운 날이 된다는 상황적 아이러니는 우리 삶의 보편적 경험으로도 확인된다. 이러한 감상은 작품을 식민지라는 역사적 현실로부터 다소 이격시키는 결과를 초래하겠지만, 우리 삶의 곳곳에서 발견되고 개입되는 아이러니를 통해 인간의 삶에 대한 통찰로 나아가게 할 것이다.

셋째, 삶의 의미에 대해 작품이 제기하는 문제와 관련하여 새롭게 문제를 제기하도록 하는 것이다. 김만중의 「구운몽」에서 일어나는 세 차례의 '회의(懷疑)와 부정(否定)' 중 양소유가 불교적 삶을 선택하는 계기가 되는 두 번째 '회의와 부정'의 대상은 입신양명으로 대표되는 세속적 삶이다. 그런데 특별한 계기적 사건이 없기 때문에 이러한 선택은 필연성이 약해 보일 수 있다. 그만큼 작가의 주제의식이 지닌 설득력도 약해 보일 수 있다. 비슷한 서사 구조를 지니고 있으면서도 주인공이 온갖 신산을 겪은 후에 세속적 삶에 대한 회의에 도달하게 되는 「조신의 꿈」과 비교하면 더욱 그러하다. 따라서 양소유의 그러한 선택이 과연 필연성이 있는가, 그리고 삶에 대한 작가의 주제의식은 과연 보편타당성이 있는가 하는 점에 대한 문제 제기는 독자에게 주어진 자율성을 발휘하는 감상의 한 국면이 될 수 있다.

넷째, 문학 활동을 통해 얻은 인지적, 정의적, 심미적 가치를 일상생활에 투사하도록 하는 것이다. 이규보의 「이옥설(理屋說)」은 퇴락한 행랑채를 수리하면서 깨달은 바를 통해 잘못을 알고 그것을 미리 고쳐 나가는 자세의 미덕을 알려주는 작품이다. 작가는 사람의 마음도 그러하고 정치도 그러함을 부연 삼아 덧붙이고 있다. 속담으로 말하면 호미로 막을 것을 가래로 막는 격이다. 독자는 한 걸음 나아가 자신의 일상생활에서 그러한 일이 없는지, 혹은 독자가 속한 공동체에서는 또 그런 일이 없는지 살펴봄으로써 그 의미를 확장할 수 있다.

다섯째, 내면세계의 확충을 바탕으로 스스로 문학 작품을 생산하도록 하는 것이다. 앞에서 제시된 여러 가지 방식으로 감상을 하게 되면 그 결과는 내면세계의 확충으로 나타난다. 그런데 독자는 순수하게 독자의 위치에 머무르지 않고 그 연장선상에서 작가의 역할을 수행할 수 있다. 패러디를 포함한 작품의 재구성이나 작품에 응답하는 글쓰기는 물론이고, 독립적 개체로서 스스로 작품을 창작해 보도록 할 수 있다.

문학을 통해 자아성찰을 도모하는 교수·학습은 단원의 목표와 무관하게 항상적으로 실현되어야 마땅하다. 가령 운율이나 이미지를 학습하기 위한 자료로 어떤 작품이 선정되었다 해서 이러한 학습 활동이 생략된다면, 그것은 문학의 중차대한 존재 의의를 무시하는 결과를 초래하는 것이다. 또한 이러한 국면에서는 작가의 의도나 작품의 역사적 실체가 상대적으로 부차적인 요소로 간주될 수 있다. 문학의 소통 구조를 이루는 요소 중에서 독자를 중심에 둘 수밖에 없기 때문이다. 그러나 자아의 성장이라는 목표를 위해서라면 작품의 역사적 실체는 얼마간 뒷전으로 물러나 있어도 문학의 의의를 손상시키는 것은 아닐 것이다.

3. 문학과 타자 이해

(1) 문학을 통한 타자 이해의 원리

교육이 맡고 있는 가장 중요한 기능은 무엇보다도 개인의 사회화라 할 수 있다. 교육의 이러한 기능은 인간의 사회적 속성 자체에서 기인한 것이다. 전통적으로 교육은 인간이 바람직한 성장 경험을 통해 사회적 존재로 성장할 수 있도록 도와 왔다. 따라서 교육은 사회의 이상이나 관심을 반영하게 되고, 교사와 학생 간 상호작용의 결과 또한 사회의 모습에 따라 달라진다.

이때 교사와 학생 간 상호작용의 주요한 매개물 중의 하나가 문학이다. 세계가 점점 다원화되고 다양화되면서 개인, 사회는 다양한 갈등과, 심지어 폭력에 노출되어 있다. 공동체를 유지하고 발전시키며 갈등이 폭력적으로 번지는 것을 막기 위해 타자의 존재를 인식하고 타자를 이해하며 수용해야 하고, 다양성과 차이를 받아들이는 태도가 필요하다. 문학이 학습자의 사회화를 위한 주요 매개물이 될 수 있는 것은 문학이 현실에서 만날 수 없는 다양한 타자들과의 간접적인 만남을 주선하기 때문이다. 이 점에서 문학을 통한 타자 이해는 문학을 통한 자아성찰과 마찬가지로 문학 독서의 내재적인 기능이라 할 수 있다.

독자는 문학 독서를 통해 타자의 삶의 조건을 총체적으로 이해하며 공감과 연민을 느끼고, 세계에 대한 비판적 성찰을 공유한다. 독자는 현실의 모순이나 집단 간, 개인 간의 가치관 갈등에 대해 비판적으로 성찰하고 자기를 다시 인식하는 과정을 통해 역동적이고 발전적인 공동체 형성에 기여할 수 있다.

모든 의사소통 행위가 그러하듯이 문학 읽기도 의사소통의 하나이다. 다양한 의사소통의 양식 중에서 자신과 다른 타자와의 소통을 중시하는 개념이 바로 '대화(dialogue)'이다. 대화는 사전적으로 '마주 대하여 이야기를 주고받는다'는 뜻으로 풀이되지만 이는 형식적인 접근에 불과하다. 본질적으로 대화는 '남'과 '나'의 차이를 전제로 한 경합적인 소통 행위이기 때문이다.

만일 동일한 코드를 공유하는 사람 사이에서는 주고받는 이야기가 있다면, 그것은 독백(monologue)이거나 일방적 선언 혹은 명령일 뿐이다. 이는 철학에서 유아론(唯我論·Solipsism)이라 부르는 관점과 비교될 수 있다. 유아론은 흔히 '나 혼자밖에 없다'는 사고방식으로 이해되곤 하지만, 사실은 '나에게 타당하면 다른 모든 사람에게도 타당하다'는 식의 사고방식을 가리킨다. 유아론자는 자신과 동일한 코드를 공유하는 존재만을 타인으로 인정한다. 그러나 엄밀한 의미에서 그런 타인은 타자라기보다 동일자에 가깝다. 그래서 유아론자에게는 '대화'가 성립되지 않는다. 이런 점에서 진정한 대화는 자신과 다른 코드로 살아가는 존재인 타자와의 관계 속에서 이루어지는 것이라 할 수 있다. 대화에 적극적으로 참여한다는 것은 가치의 다양성을 그만큼 적극적으로 인정한다는 의미가 된다. 이는 '저들'이 '자신'과 같지 않음을 발견해 나가는 과정이기도 하다.[15]

문학 읽기가 타자 이해를 돕는다는 점을 딜타이(W. Dilthey)의 '추체험' 개념을 통해서도 확인해 보기로 하자. 딜타이는 타인을 이해하는 것을 '추체험'의 과정으로 명명하고, 이를 실현하기 위해 '이입', '현재화', '상상력'이 필요하다고 보았다. '이입'은 타인의 입장에서 타인이 어떤 조건과 환경에서 어떤 경험을 했으며 그 경험을 한 것이 행위자인 타인에게 무엇을 의미했는지를 사실적으로 이해하는 인지적인 과정이다. '현재의 시간에서 이해할 수 있는 방식으로' 규명하는 '현재화'와, 타인의 정신적 삶을 재구성하는 '상상력'이 추체험의 계기가 된다. 이처럼 추체험이란 타인과 자신, 과거와 현재의 총체적인 연관성 속에서 인물의 삶을 파악하는 것을 말한다.[16]

이제 이러한 점을 염두에 두고 문학을 통한 타자 이해가 이루어지는 한 국면을 보기로 하자.

임 씨가 일에 몰두해 있는 동안 그는 숨소리조차 내지 않고 일하는 양을 지켜보았다. 저 열 손가락에 박힌 공이의 대가가 기껏 지하실 단칸방만큼의 생활뿐이라면 좀 너무하지 않나 하는 안타까움이 솟아오르기도 했다. 자신이 주무

---

15) 대화와 타자의 개념을 중심으로 개인의 사회성 발달에 대한 문학교육적 논의로는 류수열, 「문학교육과 사회성 발달」, 『문학@국어교육』, 역락, 2009 참조.
16) 신진욱, 「삶의 역사성과 추체험 – 딜타이의 의미 이론과 해석학적 재구성 방법론」, 『담론 201』 12, 한국사회역사학회, 2009, 123~124면 참조.

르고 있는 일감에 한 치의 틈도 없이 밀착되어 날렵하게 움직이고 있는 임 씨의 열 손가락은 손가락 이상의 그 무엇이었다.

(중략)

"자그마치 팔십만 원이오, 팔십만 원. 스웨터 공장하던 놈한테 일 년 내 연탄을 대 줬더니 이놈이 연탄 값 떼어먹고 야반도주했어요. 공장이 망했다고 엄살을 떨길래, 내 마음인들 좋았겠소. 근데 형씨, 아 그놈이 가리봉동에 가서 더 크게 공장을 차렸지 뭡니까. 우리네 노가다들, 출신이 다양해서 그런 소식이야 제꺼덕 들어오지, 뭐."

"그럼 받아야지. 암, 받아야 하구말구."

그는 딸꾹질을 시작했다. 임 씨에게 술을 붓는 손도 정처 없이 흔들렸다.

— 양귀자, 「비오는 날에는 가리봉동에 가야 한다」

위 글에서는 '임 씨'의 모습이 초점 화자인 '그'의 시선으로 형상화되고 있다. 임 씨는 '그'의 '노모'가 "젊은 사람이 일도 엄청 잘하네. 늦으문 낼 하고 쉬었다 하모 좋을 끼고만 일 무서분 줄 모르는 걸 보이 앞으로는 잘살 끼요."라고 칭찬할 정도로 성실하게 일 잘하는 인물이다. 게다가 착하기도 하다. 그러나 그는 그 착한 성품 때문에 자신이 받아야 할 연탄 값을 받지 못했고, 일용직 일을 할 수 없는 비가 오는 날이면 가리봉동으로 사장을 찾아가는 것이다.

위 작품은 '그'가 타자인 '임 씨'의 아픔에 공감하고 이해하는 과정을 담고 있다. 이를 읽는 독자들도 '그'의 시선을 따라 추체험을 통해 타자를 공감적으로 이해한다. 작품을 통해 독자는 자신은 물론 타자를 삶의 조건 속에서 이해하게 된다. 이를 통해 직면하고 있는 세계의 부당한 폭력을 직시하고, 비판적으로 성찰하는 데로 사고의 폭을 넓힐 수 있다. 인간의 욕망이 상충하는 구조 속에서 구조적인 모순과 갈등 상황에 대해서 타자를 이해하는 것은 진정한 윤리적 행위의 밑거름이 된다.

문학을 통한 타자 이해가 교육적으로 미덕이 되는 까닭은 우리가 현대 사회에서 삶을 영위하는 외재적 조건에서도 찾을 수 있다. 자신의 주거 지역 정도로 한정되었던 인간의 경험 세계가 교통수단의 발달과 더불어 시공간적으로 확장된 것은 물론이고, 현재는 사이버 시공간으로 인간의 경험계가 확장되었다. 이로 인해 나타나는 현상 중의 하나는 타인을 생각할 여유를 상실해 가는 것이다. 수전 손택(Susan Sontag)은 이러한 현상이 타인의 고통을 단지 이미지와 스펙터클(볼거리)로 소비하기 때문이라고 진단한다.[17] 이런 상황에서 문학을 통한 타자의 이해는 타인의 고통에 대한 적극적인 공감을 낳게 할 수 있다.

한편 타자 개념은 이와 같은 중립적인 의미를 넘어 다수자와 소수자 간의 권력 관계 속에서 이해되기도 한다. 타자성(otherness)을 다수자와 소수자의 정체성이 어떻게 구성되는지를 분석하는 데 중핵적인 개념으로 활용하고 있는 사회학적인 접근에 따르면, 인간의 사회적 정체성은 개인과 집단이 그들의 사회 내부에서 기존에 확립된 사회적 범주, 가령 문화적(혹은 인종적) 정체성, 성적 정체성, 계급적 정체성 등을 내면화하는 방식을 반영한다. 이때 문화 혹은 인종, 성, 계급 등을 기준으로 하여 소수자는 다수자는 이분법적으로 분화되고, 소수자는 사회적 약자로서 다수자에 대한 타자로 자리를 잡게 된다.

이런 맥락에서 외부인은 내부자에 대해, 여성은 남성에 대해, '그들'은 '우

---

17) '타국에서 발생한 재앙을 구경하는 것은 지난1세기 하고도 반세기 동안 [오늘날의] 언론인과 같다고 알려진 전문적인 직업여행자들이 촘촘히 쌓아올린 본질적으로 현대적인 경험이다. 오늘날 우리는 거실에서도 전쟁을 구경할 수 있게 되었다. ……지침(필자 주 : 언론 보도의 지침을 말함)을 보자면 다음과 같다. "피가 흐르면 앞쪽에 실어라."' Susan Sontag, *Regarding the Pain of Others*, Farrar Straus Giroux, 2003, 이재원 역, 『타인의 고통』, 이후, 2004, 39면.
그 외에도 수전 손택은 『타인의 고통』에서 현대인들이 사진, 텔레비전, 컴퓨터의 프레임을 거치며 전쟁 등 끔찍한 사건들을 볼거리로 소비하게 된다며, '스펙터클의 사회'에서 살아갈 뿐인 현대인들이 '실제의 세계'를 살기 위해 노력해야 한다는 점을 말하고 있다.

리'에 대해 타자가 되며, 장애인은 이른바 정상인에 대해, 동물들은 인간에 대해 타자가 되는 것이다. 따라서 타자 이해가 문학의 가치로서 온전히 성립되기 위해서는, 작품 내에서 이와 같이 권력 관계에 의해 타자화되는 존재들에 대한 성찰적 이해로 나아갈 수밖에 없다.

그리하여 타자 이해라는 문학의 미덕은 개인 차원을 넘어 공동체적 차원으로 확장될 수 있다. 문학은 정치, 경제, 사회, 문화 등 전 분야에 걸쳐 인간다운 삶이 가능한 공동체를 만들기 위해 문제를 제기하고, 모순을 드러내고, 해결의 전망을 모색해 왔던 것이다. 문학은 오늘날 양성 평등, 사회적 소수자, 생태환경, 지속 가능한 미래 등과 관련하여 문제를 제기하고 관심을 환기하고 있다. 따라서 학습자는 자연스럽게 문학 독서를 통해 양성 평등, 사회적 소수자, 생태, 미래 사회 등 공동체의 관심사에 대한 문제의식을 공유하고 소통하게 된다. 학습자는 공동체의 한 구성원으로서 각각의 의제가 지니는 쟁점을 생태적 문식성이나 페미니즘 문식성 등을 기반으로 이해하고 그 해결 방안을 모색하며, 이를 통해 바람직한 공동체를 만드는 데 능동적으로 참여하는 주체가 될 수 있는 것이다.

■ 생태적 문식성과 페미니즘 문식성

문식성(literacy)의 개념은 '아는 것'에서 '앎(awareness)'과 '사고 과정', '능력', '소양'의 범위까지 확장되었다. 생태적 문식성과 페미니즘 문식성은 이처럼 확장된 개념의 문식성을 적용한 단어이다. 따라서 생태적 문식성이란 인간과 자연의 관계에 대해 인식하고 이 사이의 교섭을 실천하는 능력이며, 페미니즘 문식성이란 여성의 본질적 특성을 파악하고 사회문화적으로 양성이 평등한 사회를 이루기 위하여 필요한 지식과 능력을 일컫는 말이다.

(2) 타자 이해를 위한 문학 교수·학습 방안

문학을 통한 자아성찰과 마찬가지로 타자 이해 또한 교수·학습 국면에서는 적극적이고 의도적인 안내를 필요로 한다. 타자 이해를 목표로 삼는 교수·학습에서 중핵적인 요소는 작품에 등장하는 다양한 인물이나 화자의 삶이다. 자기 자신의 삶을 기준으로 그들의 삶이 지니는 개성을 발견하고 이를 통해 저마다 다른 삶의 다양성에 대한 이해로 확장하는 것이다. 여기에서 한 걸음 더 나아간다면 사회적 약자나 소수자의 삶에 대한 배려와 관용으로 이어지는 것이 이상적이다.

이제 조세희의 「난장이가 쏘아 올린 작은 공」을 통해 이를 위한 구체적인 절차를 보기로 하자.

문학 교수·학습에서 타자 이해를 도모하는 데 초점을 맞춘다면, 학습자로 하여금 자신과 작품 속 타자의 다른 점을 이해하도록 하는 것이 일차적인 단계이다. 제목에서부터 알 수 있듯이, 이 작품에는 '난장이'가 주요 인물로 등장한다. 난장이는 '비정상적으로' 키가 작은 사람이다. 통상적으로 '난장이'는 학습자와 비교하여 확연한 차이를 지닌 타자임을 알 수 있다.

그 다음으로는 타자의 삶의 방식과 조건을 이해하는 단계로 안내되어야 한다. 이 작품에서 난장이는 신체적인 조건일 뿐만 아니라 하루하루 생존을 위해 전쟁을 치르듯 살아가면서 사회적 환경으로부터 억압을 받고 있는 도시 빈민층의 표상으로 기능한다. 도시 개발 정책에 밀려 삶의 터전을 잃게 되고, '나'의 아버지는 이러한 현실을 견디지 못하고 자살을 택하는 데서 억압에서 오는 고통의 절정이 확인된다. 인물들의 이러한 삶의 방식과 조건은 사회적 권력 관계를 기반으로 성립되는 타자 개념에도 부합함을 알 수 있다.

그렇다면 당연히 이상적인 공동체를 형성하기 위해서는 이들을 배려하는 삶의 방식이나 그들과 더불어 살아가는 지혜를 발견하는 데로 나아가는 것이 그 다음에 배치되어야 할 교수·학습의 단계일 것이다. 그러나 이 작품에서는 그러한 공동체에 대한 작가의 소망은 작품을 통해 구체적으로 형상화되지는 않는다. 그 대신 '낙원구 행복동'이라는 지명과 동화적인 구성 방식을 통해 아이러니적으로 제시되고 있다. 독자의 입장에서는 이러한 아이러니에 숨어 있는 바람직한 공동체의 모습을 발견할 수밖에 없다.

이러한 과정을 통해 학습자는 자신의 배경 지식과 윤리 의식을 바탕으로 타자에 대한 배려하는 삶의 방식이나 타자와 더불어 살아가는 지혜를 스스로 모색하게 될 것이다.

개인의 지적·정서적 성장이 결국은 그의 사회화 과정이기도 하다는 점에서 대화는 한 개인을 시민 사회의 건전한 구성원으로 살아가게 하는 삶의 형식으로 볼 수도 있다. 대화는 서로 다른 가치관의 충돌과 상충을 전제로 하기 때문에 쌍방 간의 궁극적인 해결을 통해 일치에 이른다는 것은 언제나 쉽지 않다. 대화의 성공은 오히려 상충 그 자체를 당연한 사회 현상으로, 또 우리 삶의 필요불가결한 요소로 인식하는 데 달려 있는 것이다. 대화가 '남'과 '나'의 차이를 전제로 하는 것이라면, 타자와의 대화에 적극적으로 참여한다는 것은 가치의 다양성을 그만큼 적극적으로 인정한다는 의미가 된다.

이 점에서 문학을 통해 타자와의 대화를 지향하는 학습 활동은 개인의 가치를 최대한으로 존중하고자 하는 민주주의의 이념과도 상통한다. 단일한 지배적 이념이나 가치의 권위가 해체되고 있는 오늘날, 문학을 통해 타자 이해를 도모하는 교수·학습은 이런 점에서 개인적 윤리의 문제를 넘어 정치적인 지평에서 실행될 필요가 있다.

✅ (   )에 알맞은 말을 써 넣으면서 주요 개념을 정리합니다.

1 자아는 인간이 자신의 (   ) 또는 연속성을 의식할 때 그러한 의식을
   하는 주체를 가리킨다.

2 자아는 개인마다 다르다는 의미에서 주관성을 띠는 개념인 반면 성찰 과정
   에는 자아를 대상화해서 바라보는 (   )인 관점이 필요하므로, 자아성
   찰은 (   )과 (   )이 통합된 개념으로 볼 수도 있다.

3 타자는 '나'를 중심으로 남을 바라보는 관점에서 서 있을 때 성립되는 개념
   으로서, 타자는 중심에 서 있는 '나'를 기준으로 (   )되고 주변화된
   존재를 가리키기도 한다.

✅ 지시에 따라 서술하면서 문학의 개인적 기능을 이해합니다.

1 자아 성찰과 타자 이해의 순환적 관계를 설명하시오.

2 자아 성찰과 타자 이해가 문학 감상(鑑賞)의 요체가 될 수 있는 근거를 '감상'의 개념에 근거하여 서술하시오.

3 자아 성찰과 타자 이해가 문학의 개인적 기능을 넘어 공동체적 기능으로 확장될 수 있는 이유를 설명하시오.

✔ 지시에 따라 주요 개념을 적용하면서 실천적 능력을 기릅니다.

1 '자아 성찰'과 '타자 이해'를 학습 목표로 삼아 권근의 「주옹설」을 수용하도록 하기 위한 학습 활동을 각각 제시하시오.

■ 자아 성찰을 목표로 한 학습 활동

■ 타자 이해를 목표로 한 학습 활동

2 양귀자의 「비오는 날에는 가리봉동에 가야 한다」가 타자 이해를 학습 목표
   로 삼아 학습하기에 적절한 이유를 <조건>에 맞추어 밝히시오.

조건	① 초점화자의 개념을 활용할 것. ② 작중 인물 간의 관계를 바탕으로 타자의 개념을 적용할 것.

제2장

공동체적 연대감 형성

2008년 공지영의 소설 「도가니」가 출간된 뒤 독자에게는 물론이고 사회에도 큰 파장을 불러일으켰다. 작품의 주요 등장인물이 장애우이고 학교의 공공연한 폭행과 관련한 작품이라는 내용적인 측면이 부각됨과 동시에 그 이야기가 실화라는 점에서 더욱 충격을 주었다. 그 후로 작품의 배경이 된 실제 학교는 폐교가 되었고 많은 인사들에게는 징계가 내려졌다. 이렇게 문학 작품이 사회로 큰 영향을 끼칠 수 있었던 것은 독자들이 공동체적으로 연대감을 형성하고 표현하였기 때문에 가능한 일이었다.

이처럼 문학은 어떤 공동체가 지니고 있는 삶의 방식을 형상화한 것이라는 점에서 문화가 된다. 문학이 지닌 이러한 문화적 성격은 공동체의 삶을 이해하고 실현하는 수준을 넘어 서서 개개인의 의식에 중대한 영향을 주게 되고, 그 방향은 동질감과 연대감으로 나타난다. 이와 관련하여 이 장에서는 문학과 소통에 대해서 살펴보고, 문학교육을 통한 공동체적 연대감 형성에 대해서 알아보자.

1. 문학교육과 사회적 소통

(1) 소통 매개로서의 문학과 문학교육

문학은 어떤 형식이든 상관없이 소통을 전제로 성립한다. 문학적 소통에는 한편에 창작자가 있고, 다른 한편에는 수용자가 있다. 문학 행위는 이 둘 사이에 문학 작품이 개재되어야 성립하는 것이다. 시각을 바꾸어 문학교육을 상정하더라도 이 구도에는 변화가 없다. 한쪽에 교육자가 있고, 다른 한쪽에는 학습자가 있다. 물론 그 사이에는 문학 작품이 있다. 때문에 우리는 이를 사회적 소통의 관점에서 파악할 수 있다.

너무나 당연한 말이지만, 인간은 고립된 존재로 살 수 없다. 이에 인간은 그 범위가 어떠한 것이든 사회적 삶을 살 수밖에 없다. 그런데 그 범위는 인간에 따라 혹은 시대에 따라 다소 달라질 수 있다. 그것을 민족이나 국가라 부를 수도 있고, 가족이나 마을이라 부를 수도 있다. 명칭을 무엇으로 하든 이러한 사회적 범위는 일단 공동체라는 말로 범주화할 수 있다. 공동체는 일반적으로 인간들이 모여 하나의 유기체적 조직을 이루고 목표나 삶을 공유하면서 공존할 때의 그 조직을 말한다. 단순한 결속보다는 더 질적으로 강하고 깊은 관계를 형성하는 것으로, 우리는 흔히 이를 사회라는 포괄적 말로 지칭하기도 한다.

이렇게 보면 문학과 문학교육은 결국 사회를 매개로 관계 맺어지고 소통되는 존재임을 쉽게 알 수 있다. 가령 문학 작품에 표현된 의식이나 감정 혹은 가치관 등은 작가의 개인적 표현일 수도 있지만, 그 작가가 속하거나 대변하는 집단의 의사가 반영되어 있다고도 볼 수 있는 것이다. 이에 우리는 역으로 이런 문학의 교육을 통해서 개인의 영역을 넘어 사회나 공동체와의 관계 맺음을 학습할 수도 있겠다는 가정을 세울 수 있다. 여기서 말하고자 하는 문학 작품을 '통한' 교육이란, 문학 작품의 교육을 통해 학습자들이 사회적 소통 능력을 배우고, 더 나아가 공동체적 연대감을 형성하는데 기여할 수 있다는 생각이다.

「단군신화」와 같은 건국 신화들은 당시 국가 공동체의 형성 시기에 있었던 역사적 흔적을 보여주기도 하고, 교육을 통해 한반도 지역에 존재하는 공동체간의 소통의식을 읽을 수도 있다. 한편 중국과 일본의 신화와 우리나라의 신화 간에 보이는 차이라든지, 동양신화와 「그리스 로마 신화」처럼 서양신화와의 차이점은 각 공동체간에 우주에 대한 인식과 그 대응이라 할 수 있는 삶의 방식에 차이가 있음을 보여주는 것이다. 이처럼 각각의 이야기가 각 공동체의 신화가 되었다는 것은 그 지역의 인간들이 그러한 생활 방식에 동의하거나 변모했음을 말해주는 것이기도 하다. 신화는 어떤 공동체가 지니고 있는 삶의 방식을 형상화한 문학이라는 점에서 문화가 되며, 자연스럽게 문학교육은 문화교육의 양상을 띠게 된다.

■ 단군신화
우리나라 최초의 건국신화이다. 가장 오래된 기록은 13세기 말 일연의 『삼국유사』의 1권에 실려 있다. 조선 세종 때 평양에 단군 사당을 지어 추앙하였으며, 유교, 불교, 선교의 유입 이후 단군 신화의 사상을 3교의 모태로 보기도 한다.

(2) 문학교육의 사회적 가치

무엇을 '의도한다'는 말은 그 자체가 의도된 바 그것이 어떤 주어진 기준에 의하여 '가치 있음' 혹은 '바람직함'을 암시하고 있다. 이처럼 생각하면, 교육은 의도적으로 어떤 가치를 성취하려는 일종의 인간 활동이므로 무슨 가치를 생활에서 추구하느냐에 따라서 교육의 개념이 해석되는 방식은 다를 수밖에 없다. 교육을 통하여 성취하고자 하는 바, 그것을 흔히 '교육 목적' 혹은 '교육적 가치'라고 하는 바, 즉 우리는 교육 활동을 통하여 어떤 가치들을 추구하고 있다.[1]

사실, 교육의 본질적 혹은 수단적 기능의 구별은 논리적 구분이지 실제적 구분은 아니다. 왜냐하면 일반적으로 교육은 순수하게 본질적 기능만을 하는 경우도 없을 뿐만 아니라, 수단적 기능만을 하는 것도 아니기 때문이다. 그리고 본질적 기능이 수단적 기능보다 더 가치 있는 기능이라고 할 수 있는 것도 아니다. 교육의 중요성은 반드시 그것에 논리적으로 내포된 의미와 기능만으로 평가될 성질의 것이 아니기 때문이다. 경우에 따라서 교육의 가치는 그것의 수단적 기능을 통해서도 충분히 인식될 수 있고, 때로는 그것에 의해서만 교육의 중요성이 인식될 수도 있다.

문학교육도 교육의 일종이므로, 그 가치의 논리적 정립은 이와 유사하다고 생각된다. 왜 문학교육이 필요한가? 문학이 그 자체로 아무리 그 중요성을 외친다고 하더라도, 개인과 그가 속한 공동체의 성장에 특별한 의미가 없다면, 문학은 모르지만 문학교육은 필요하지 않을 것이다. 여기서 문학교육이 문학 자체의 논리뿐 아니라 문학 외적 논리에도 밀접하게 연관되는 것을 알 수 있다. 문학교육의 기원 자체가 사회적으로 결정되는 것이다.

문학 작품의 문학적 가치와 문학교육적 가치가 보편적, 항구적으로 결정된다는 견해를 그대로 따르면 문학 교육과정을 구성하는 고민은 그만큼 줄어들 수 있다. 즉 보편적이고 항구적인 가치를 탐색하고 조직화하여 학습할 수 있는 형태로 제공하면 되는 것이다. 그러나 오늘에 이르러 이러한 보편적이고 항구적인 가치 개념은 더 이상 유효하지 않은 것으로 보인다.[2]

이렇게 보면, 문학을 교육하는 근거는 두 가지 측면에서 찾을 수 있다. 첫째는 문학 자체의 교육 작용이고, 둘째는 문화로서의 문학이 갖는 교육 가능성이다. 교육을 인간의 자아실현이라는 관점에서 바라보면 첫째의 측면이 중시되고, 사회적 소통이나 문화 재생산이라는 관점에서 바라보면 둘째의 측면이 중시된다. 그러나 사실 이 둘은 서로 대립한다기보다는 문학교육이란 하

---

1) 이돈희, 『교육철학개론』, 교육과학사, 1983.
2) 김창원, 「문학교육 과정의 구성 원리」, 『문학교육과정론』, 삼지원, 1997, 114~116면.

나의 현상의 양면이라고 보는 것이 바람직하다.

이는 자아와 세계의 상호 교섭 속에서 인간의 조건이 결정되기 때문이다. 문학이 인간의 도덕적 삶을 변화시키고 감정이입을 통해 대리 경험의 세계를 전개하며, 자신과 타인을 새로운 시각에서 인식하게 하고 정서를 함양시킨다는 사실은,[3] 문학 행위 자체가 교육적인 효과를 가져온다는 것을 보여준다. 인간은 문학 행위를 수행함으로써 세계를 보는 눈을 기르고 자신의 무한한 가능성을 확인하며 자아를 실현할 수 있게 되는 것이다. 교육이 인간의 가치 있는 변화를 도모하는 것이라면, 문학 행위의 효용은 곧 교육의 효용과 동등한 것이라 인정할 수 있다.

문학 작품 자체가 삶의 총체성과 관련되어 있으니, 역으로 당대의 삶을 이루는 요소들인 정치·경제·문화 등의 이해는 문학 작품의 정확한 감상과 수용에 필수적일 수 있다. 반대로 우리가 학습의 대상으로 삼는 문학 작품은 당대 현실을 예술적으로 잘 반영하고 있으므로, 문학교육을 통해 그 역사적 현실의 본질에 대한 정확한 이해로 나아갈 수도 있다. 그러므로 문학교육은 단순 교과가 아니라, 결국 역사·정치·경제·윤리 등의 교과 학습과 상호 긴밀히 관련되어 있는 복합 교과 교육이 된다.[4]

예를 들어, 홍명희의 「임꺽정」은 그 어느 역사책보다도 조선 후기의 생활상이나 풍속을 풍부하게 보여준다. 그래서 조선 후기의 무당을 연구하는 이는 「임꺽정」에 묘사된 덕물산 내림굿을 세밀히 조사할 수 있었다는 일화나, 청석골의 주인공들이 활동한 지역의 도로 실태를 그들이 이동하는 데 소요된 시간을 조사함으로써 재구성할 수 있었다는 이야기들이 지금까지 전해진다. 이는 하나의 소설이 제공하는 지식이 얼마나 광범위하며, 삶의 총체성을

---

3) James Gribble, *Literary Education : a revaluation*, Cambridge University Press, 1983, 나병철 역, 『문학교육론』, 문예출판사, 1987, 5면.
4) 김대행 외, 『문학교육원론』, 서울대학교출판부, 2000, 252~253면.

잘 반영하고 있는가를 보여준다. 한편 이광수의 「무정」에는 새로이 접하게 된 서양문물에 대한 강한 선호가 드러나 있고, 그 결과 이 소설은 당시 젊은 이들로 하여금 일본을 거쳐서 전해지는 서양문물에 대해 맹목적으로 매료되게 하는 사회적 풍조를 만들어내기도 하였다. 이는 문학과 문학교육이 사회적 가치 형성에도 얼마나 광범위한 영향을 미치는가를 보여주는 좋은 예가 될 것이다.

2. 정보화 시대를 맞이한 공동체의 성격

(1) 정보화 시대 매체의 특성

현재 우리 사회는 강력한 모습의 정보화를 그 기반으로 하여 운영되고 있다. 정보화는 정보의 양적 팽창과 이를 단시간 안에 소통할 수 있는 통신 기술의 발달을 배경으로 이루어지는 현대의 새로운 경향이다. 이러한 정보의 양적 팽창과 전달 속도의 증가는 삶의 양상을 달리하게 되었다. 이러한 조건에서는 문학, 그리고 문학교육 또한 정보의 홍수 속에 정보 가치로 통용되거나 교육된다.

■ 방각본
조선 후기에 상인들에 의하여 목판으로 각서되어 서점에서 판매되던 일련의 책자들을 지칭하는 용어이다. 시장성을 전제로 간행되고 유통되던 책을 방각본 소설이라고 한다.

역사를 살펴보면 19세기 말에 도입된 근대적 인쇄 기술은 문학 작품의 보급이나 유통에도 커다란 변화를 초래하였다. 납 활자를 사용한 조판·인쇄는 공정이 빠르고 비용이 저렴하였기 때문에 목판 인쇄에 의한 방각본보다 여러모로 유리하였다. 아울러 이 시기에 와서는 전국적인 교통의 편의, 상업 유통의 발달, 그리고 독서층의 급격한 증가에 힘입어 서적의 시장성도 뚜렷하게 확대되었다. 이처럼 인쇄술의 발명으로부터 시작된 대량 복제라는 새로운 소통 방식은 인간의 소통 방식이나 지식과 정보 교환 방식에 커다란 영향을 미치게 되었다. 이는 소수의 지식인이 생산하고 향유하던 문화를 대중들에게 확산하는 계기를 마련하게 된다.

21세기에 들어서서는 다양한 매체의 등장으로 인간이 정보와 지식을 얻고 수용하는 언어 양식 자체가 더욱 다양해졌다. 이는 문자언어와 음성언어를 중심으로 한 기존의 언어 개념 자체에 대한 재검토를 요구한다. 언어에 대한 복합 양식의 관점은, 문자언어나 음성언어뿐만 아니라 이를 포함한 다양한 소통 양식들이 모두 일정한 기호학적 원리에 따라 작용된다는 점을 강조하는 것이다. 이에 이미지나 영상 같은 시각 매체 역시 언어의 한 종류로 볼 수 있게 된다.[5]

이러한 관점에서 매체의 이해와 표현 방식은 의미를 드러내고 전달하며 나아가 이에 대한 해석을 필요로 한다는 점에서 언어의 측면에서 초점화하여 접근할 수 있다. 구체적으로 신문·잡지·영화·텔레비전·인터넷 등과 같은 현대 사회의 매체에서 의사소통은 말이나 글을 통해서만 이루어지는 것이 아니라, 말과 글이 그림이나 사진, 동영상 등 다양한 시각적 기호 및 영상 언어와 결합되어 의미를 형성하는 경우가 대부분이 된다. 이에 매체언어는 음성과 문자언어 차원을 넘어서 기호의 차원으로 확대되는 통합적 언어의 형태를 띤다.

▨ 매체언어
현대 한국 사회가 정보화 사회로 진입함에 따라, 인터넷을 비롯한 다양한 매체의 사용과 영향이 급격히 증대되었다. 이와 같은 언어 환경의 변화에 따라, 신문·잡지·텔레비전·라디오·영화·인터넷·휴대전화 등 다양한 매체를 통한 의사소통과 언어에 대해 이르는 말이다.

이처럼 인간의 의사소통 역사는 주로 소통 기술의 측면에서 본 주요 매체의 발달과 관련하여 이해할 수 있다. 언어의 발생, 구텐베르크의 인쇄기 발명, 마르코니의 전신 발명, 현대 사회에서의 인터넷 등장 등이 그 중요한 계

---

5) 윤여탁 외, 『매체언어와 국어교육』, 서울대학교출판부, 2008, 4~5면.

기가 되는 사건들이다. 이러한 사건들을 기점으로 하여 인간의 의사소통은 문자언어 등장 이전 시대, 문자 시대, 구텐베르크 시대, 전기 전자 시대 등으로 구분된다.[6] 그런데 여기서 중요한 점은 현대로 올수록 매체의 발달과 비례하여 의사소통의 방식이 '매개된 소통' 그리고 '대량 소통'의 성격을 강하게 가진다는 점이다. 이는 정보화 사회에 들어오면서 공동체의 성격이 이전과 달라지고 있음을 우리에게 보여준다는 점에서 주목을 요한다.

(2) 문학교육과 공동체 형성

인간은 개인적 존재이면서 동시에 사회적 존재라 할 수 있다. 인간은 혼자서는 삶을 영위해 나갈 수 없으며, 수없이 많은 사회적 관계망의 그물 속에서 살아 나가게 된다. 이러한 관계의 집합이 가족이나 사회, 국가, 종교로 나타난다. 이렇게 형성된 공동체는 그 공동체로서의 정체성을 확립하고, 확립된 이념을 그 구성원에게 교육한다. 이러한 공동체 형성의 중요한 수단으로 언어와 문학이 사용된다. 모든 나라에서 자국어 교육을 강조하는 기본 이유가 여기에 있다. 공동체의 정체성을 확립하는 방법은 행위나 제도 등 여러 가지가 있지만, 가치를 직접적으로 전달하는 언어의 전승에서 보다 분명하게 이루어진다. 이 언어의 효율을 극대한 것이 문학, 그리고 문학교육이다.

한 집단을 이루는 공동체의 단위에는 가족, 민족 그리고 종교가 있다. 민족은 국가의 개념으로 확대되기도 하였는데, 어떤 공동체를 우선하였는가는 각 역사의 상황마다 다르게 나타난다. 각각의 공동체는 그것을 유지하는 이념적 틀을 형성하고, 이를 소속원들에게 교육시키는 체제를 가지고 있다. 이

---

6) 이 중에서 특히 전환점이라 할 수 있는 시점은 역시 인쇄술의 발명이라 할 수 있다. 이에 대해서는 Marshall McLuhan, *Gutenberg Galaxy The Making of Typographic Man*, Univ. of Toronto Press, 1962, 임상원 역, 『구텐베르크 은하계』, 커뮤니케이션북스, 2001 참조.

는 제도적으로 이루어지기도 하고, 또는 생활 속에서 자연스럽게 이루어지기도 하였다. 다른 집단에 대항하고 그 집단을 압도할 수 있는 사회 구조를 확립하여 전승하고, 이를 구현할 수 있는 행동 방식을 설정한다. 이 교육을 통하여 한 집단의 사고나 행동 방식이 일정한 방향을 갖게 되는데, 가장 중요한 방식으로 인식되던 것이 문학을 통한 교육이었다. 문학은 언어로 이루어져 있고, 가치의 전달은 언어를 통하여 효과적으로 전달될 수 있다는 점에서 이는 필연적인 결과라고 할 수 있다.

문화적 활동을 하는 집단 가운데 언어와 혈통의 공통성을 바탕으로 묶을 수 있는 단위가 민족이다. 민족은 언어와 혈통뿐만 아니라 생활 감정의 동질성, 정서적 공감, 이념의 동질성 등으로 인해 문화적 공동체를 형성하게 된다. 민족 공동체의 구성원들이 향유하는 문학은 곧 그들의 문화 가운데 하나이다. 우리는 현재 남북 분단으로 국가 형태가 통일되어 있지 않지만, 언어를 중심으로 보면 민족 공동체의 성격을 아직은 유지하고 있다고 할 수 있다. 이렇게 보면 결국, 현재 우리에게 있어 가장 중요한 의미를 가지는 공동체는 언어 공동체라 할 수 있으며, 정보화의 실질적인 내용도 결국 매체언어에 있음을 주장할 수 있다.

07년 개정 국어과 교육과정에서부터 교육과정상에 <매체언어>라는 과목과 그 내용이 국어 교과에 포함되었다가 결국에는 독립 교과로의 위치를 상실한 적이 있다. 그러나 독립 교과로 서지 못했다고 해서 그것이 지닌 가치와 중요성이 부정되는 것은 아니다. 따라서 국어교육은 우리 시대의 지배적 소통 언어와 소통 방식으로 떠오르고 있는 매체언어를 통한 국어 능력의 신장을 목표로 함은 물론 매체가 생산하는 다양한 문화적 텍스트를 중요하게 다루어야 한다. 문학교육 역시 국어교육의 한 부분이므로, 문학과 관련되는 매체언어 교육은 적어도 지금보다는 넓고 깊게 교육되어야 한다. 구체적으로는 매체언어와 매체 자료의 성격에 대한 이해, 사회·문화적 맥락에서 매체

언어가 어떤 역할을 하고 있는지에 대한 이해를 강조하며, 이를 바탕으로 매체 텍스트를 수용하고 생산하는 활동 등을 교육 내용으로 삼아야 한다.

3. 공동체 문화로서의 문학과 문학교육

(1) 공동체 문화의 성격

공동체 의식은 동질감과 연대감을 바탕으로 하여 형성된다. 모든 인간은 한 사회의 구성원이자 세계의 일원이기도 하다. 문학은 이 모든 국면에서 공동체적 동질감과 연대감을 깨닫게 한다. 그리고 이를 통하여 공동체적 정체감을 확보할 수 있게 해 주므로 모든 국가나 언어 공동체에서 문학을 중요하게 취급하는 것이다.

문학은 근본적으로 인간의 삶 속에서 형성된 인간적 산물이며, 사회현실을 반영함으로써 다시금 그 현실에 반작용하는 사회적 의식의 일종이라고 할 수 있다. 즉 문학은 시대와 사회와 개인의 특수한 사정에 따라 그 형태와 방법이 다르게 나타나기는 하지만, 그럼에도 불구하고 일정하게 인간의 사회적 삶을 반영하는 사회의식의 한 형태라고 할 수 있다.[7] 이에 문학은 어떤 공동체가 지니고 있는 삶의 방식을 형상화한 것이라는 점에서 문화가 된다.

문학 작품에 나타나는 현실의 모습은 그 작품이 쓰인 시대에 살고 있는 인간들의 삶과 사회의식, 그리고 그것을 규정하는 사회적 조건을 포괄하고 있는 것이다. 따라서 우리는 문학 작품을 통하여 그 시대에 살았던 인간들의 사회적 삶을 포괄적으로 이해할 수 있다. 이를 「춘향전」과 「난장이가 쏘아

---

7) 최유찬·오성호, 『문학과 사회』, 실천문학사, 1994.

올린 작은 공」을 예로 하여 살펴보자.

우리나라의 대표적 고전 작품인 「춘향전」은 조선 후기 한글소설이다. 당연히 이 작품은 조선 후기라는 신분제 사회의 현실과 불가분의 관계를 갖는다. 양반의 아들과 기생의 딸이 사랑을 맺는다는 작품의 소재에서부터 갈등이 해소되는 암행어사 출도 장면도 조선 후기라는 구체적 사회상을 전제하지 않으면 그 이해가 어렵다. 이와 달리 「난장이가 쏘아올린 작은 공」은 산업화가 진행되고 있는 시기가 배경이 된다. 여기서는 종래의 생활 수단을 쓸모없는 것으로 만들어 버리는 급격한 사회 변동 속에서, 생계를 유지하기 위해 공장 노동자로 변신할 수밖에 없는 노동자 계급의 생활상이 드러난다. 이에 대비되는 산업화 과정에 편승하여 떳떳하지 못한 방법으로 큰돈을 손에 쥐게 된 자본가들의 행태도 나오며, 근근이 생계를 이어가는 데 몰두하는 소시민들의 생활도 나타난다. 특히 소설의 주인공인 '난장이' 일가의 살아가는 모습은 산업화의 거대한 물결이 인간들의 삶을 어떻게 변화시키는가를 상징적으로 보여준다.

이 두 작품은 각각 전혀 다른 시대를 배경으로 하고 있다. 말하자면 작가가 그리고자 하는 사회생활의 내용이 서로 다르다는 의미이다. 작품의 소재뿐만 아니라 전개되는 이야기의 내용과 인물 형상도 달라질 수밖에 없기도 하다. 그러나 우리는 이들 작품들을 공감하면서 읽는다. 아무도 조선 시대를 살아보지 않았으나, 주인공들과 같은 마음이 되어 웃고 울고 하는 것이다. 산업화 시대를 경험하지 않은 학습자들도, '난장이' 일가의 입장에서 상황을 이해하고 문제점 해결을 위한 방안 찾기에 골몰하게 되는 것이다. 특히 단순 읽기를 벗어나 교육의 대상이 된다면, 그러한 공감적 활동이 더욱 강화될 수 있다. 이는 단순한 문학 체험을 넘어 문화적 영역에 들어서는 과정이기도 한 것이다.

문학이 지닌 이러한 문화적 성격은 문학교육이 문화적 공동체의 일원이 되는 능력, 그리고 지적으로 삶에 대응하는 능력으로 전이된다. 문학을 통하여 공동체의 삶의 방식과 가치관에 동참하는 일은 공동체의 삶을 이해하고 실현하는 수준을 넘어 서서 개개인의 의식에 중대한 영향을 주게 된다. 그 방향은 동질감과 연대감으로 나타난다. 너와 내가 다르지 않다는 동질감은 이 공동체의 운명을 책임져야 한다는 의식으로 발전하게 한다. 모든 인간은 한 가족의 구성원이면서 학교 또는 직장의 구성원이기도 하고, 한 사회의 구성원이자 세계의 일원이기도 하다. 문학은 이 모든 국면에서 공동체적 동질감과 연대감을 깨닫게 하며, 이를 통하여 공동체적 정체감을 확보할 수 있게 해준다.

이러한 점에서 문학교육에서 소위 '문화 원리'라는 것이 부각된다.[8] '문화 원리'를 중요하게 여기는 관점은, 문학은 작가와 같은 특별한 이의 관심사일 뿐 일반인과는 무관하다는 생각이나, 국어는 언어라는 도구를 사용하는 기능만 기르면 된다는 생각, 그리고 문학은 언어를 이용하는 예술일 따름이지 국어와는 무관하다는 생각들에 대항하여, 문학교육의 위상을 정립하려는 노력으로서 문학을 문화로서 바라보아야 한다는 생각이라 할 수 있다.

(2) 문학과 문학교육의 '문화 원리'

문화라는 용어는 특히 최근 들어 일상적으로 학술적으로 많이 쓰이고 있는 것이지만, 그 쓰임의 내용은 너무도 다양해서[9] 오히려 우리에게 혼란을 가중시키는 경우도 없지 않다. 하지만 그런 만큼 이러한 용어를 사용할 때에는 그 다양성을 고려해야 한다. 때문에 문학교육에서 '문화 원리'를 설정하고 그 구체적인 모습을 파악할 때에는 문학과 문학교육이 공동체와 갖는 관

---

8) 이에 대한 자세한 논의는 한창훈, 『시가교육의 가치론』, 월인, 2001의 서론 부분 참조.
9) 전경수, 『문화시대의 문화학』, 일지사, 2000 참조.

계 양상에 주목해야 한다.

문화란 인간이 집단을 이루어서 살아가는 삶을 말하는 것이다. 그 삶이 표현하고 있는 행위와 행위를 이루어 내는 전 과정의 사고, 그리고 그에 관련된 삶의 현상을 문화라고 말하는 것이다. 문화인류학자들이 말하는 문화란 것은 삶이란 단어와 혼용되어도 별 문제없다. 그런데 문화는 그 공동체의 성격에 따라 달리 나타나므로, 문학을 통해 세상을 보는 대신에 세상의 눈으로 문학을 보는 것, 즉 문학을 문화로 보고 그 의미를 읽어내는 것이 중요하며, 문학교육도 이 점에 초점이 맞추어져야 하리라고 생각한다.

문학 작품에 형상화되는 것은 작가의 주관적인 상상에 의하여 창조되는 것이 아니라, 생활 속의 형상을 보기로 하여 재창조한 것이다. 그런 점에서 문학은 실제의 대상을 그대로 옮겨놓은 것이 아니라, 그것을 일정하게 변형시킨 것이라 하겠다. 이런 변화의 주요한 내용은 언어라는 매개를 통해 형상을 구성하는 감각적 요소가 바뀔 뿐 아니라, 작가의 주관이 개입하여 작용함으로써 형상의 성격 자체가 바뀐다는 점이다. 문학 작품의 형상은 읽기나 교육을 통하여 그것에 접촉할 수 있고, 이 과정에서 학습자가 그 자신의 상상 작용을 통하여 의식 속에서 재구성해내야 하는 간접적 형상인 것이다.

가령 소설 속의 인물이나 사건, 배경 등은 언제나 개인적이고 개별적으로 존재한다. 염상섭의 「만세전」에서 주인공 '나' 이인화는 고향에 아내를 두고 있으면서 일본 카페의 여급과 끈끈한 관계를 맺고 있는 구체적인 인물이다. 그리고 그가 겪는 일련의 사건도 일본의 식민지 지배가 이루어지던 1910년대의 조선의 현실을 구체적으로 보여주고 있다. 그러나 우리는 이 작품을 통해 일회적으로 존재했던 인물만을 기억하거나, 지나가버린 사건을 반추하는 것으로 문학 활동을 그치지 않는다. 「만세전」의 '나'를 통해 우리는 그 시대 일부 지식인들의 소심한 성격을 알 수 있으며, 그가 맞닥뜨리는 인물들을 통해 일제에 빌붙어 관료 생활을 하는 일부 조선인들의 일반적 특징을 파악할 수 있다. 부산항의 퇴락하는 조선인 거리와 번창하는 일본인 거리의 대조는 단순히 부산이라는 특정 지역의 현상만을 보여주지 않는다. 그러므로 문학 작품 속의 인물이나 사건은 개별적인 것이면서도 그것의 배후에 감추어진 본질적인 연관을 드러내 보여주는 보편적이고 구체적인 것이 되어 승화되는 것이다. 일반적으로 문학을 교육하는 일은 작품의 인지적 영역의 이해와 정의적 영역의 감상을 포함한다. 특히 문학교육이 문학 연구와 다른 점은 감상을 동반하고 나아가 이해보다는 감상에 비중을 더 두는 데 있다. 또 문학교육은 교육의 주체를 학습자에게 둠으로써 감상을 통한 삶의 체험 영역을 확대하고 창조할 수 있는 기회를 확보하고자 한다. 따라서 문학교육은 인지적 영역의 이해를 바탕으로 하여 심미성 즉 정의적 영역으로 나아갈 때, 그리고 그것이 다시 학습자의 인지적 능력을 향상시킬 수 있을 때, 비로소 교육의 목적을 달성할 수 있을 것으로 생각한다. 공동체 의식의 핵심인 동질감과 연대감도 이런 정의적 영역의 교육과정을 통해 실현 가능할 수 있다.

4. 문학교육과 공동체적 연대감 형성

(1) 문학 교육과정의 문화론적 시각

문학교육은 '문학 안에서 문학과 더불어 즐기면서 자아를 발견하고 세계를 인식하며 현실을 상상력으로 초월하여 가능한 모델을 구축하는 문화의 교육'[10]이라 할 수 있다. 그리고 교육과정이란 '교육을 주도하는 기관이 그 기관의 교육 목표에 따라, 학습자의 성장과 발전을 돕기 위하여 체계적으로

---

10) 구인환 외, 『제6판 문학교육론』, 삼지원, 2012.

개발하고 수립하는 지식과 경험을 포함한 모든 종류의 교육 내용의 사전 계획과 기대하는 결과'11)이다. 따라서 문학 교육과정이란 포괄적으로, '문학교육을 주도하는 기관이나 주체가 그 기관이나 주체의 교육 목표에 따라, 학습자의 성장과 발전을 돕기 위하여 체계적으로 개발하여 수립하는 지식과 경험을 포함한 모든 종류의 문학교육 내용의 사전 계획과 기대하는 결과'12)라고 규정해 볼 수 있겠다.

앞 장에서도 언급되었듯이, 문학교육이 잘 이루어지기 위해서는 문화적 시각을 확보하는 것이 중요하다. 문화는 개인들이 살아가면서 남과 더불어 이룩하는 각종의 관계를 바탕으로 형성되는 교섭 작용이라고 규정할 수 있다. 교섭 작용이 이루어지는 방법이 문화적 행동을 매개로 하기 때문에 상징적 교섭 작용이라고 할 수 있다.13) 남과 더불어 하나의 의미체를 이룩하기 위해서 개인은 그러한 체계를 알아야 하고 공통의 의미 작용을 이해하는 일이 앞서야 한다. 나아가 이러한 앎과 이해가 삶의 통합성을 지향할 수 있어야 한다. 이런 점이 전제되어야만, 우리는 이 시점에서 문학교육을 통한 공동체적 연대감의 형성을 논할 수 있는 것이다.

문학교육과 공동체적 연대감의 형성은 두 가지 차원에서 설명할 수 있다.14) 첫째, 문학교육을 통해서 학습자는 작가와 교감할 뿐 아니라, 각종의 사회 집단들의 사상과 감정에 접촉하게 되며, 사회의 본질적인 특징까지 알 수 있게 된다는 점이다. 둘째, 작품에서는 개인과 사회의 문제가 주로 다루어지므로, 문학교육을 통하여 학습자는 특수한 방식으로 사회적 과정에 참여하게 된다는 것이다. 결국 문학교육은 사회적 공동체 구성원들의 다양한 사상, 감정의 소통을 매개하여 그들로 하여금 사회적 과정에 주체적이고 능동

---

11) 이성호, 『교육과정과 평가』, 양서원, 1985.
12) 최지현, 『문학교육과정론』, 역락, 2006 참조.
13) 전경수, 『제2판 문화의 이해』, 일지사, 1999.
14) 최유찬 · 오성호, 『문학과 사회』, 실천문학사, 1994, 117면 참조.

적으로 참여하게 함으로써 공동체적 연대감의 형성에 기여한다는 생각이다.

(2) 문학교육을 통한 공동체적 연대감 형성

문학은 한 민족 혹은 국가가 역사적으로 공동으로 지니고 있었던 삶의 방식을 형상화한 것이라 할 수 있다. 어떤 것을 더 가치 있게 여기고, 어떻게 형상화하는 것이 더 좋다고 보는 가가 다른 것은 말이 다르고, 생각하는 바가 다르고, 사는 방식이 다르게 때문이다. 이러한 말과 생각과 사는 방식이 하나의 질서를 이룬 것이 문화이며, 당연히 나라마다 민족마다 차이를 드러낸다. 문학은 언어활동이며, 삶의 표현이자 가치의 추구이기 때문에 문학은 곧 문화가 된다. 때문에 문학의 공유는 곧 문화의 동질성을 확보하는 길이 된다.

■ 셰익스피어
영국이 낳은 세계 최고의 극작가로서 37편의 희곡과 여러 권의 시집과 소네트집이 있다. 24년의 활동 기간 동안 시기적 구획이 뚜렷이 드러나며, 대표작으로 4대 비극(햄릿, 오셀로, 리어왕, 맥베스)과 5대 희극(베니스의 상인, 십이야, 말괄량이 길들이기, 헛소동, 한여름밤의 꿈)이 유명하다.

서양 문명 공동체에서 「그리스 로마 신화」나 <성경>이 가지고 있는 연대감의 근원이 얼마나 강력한 것인가는 굳이 설명하지 않더라도 자명한 것이다. 영미문학에서 셰익스피어(W. Shakespeare)가 차지하고 있는 위상은 어떠한가. 일찍이 영국민들은 셰익스피어를 인도와도 바꾸지 않겠다고 하지 않았는가. 중세 중국에서 공자나 맹자가 차지하고 있는 위상도 이에 버금가는 것이다. 하나하나 예를 들지 않더라도, 고전의 반열에 오른 문학 작품이 공동체적 연대감을 형성하는 데 어떤 역할을 하고 있는가 하는 점은 명백하다고 본다.

인간은 사회적 존재이면서 동시에 역사적 존재인 것이다. 사회적 주체로서의 정립은 역사적 존재로서의 자각으로 나아가게 마련이다. 민족을 비롯한 각 공동체의 동질성을 확인하고 그 일체감을 꾀하는 일은 중요한 일이다. 이 일에 언어와 문학이 매우 중요한 역할을 한다. 문학 작품 자체가 삶의 총체성과 관련되어 있으니, 역으로 당대의 삶을 이루는 요소들인 정치·경제·문화 등의 이해는 문학 작품의 정확한 감상과 수용에 필수적일 수 있다. 반대로 우리가 학습의 대상으로 삼는 문학 작품은 당대 현실을 예술적으로 잘 반영하고 있으므로, 문학교육을 통해 그 역사적 현실의 본질에 대한 정확한 이해로 나아갈 수 있다. 문학교육의 목적이 단순히 문학의 이해에만 그치는 것이 아니고, 인간의 삶과 세계에 대한 총체적 인식을 기르는 데에도 적용된다면, 우리는 문학교육이 가지고 있는 의미를 제대로 파악하고 그것을 활용할 필요가 있다. 이처럼 학습자들도 문학 활동이 다양한 역사·사회적 구도 속에 의미를 갖도록 노력해야 할 것이다.

문학 활동을 통한 사회의 대화 광장에 참여하는 것은, 일차적으로는 그 시대의 흐름을 올바르게 파악하고 따라가며 나아가 적극적으로 참여할 수 있기 때문이다. 문학은 한 시대의 삶의 실체에 대한 정수의 표현이 가능하다. 삶의 미세한 부분을 다루는 문학은 항상 삶의 본질적인 부분에 대해 질문하기 때문에, 그 시대의 삶의 본질에 대한 답을 내놓는다. 따라서 문학 활동을 통한 사회적 대화는 다른 이야기와 다른 것이다. 문학은 일정한 시대적 상황에서는 사회의 공유 양식의 성격을 띠며, 그것 자체를 체득하거나 향유하는 일 자체가 문화적 의미를 가지며 동시에 사회적 대화 통로에 들어서는 일이다. 이에 사회적 공유 양식인 문학을 교육하는 것은 궁극적으로 언어 능력을 신장하고, 문화를 계승하며 창조적인 글쓰기를 할 수 있는 인간을 길러 내는 일에 나아가는 것이라 할 수 있다.

✅ (   )에 알맞은 말을 써 넣으면서 주요 개념을 정리합니다.

1 문학교육은 단순 교과가 아니라, 역사·정치·경제·윤리 등의 교과 학습과 상호 긴밀히 관련되어 있는 (   )이다.

2 현대로 올수록 매체의 발달과 비례하여 의사소통의 방식이 (   ), (   )의 성격을 강하게 가진다.

3 현대 우리에게 있어 가장 중요한 의미를 가지는 공동체는 (   )라 할 수 있으며, 정보화의 실질적인 내용도 결국 매체언어에 있다고 할 수 있다.

✅ 지시에 따라 서술하면서 공동체 문화로서의 문학과 문학교육에 대해 이해합니다.

1 '문화 원리'에 대해서 설명하시오.

2 문학교육의 공동체적 연대감 형성 기능을 두 가지 차원에서 설명하시오.

✓ 지시에 따라 주요 개념을 적용하면서 실천적 능력을 기릅니다.

1 작품 속의 특정 시대 배경을 직접 겪지 않아도 독자가 공감적 활동을 원활히 하게 되는 과정에 대해 <조건>에 맞춰 서술하시오.

조건	① 「난장이가 쏘아 올린 작은 공」, 「춘향전」 중 한 작품의 시대 배경을 활용할 것 ② '문화 원리'의 개념을 적용할 것

2 문학교육을 통한 공동체적 연대감 형성과 관련하여 공지영의 「도가니」에 대해 서술하시오. (단, 개인과 사회의 문제를 중심으로 서술할 것.)

제3장

역사의식과 세계관 형성

문학과 역사의식, 문학과 세계관 형성은 무엇 상관이 있는가? 문학과 역사는 근대 이후로 서로 다른 영역으로 인식되고 분리되어 왔다. 그러나 우리는 문학을 통해서 세계를 보고 문학에 나타난 역사의식을 읽어낼 수 있다.

그렇다면 문학이란 무엇이고 역사란 무엇인가? 문학은 허구성이 강하고 역사는 사실성에 기반을 둔 영역이라서 서로 멀기만 한 것은 아니다. 문학의 상상력은 오히려 세계와 역사의 진실을 생생하게 전달하는 통로가 되기도 한다. 이 장에서는 문학과 역사가 어떤 관련을 맺고 있는가 하는 물음을 통해 문학의 가치를 재발견하고 우리의 세계관과 역사의식을 점검할 수 있는 성찰의 시간을 가져보도록 하자.

1. 문학과 역사의식의 상관성

(1) 문학과 역사의 관계

문학교육에서 역사의식을 거론하는 이유는 무엇인가? 문학은 역사와 무슨 상관이 있는가? 이를 이해하기 위해서는 문학이란 무엇인가에 대한 본질적인 물음을 던질 필요가 있다. 문학이란 무엇인가? 문학은 삶의 궤적, 곧 인간 삶의 흔적을 기록으로 남기되 삶과 현실과 시대에 대한 반응을 언어로 형상화한 것이다. 이와 관련하여 15세기의 서거정(1420~1488)은 다음과 같은 말을 하였다.

■ 동문선
「동문선」(東文選)은 1478년 성종의 명으로 당시 대제학이던 서거정을 비롯해 강희맹, 양성지 등에 의해 편찬된 책으로, 신라시대부터 당시까지 우리나라의 역대 시문(詩文)을 모은 133권에 이르는 책이다. 책 제목에서 '동(東)'은 우리나라를 지칭하는 표현으로서, 당시 동아시아문명권의 중심부가 중국이긴 하지만 우리의 문학을 중국과 대등하게 인식한 자부심을 서문과 이러한 작업 그 자체를 통해 읽어낼 수 있다.

하늘과 땅이 처음으로 나누어짐에 문(文)이 생겼다. 해와 달과 별이 위에 벌려 있어 천문(天文)이 되고, 산과 바다가 아래에 치달리고 솟아 지문(地文)이 되었다. 성인이 글자를 만듦에 인문(人文)이 점점 발전하였다. 시서예악(詩書禮樂)은 문의 용(用)으로서 시대마다 각기 다른 문(文)이 있고, 문마다 각기 다른 체(體)가 있다. (중략) 근세에 문을 논하는 이가 송나라 문은 당나라의 문이 아니고, 당나라의 문은 한나라의 문이 아니며, 한나라의 문은 춘추전국시대의 문이 아니고, 춘추전국시대의 문은 삼대와 당우 시대의 문이 아니라 하니 참으로 식견 있는 말이다.[1]

여기서 문(文)을 무늬[紋], 곧 모양, 외적 형상이라고 이해해 보자. 하늘과 땅과 사람이 모두 고유의 형상이 있는데, 사람의 형상은 문사언어를 통해 그 형상화가 발전하였다고 한다. 그 중에서도 시서예악을 말하고 있는데, 현대

---

1) 서거정, 「동문선서」 『사가문집』 권4, 민족문화추진회, 1993.

적 개념의 문학은 이 중 시서(詩書)에 해당한다. 그런데 위의 글에서 가장 주목되는 것은 이러한 형상화는 시대마다 각기 다르다는 것이다.

이를 문학은 삶과 현실과 시대에 대한 반응의 언어적 형상화라고 한 점과 연결 지어 생각해보자. 개인의 삶은 현실을 떠날 수 없으며, 그 현실을 거시적으로 살피면 개인의 삶은 시대의 한 부분이라 할 수 있다. 곧 문학은 현실과 시대, 곧 역사를 반영하고 그에 대해 인간이 만들어내는 무늬, 외적 형상화인 것이다. 따라서 상당수의 문학은 현실을 어떻게 바라보고 반응하는지의 세계관과 시대의식을 겉으로 드러낸 것이라고 하겠다.

표준국어대사전을 보면 역사의식이란 "어떠한 사회 현상을 역사적 관점이나 시간의 흐름에 따라 파악하고, 그 변화 과정에 주체적으로 관계를 가지려는 의식"이라고 되어 있다. 곧 문학에는 예술적 속성도 있지만 사회 현상에 대한 주체로서의 적극적 표현인 역사의식도 있는 것이다. 따라서 문학의 속성으로서 우리는 예술성에만 주목해서는 안 되고 또 다른 주체적 표현으로서의 역사의식적 측면도 함께 보는 것이 마땅하다고 하겠다.[2]

시대가 다르듯이 그 시대를 살아내고 기록한 문학 역시 다르다. 문학을 통해 우리는 문학 속에 담겨진 해당 시대에 대한 작가와 작품 속 화자(話者)들의 세계관과 역사의식을 읽어낼 수 있다. 어느 시대, 어느 나라의 문학인가에 따라 세계관과 역사의식이 다양하게 나타나기 때문에 문학을 배운다는 것은 곧 그 문학을 지은 사람의 세계관과 시대의식, 곧 역사의식을 배우는 것이 된다. 작가가 의도하든 그렇지 않든 각 시대의 문학은 그 시대를 형상화한 결과이기 때문에 문학에는 자연스럽게 세계관과 역사의식이 담겨 있는 것이다.

---

2) 정재찬, 「문학사교육의 현상과 인식」, 『민족문학사연구』 43, 민족문학사학회, 2010.

(2) 문학의 허구성과 역사의 사실성

문학은 사실 그대로의 흔적, 있는 그대로의 무늬가 아니다. 역사의 사실성에 비해 문학은 허구성에 바탕을 두고 있으므로, 역사의 기록이 문학보다 있는 그대로의 사실에 가깝다. 그러나 문학은 삶과 현실과 시대를 담고 있기 때문에 역사와 전혀 다른 것이라고도 할 수 없다. 김부식의 『삼국사기(三國史記)』나 일연의 『삼국유사(三國遺事)』는 역사서이기만 한 것은 아니다. 우리가 잘 아는 바보 온달의 이야기나 조신 설화, 신라의 노래인 향가 등은 모두 이 역사서에 나온다. 이는 곧 문학에는 역사와 세계를 바라보는 시각이 담겨 있다는 것을 의미한다. 따라서 문학을 통해 우리는 세계와 역사에 대한 시각, 곧 세계관과 역사의식을 배울 수 있는 것이다.

■ 삼국사기와 삼국유사
김부식의 『삼국사기』와 일연의 『삼국유사』는 고려시대 쓰인 책으로서 당시 역사와 문학을 융합적으로 인식한 시각이 잘 드러나는 책이다. 두 책은 여러 면에서 대조적인데, 김부식은 관원이고, 일연은 승려로서 서로 다른 신분이 역사와 문학을 바라보는 시각과도 연결이 된다. 특히 문학을 중심으로 보자면 관찬서로 불리는 『삼국사기』에 비해 『삼국유사』는 더 풍부한 이야기를 담고 있다. 신라의 향가 14수를 볼 수 있는 유일무이한 문헌이자, 고대 가요인 「구지가」를 비롯해 다양한 설화를 담고 있어서 문학을 통한 세계관과 역사의식의 탐구로서도 매우 흥미로운 책이다.

실증주의적으로 기록된 역사를 통해 우리가 그 시대를 읽고 이해하는 것은 한계가 있다. 대개의 기록된 역사는 그 시대의 지배층에 의해 서술되기 마련이며, 서술방법 역시 단편적인 사실의 나열에 그치는 경우가 많기 때문이다. 이것은 그 시대의 상세한 모습이나 구체적인 정황을 이해하는 데 충분한 자료가 되지 못한다. 그렇기 때문에 오늘날의 역사가는 과거의 역사를 이해하는 과정에서 역사를 바라보는 자신의 가치관을 적용할 때 때로는 얼마간의 상상력이 필요하게 된다. 이 상상력이 바로 문학이 작용하는 자리가 된다.

역사는 지나간 사실의 기록이지만 미래를 대비하고 만들어가는 지혜이기도 하다. 그런데 지나간 사실은 이미 일어난 일이므로 되돌리거나 다른 상황을 설정할 수 없다. 이에 비해 문학은 이미 일어난 사실도 다른 상황이나 인물의 설정으로 다양하게 접근한다. 사실에 기반을 둔 것이지만 여기에 상상력과 욕망이 반영되어 문학으로 존재한다. 그런 점에서 미래를 바라보고 준비하여 다음의 역사를 더 새롭고 이상적인 방향으로 만들어가는 지혜와 간접 경험을 제공한다. 일례로 사명당이라는 신이한 인물의 활약을 통해 한반도에 심한 상처를 남긴 일본에 복수를 하는 것으로 마무리되는 「임진록」은, 실제의 역사적 사건을 배경으로 하되 그 결과는 바꾸어 놓음으로써 과오를 반성하고 새로운 승리를 염원하는 것이다.

따라서 문학을 통해서 우리는 그 시대의 모습을 보다 더 자세하고 생생하게 바라볼 수 있다. 비록 그것이 역사적 사실에 기초한 상상력의 발현이라 할지라도 문학을 통해 우리는 그 시대 사람들의 모습을 좀 더 구체적으로 알 수 있는 것이며, 그 당시의 시대정신이 어떠한 이유로 가능했는지 그 내막을 알 수가 있다. 그리고 이것은 오늘날 역사적 사실을 교육을 통해 더욱 친근하게 접하고 이해하는 데 많은 도움을 준다.

예를 들면 역사책에 기록된 일제 치하의 민중들의 삶을 역사책에서 온전히 이해하기는 쉽지 않을 것이다. 하지만 그 시대를 살아갔던 수많은 문인들이 남긴 문학 작품을 통해 우리는 보다 더 깊고 자세하게 일제 치하에서의 지식인의 고뇌와 민중들의 고단한 삶을 알 수 있다. 그런 이유 때문에 많은 드라마와 영화에서 그 시대상을 다룬 문학 작품이 소재가 되어 역사적 사건을 널리 알리는 역할을 하고 있는 것이다. 따라서 문학은 역사를 이해하는 데, 또 그 시대정신을 이해하고 교육하는 데 상당한 역할을 하고 있다고 보아야 한다.

'시 세계' 혹은 '문학 세계'라는 말을 흔히 사용한다. 작품 안에 세계가 있다는 것이다. 문학 속의 세계는 현실세계와 무관하지 않다. 현실을 담아내고자 하며, 현실을 이야기하고 있기 때문이다. 문학은 현실세계를 반영한다. 이렇게 현실을 반영한다는 관점에서 본다면 문학세계를 통해 현실세계를 바라보는 법을 배울 수 있다.

하지만 이런 문학의 기능에도 어느 정도의 한계가 있는데, 그것은 문학적 상상력이 그 시대의 역사적 사실을 재해석하는 것에서 넘어가 사실을 왜곡해서는 안 된다는 것이다. 왜냐하면 문학은 역사를 이해하는 데 도움이 되기도 하지만, 그 상상력이 지나치다면 혹은 다른 정치적 목적 내지는 이해관계에 얽매인다면 사실을 왜곡하는 도구도 될 수 있기 때문이다.

따라서 문학적 상상력은 사실에 기반을 둔 역사적 사실의 뼈대 위에서 살을 붙이고 숨결을 불어 넣는 과정이 되어야 하는 것이다. 만일 그러한 과정 안에서 문학을 이해할 수 있다면 문학은 화석화된 역사적 사실에 생명을 불어넣어 많은 사람의 공감을 이끌어 낼 수 있는 훌륭한 도구가 될 수 있다. 그런 점에서 우리는 생명을 불어넣는 문학가를 주목해야 할 것이다.

뮤어(G. R. G. Mure)와 루카치(György Lukács)는 문학가가 만들어내는 문학 속의 세계는 허구도 아니고 그렇다고 사실(fact) 그 자체도 아니며, 정서와 상상으로 만들어진 세계이지만 사실보다 더 객관적이고 더 현실적인 가치를 가졌다고 하였다.[3] 이와 관련해 다음 인용문을 보도록 하자.

예술이 생각하는 것은 개인의 세계가 아니라 인류의 집단 경험에 뿌리를 둔 질서 정연한 전체이다. 이런 의미에서 예술은 리얼리티를 '반영'하고, 이 리얼리티는 '사실'의 리얼리티가 아닌 것이다. 또한 막연한 '느낌'도 아닌 것이다. 예술은 '객관적' 가치 영역의 거울 이미지인 것이다. 다르게 말하면 예술은 이 세상에 대한 진실을 진술하는 것이다.[4]

위 인용문에서는 예술이라고 하였지만, 이 예술 속에 문학 역시 포함된다. 곧 문학은 개인의 세계나 세계관만이 아니라 집단 경험의 세계를 반영하기 때문에 우리는 문학을 통해 과거를 이해하고 선조들을 이해하며 역사의식을

---

3) George Lichtheim, *György Lukács*, Viking Press, 1970, 이종인 역, 『루카치』, 시공사, 2001, 181면.
4) 위의 책, 179면.

기를 수 있다. 문학은 주도적인 시대정신의 천명이자, 작가의 세계관의 표현이자 결과인 것이다.[5] 따라서 한 시대의 역사의식을 담아내고자 하는 작가의 의식은 그 시대의 관습적 양식인 하나의 장르를 형성하기도 한다.

이와 관련해 고대문학을 살펴보자. 건국신화와 건국서사시 역시 하나의 장르이면서 또한 역사의식이 드러난 문학이다. 신화에서 말하는 역사는 개별적 사실의 역사가 아니고 사실에 대한 총체적인 해석이다.[6] 예를 들어, 「단군신화」에 나오는 하늘의 아들 환웅과 곰과 호랑이 이야기는 여러 부족이 한데 뭉쳐지고 통합하는 과정에서 다른 피지배 부족들에게 자신들의 행동에 당위성을 부여하고 정당화시키는 역할을 하였을 것이다. 즉 작가(혹은 작가층)이 당시 사회의 재편과정에서 있었던 일들에 대해 문학적 상상력을 동원해 재구성을 한 것이다. 같은 관점에서 구비문학 또한 이해가 가능하다. 구비문학은 곧 구비역사이기도 한데,[7] 역사적 사실 그 자체가 아니라 구비문학 향유자들의 역사에 대한 해석이라고 할 수 있다.

구체적인 예로 남방계 신화인 「가락국기」의 다음 대목을 보도록 하자.

> (전략) 그 때 사람들은 거의 스스로 산과 들에 모여 살면서 우물을 파서 마시고 밭을 갈아서 먹었다. (중략) (그들이) 사는 곳의 북쪽 구지(龜旨) — 이것은 산봉우리의 이름인데 거북이 엎드린 형상과 같으므로 구지라 했다. — 에서 수상한 소리가 불렀다. (구간들과) 마을 사람들 2, 3백여 명이 거기에 모이니, 사람 소리 같기는 한데 그 모습은 숨기고 소리만 내었다.
> "여기 누가 있느냐?"
> 구간들은 대답했다. "우리들이 여기 있습니다."

---

5) Wilhelm Dilthey, *Poetry and experience*, Princeton University Press, 1985, 김병욱 외 역, 『딜타이 시학—문학과 체험』, 예림기획, 1998.
6) 조동일, 『문명권의 동질성과 이질성』, 지식산업사, 1999, 205면.
7) 조동일, 『학문론』, 지식산업사, 2012, 285면.

"내가 있는 곳이 어느 곳이냐?"

"여기는 구지입니다."

또 말했다. "하늘이 나에게 명령하신 것은 이 곳에 와서 나라를 새로 세워 임금이 되라 하셨다. 그래서 내려왔다. 너희들은 이 산 꼭대기를 파며 흙을 집으면서 '거북아, 거북아, 머리를 내놓아라. 내놓지 않으면 구워 먹겠다.'라고 노래하고 춤을 추어라. 그러면 곧 (하늘에서) 대왕을 맞이하여 (너희들은) 매우 기뻐서 춤추게 될 것이다.

구간들은 그 말을 따라 마을 사람과 함께 모두 기뻐하면서 노래하고 춤추었다.(하략)[8]

이 대목은 고등학교 문학 교과서에 곧잘 등장하는 대목이다. 고대가요로서의 구지가는 가락국 신화의 일부로서, '머리를 내어라'고 말하는 수백 명의 목소리를 드러내기 위한 것이라 할 수 있다. 위 본문을 보면 「구지가」라는 고대가요는 하늘의 소리가 일러준 노래이다. 그런데 이를 알려준 이는 하늘에서 소리만 나고 모습은 보이지 않는다. 자신이 이곳에 나라를 세우고 임금이 되라고 하는 하늘의 명이 있어 내려왔다고 했다. 하지만 마음대로 임금이 되지 않고, 2,3백여 명의 사람들이 왕을 달라고 노래를 불러야 실제로 그렇게 된다고 했다.

이는 하늘의 명에 의하면 모든 것이 다 될 것 같지만, 아래로부터의 요구와 동의가 있을 때 하늘의 뜻도 땅에서 가능하다는 세계관을 보여준다. 이 작품의 향유자들은 아래로부터의 요구로 세워진 왕의 등장 과정에 대해 강조하고 싶은 것이다. 이는 곧 고대 당대인의 역사의식으로서, 백성을 통치하는 왕은 위로부터의 왕이 아니라 백성 스스로에 의해 세워진 왕이어야 하고, 그에 대한 긍정적 인식과 가치를 보여주고 있다고 하겠다.

---

8) 일연, 「가락국기」, 『삼국유사』 2권 기이 제2, 권상로 역해, 동서문화사, 2007.

이번에는 조선 건국의 시대로 넘어가보자. 역성혁명(易姓革命)에 참여한 사람들은 대내외적으로 자신들이 행한 일들에 대한 정당성을 확보하는 것이 필요했을 것이다. 물론 조선 건국에 주도적인 역할을 했던 사람들일수록 고려 시대가 가진 낡은 틀에서 벗어나 새로운 질서를 가진 이상적인 세상을 꿈꾸었겠지만, 이것을 그 밖의 다른 사람들에게 설득하고 보편적인 공감을 이끌어 내는 것은 다른 과제였을 것이기 때문이다.

이때 문학은 적극적으로 그 시대를 담는 역할을 하게 되는데, 이러한 과정에서 나온 것 중의 하나로 악장문학인 「용비어천가」를 들 수 있다. 천명의식과 합리성에 기반을 둔 국가의 위업과 건국의 정당성을 널리 알리기 위해 「용비어천가」를 '백성을 가르치는 바른 소리'인 훈민정음(訓民正音)과 지식인을 위한 한시, 두 가지 언어로 만들었다. 노래를 통해 보다 효과적이고 광범위하게 자신들의 생각이나 이념을 전달하고자 한 것이다.

그런데 문학은 위로부터 특정 역사의식을 천명하는 데에 사용되기도 하지만 아래로부터의 세계관도 함께 보여주고 있다는 점에서 역사적 진실을 우리에게 이야기한다. 상층 지식인의 문학과 민중문학의 공존이 이를 잘 보여준다. 같은 시대의 목소리이면서도 상층문학과 다른 무수한 사람들의 세계관적 지향이 녹아 있는 설화의 다양한 각편에는 같은 역사적 사실에 대해 상반되거나 모순되는 등 다른 목소리가 공존하는 것도 이 때문이다. 다양한 세계관이 각편에 나타나 과연 진실은 무엇인지 충돌되는 목소리들 가운데 우리로 고민하게 한다. 따라서 우리는 문학을 통하여 다양한 세계관과 역사의식을 접할 수 있음을 알고 그 다양성에 대해 살펴보고 헤아릴 수 있어야 할 것이다.

2. 문학사의 전개와 역사의식

한 시대 안에서 문학사의 전개는 그 시대정신의 발전과 계승이라는 측면에서 이해할 수 있다. 문학이 그 시대정신의 산물인 만큼 역사적인 배경은 그 시대를 사는 작가의 작품 활동 안에 녹아 있기 마련이다. 그래서 문학사는 문학으로 표현된 민족사라고 일컬어지기도 한다.[9] 그러나 문학가는 역사적 사실을 그대로 표현하는 데 그치지 않고 그것을 바탕으로 해서 자신의 가치관이나 소망은 물론 시대정신을 작품 안에 담게 되는데, 이것은 동일한 역사적 배경을 타고난 후세에 계승되는 것이다. 왜냐하면 문학가는 그 시대를 사는 인물인 동시에 과거의 지식과 전통을 계승하고 발전시키는 역할을 하기 때문이다.

당대의 지식인으로서 문학가는 자신이 사는 시대의 모습을 과거에 살았던 선배들의 모습과 비교하게 되고 자신이 바라는 사회상이나 혹은 동시대 사는 사람들의 모습을 형상화한 작품을 남김으로써 후대에 영향을 끼치게 된다. 따라서 정변 혹은 혁명 같은 급변하는 시대를 살고 있지 않은 문학가는 대부분 계승된 문학 안에서 자신의 사상과 감정을 담은 작품 활동을 하게 되는 것이다.

이때 문학사는 또 다른 의미로 역사의식을 담은 시대정신이 되고 이를 계승하고 발전시키는 모습을 가지게 된다. 이런 관점에서 과거의 문학, 이를테면 같은 시대 안의 시나 소설 같은 장르의 문학은 점차적으로 표현의 형태나 양식에 있어서 이전의 작품에 비해 틀에서 벗어나며 다양해지는 경향이 있는데, 이것은 계승이 이루어진 장르 안에서 찾아볼 수 있다.

예를 들어 조선 전기에 비해 조선 후기로 갈수록 시가의 경우 사설시조나

---

9) 김대행 외, 『문학교육원론』, 서울대학교출판부, 2000, 255면.

육담풍월 등 정형화된 틀에서 벗어나 형식적 다변화를 꾀하거나 기존의 형태를 따르지 않는 파격적인 형태의 시들이 나타난다. 내용 또한 백성들의 삶이나 일반 남녀노소의 사랑을 표현한 다양한 작품들이 나타나게 된다. 산문에서도 소설의 등장과 발전을 통해 기존 질서의 변화나 새로운 시대에 대한 소망을 담은 작품, 새로운 인물 유형들이 많이 나타난다. 특히 18세기의 풍자문학의 유행은 부패한 상층, 민중의 고통스러운 현실 인식 및 저항의식을 표현한 것이다.

이러한 변화와 발전은 계승된 전통에서 벗어나고자 하는 인간의 본성에도 원인이 있겠지만, 더욱 다양해지고 복잡해지는 시대적 변화와 더불어 그러한 변화 안에서 자신의 생각을 보다 적극적으로 표현하고자 하는 인간의 욕구에 기인한 것이다. 문학가는 그 자신의 정서와 사상을 담은 문학을 집필할 때 일단 기존의 계승된 전통의 틀 안에서 자신을 표현하려고 노력하겠지만, 그것이 충분하지 않다고 느낄 때 또 다른 대안을 생각하게 되며 그것이 나타나는 형태가 전통적인 표현 방법에서 벗어난 파격, 새로운 장르의 출현인 것이다.

같은 관점에서 보다 폭 넓은 변화 또한 이해할 수 있을 것이다. 정변이나 혁명, 혹은 전란으로 인해 역사적 현실이 보다 폭넓게 변하게 된 경우 그 시대를 살고 있는 문학가는 그에 따른 영향을 받지 않을 수 없게 된다. 따라서 그의 작품 세계 또한 그가 처한 현실의 변화의 폭에 비례해 큰 변화를 보이게 되는데 이것은 정변과 전란이 적지 않았던 우리의 역사를 통해 확인해 볼 수 있다.

일례로, 고려 전기와 후기 사이에 나타난 무신정변이나 몽골의 침략 등으로 인해 고려 후기에는 가전체(假傳體)나 소악부(小樂府), 경기체가, 시조, 가사 등 다양하면서도 새로운 갈래가 등장한다. 이로 인해 문학사에서 고려 전기와 후기는 같은 고려 왕조이지만 중세 전기

■ 소악부

소악부(小樂府)의 '악부(樂府)'라는 명칭은 원래 중국에서 민가(民歌)를 수집하던 관청으로서 후에는 그러한 노래를 지칭하는 갈래명으로 사용되었다. 소악부는 고려 후기에 이제현, 민사평 등에 의해 등장한 새로운 갈래로서, 우리말노래를 한시로 번역한 것이다. 우리말 노래인 고려속요, 민요 등을 한문으로 번역하여 기록하는 방법은 훈민정음이 창제된 이후에도 이어져, 조선 후기까지 '소악부'의 전통이 지속되었다.

문학과 중세 후기 문학으로 나뉘는 것으로 보기도 한다.[10]

■■ 언문풍월
언문풍월에서 '언문(諺文)'은 한문(漢文)과 대비해 국어(國語)를 지칭하는 표현이었다. 국문(國文)인 훈민정음이 생긴 초기에는 한문(漢文)은 진서(眞書)라고 불린 반면에 국문(國文)은 여성의 글이라고 해서 암글이나 이언(俚言)으로 낮추어 불리기도 했다. 그러나 조선 후기가 되면 오히려 한시도 국문(國文)으로 7글자나 5글자를 맞추어 짓는 유희적 경향이 나타났는데, 이를 언문풍월이라고 한다.

또 조선 말기에 개화기를 거치면서, 수많은 작가에 의해 나타난 다양한 시도들, 곧 한시의 형태를 접목한 4행시, 언문풍월(諺文風月)이나 신체시, 신소설 등도 시대적 변화를 담아내려는 장르적 모색으로 이해될 수 있을 것이다.[11] 이후 일제의 지배 아래 놓이게 되면서 나타난 문학의 양식적 변화도 이러한 세계관과 역사의식과 밀접하다. 승려이기도 한 한용운의 「님의 침묵」은 신라와 고려의 노래인 향가와 같이 10줄로 줄마다 행갈이를 하며, 향가의 낙구의 자리에 '아아'라는 감탄사를 넣는 등의 형식적 계승을 꾀하였다. 그러면서도 1920년대의 경향으로서 민족적 서정주의를 잘 구현한 시인으로 평해진다. 작품을 보면 아래와 같다.

님은 갔습니다. 아아, 사랑하는 나의 님은 갔습니다.

푸른 산 빛을 깨치고 단풍나무 숲을 향하여 난 작은 길을 걸어서 차마 떨치고 갔습니다.

황금의 꽃같이 굳고 빛나던 옛 맹서는 차디찬 티끌이 되어서 한숨의 미풍에 날아갔습니다.

날카로운 첫 키쓰의 추억은 나의 운명의 지침을 돌려놓고 뒷걸음쳐서 사라졌습니다.

나는 향기로운 님의 말소리에 귀먹고 꽃다운 님의 얼굴에 눈멀었습니다.

사랑도 사람의 일이라 만날 때 미리 떠날 것을 염려하고 경계하지 아니한 것은 아니지만 이별은 뜻밖의 일이 되고 놀란 가슴은 새로운 슬픔에 터집니다.

그러나 이별을 쓸데없는 눈물의 원천을 만들고 마는 것은 스스로 사랑을 깨

---

10) 조동일, 『한국문학통사』, 지식산업사, 2005.
11) 물론 근대 문학을 이렇게 외세의 충격에 대한 우리 사회와 문학의 응전으로서 바라보려는 태도 역시 우리 사회와 역사 발전을 바라보는 역사관의 반영이기도 하다. 윤여탁, 「문학사의 시대 구분과 문학교육」, 『선청어문』 28, 서울대 국어교육과, 2000, 350면.

치는 것인 줄 아는 까닭에 걷잡을 수 없는 슬픔의 힘을 옮겨서 새 희망의 정수
박이에 들어부었습니다.

　우리는 만날 때에 떠날 것을 염려하는 것과 같이 떠날 때에 다시 만날 것을
믿습니다.

　아아, 님은 갔지마는 나는 님을 보내지 아니했습니다.

　제 곡조를 못 이기는 사랑의 노래는 님의 침묵을 휩싸고 돕니다.

— 한용운, 「님의 침묵」

이 작품을 보면서 우리는 아무래도 식민지의 현실 속에서 자신이 처한 고
뇌와 역사의식적 지향을 읽어내지 않을 수 없다. 그리고 한시도 지었던 한용
운이 우리말로 된 시를 짓되 신라와 고려의 승려들이 10구체 향가를 통해 인
간 삶과 세계, 그리고 역사를 고뇌한 흔적을 문학사적으로 계승하며 이를 표
현하고 있는 것을 간과할 수 없다. 작품의 내용만이 아니라 문학적 장치의
계승과 함께 우리가 뿌리내리고 있는 이 땅의 역사와 무관하게 읽어낼 수는
없는 것이다.

이런 점에서도 문학은 우리 민족의 역사와 깊이 연관이 있고 그 의식의 발
로이며 민족적 정체성과 무관하다고 할 수 없는 것이다.[12] 따라서 문학사의
전개는 통시적인 관점에서 역사적인 변화와 현상에 깊은 영향을 받게 되며,
그 역사적 사실을 바탕으로 상상력과 시대정신을 표현함으로써 그 시대를
읽어내는 그릇의 기능을 한다. 나아가 새로운 시대로 가기 위해 변화된 세상
을 꿈꾸고 열어가는 주도적 역할을 한다고 하겠다. 따라서 우리는 문학사를
통해 다양한 세계관적 가치들이 충돌하기도 하고 경쟁하기도 하는 역사적
구도를 살피고 경험할 수 있는 것이다.

---

12) 류수열, 「문학사 교육의 위상과 성격」, 『고전문학과 교육』 1, 한국고전문학교육학회, 1999.

3. 문학교육과 세계관의 형성

　문학 작품에 나타난 서로 다른 세계관적 가치들을 학습자들은 어떻게 바라보아야 하는가? 문학에 나타난 역사의식은 생산자, 혹은 향유자들의 역사에 대한 해석이다. 그렇다면 학습자들은 이를 다시 자신만의 세계관으로 바라보는 과정을 거쳐야만 한다. "해석은 텍스트를 현대에 적용하는 것이지 과거의 단순한 재현은 아니다. 과거를 현재에 통합하는 것"13)이다. 문학사에 나타난 여러 작품들에서 보이는 역사의식이 서로 다양하고 상충된다는 것은 과거의 문학을 수용하는 각 시대의 향유자들의 당대적 해석의 결과물이기 때문이다. 따라서 학습자들은 이를 어떻게 이해하고 받아들여야 할지 자신만의 세계관을 가질 필요가 있다.

　앞에서 우리는 신화에 나타난 역사의식을 살펴본 바 있다. 신화가 보여주는 세계관은 객관적인 것이 아니라 당시의 사람들의 세계에 대한 해석 방식을 보여주는 것이다.14) 문학은 그 문학이 산출된 역사적 조건 가운데에서 나온 시대적 반응이기 때문이다.

　그렇다면 현대를 살아가는 우리는 문학 속에 나타난 세계, 곧 그 역사적 조건과 시대를 다시 살펴보는 것부터 시작할 필요가 있다. 그리고 문학이 그리고 있는 그 세계를 바라보았던 당대인들의 세계관이 무엇인지 알 필요가 있다. 문학을 통해 나타난 저자(작가층)의 세계관을 올바로 이해하지 못한다면, 그 당시의 시대적 상황을 이해하기 힘들 뿐 아니라 그것을 자신의 것으로 받아들이는 과정에서 불필요한 오해나 갈등이 나타날 수도 있다. 문학교

---

13) Richard P. Blackmur, *Hermeneutics*, Northwestern University Press, 1969, 이봉인, 「삼국유사의 상징성 연구」, 『삼국유사연구』 상, 영남대 민족문화연구소, 1983에서 재인용.
14) R. Bultmann, 이봉인 역, 위의 책, 184면; 조동일, 앞의 책, 1999, 205면에서도 이러한 관점을 볼 수 있다.

육의 과정에서 그러한 원인을 제거하는 바람직한 방법은 문학을 통해 나타난 글쓴이의 시대적 반응에 대해 우리가 문학과 문답(問答)하는 시간을 가지는 것이다. 그 과정을 통해 글쓴이의 시대정신이 표현된 문학은 수용자의 생각이나 가치관을 투영해 재구성되는 과정을 거치게 된다.

이것은 문학을 올바로 이해하는 데 매우 중요한 것이다. 왜냐하면 문학에는 개인적 경험과 더불어 그것을 바라보고 해석하는 저자의 가치관 같은 사고의 틀이 존재하기 마련인데, 이 부분은 수용자와 다를 수 있기 때문이다. 학습자의 경험과 가치관을 그 시대, 그 공간에 적용해 보는 과정을 통해 문학은 학습자의 것으로 새롭게 재해석될 수 있다. 그러한 과정을 통해 학습자는 작품의 저자가 살았던 시대를 더 깊이 잘 이해하게 될 것이며, 저자의 경험을 통해 얻는 간접 경험에 동참하게 됨으로써 수용자가 살고 있는 자신의 시대를 더 깊이 이해할 수 있다. 그렇기 때문에 같은 시대 혹은 같은 공간에 살고 있다고 할지라도 자자의 작품세계를 올바로 이해하는 것이 학습자 자신의 세계관을 형성시켜 나가는 첫걸음이 되는 것이다.

다음으로, 문학에 담겨진 시대정신을 확장해 나가는 것이다. 문학에 등장하는 사람들의 세계관이나 삶의 태도, 혹은 참신한 아이디어는 고정된 것이 아니라 끊임없이 변화하는 것이다. 따라서 수용자의 상황에 따라 시간과 공간을 초월해 적용이 가능하다.

우리가 사는 세상은 세대를 거듭할수록 점점 더 복잡해지고 있으며, 이것은 문학의 모태가 되는 사람들의 살아가는 모습과 가치관에 영향을 주고 있다. 그러나 우리는 문학을 통해 변화하는 것 같지만 그 본질은 변하지 않는다. 따라서 시대를 불문하고 공통적으로 적용되는 인간의 삶과 내면에 대한 깊은 통찰을 가질 수 있는 것이다. 만일 과거의 문학이 당시의 세계관을 그리기만 할 뿐 오늘날 사는 현대인들에게 아무런 의미를 주지 못한다면 굳이 우리가 시간을 들여 문학을 공부할 이유는 없을 것이다. 과거에 존재한 문학을 통해 오늘 우리가 사는 세계를 더 잘 이해할 수 있고 우리의 삶을 좀 더 풍요롭게 만들게 될 때, 그러면서도 인간과 세계를 통찰할 수 있는 세계관과 의식을 가지게 될 때 문학을 공부하는 것은 의미 있고 가치 있는 일이 될 수 있는 것이다.

4. 문학교육과 역사의식의 성장

문학교육을 통해 세계관이 형성될 뿐만 아니라 문학교육은 역사의식의 성장 또한 가져온다. 역사란 지나간 과거만을 가리키지 않는다. 현재도, 아직 오지 않은 미래도 모두 역사이다. 과거가 현재를 만들고 현재가 미래를 만들기 때문에 역사는 과거만이 아닌 것이다. 그런데 아직 오지 않은 시대의 사람이 쓴 문학은 없다. 문학은 현재를 포함한 시간적 과거의 산물이다. 우리가 현재적 시간에 갇힌 것처럼 말이다. 아무리 실시간으로 지은 작품을 접해도 항상 과거의 산물인 것이다.

따라서 우리는 문학 공부를 통해 과거의 문학을 지금, 여기의 우리가 있는 현재적인 시선으로 작품을 끊임없이 재해석한다. 이러한 과정이 바로 과거와의 대화라고 할 수 있다. 이 과정을 통해 우리는 문학 활동에 참여한다. 문학 작품을 짓는 것만이 아니라 문학을 접하고 행간을 해석하는 문학과의 대화의 과정이 곧 문학을 향유하는 것이기 때문이다. 이 대화는 곧 작가[15]와의 대화이고, 작가의 세계관과 나의 세계관이 만나는 것이다.

그리고 이 향유 과정, 곧 작품을 읽고 행간을 해석하는 과정은 문학적 상상력을 발휘하는 시간이다. 이 시간을 통해 우리는 성장한다. 우리의 문학적

---

15) 구비문학과 같은 적층문학인 경우에는 작가층, 나아가 향유층이 될 것이다.

상상력을 통해 부여한 해석과 의미가 곧 우리의 세계관을 형성시키고 우리의 의식을 성장시키는 것이다. 그러므로 결국 이러한 문학 활동은 우리를 성장시켜 우리 미래의 역사를 바꾸는 원동력이 된다. 문학교육이 역사의식을 성장시키고 역사를 만들어가게 하는 것이다.

아무리 문학이 역사적 이념을 지니고 있고 그것을 설명하고 있다고 해도 우리는 그저 문학에 나타난 역사의식이나 작가의 세계관을 확인하는 것으로만 끝나서는 안 된다. 문학은 그런 고정관념을 확인하라고 존재하는 것이 아니기 때문이다.[16] 문학은 더욱 높고 더욱 강렬한 세계를 향한 시선을 우리에게 열어준다.[17] 문학 공부를 하면서 세계관적 대화를 통해 우리의 의식을 성장시키고 우리 각자의 세계관적 탐색의 시간을 가져야 하는 이유가 바로 이것이다. 문학과의 대화, 곧 문학을 공부하는 것은 우리 자신이 곧 역사적 존재인 것을 의미하는 것이고, 사회 속에서 역사적 관계를 형성하는 행위인 것이다.

그러나 이러한 행위는 개인의 것으로 끝나서는 안 된다. 문학사에 나타난 무수한 화자(話者)들이 우리에게 말해주듯이 다양한 세계관적 가치들의 공존은 지금 우리가 있는 여기도 그러하다는 것을 의미한다. 우리는 문학에 나타난 세계관을 이해하고, 작가와 대화하며 우리의 세계관을 형성하고 의식이 성장하지만 우리 혼자만의 생각으로 머물러서는 안 되는 것이다.

역사의식의 성장이란 우리 자신이 시대와 역사의 주체로서 역사적 관계를 맺을 뿐만 아니라 공동체적 존재로서도 유의미해야 한다는 것을 의미한다. 역사의식을 가지고 산다는 것은 눈앞의 개인적인 이해를 초월하여 크게 행동한다는 것을 뜻한다.[18] 우리는 개인의 이해나 욕구를 문학 속에 나타난 다

---

16) 조동일, 『문학연구방법』, 지식산업사, 1980, 55면.
17) Wilhelm Dilthey, 김병욱 외 역, 앞의 책, 1998, 125면.
18) 김우창, 「구체적 보편성에로」, 이상신 편, 『문학과 역사』, 민음사, 1982, 202면.

양한 세계관을 만나는 경험을 통해 역사의식과의 거리를 조절하고 자신을 살펴야 한다. 문학을 공부한다는 것은 개인의 세계관과 사회의 다양한 세계관을 접하고 지식으로 머릿속에 저장하는 것에서 끝나는 일이 아니다. 자신의 세계관과 자신이 처한 현실 간의 충돌과 갈등을 재해석하고 이해하면서 현재적 긴장과 갈등 속에 자신의 관점을 정립해가는 것이다. 이해는 타자의 자리에 나를 세우고 공감으로써 내적 관계를 맺는 것이다.[19] 이것이 곧 공동체 내에서 개인의 처지와 삶의 현실을 역사적으로 바라보는 안목을 기르는 과정인 것이다.[20]

따라서 우리는 문학을 통해 우리가 사는 세상과 사람을 이해하는 데 큰 도움을 받을 수 있다. 사회가 더욱 복잡해질수록, 그리고 사는 것이 갈수록 어려워지는 세상이 될수록 우리에게 참으로 필요한 것은 보다 많은 전문 지식을 습득하고 기능을 연마하는 것이 아니다. 오히려 한걸음 떨어져서 문학을 통해 다양한 세계관으로 세상을 이해하고 우리의 나아갈 방향을 모색하는 자세가 중요하다. 이를 통해 과거와 미래를 잇는 현재를 보다 근본적으로 바라보는 세계관과 역사의식의 성장을 가져다줄 것이다.[21]

---

19) Wilhelm Dilthey, 김병욱 외 역, 앞의 책, 1998; 김우창, 앞의 글, 1982, 213면.
20) 서유경, 「역사적 실천으로서의 문학사교육」, 『선청어문』 28집, 서울대 국어교육과, 2000.
21) 정소연, 「설화교육의 의의와 방향 탐색을 위한 「천냥점」 설화 연구」, 『국어교육』 55, 국어교육학회, 2014.

✅ (   )에 알맞은 말을 써 넣으면서 주요 개념을 정리합니다.

1 문학은 현실을 (   )한다. 문학을 통해 그려진 세계는 현실보다 더 현실
   과 역사를 반영하고 있다. 따라서 우리는 문학을 통해 (   )과 (   )
   을 기를 수 있다.

2 문학은 (   )을 반영한다. 문학의 역사는 시대정신의 발전과 계승적
   측면에서 이해할 수 있다. 문학사를 통해 다양한 가치관과 세계관이 충돌하
   기도 하고 경쟁하기도 하는 역사적 구도를 경험할 수 있다.

3 문학을 통한 (   )의 성장이란 우리 자신이 시대와 역사의 (   )로
   서 역사적 관계를 맺을 뿐만 아니라 공동체적 존재로 성장하는 것을 말한다.

✅ 지시에 따라 서술하면서 문학의 개인적 기능을 이해합니다.

1 문학과 역사의 관계를 설명하시오.

2 문학과 세계의 관계를 설명하시오.

3 역사의식의 성장이란 무엇을 말하는지 서술하시오.

✓ 지시에 따라 주요 개념을 적용하면서 실천적 능력을 기릅니다.

1 문학과 역사의 관계를 잘 보여주는 작품을 예로 들어 구체적으로 둘의 관계가 어떻게 드러나는지 제시하시오.

■ 문학과 역사의 관계를 잘 보여주는 작품의 예

■ 구체적인 이유

2 세계의 인식이 서로 상반되거나 충돌되는 두 작품을 찾아 읽어보고 자신의 입장을 밝히시오.

문학 갈래의 이론과 문학교육

제4장

서정 교육

세계는 나의 존재와는 관계없이 그 자체의 질서로 운행되고 있지만, 살다 보면 가끔 어떤 순간에 알 수 없는 기운과 힘에 의해 세계가 불쑥 내게 들어와 버리는 경험을 하게 된다. 세계와 내가 하나인 듯하고, 나의 감정은 걷잡을 수 없이 고조되는데, 그 순간 나도 모르게 나의 입을 거쳐 나오는 감탄사, 흥얼거림, 그리고 노래 …… 기쁨의 절정, 절망의 끝자락, 슬픔의 한가운데에서 터져 나오는 말들 가운데 다른 이들의 심금을 울릴 만큼 절절하고 아름다운 것들, 오래 기억될 만한 것들이 남아 노래가 되고 시가 된다.

이 장에서는 그렇게 세계와 내가 하나가 되는 순간의 언어를 서정으로 묶고, 그 서정의 개념, 그리고 서정 교육의 필요성, 목표와 내용, 방법, 평가 등을 살펴본다. 문학을 갈래로 나누어 이해하려다 보면 갈래와 갈래 사이의 경계가 모호한 경우가 없지 않지만, 그럼에도 불구하고 문학에 나타나는 상이한 몇 갈래의 특성에 주목하는 것은 세계와 인간의 관계, 그리고 문학의 본질에 대한 심도 있는 이해를 가능하게 한다. 이 장을 통해 갈래에 기반한 문학 이해 방식, 그리고 서정의 세계를 교육하는 데 필요한 개념과 지식을 넓혀 가도록 하자.

1. 서정의 개념과 갈래

문학의 갈래 구분은 '서정', '서사', '극'의 세 갈래, 혹은 여기에 '교술'을 더해 네 갈래로 나누어 보는 것이 일반적이다. 문학의 갈래 구분은 서정, 서사, 극, 교술 차원의 보편 갈래(장르류, Gattung)가 있는가 하면, 향가, 고려속요, 시조 등을 나누는 차원인 역사적 갈래(장르종, Art)가 있다. 보편 갈래는 시대와 문화의 차이에도 불구하고 여러 문화권에서 두루 나타나는 문학의 보편적 현상으로 이해되며, 역사적 갈래는 언어, 문화, 시대에 따른 특성이 뚜렷하게 반영된 특수한 현상을 가리킨다.

(1) 서정의 기본 개념

한국문학의 갈래에 대한 교육과정과 교과서의 설명은 주로 서정, 서사, 극, 교술의 4분법 체계에 기반하여 이루어진다.[1] 11 개정 국어과 교육과정의 고등학교 '국어 I' 과목의 '문학' 영역 성취기준에는 '관념적 갈래'와 '역사적 갈래'를 포함한 갈래 체계를 교육 내용으로 마련해 놓고 있다.

---

[1] 이 4분법은 기본적으로 헤르나디(P. Hernadi)의 "언어 예술이 상상 세계를 환기시키는 네 가지 방법"으로 서정, 서사, 극, 주제의 네 양식을 설정하는 관점과, 자아와 세계의 관계를 중심으로 서정, 서사, 극, 교술을 설정한 조동일의 관점에 근거하고 있다고 볼 수 있다.
보편 갈래와 역사적 갈래의 관계를 고려하며 서정에 대한 전통적이고 기본적인 이해를 위해서는 다음의 장르에 관한 연구들을 비교하여 살피는 것이 필요하다. Hernadi, P., 김준오 역, 『장르론―문학 분류의 새 방법』, 문장, 1983; Staiger, E., 오현일·이유영 역, 『시학의 근본 개념』, 삼중당, 1978; Kayser, W. J., 김윤섭 역, 『언어예술작품론』, 예림, 1999; Lamping, D., 장영태 역, 『서정시―이론과 역사』, 문학과지성사, 1994; 조동일, 『한국 문학의 갈래 이론』, 집문당, 1992; 김준오, 『시론(제4판)』, 삼지원, 2002.

[국어 I '문학' 영역]

(14) 문학 갈래의 개념을 알고 각 갈래의 특징을 이해한다.

문학 갈래는 관념적 갈래인 서정, 서사, 극, 교술의 4분법 체계와 우리 문학에 나타난 역사적 갈래들을 포함한 갈래 체계를 말한다. 서정, 서사, 극, 교술 갈래의 주요 특징을 알고 대표적인 작품을 통하여 각 갈래의 내용과 형식상의 특징을 이해하게 한다.[2]

교육과정의 4분법 체계는 설명의 상세함에 다소간의 차이가 있을 뿐 모든 교과서에 거의 동일한 형태와 진술 방식으로 수용되어 있다. 다른 갈래와 나란히 놓인 서정에 대한 설명을 살펴보면 다음과 같다.

일상생활에서 자신의 생각과 느낌을 문학으로 표현하는 방법에는 네 가지 갈래가 있습니다. 자신의 감정이나 정서를 운율이 있는 언어에 담아 표현하는 서정, 사건을 이야기 형식으로 전개하는 서사, 무대 상연을 전제로 하여 등장인물의 대사와 행동으로 이야기를 보여 주는 극, 일정한 형식적 제한 없이 깨달음이나 감동을 전달하는 교술 등 문학 작품은 일정한 기준에 따라 몇 개의 작품 군(群)으로 나눌 수 있는데 이를 갈래라고 합니다.[3]

네 갈래에 대한 간략한 소개 가운데 서정을 구성하는 주요 요인을 살펴보면 '자신', '감정이나 정서', '운율이 있는 언어', '표현' 등이 서정의 핵심이라는 점을 알 수 있다. 이를 중심으로 서정의 개념을 조금 더 분석적으로 이해해 보자.

우선 서정은 자신, 즉 1인칭의 발화이다. 시인, 혹은 시인의 대리자라 할 수 있는 인물이 자신의 감정과 느낌을 담아 표현한 것이 서정의 본질이며 다

---

2) 교육과학기술부, 『국어과 교육과정(교육과학기술부 고시 제2012-14호)』, 2012, 77면.
3) 우한용 외, 『고등학교 국어 I』, 비상교육, 2014, 223면.

른 갈래와 구별되는 가장 큰 차이이다. 서사가 서술자의 중개를 통하고, 극에서 등장인물들이 모두 각자의 목소리로 이야기하는 데 비해 서정은 자아의 내면을 향한 독백체가 주를 이룬다.[4]

두 번째로 서정 갈래의 작품 속 주체는 이 세계와의 간격을 좁히거나 없애어 상호 융화된 상태의 정서를 표현한다. 슈타이거(E. Staiger)는 '회감(回感)', 또는 '회상(回想)'으로 번역되는 'Erinnerung'이라는 개념을 통해 서정적인 것의 특성을 설명하는데, 이 회감은 단순히 과거의 기억을 떠올리는 것은 물론 미래의 것, 현재의 것까지도 정조(情調)로 현존화하는 것이며, 서정적인 시에서는 이 세계의 모든 부분들이 개별적으로 존재하는 것이 아니라 '정조' 속에 결합되어 하나의 흐름으로 존재한다고 본다. 또한 슈타이거의 서정 개념은 자아와 대상 사이의 거리가 존재하지 않는 상호융화의 상태를 가리키며, 독일의 비평가 카이저(W. Kayser)의 '대상의 내면화'나, 조동일의 '세계의 자아화'와 같은 서정에 대한 설명 역시 유사한 맥락에서 주체와 대상, 자아와 대상 간의 간격 부재나 동화, 융화 등을 서정의 중요한 특성으로 보고 있다.

세 번째로 서정은 일상의 시간 질서와는 달리 자아와 세계의 간격이 사라지는 '순간'에 주목한다. 이 순간은 서사의 시간처럼 지속되는 흐름이나 인과 관계의 질서를 가능하게 하는 시간이기보다는 과거와 미래가 현재라는 짧은 순간에 동시에 존재하는 것 같은, 그래서 비록 찰나이긴 하지만 그 '순간'에 나만의 우주를 본 것 같은 경험을 가능하게 하는 시간이다. 이육사의 「광야」에서처럼 '까마득한 날'이라는 과거와 '천고의 뒤'라는 미래가 '지금 눈 내리고 매화 향기 홀로 아득하니'의 현재에 함께 있고, 서정주의 「국화

---

4) 전통적 서정시 이론의 근본적 전제는 서정시란 본질적으로 '자기발언(selbstaus-sprache)'이라는 관념이다. 람핑(D. Lamping)은 이 말에 담긴 '개인성'과 '주관성'을 비판적으로 검토하고, 개인적이지도 주관적이지도 않은 시들을 포함하기 위해서는 여기서 더 나아가 '시행을 통한 개별 발화'라는 최소 정의로 서정시를 규정할 것을 제안한다. Lamping, D., 장영태 역, 앞의 책, 98~103면.

옆에서」에서처럼 국화의 개화(開花)와 직접적 연관이 없던 과거 봄과 여름의 사건들도 현재의 서정적 순간에 함께 하며 생명의 영원한 윤회의 고리로 재구성되는 것이 그 예가 될 것이다.

　네 번째로 대부분의 서정 갈래는 운율이 있는 언어의 형태를 띤다. 고대의 제사 의식으로부터 현대의 대중음악에 이르기까지 인간은 말과 음악이 빚는 리듬을 통해 정서의 고조 상태나 영적인 도취 상태를 경험하여 왔다. 리듬은 심장 박동과 같은 우리의 생체 현상, 계절의 순환과 같은 자연 현상, 천체의 움직임과 같은 우주 현상에 두루 나타나며, 이러한 리듬을 만들어 내고 활성화하여 정서의 고조, 세계와의 합일 등을 구현할 수 있게 된다. 서정은 리듬과 결합함으로써 가장 자연스러우면서도 효과적으로 실현된다.[5] 그리고 그 리듬에는 각 언어의 물리적 특성과 문법적 특성, 그리고 그러한 특성을 통해서 경험 가능한 문화적 정서가 한데 어우러져 있기 때문에 서정의 리듬은 외국인으로서는 향유하기 쉽지 않은 원초적이고도 강렬한 서정 체험을 가능하게 한다.

　다섯 번째로 서정은 이미지와 비유, 상징 등의 표현을 통해 구체성을 획득하고 말의 함축성을 가지게 된다. 이미지는 감정을 감각화하여 전달하고 정서를 환기하는 데에 중요한 역할을 한다. 또한 대부분의 서정 작품이 비유와 상징을 통해 표현의 한계를 극복하는 동시에 '동일성'의 세계를 지향하여 자연스럽게 세계와 자아의 간격 부재를 구현한다. 특히 세계를 자기화하려는 서정은 서로 다른 것 사이의 유사성에 근거하는 은유와 밀접한 연관을 가지게 된다.

　이상의 내용을 압축하여 보면, 서정은 대개 리듬을 띤 언어로 이루어지고

■ 동일성의 추구
동일성을 추구하는 방법에는 '동화(assimilation)'와 '투사(projection)' 두 가지가 있다. '동화'는 자아와 갈등의 관계에 있는 세계를 자아의 욕망, 가치관, 감정에 적합한 것으로 만들어 동일성을 이룩하는 작용이다. '투사'는 자아가 상상적으로 세계에 투사하는 것인데, 감정이입에 의해서 자아와 세계가 일체감을 획득하는 것이다.

---

5) 김현자, 「한국 현대시에 나타난 '서정'의 본질과 의미」, 『한국시학연구』 16, 한국시학회, 2006, 10면.

일인칭의 정서와 인식을 자기고백체로 형상화하는 문학이며, 자아와 세계와의 간격이 사라지고 세계와 자아 사이의 융화가 이루어지는 문학이다.

(2) 서정의 해체 또는 확대

이러한 전통적 서정의 개념은 현대시에 와서 해체 또는 확대되어 가는 경향을 보이기도 한다. 흔히 '반(反)서정' 또는 '신(新)서정'이라 불리기도 하고, '미래파'나 '뉴웨이브'라고 불리기도 하는 이 일군의 흐름에서 강조하는 것은 현대 사회의 주체가 과거처럼 낭만적이고 독자적이며 안정적인 서정의 주체일 수 없다는 것이다. 내가 누구인지 온전히 인식할 수 없을 정도로 복잡해진 세계와 그로 인해 발생하는 주체의 혼란과 분열 등은 서정 형식의 해체, 언어의 불안정성, 의식의 과잉 등으로 나타난다.

시인이자 평론가인 이승훈의 '반시론(反詩論)'과 일련의 작품들은 이러한 반서정의 대표적인 예 중 하나이다. 20세기 말 무렵 자신의 시 「이승훈 씨를 찾아간 이승훈 씨」라는 작품6)을 예로 들면서 그는, 이승훈 씨(자아)가 무수히 많으며, 자아의 무수히 많음은 곧 '자아는 없다', 혹은 '나는 타자이다'라는 의식으로 이어질 수밖에 없음을 정신분석학적 관점에서 진술하고 있다.

전통 시학에 따르면 시는 정서를 매개로 자아와 세계의 동일성을 성취하고,

---

6) 작품의 앞부분을 옮기면 다음과 같다.
이승훈 씨는 바바리를 걸치고 흐린 봄날 / 서초동 진흥 아파트에 사는 시인 이승훈 씨를 / 찾아간다 가방을 들고 현관에서 벨을 누른다 / 이승훈 씨가 문을 열어준다 그는 작업복을 / 입고 있다 아니 어떤 일이오? 이승훈 씨가 / 놀라 묻는다 지나가던 길에 들렀지요 그래요? / 전화라도 하시지 않고 아무튼 들어오시오 / 이승훈 씨는 거실을 지나 그의 방으로 이승훈 씨를 / 안내한다 이승훈 씨는 그의 방에서 시를 쓰던 / 종이었다 이승훈 씨가 말한다 당신이 쓰던 시나 / 봅시다 이승훈 씨는 원고지 뒷장에 샤프 펜슬로 / 흐리게 갈겨 쓴 시를 보여준다 갈매기, 모래, / 벽돌이라고 씌어 있다 아니 이게 무슨 말이오? (하략)

이런 동일성은 이성을 매개로 하는 차별성의 세계를 극복한다는 의미를 띤다. (중략) 그러나 이 자아라는 게 과연 있는 것인지, 내가 느낀다고 하지만 이 '나'라는 게 과연 존재하는 것인지 생각해 볼 필요가 있다. 만일 자아의 정체성이 부정된다면 이제까지 우리가 순진하게 믿어 온 전통 시학은 부르주아적 허위로 드러날 것이다.[7]

이로부터 10년이 경과한 21세기 초, 역시 시인이자 비평가인 이장욱은 이제 '해체'와 '균열'이 특별한 시도이거나 낯선 것이 아니라 현대 사회 시인을 둘러싼 삶의 당연한 조건이라고 말한다.

'서정적 자기동일성의 해체를 통한 근대의 극복'이라는 우리 시대의 낡은 명제를 반복하는 것은 이제 지루한 일이다. 지금 많은 시인들에게 '해체'와 '균열'은 이상적 상태를 전제로 한 결여의 상태가 아니라 그저 삶의 당연한 조건이다. 무엇보다도, 그들은 해체를 해체로 의식하지 않으며 균열을 균열로 의식하지 않는다. 그런 의미에서는 '해체'도 '균열'도 없다.

오늘의 시인들은 그저 자연스럽게 서정의 영토를 넓혀 간다. 이제 많은 시인들은 본능적으로 '자신'의 목소리에 염증을 느낀다. 그래서 때로 시인들은 다른 이의 목소리를 시 안으로 끌어들이기도 한다.[8]

'반(反)서정'이 아닌 '다른 서정'을 언급하는 이 글에서 설정하는 '새로운 서정'은 서정적 진리와 권위와 위의(威儀)를 본능적으로 거부하고, "개별화된 말과 감각과 세계관들이 이합집산하는 공간"[9]을 가리킨다. 그리고 그것은 앞서 이승훈의 분열된 자아에 비해 훨씬 더 일상적인 공간에서 반복되는 '오해'와 '비켜감'으로 나타난다.

---

7) 이승훈, 「나는 타자다 – 나의 반시론」, 『시와 반시』 1995 가을호.
8) 이장욱, 「꽃들은 세상을 버리고 – 다른 서정들」, 『창작과비평』 128, 창작과비평사, 2005, 80면.
9) 이장욱, 위의 글, 85면.

나는 오해될 것이다. 너에게도 / 바람에게도 / 달력에게도. // 나는 오해될 것이다. 아침 식탁에서 / 신호등 앞에서 / 기나긴 터널을 뚫고 지금 막 지상으로 나온 // 전철 안에서 / 결국 나는 / 나를 비켜갈 것이다. //

— 이장욱, 「오해」

세계의 자아화가 사라진 세계 속의 '나', 그리고 나의 '발신' 행위가 수신 대상에게 어떻게 받아들여지는가를 눈여겨 볼 필요가 있다. 이 오해의 연속과 '나는 나를 비켜가'는 상황은 전통적인 서정과는 사뭇 다른 세계이다. 정서의 표출이라는 서정의 특성을 보여주는 대표적인 작품인 김소월의 「초혼」과 이 시를 비교해 보면 그 차이가 선명하게 나타난다.

붉은해는 西山마루에 걸니웠다. / 사슴이의무리도 슬피운다. / 쩌러저나가안즌 山우헤서 / 나는 그대의이름을 부르노라. // 서름에겹도록 부르노라. / 서름에겹도록 부르노라. / 부르는소리는 빗겨가지만 / 하눌과쌍사이가 넘우넓구나.

— 김소월, 「초혼」

내가 설움에 겨워 그대의 이름을 부르면, 지던 붉은 해도 서산마루에 걸려 천체의 진행을 멈추고 있고, 사슴의 무리도 나의 슬픔에 공조하여 함께 슬피 우는 것이 「초혼」의 세계이다. 세계는 완벽하게 나의 정서를 중심으로 재편되어 있고, 나는 말의 주체가 되어 그대의 이름을 부른다. 안타깝게도 그 소리가 그대에게 닿지 못하고 빗겨 가긴 하지만 그것은 서정적 주체의 한계이기보다는 삶과 죽음의 거리, 하늘과 땅 사이가 너무 넓기 때문이다.

이에 비해 「오해」의 나는, 시에 명확하게 표현되어 있지는 않지만 이 세계를 향해 계속하여 무엇인가 신호를 보낸다. 그 대상은 '너', '바람', '달력'이며, '아침 식탁', '신호등', '전철' 등의 일상 공간 어디에서든 보낸다. 그러나 그 어떤 신호도 제대로 수신되지 않고 '오해'로 받아들여진다. 시간적으로도 일반적인 서정의 시간이 세계와 자아의 간극이 사라진 '현재' 혹은 '순간'이라면, 이 반서정 세계의 시간은 과거나 현재가 아니라 '오해될 것'이고 '비켜갈 것'인 미래 혹은 곧 도래할 현재이다. 과거와 현재에 이미 겪은 슬픔의 정조라면 시를 씀으로써, 즉 '회감'으로서 체험되며 정돈되겠지만, 아직 오지 않은 '오해'는 시를 쓰면 쓸수록 그것이 올 순간을 향해 가는 불안과 두려움에 대한 생각이 커져 갈 것이다.

「초혼」과 달리 「오해」의 나에게는, 나의 슬픔을 알고 나를 위해 움직임을 멈추는 붉은 해나 사슴 같은 것은 이제 없다. 무엇보다도 붉은 해나 사슴이 위해 줄 '나'가 불완전하다. "결국 나는 / 나를 비켜갈 것이다." 이것이 현대시의 전부는 물론 아니지만, 현대의 서정 또는 신서정을 이해하는 한 출발점이라는 점은 이제 부인하기 어려운 현상이라고 하겠다.

이 새로운 서정은 익숙하지 않은 언어로 이루어지기 때문에 어렵고, 권위에의 도전이기 때문에 두렵다. 전통적인 서정에서 자아가 이 세계를 자기화할 만큼의 힘과 권위와 안정성을 어느 정도 가지고 있었다면, 현대 서정에서의 나는 자기 안의 이질적인 자아들로 혼란스럽다. 이러한 인식을 바탕으로 현대의 서정, 혹은 '다른 서정'이라는 이름으로 서정의 확대를 추구하는 시들은 본질적으로 방어적인 '자아' 대신 탐색의 고통을 마다 않는 '주체'로의 전환을 꾀한다. 정신분석학적 관점에서 볼 때 진실은 내가 잘 알고 있는 나가 아니라 내가 잘 모르는 나 쪽에 더 가까이 있을 것이다. 내가 알고 있는 나의 이미지가 '자아', 내가 잘 모르고 있는 나의 진실이 있는 어디쯤이 '주체'라고 한다면, 현대의 시들은 '나는 나'라는 '자아의 논리'가 아니라 '나는 X'라는 '주체의 논리'로 시를 밀고 나간다.[10] 그리하여 무수히 많은 나의 변종들이 어지럽게 등장하여 기표의 놀이, 다중인격, 분열된 정체성의 언어를

10) 신형철, 「문제는 서정이 아니다」, 『몰락의 에티카』, 문학동네, 2008, 192면.

쏟아놓는다.

이러한 현대의 시들이 또 다른 폐쇄적 공간의 유희에 그치는 경향이 없는 것은 아니지만, 그러나 그 모두를 그저 변신의 쾌락에만 탐닉하는 소모적인 것으로만 평가하는 것도 온당한 일은 아닐 것이다. 혼란한 시대를 버티고 살아갈 새로운 주체를 탐색하는 고통, 그리고 서정의 확대를 향한 치열함에 대해서는 정당한 가치 평가가 이루어져야 한다.

서정이 고정되어 있는 개념이 아닌 것만은 분명하다. 현대시의 변화가 보이는 확연한 차이에 주목하여 그것을 '새로운 서정'으로 이해하는 관점[11]을 취하든, 아니면 기존 서정의 진화이자 영역 확장 정도로 보는 관점[12]을 취하든 간에 향후 서정 교육은 현대 서정의 개념과 갈래를 보다 폭 넓게, 그리고 유연한 태도로 이해하고 교육하는 방향으로 전개될 필요가 있을 것이다.

2. 서정 교육의 필요성

서정 교육은 왜 필요한가? 이 질문에 대한 답이 곧 서정 교육의 목적이자 이유가 될 것이다. 이에 대해 답하기 위해서는 다시 이 질문이 제기된 시대를 살펴야 하고, 교육의 내용과 주체도 고려해야 한다. 즉 21세기 한국이라는 시공간적 맥락 속에서의 서정, 그리고 이 시대의 학습자와 교사, 나아가 서정 교육을 필요로 하는/하지 않는 사회를 함께 생각하며 답을 해야 한다.

첫 번째로 우리는 서정을 배움으로써 인간다움의 한 요소를 갖추게 된다. 인간은 시대와 문화권을 막론하고 노래를 지어 부르며, 문자가 있는 경우 대

---

11) 황현산, 「젊은 세대의 시와 두 개의 감옥」, 『잘 표현된 불행』, 문예중앙, 2012, 192면.
12) 이숭원, 「다시 '서정'을 말하는 이유」, 『세속의 성전』, 서정시학, 2007, 56~60면.

부분 운율이 있는 텍스트를 만들어 공유한다. 이러한 보편성은 자신이 속한 언어 공동체의 서정 갈래의 관습을 익혀 자신의 정서를 언어로 표출하고, 다른 사람의 서정에 공감할 줄 아는 것이 인간다움의 조건 중 하나일 것이라는 추론을 가능하게 한다. 서정 갈래의 텍스트를 주고받으면서 인간은 자신의 감정을 나름의 정제된 방식으로 외화하고, 그러한 과정에서 아름다움과 쾌감을 느낀다. 그 아름다움이 종래의 관습이나 질서를 준용한 고전주의적 아름다움일 수도 있고, 이전의 방식을 깨고 개인의 감정을 자유롭게 노래하며 느끼는 낭만주의적 아름다움일 수도 있다. 그 어느 쪽이든 관계 없이 자신의 정서를 리듬감 있고 함축적인 언어로 표현할 줄 알고 다른 사람의 서정 활동에 공감하며 심미성을 느끼는 것은 인간이 언어 문화 공동체의 일원이 되기 위해 갖추어야 할 중요한 자질 중 하나이다.

秋風唯苦吟(추풍유고음) 가을 바람에 오직 괴로이 읊조리니
世路少知音(세로소지음) 세상에 나를 알아주는 이 적구나.
窓外三更雨(창외삼경우) 창 밖에는 밤 깊도록 내리는 비
燈前萬里心(등전만리심) 등불 앞에는 만 리를 향한 마음.

— 최치원, 「秋夜雨中」

대부분의 사람들도 비 내리는 가을밤에 왠지 모르게 쓸쓸해지고 우울해지는 감정을 느껴본 일이 있고, 이 세상에 나를 알아주는 이가 없음을 탄식해 본 적도 있으며, 비록 작은 방 안의 등불 앞에 조용히 서 있지만 마음만은 무엇인가를 향해 천 리 만 리 가 본 적이 있을 것이다. 그런 순간순간의 감정들을 그저 쓸데없는 감상(感傷)이나 무의미한 잡념으로 치부하지 않고, 절제된 형식미와 '바람', '비', '등불' 같은 소재들을 활용하여 누구나 가질 법한 비 내리는 가을밤의 정서를 서늘한 아름다움으로 절묘하게 엮어 표현한

것이 이 시이다. 천 년도 넘는 시간의 거리가 있음에도 불구하고 이 시가 표현하고 있는 정서에는 현대인들도 깊이 공감하게 된다. 절제된 언어로 표현한 텍스트로부터 느끼게 되는 아름다움, 그 심미의 세계를 경험하고 또 그러한 방식으로 나의 감정을 표현하는 것이야말로 인간이 누리는 언어문화의 정수(精髓)라 할 수 있을 것이다.

둘째, 서정 교육은 언어에 대한 민감성을 높이기 위해 필요하다. 서정 갈래의 작품들을 배움으로써 우리는 말의 미묘한 차이를 느끼게 되고, 말로 표현되는 다양한 감각들을 통해 세계에 대한 우리의 지각을 보다 예민하게 만들어 간다. 이 민감성은 이 세계를 섬세하게 변별하여 감지할 수 있는 힘, 그리고 자신이 지각한 것을 정확하게 표현하는 능력의 바탕을 이룬다. 언어에 대한 감각이 무디고 둔하다면 이 세계를 단순하거나 단조롭게 수용하게 될 것이다. 어린 학습자들에게 말의 재미를 느낄 수 있는 말놀이나 동시를 가르치고, 말이 빚어낼 수 있는 즐거움, 말의 어울림이 주는 묘미를 만끽하면서 언어에 대한 흥미와 호기심을 가지게 하는 것은 바로 언어에 대한 감각을 활성화하여 이 세계와 살아 있는 소통을 할 수 있게 하기 위함이다.

> 돌담에 소색이는 햇발가치 / 풀아래 우슴짓는 샘물가치 /
> 내마음 고요히 고흔봄 길우에 / 오날하로 하날을 우러르고싶다 //
> 새악시볼에 떠오는 붓그럼가치 / 詩의가슴을 살프시 젓는 물결가치 /
> 보드레한 에메랄드 얄게 흐르는 / 실비단 하날을 바라보고싶다
>
> — 김영랑, 「돌담에 소색이는 햇발가치」

이 작품은 눈으로 보는 것과 입으로 읽는 것 사이에 적지 않은 차이가 있다. 그저 하늘 한번 바라보고 싶은 마음 가지고 너무 야단스런 치장을 한 것으로 보이기도 하지만, '오날하로 하날'처럼 양성모음을 의도적으로 씀으로

써 하늘의 밝음을 더 환하게 전하고, 마지막 두 행에 집중적으로 반복되는 '르'음을 통해 정말 대상이 부드럽고 유려하게 흐르고 있는 것 같은 느낌을 주면서 '얇게 흐르는 실비단 하늘'을 단어의 뜻뿐만 아니라 소리 자체로도 그 흐름을 느끼게 하고 있다.

언어에 대한 민감성은 자음과 모음의 어감적 효과를 세분하여 인식하는 것만을 의미하지는 않는다. 자동화되어 익숙한 말을 새롭게 다시 보게 하는 것 또한 여기에 포함된다.

아들아 너에게 광신을 가르치기 위한 것이 아니다 / 사랑을 알 때까지 자라라 / 너의 술을 다 마시고 난 날에 / 미대륙에서 석유가 고갈되는 날에 / 그렇게 먼 날까지 가기 전에 너의 가슴에 / 새겨둘 말을 너는 도시의 피로에서 / 배울 거다 / 이 단단한 고요함을 배울 거다 / 복사씨가 사랑으로 만들어진 것이 아닌가 하고 / 의심할 거다 ! / 복사씨와 살구씨가 / 한번은 이렇게 / 사랑에 미쳐 날 뛸 날이 올 거다 ! / 그리고 그것은 아버지 같은 잘못된 시간의 / 그릇된 명상이 아닐 거다

— 김수영, 「사랑의 변주곡」 부분

이 시의 사랑은 우리가 익숙하게 알고 있는 사랑과 다르다. 도시의 피로에서 배우는 사랑, 단물이 흐르는 부드러운 과육이 아니라 쉽게 씹어 삼킬 수 없는 단단함의 사랑, 응축의 고요와 발산의 미쳐 날뜀을 동시에 가지는 사랑, 그리고 아버지의 잘못된 시간의 그릇된 명상이 아닌, 미래를 향해 있는 변화와 희망의 사랑이다. 이와 같이 기존의 말이 가지는 익숙한 의미를 거스르고 변주(變奏)함으로써 이제까지 경험하지 못했던 정서, 그리고 그것이 가리키는 대상이나 세계를 새롭고도 정확하게 경험하게 하는 것, 그리하여 예민하면서도 풍요로운 언어의 주인이 되게 하는 것이야말로 서정 갈래를 교육해야 하

■ 감정이입
(Einfühlung, empathy)
감정이입은 작가 또는 작중 화자
가 작품 속의 다른 대상으로부터
자신과 같은 감정을 느끼며 동류
성을 확인하는 행위, 그리고 작
품 밖의 독자가 작중인물이나 화
자(서술자)와 자신을 동일시하는
것을 가리킨다.
이 말은 19세기 독일의 철학자
피셔(R. Vischer)가 처음 사용하
고, 립스(Th. Lipps)에 의해 체계
화되었다. 립스는 아름다움이 사
물의 객관적 속성이 아니라 향유
자 자신의 주관을 사물에 투입
한 다음 그것을 보고 아름다움을
느끼고 즐기는 것에서 발생한다
고 보았다.

는 중요한 이유가 될 것이다.

셋째, 서정 교육은 공감 능력을 높이기 위해 필요하다. 공감은 도덕교육, 예술교육 등 교육의 전반에서 중요성이 점점 더 강조되고 있지만, 특히 언어적 상상을 통해 대상과의 교감을 구체화하는 서정의 공감 능력에 보다 적극적으로 관심을 가질 필요가 있다. 현대 사회는 무한 경쟁 체제 속에서 극단적인 이기주의가 만연하고, 사회 전반에 걸쳐 타인의 처지나 감정에 공감하는 힘이 매우 약화되어 있다. 공감은 타인에 대한 인식의 과정과 그 결과로서의 정서적 상태를 포괄하며, 문학교육의 장에서 공감은 작품과의 적극적인 소통을 통해 가치를 경험적으로 인식하는 과정이다.[13]

어물전 개조개 한마리가 움막 같은 몸 바깥으로 맨발을 내밀어 보이고 있다 / 죽은 부처가 슬피 우는 제자를 위해 관 밖으로 잠깐 발을 내밀어 보이듯이 맨발을 내밀어 보이고 있다 / 펄과 물속에 오래 담겨 있어 부르튼 맨발 / 내가 조문하듯 그 맨발을 건드리자 개조개는 / 최초의 궁리인 듯 가장 오래하는 궁리인 듯 천천히 발을 거두어갔다 / 저 속도로 시간도 길도 흘러왔을 것이다 / 누군가를 만나러 하고 또 헤어져서는 저렇게 천천히 돌아왔을 것이다 / 늘 맨발이었을 것이다 / 사랑을 잃고서는 새가 부리를 가슴에 묻고 밤을 견디듯이 맨발을 가슴에 묻고 슬픔을 견디었으리라 / 아 — 하고 집이 울 때 / 부르튼 맨발로 양식을 탁발하러 거리로 나왔을 것이다 / 맨발로 하루 종일 길거리에 나섰다가 / 가난의 냄새가 벌벌벌벌 풍기는 움막 같은 집으로 돌아오면 / 아 — 하고 울던 것들이 배를 채워 / 저렇게 캄캄하게 울음도 멎었으리라

— 문태준, 「맨발」

---

13) 김미혜, 「관계적 가치의 체험으로서의 시 읽기와 시 교육」, 김은전 외, 『현대시교육의 쟁점과 전망』, 월인, 2001, 73~74면.

화자는 어물전에서 개조개의 발을 보았을 뿐이다. 스쳐 지나가고도 남았을 그 하찮은 대상이 문득 눈에 뜨이고, 화자는 조문하듯 조심스럽게 그 맨발을 건드려 본다. 직접 만지고 느끼며 하나가 되는 그 교감의 순간, 화자는 맨발이 겪어온 시간을 헤아리고, 또 그로부터 다시 이 세상 모든 가난한 아이들의 아비, 생계를 잇기 위해 하루종일 길거리를 다니는 아비들의 '부르튼 맨발'을 떠올린다. 모두들 높은 건물과 화려한 조명을 올려다보는 세상 속에 자리한 움막 같은 집과, 다들 한 걸음이라도 더 앞서려고 속도의 경쟁을 하는 시대에 보이는 맨발의 느림에 확대경을 대어, 그의 걸음을 응원하고 그의 속도에 공감하는 것이다. 다양한 시를 읽고 시의 화자의 행위와 정서에 대한 '연민적 공체험(sympathetic co-exprience)'14)을 계속해 나감으로써 미적 소통의 방법을 체득해 나갈 수 있을 것이다.

넷째, 서정 교육은 상상력 함양에 밀접한 연관이 있다. 문학교육의 장에서 상상력은 주로 과거에 체험했던 사물의 이미지를 재생하거나 그것을 바탕으로 새로운 사상(事象)을 창조하는 능력15)으로 받아들여지며, 일상의 언어와 인식에 비해 초월성, 직관성, 창조성이라는 속성을 가지는 인간의 정신적 능력16)으로 정리된다. 상상력은 재생적 사고를 뛰어넘는 창의성을 바탕으로 대

> ▣ 공감(sympathy)과 감정 이입(empathy)
> 엄밀히 구별하기 어려운 개념이기는 하나, 대상과 자신을 동일시하고 감정적으로 그 대상이 되는 것이 감정이입이라면, 어느 정도의 판단과 거리를 가지고 대상과 나란히 서는 것이 공감이라고 할 수 있다. 감정이입이 육체적이고 본능적이라면, 공감은 상대적으로 지적이고 사상적이다.

---

14) 독자가 주인공에 감정이입하면서 미적 관조 행위를 하는 동안 사랑에 가득 찬 연민이 수반된다고 본 바흐친(M. M. Bakhtin)의 개념이다. Bakhtin, M. M., 김희숙·박종소 역, "미적 활동에서 작가와 주인공", 『말의 미학』, 길, 2007. 서정 갈래에 바로 적용하기에는 무리가 따를 수 있으나, 서정의 주체와 독자의 관계를 설명하는 데에도 유용한 개념으로 볼 수 있다.
이와 관련하여 바흐친의 '미적 공체험'과 야우스(H. R. Jauß)의 '미적 동일시'의 개념을 토대로 기존의 해석과 성찰 중심의 문학교육에서 감정이입과 공체험의 쾌락이라는 '향유'의 문학교육으로의 진전을 제안한 조현일의 논의를 참고할 만하다. 조현일, 「미적 향유를 위한 소설교육 – 감정이입과 미적 공체험을 중심으로」, 『새국어교육』 96, 한국국어교육학회, 2013.
15) 이숭원, 「시 교육과 상상력의 문제」, 김은전 외, 『현대시교육의 쟁점과 전망』, 월인, 2001, 87면.
16) 윤여탁, 「문학교육에서 상상력의 역할」, 『문학교육학』 3, 한국문학교육학회, 1999, 243면.

상에 대한 체험을 정교화하고 다양화하며, 대상에 대한 공감적 이해를 확대한다.

> 십 년을 경영하여 초려삼간 지어 내니
> 나 한 간 달 한 간에 청풍 한 간 맡겨 두고
> 강산은 들일 데 없으니 둘러두고 보리라

— 송순

작가의 상상을 통해 작품에 구현된 이 세계의 여유는 현실의 번잡한 문제들을 초월하는 창조적 힘을 가지고 있다. 나, 달, 바람이 각각 방 하나씩을 차지하고 있는 조화와 평등의 세계도 인상적이고, 강산이 무슨 자신의 병풍쯤이라도 되는 듯 둘러두고 보겠다는 호기도 과장스럽게 느껴지지 않는다. 물론 가난이라는 현실적 문제가 창작의 상상력만으로 해결될 리는 없겠으나, 현실의 이념에 이러한 여유와 달관의 형상을 가능하게 하는 것은 분명 시적인 상상력의 힘이라고 하겠다.

다섯째, 삶의 본질을 꿰뚫는 통찰을 경험하여 인격적 성장을 이루는 것 역시 서정 교육이 필요한 이유이다. 이 또한 서정은 물론 서사, 극, 교술에도 해당되고 문학 아닌 글에도 해당될 사항이다. 그러나 서정 갈래는 철학 서적이나 산문과는 다른 질감의 감동을 통해 인간과 세계에 대한 통찰에 이르게 한다. 작품 속 말하는 이나 어떤 인물이 처한 객관적 상황과 삶의 조건에 대해 독자로 하여금 분석적으로 이해하게 하는 데 그치지 않고 그의 정서나 처지에 교감하고 공명하게 한다. 그렇게 함으로써 독자는 작품을 통해 전달되는 메시지와 분위기를 훨씬 더 강렬하게 체험하게 되고, 작가의 이야기, 다른 인물의 이야기를 훨씬 더 강렬하고 직접적으로 독자의 이야기, 나의 이야기로 수용할 수 있게 된다. 독서를 간접 체험이라고 한다면, 시를 통한 체험

은 간접 체험을 넘어서서 직접 체험과 흡사한 경지라 하겠다.[17)

> 죽는 날까지 하늘을 우러러 / 한 점 부끄럼이 없기를, /
> 잎새에 이는 바람에도 / 나는 괴로워했다. /
> 별을 노래하는 마음으로 / 모든 죽어가는 것을 사랑해야지 /
> 그리고 나한테 주어진 길을 / 걸어가야겠다. //
> 오늘밤에도 별이 바람에 스치운다.
>
> — 윤동주, 「序詩」

　우리는 이 시를 가르칠 때 흔히 『맹자』의 이른바 '군자삼락(君子三樂)'을 이야기한다. 맹자는 "仰不愧於天 俯不怍於人", 즉 "우러러 하늘에 부끄럼이 없고, 구부려 사람에게 부끄럽지 않은 것"이 군자의 두 번째 즐거움이라고 하였다. 윤동주의 '부끄러움 없음'과 맹자의 '부끄러움 없음'이 겹쳐서 그것을 연관 지어 이해한다. 물론 이는 필요한 일이겠으나, 이것을 그저 같은 것으로 가르치고 넘어가는 것은 서정 갈래의 교육을 충실히 한 것이라고 볼 수 없다. 시는 경전의 반복 재생은 아니기 때문이다. 물론 '부끄러움 없음'이라는 문면의 일차적 뜻은 같다. 그러나 맹자의 '부끄러움 없음'이 '즐거움'의 한 요건이라면, 윤동주에게 그것은 괴로운 자기 검토의 사명이다.[18) 여기에 더하여 잎새에 이는 바람조차 그냥 흘려보내지 못하는 섬세함의 결, 그리고 그 섬세함 뒤에 이어지는 "모든 죽어가는 것을 사랑해야지" 하는 비장함의 온도까지 체험하는 것이야말로 서정 갈래 고유의 직접 체험이 될 것이다. 맹자의 '군자삼락'을 통해서도 삶에 대한 가르침을 얻지만, 우리는 「서시」를 읽는 독서 체험을 통하여 가치 있는 삶을 보다 직접적으로 느낀다. 서정 갈

---

17) 김대행, 「시 교육의 내용」, 『현대시교육론』, 시와시학사, 1996, 47면.
18) 황현산, 「지성주의의 시적 서정」, 『잘 표현된 불행』, 문예중앙, 2012, 286면.

래의 작품을 읽게 하고, 그것을 가르치고자 하는 것은 바로 그러한 간접 체험의 직접성, 즉 상상의 힘을 통해 구체화되고 정서로 교감되는 그 직접성을 통해 삶에 대한 성찰과 문학 체험의 가치가 보다 확대될 수 있기 때문이다.

3. 서정 교육의 목표와 내용

서정 교육의 뚜렷한 목표는 학습자의 서정 능력의 신장이다. '서정 능력'이라는 말이 널리 쓰이지 않는 말이고, 과연 그것을 '능력'으로 규정할 수 있을지에 대해서는 다소 회의적인 시선이 있을 수 있겠으나, 서정 갈래의 작품들을 읽고, 주체적인 감상과 해석을 수행하며, 그에 대한 비평 텍스트, 나아가 스스로 서정 갈래의 작품을 생산하는 능력까지를 포괄하여 의미하는 것으로 사용할 수 있을 것이다.

서정 갈래 작품을 수용하고 생산하는 능력과 함께 서정 교육의 또 다른 목표를 삼아야 할 것은, 자신의 서정 능력을 메타적, 성찰적으로 인식하고, 서정 갈래 작품을 읽고 쓰는 것을 즐기는 태도를 기르며, 평생에 걸쳐 지속적으로 서정 갈래를 능동적으로 향유하고 주체적 의미화하는 생활화의 자세를 가지는 것이다.

그리고 위와 같은 서정 교육의 목표에 도달하기 위해 가르쳐야 할 사항들이 서정 교육의 내용이 된다. 내용의 체계화나 조직 원리는 이 책의 Ⅰ권 6장에서 제시된 바와 크게 다르지 않으므로, 이 장에서는 목표와 내용을 엮어 크게 수용, 창작, 그리고 태도로 구별하여 살펴보도록 한다.

(1) 수용 능력의 신장

서정 갈래의 작품을 대하게 되면 수용자가 작품을 듣거나 읽고, 그 언어 구성체가 담지하고 있는 의미를 주체적으로 실현시키며, 작품에 자신의 경험을 연계하여 의미를 부여하거나 내면화와 평가를 행한다. 이 서정 수용 능력은 크게 '감상 능력', '해석 능력', '비평 능력'으로 나누어 살펴볼 수 있다.

'감상 능력'은 주로 문학 작품에 대한 정서적 반응을 활성화하고, 작품에 대한 생각이나 느낌을 내면화하는 능력을 뜻한다. '감상'은 '이해와 감상'처럼 대개 '이해'라는 말과 짝을 이루어 사용되는데, 이러한 의미의 감상은 학습자를 수동적인 위치에 한정하고, 인지적 접근과 정의적 접근을 지나치게 구분하는 한계를 가질 수 있다.[19] 그러나 감상에 보다 적극적으로 의미를 부여하면 작품에 대한 '감식'과 '자기화' 그리고 '체험의 공유, 주제의 확장, 삶에 대한 각성'[20] 등을 모두 '감상'의 일환으로 볼 수 있다.

'해석 능력'은 누군가에 의해 실현되기를 기다리고 있는 작품의 잠재적 의미를 자신의 경험과 지식을 바탕으로 실현시킬 수 있는 능력을 가리킨다. 기본적으로 언어는 그것이 지시하는 것 그 자체가 아니라 기호로서의 추상성을 가지므로 필연적으로 다의성을 띠게 되는데 이 다의성을 맥락과의 연관 속에서 의미화하는 것이 해석이라 할 수 있다. 문학의 독자는 대상 텍스트, 상호텍스트, 그리고 독자 자신을 향한 질문과 답을 통해 텍스트의 잠재적 의미를 실현한다.[21] 그리고 이 의미 실현 과정에 텍스트에 구현된 지평과 독자의 지평이 상호 융합되어 확대되며, 이러한 지평의 융합을 통

> **■ 해석학적 순환**
> (hermeneutic circle)
> 텍스트 이해 과정에서 일어나는 전체와 부분의 상호관계를 의미한다. 우리는 텍스트 전체에 대한 어떤 표상을 가지고 있기에 텍스트 부분의 의미를 실현할 수 있으며, 역으로 부분에 대한 이해는 늘 전체의 의미를 이해하는 데에 영향을 미친다. 이해는 일회로 종결되지 않으며, 끝이 정해진 순차적 과정도 아닌, 무한 순환에 가깝다.
> 독일의 해석학자 가다머(H. G. Gadamer)는 이 순환을 독자의 생각과 텍스트 의미 간의 순환의 원리로 발전시켰고, 과거의 텍스트와 현재의 텍스트 사이의 순환적 영향관계 속에서 해석의 본질을 구명하고자 하였다.

---

19) 교육부, 『제7차 고등학교 국어과 교육과정 해설』, 교육부, 1997, 303면.
20) 조하연, 『문학 감상 교육 연구—고려속요를 중심으로』, 서울대학교 박사학위논문, 2010.
21) 김정우, 『시 해석 교육론』, 태학사, 2006, 46~48면.

해 낯선 텍스트나 문화에 대한 이해를 넓힌다.

'비평 능력'은 작품의 의미가 어떻게 형상화되어 있는가를 밝히면서 작품의 의의를 평가할 수 있는 능력을 가리킨다. 원래 비평은 '시, 소설, 희곡, 수필, 비평'으로 갈래를 나눌 정도의 전문적인 담화 형식이고, 연구와 사유의 축적을 통해 이루어진 비평적 성숙을 바탕으로 텍스트에 대항하는 새로운 텍스트를 생산하는 행위이므로 학생들이 처음부터 비평을 잘하리라 기대하기는 어렵다.[22] 그러나 문학교육의 장에서 비평 능력을 재개념화한다면 "작가가 생산해 낸 원텍스트에 담긴 의미를 독자 자신의 시각으로 해석하고, 나아가 원텍스트에 필적하는 '자신의 텍스트'를 생산해내는 읽기와 쓰기의 과정 전체"[23]라고 할 수 있을 것이다.

현대의 학습자에게 서정 갈래의 작품들은 대부분 소통의 어려움을 느끼게 하는 대상으로 인식된다. 일상어와는 다른 구조라든가, 제한된 정보만을 제공하는 함축성과 상징성, 그리고 몰입과 공감을 통해 서정 작품 속 인물과 동화되는 것 등에 부담을 느끼기 때문이다.

문학 텍스트의 수용 과정을 "상상적 · 정서적 체험을 중핵으로 하는 감상이 우선하고 그것이 해석이나 비판을 이끈다"[24]고 보는 관점을 취한다면, 서정 갈래의 작품들은 우선 소리 내어 읽어 보고, 그것이 환기하는 분위기와 정서를 느끼는 '감상' 활동을 충실히 하는 것이 중요하다. 이 낭독을 통해 감상의 첫 단계에 들어선 다음, 계속적으로 작품을 읽고, 부분과 전체를 지속적으로 오가면서 부분의 의미를 전체에 비추어 실현하고, 다시 그 부분들을 통해 전체를 만들어가는 순환적 해석 활동을 수행해 나가야 한다. 이때 작품

---

22) Scholes, R., 김상욱 역, 『문학이론과 문학교육 : 텍스트의 위력』, 하우, 1995, 50면.
23) 김성진, 「문학 작품 읽기 전략으로의 비평에 대한 시론」, 『문학교육학』 9, 한국문학교육학회, 2002, 138면.
24) 최지현, 「감상의 정서적 거리-교육과정변인이 문학감상에 미치는 영향」, 『문학교육학』 12, 한국문학교육학회, 2003, 42면.

의 의미는 단순히 어휘들의 합에 그치지 않으며, 오히려 전체적인 분위기와 정서에 따라 각 부분의 의미들을 작품에 고유한 뉘앙스로 실현시킬 수 있어야 한다.

작품에 접근하는 방법을 안내할 때, 시 해석의 원리를 먼저 제시하고 그 원리를 개별 작품에 적용하여 해석을 수행하게 하는 방식도 가능하고, 반대로 어려움이 있더라도 개별 작품들을 나름대로 해석해 가는 가운데 자신의 해석 행위를 메타적으로 성찰하여 어떤 지식이나 원리에 이르게 하는 방식도 가능할 것이다. 전자를 원리 중심 해석 교육, 후자를 경험 중심의 해석 교육이라고 할 수 있다. 원리 중심 해석 교육은 주어진 원리를 고정된 지식으로 제공하고, 작품을 통해 그 원리의 유효성을 확인 검증하는 식으로 이루어지기 때문에 정해진 해석 원리를 바탕으로 단기간에 많은 작품들을 섭렵할 수 있다. 그러나 해석 원리를 일방적으로 설명하는 교사 주도적인 학습이나 지식 중심의 학습이 되면 학습자의 능동성과 주체성은 약화될 우려가 있다. 해석에 대한 지식이 전혀 없을 경우 해석 활동이 이루어지지 쉽지 않기 때문에 원리 중심 해석 교육을 완전히 배제할 수는 없으나, 가능하면 학습자 스스로 다양한 작품으로부터 해석의 원리를 탐구하는 과정이 마련될 수 있도록 유의할 필요가 있다. 해석에 관한 지식이 학습자에게 주어지는 객관적 지식에서 학습자에게 체화되는 개인적 지식(personal knowledge)으로 변화할 수 있도록 이끄는 해석 교육이 요청된다.

비평은 여기에 더하여 개인의 취향, 기호, 가치관을 반영하여 적극적으로 작품을 의미화하고 가치를 평가하는 과정이다. 자신의 선호가 근거 없는 독단적인 것이 아니라 공적인 '문화의 등급화'[25]임을 설득력 있게 보여주기 위해 노력하며 비평 활동을 지속적으로 해 나간다면, 학습자는 개별 작품의 수

---

25) 김성룡, 「고전 비평과 문학능력」, 『문학교육학』 28, 한국문학교육학회, 2009, 254면.

동적 소비자가 아니라 문학 문화의 적극적 참여자로 성장하게 될 것이다.

(2) 창작 능력의 신장

창작교육은 학습자의 창의성과 표현 능력을 신장시켜 주며, 창작을 통한 자기 성찰과 치유까지 이룰 수 있기에 문학교육에서 매우 중요한 부분이다. 그러나 현실적으로 창작교육을 위한 본격적인 지도를 받지 못한 경우가 대부분인 교사들은 창작교육을 부담스러워 하며, 학습자들도 창작을 귀찮은 과제 정도로 여기는 분위기가 많다. 이러한 상황을 개선하기 위하여 서정 갈래의 창작과 관련된 다양한 연구들이 진행되어 왔으나, 연구와 교육, 이론과 실제 간의 거리가 쉽게 좁혀지지는 않는 듯하다.

창작교육 활성화를 위해 창작교육의 필요성을 확인하고 강조하는 연구들이 있었고, 이어 창작교육 활성화를 위한 다양한 방법들이 모색되었다. 우선 이미지와 상상력을 중심으로 시 창작교육을 내용을 다양화하기 위한 일련의 연구들[26]이 있고, 협동학습과 장르 중심 창작 지도에 기반한 연구[27]로 대표되는 교수·학습 방법 차원의 모색을 담은 연구가 있다. 여기에 더해 시 이해 교육과의 연관 속에서 창작교육을 살피거나,[28] 시인의 시 창작과정의 단계를 체험하는 과정으로서의 창작교육,[29] 학습자가 고전의 맥락을 재구하여

---

26) 유영희, 『이미지로 보는 시 창작 교육론』, 태학사, 2003; 임수경, 『디지털시대의 시창작교육방법』, 청동거울, 2007; 손진은, 『시 창작 교육론』, 푸른사상, 2011; 정정순, 「맥락 중심의 시 창작교육」, 『문학교육학』 30, 한국문학교육학회, 2009.

27) 방인태 외, 『초등 시 창작교육론』, 역락, 2007.

28) 김정우, 「시 이해를 위한 시 창작교육의 방향과 내용」, 『문학교육학』 19, 2006. 시에 대한 교육 중에서 특히 '서정, 감각, 화자'에 관한 이해를 염두에 둔 창작교육으로 '순간에 주목하기−관찰과 성찰−목소리의 재구성'의 세 요소를 중심으로 보았다.

29) 이명찬, 「시 창작교육 방향의 탐색−창작 과정에 대한 이해를 바탕으로」, 『문학교육학』 27, 한국문학교육학회, 2008. 이 논문에서 제시한 창작과정의 종자(種子)는 크게 '자기 표현의 충동−시적 상황의 발견−말의 발견'이라는 세 단계로 이루어진다.

직접 고전시가를 쓰는 교육[30] 등의 확대가 이루어졌다. 이러한 연구들을 기반으로 교실 현장에 효과적으로 적용될 수 있는 모형과 지도 방안이 마련되어야 할 것이며, 현장 적용의 결과에 대한 분석과 평가를 거쳐 새로운 창작 교육의 이론들이 개발되어야 할 것이다.

아래에서는 시의 구성 요소들을 중심으로 창작 지도시 중점 사항들을 간략히 살펴보도록 한다.

① 리듬

시의 리듬은 운과 율로 구축된다. 한문으로 쓰인 시가 아닌 우리 전통 시가에서 '운'을 의도적으로 활용한 리듬은 찾아보기 어렵다. 현대시에서 리듬은 주로 음보율에 근거하여 시간의 길이나 글자수의 조절을 통하여 이루어지며, 창작교육을 염두에 둔 리듬 교육 역시 주로 음보율을 기반으로 이루어지는 것이 수월하다. 이때 리듬의 형성이 가급적 어떤 '의미'를 전달할 수 있도록 의도하게 하여 소리의 변화로 인한 감흥이 정서의 언어적 형상화로 이어질 수 있게 하는 것이 바람직할 것이다.

머언 산 청운사(靑雲寺)
낡은 기와집

산은 자하산(紫霞山)
봄눈 녹으면

느릅나무
속잎 피어가는 열두 굽이를

---

30) 조희정, 「고전시가 쓰기 교육(2) – 소악부 소재 한역 고전시가의 재구를 중심으로」, 『국어교육』
132, 한국어교육학회, 2010.

청노루
맑은 눈에

도는
구름

— 박목월, 「靑노루」

이 작품을 읽고 느껴지는 한가로움과 여유, 관조의 태도는 무엇보다도 시행 배열을 통해 만들어지는 여백에서 비롯된다. 2~5음절 1행의 짧은 시행이 남기는 긴 여백이 한가로움이나 고요함을 환기시킴으로써 시의 리듬이 주제나 분위기와 밀접한 연관을 맺는 대표적인 예라고 할 수 있다. 또한 6행에서 한 행에 11음절이 자리하면서 다른 행과 전혀 다른 급박함이 느껴지는데, 이 빨라진 리듬이 7행의 '청노루'와 만나면서 정적인 풍경에 역동성을 불러온다. 봄눈이 녹으며 느릅나무에 속잎이 피어오르는데, 열두 굽이의 느릅나무들의 속잎이 저마다 앞다투어 피어오르는 장관을 다른 행들과는 차별화된 음절수로 순식간에 온 천지가 변화하는 느낌을 살렸다.

리듬 교육의 기본은 같은 소리의 반복을 통한 재미나 음보의 반복을 통한 구성의 아름다움을 느끼는 것이다. 그렇지만 말의 재미와 작품의 주제가 전혀 관련이 없거나 상반되는 느낌의 리듬이라면 그 리듬은 아무래도 의의가 반감될 수밖에 없다. 행의 글자 수 몇 개 조절하는 것만으로도 전달하고자 하는 분위기나 대상의 모습을 훨씬 효과적으로 나타낼 수 있음을 의식하면서 시의 리듬을 이렇게 저렇게 만들어 볼 필요가 있다.

② 심상

추상적인 주제 의식에 구체적인 형상을 부여하여 노래하는 것이 서정 갈

래의 본령이라고 할 때, 상상력을 통해 빚어지는 다양한 심상의 세계야말로
리듬과 더불어 서정을 구현하는 중요한 요소 중 하나이다.

> 얼어붙은 호수는 아무것도 비추지 않는다
> 불빛도 산 그림자도 잃어 버렸다
> 제 단단함의 서슬만이 빛나고 있을 뿐
> 아무것도 아무것도 품지 않는다
> 헛되이 던진 돌멩이들,
> 새떼 대신 메아리만 쩡 쩡 날아오른다
>
> 네 이름을 부르는 일이 그러했다

— 나희덕, 「천장호에서」

시 전체를 지배하고 있는 차가움과 단단함이 매우 인상적으로 다가오는
시이다. 이것이 강한 인상을 남기는 것은 '아무것도'가 반복되며 만들어 내
는 절대 불가의 단호함 때문이기도 하지만, 어떤 것도 받아들일 수 없다는
완고함을 전하는 메아리(소리)가 새떼처럼 날아올라 사방으로 퍼져 나가는 것
도 이 시의 주제 의식을 효과적으로 구현한다. 흔히 말하는 감각의 전이, 즉
소리의 시각화를 통해 돌멩이를 튕겨 내는 얼음의 단호함이 더 강렬하게 전
달되는 것이다. 이와 같이 구체적인 감각을 수반하는 심상은 작품 전체의 주
제를 전하는 데에 매우 효과적인 형상화 방법이며, 과도하지 않게 적절하게
사용하는 '감각의 전이'는 표현의 참신성이나 강렬함을 더할 수 있는 창작의
한 방법이 될 수 있다.

③ 시적 화자

서정 문학에서는 시적 상황에 어울리는 시적 화자를 통해서 의미를 전달한다. 이때 시적 화자는 실제 창작을 한 시인과 거의 일치할 수도 있고, 전혀 다른 허구의 인물을 만들어 낼 수도 있다. 심훈의 「그날이 오면」이나 윤동주의 「서시」가 전자의 대표적인 경우라면, 김소월의 여성적 화자나 서정주의 시에 등장하는 신화 속 인물들이 후자의 대표적인 경우이다.

실제 시인과 유사한 화자이든, 허구적인 화자이든 이들은 모두 시인이 시적 상황에서 내세운 퍼소나(persona)에 해당한다. 퍼소나는 고전극에서 배우들이 쓰는 가면의 입구를 가리키는 말에서 유래한 것으로서, 시인이 특정한 시적 상황에서 소통하고자 할 때 쓰는 가면에 해당한다. '작품 속의 시인'은 시인의 경험적 자아가 시적 자아로 변용·창조된 것이지 시인의 실제 개성 그 자체는 아니다.[31]

당신의 편지가 왔다기에 바느질 그릇을 치어 놓고 떼어 보았습니다.
그 편지에는 나에게 잘 있느냐고만 적고 언제 오신다는 말은 조금도 없습니다.
만일 님이 쓰신 편지이면 나의 일은 묻지 않더래도 언제 오신다는 말을 먼저 썼을 터인데.

— 한용운, 「당신의 편지」 부분

風景이 風景을 반성하지 않는 것처럼
곰팡이 곰팡을 반성하지 않는 것처럼
여름이 여름을 반성하지 않는 것처럼
速度가 速度를 반성하지 않는 것처럼

---

31) 김준오, 앞의 책, 283면.

拙劣과 수치가 그들 자신을 반성하지 않는 것처럼
바람은 딴 데에서 오고
救援은 예기치 않은 순간에 오고
絶望은 끝까지 그 자신을 반성하지 않는다

— 김수영, 「絶望」

「당신의 편지」는 실제 시인 한용운과는 다른 여성의 목소리이다. 님이 언제 오실지 오매불망 궁금해 하는 이쪽을 배려하지 않는 무심한 님에 대한 서운함을, 대놓고 불평하지는 않지만 살짝 토라지듯 이야기하는 이 화자의 미묘하고 섬세한 심리는 '바느질 그릇'을 옆에 놓고 있는 여인의 조심스러우나 원망을 조금 담은 어조를 통해 효과적으로 구현된다. 반면 「절망」의 화자는 작품 뒤에 숨어 있어 드러나지 않는다. 화자의 생각이나 감정보다 드러내고자 하는 사실이나 관념에 초점을 두기 위해서이다. 화자가 직접 개입할 경우, 개입하지 않을 경우보다 개인적인 시각이 끼어들 가능성이 높기 때문이다.[32]

위에서 살펴본 바와 같이 전달하고자 하는 내용이나 초점을 맞추고자 하는 대상에 따라 효과적인 화자의 모습이 달라질 수 있다. 서정은 기본적으로 일인칭의 갈래이지만, 이것이 모든 시적 화자가 언제나 '나'이어야 한다는 의미는 물론 아니다. 효과적 전달을 위해 가면을 쓸 수 있다는 점을 이해하면서 창작자의 의도와 대상의 특성에 맞는 목소리를 선택하게 하는 것이 창작의 중요 전략 중 하나임을 이해하게 하는 것이 필요하다.

(3) 태도의 함양

서정 갈래 작품을 수용하고 생산하는 능력과 함께 서정 교육에서 중점을

---

32) 오규원, 『현대시작법』, 문학과지성사, 1990, 249면.

두어야 할 또 다른 목표는 태도의 함양이다. 이 태도 교육은 크게 세 가지 하위 내용으로 구체화할 수 있다.

첫째, 자신의 서정 문학에 대한 수용 능력과 생산 능력을 메타적으로 통찰하고, 자신의 능력의 변화나 자신에게 필요한 학습에 대한 성찰을 수행하는 자세를 길러야 한다. 모든 학습에서 그러하겠지만 서정 교육에서는 특히 작품을 읽는 독자의 변화가 텍스트의 해석이나 감상에 절대적인 영향을 미친다. 독자의 지평과 텍스트의 지평이 융합되는 정도가 다른 텍스트에 비해 훨씬 더 강하며, 독자의 선지식, 능동적 상상, 상호텍스트적 지식 등이 대상 작품의 해석과 감상에 필수적으로 관여하기 때문이다.

둘째, 서정 갈래의 작품을 읽고 쓰는 데에 흥미를 가지고, 서정 갈래 작품 읽기 행위를 수행하는 데에 즐거움을 느끼는 태도를 형성해야 한다. 서정 갈래의 작품들은 텍스트의 특성상 다른 갈래의 작품들에 비해 수용에 어려움을 느끼는 학습자들이 많다. 물론 함축적인 언어로 이루어진 시의 전체와 부분을 오가며 의미를 파악하고, 다양한 시의 형식적 장치들의 의미를 실현시키는 일이 어려운 경우가 적지 않다. 그렇지만 원래 입체였던 그림을 평면으로 압축해 놓고 초점을 달리해서 보면 그 입체가 살아나는 매직아이의 재미처럼, 서정의 작품들도 찬찬히 들여다보거나 조용히 입으로 구송하다 보면 문득 삶에 대한 새로운 통찰을 얻기도 하고, 벅찬 감정의 고양을 느끼기도 하며, 언어의 묘미에 적지 않은 쾌감을 얻기도 한다. 이 즐거움을 체험하게 하고, 이후에 능동적, 주체적으로 서정 문학을 향유할 수 있는 태도를 기르는 것이야말로 서정 교육을 통해 학습자가 길러야 할 중요한 소양이다. 이 목표를 달성하기 위해서는 교육적 의도 하에 다양하게 계획된 서정적 체험의 기회를 가지는 것이 무엇보다 중요하다. 그리고 그러한 체험을 지속적으로 수행하는 가운데 서정 텍스트에 대한 신뢰와 민감성, 독자 자신에 대한 동기화와 성찰의 태도[33]를 기를 수 있도록 지도해야 한다.

셋째, 자신의 삶에서 서정 문학을 지속적으로 향유할 수 있는 태도를 길러야 한다. 현재 우리나라의 문학교육은 고등학교 3학년 때에 학습자의 문학 능력이 최대치에 이르도록 운영되고 있다고 해도 과언이 아니다. 그 결과 고등학교를 졸업한 이후 생을 마감할 때까지 단 한 편의 시도 읽지 않는 사람이 상당수이며, 자신의 손으로 직접 시집을 사서 읽는 애호 인구는 국어교육을 전공하는 대학생 가운데에서도 많지 않은 상황이다. 이제 문학교육, 좁혀서 서정 교육의 평생교육을 생각해 볼 때이다. 졸업 이후 능동적으로 서정 문학을 향유할 수 있는 능력을 기르는 것을 서정 교육의 중요 목표로 설정할 필요가 있다. 그리고 그러한 능력을 갖추기 위해서는 현재 발간되고 있는 시집을 텍스트로 선정하여 교육하기도 하고, 학습자들이 자신의 생활 속에서 서정 문학을 향유하는 체험을 강화하는 교육 등이 마련되어야 한다. 아울러 문학사가 고정된 실체가 아니라 특정한 사가(史家)에 의한 선택과 관계 설정의 결과물이라는 점을 생각해 본다면, 향후 문학교육은 궁극적으로 모든 사람들이 일종의 '문학사가(文學史家)'가 되는 문학교육에 대해서도 고려해 볼 만하다. 이 말을 너무 부담스럽게 여길 필요는 없다. 대부분의 사람들은 일생을 걸쳐 자신이 읽은 작품들을 그저 파편처럼 과거의 망각 속으로 흘려보내기 일쑤인데, 매번 자신이 읽는 작품과 이전 작품들 간의 관계를 생각해 보면서 읽는다든가, 갈래별 내 생의 최고의 작품을 선정해 보는 등의 어렵지 않은, 그러나 의도적인 행위들을 지속적으로 해 나갈 필요가 있다는 것이다. 그리하여 삶의 굽이굽이마다 자신을 위로해 주는 시, 새로운 통찰을 주는 시를 여러 편 기록할 수 있다면, 그것이 곧 평범한 '아무개의 문학사'가 될 수 있을 것이다.

---

33) 김남희, 「현대시의 서정적 체험 교육 연구」, 서울대학교 박사학위논문, 2007.

4. 서정 교육의 방법

서정 교육의 교수·학습 방법으로는 기존의 '내면화 모형', '반응 중심 모형', '대화 중심 모형' 등을 들 수 있다. 간단히 정리를 하면 다음과 같다.

■ 내면화 모형

교사 중심 문학교육의 대표적인 교수·학습 방법이다. '계획-진단-지도-평가-내면화'의 다섯 단계를 기본 틀로 하고 있으며, 다른 교과의 일반적인 교수·학습에 '내면화'를 더하여 인격적 성숙이나 정서적 감응, 가치관의 변화 등을 문학교육 교수·학습의 중요한 변인으로 넣었다는 점이 특징이다.[34] 다만 '계획, 진단, 지도, 평가'의 주체는 교수자인데 비해, 내면화의 주체는 학습자라는 점에서 모형의 일관성이 미흡한 점, 거의 모든 교과에 두루 적용될 수 있는 모형인 만큼 세부적인 적용에서는 교과나 학습의 특성을 충분히 살리기 어렵다는 점 등의 한계가 있다.

■ 반응 중심 모형

학습자 중심 문학교육의 대표적인 교수·학습 방법이다. 텍스트와 학습자의 관계에 따라 크게 세 단계로 구성된다. '텍스트와 학생의 거래(반응의 형성)', '학생과 학생의 거래(반응의 명료화)', '텍스트와 텍스트의 거래(반응의 심화)'가 이어지는 가운데, 교수자가 가르쳐야 할 객관적 지식보다는 텍스트를 대하며 학습자가 겪는 심리적 변화와 반응에 초점을 맞춘다.[35] 학습자의 개별적인 반응들을 교육적으로 의미 있게 다룬다는 점에서 학습자 중심 교육에 진전을 이루었다고 평가할 수 있다. 그러나 다른 면으로 볼 때 교수·학습 전 과정에서 교사의 역할이 불분명하고, 학습자를 바람직한 방향으로 변화시키기 위한 계획

---

34) 구인환 외, 『문학교육론(제6판)』, 2012, 231면. 이에 따라 구안된 '시 수업의 절차 모형'은 같은 책 250~251면 참고.
35) 경규진, 「반응 중심 문학교육의 방법 연구」, 서울대학교 박사학위논문, 1993.

적이고 의도적인 실천으로서의 교수 행위가 뚜렷하지 않다는 점을 한계로 들수 있다. 또한 학습자의 반응이 지나치게 정서적인 쪽에 치우칠 수 있다거나 개별 학습자의 반응의 허용 범위에 대한 명료한 기준이 있기 어렵다는 점도 실제수업에서 발생하는 어려움 중 하나이다.

■ 대화 중심 모형

역시 학습자 중심 문학교육 지향의 교수·학습 방법이다. 텍스트, 학습자, 교사 사이에 일어나는 의사소통을 '대화'로 보고, 대화의 참여자에 따라 '내적 대화(텍스트-학습자), 횡적 대화(학습자-다른 학습자), 종적 대화(학습자-교사)'의 모형을 구축하였다.[36] 내적 대화→ 횡적 대화→ 종적 대화의 흐름이 일방적이지만은 않으며, 필요에 따라 다른 대화를 병행하거나 단계를 달리할 수 있다. 교수자에게 책임 있는 역할을 부여하되, 전반적인 학습자 중심 모형의 기조를 유지하고 있다고 볼 수 있다. 다만 교실의 권력 관계를 고려해 볼 때 '내적 대화'가 위축되고, '종적 대화'가 지배적 대화가 될 가능성을 배제할 수 없다.

이제까지 본 모형들이 상대적으로 문학교육 전반에 걸친 체계화된 교육 방법이었다면, 서정 교육 수업 실천에 중요하게 활용될 만한 사항을 교수법 차원에서 세 가지 정도 제시할 수 있을 것이다.

첫째, 낭송을 최대한 활용하는 것이다. 대부분의 시 수업은 교사나 학생의 1회 낭독 후 주로 눈으로 읽는 방식의 수업을 하고 있는데, 소리 내어 읽지 않는 시 교육은 그 리듬과 정서를 충분히 살리지 못한다는 점에서 근본적인 한계를 가진다. 학습자의 해석이나 감상을 표현하는 과정으로 낭송을 활용하는 것이 필요하며, 시의 수용은 물론 그 수용 결과를 외화하는 연희로서의 성격[37]도 가지고 있다는 점에 유의해서 낭송 교육을 강화할 필요가 있다.

---

36) 최미숙, 「대화 중심의 현대시 교수·학습 방법」, 『국어교육학연구』 26, 국어교육학회, 2006.
37) 노철, 「시 낭송교육에서 운율과 독자의 상호작용태와 의사소통방식으로서의 연희성」, 『한국문학이론과비평』 29, 한국문학이론과비평학회, 2005, 257면.

둘째, 상호텍스트성을 교수·학습 방법 차원에서 적극 활용할 필요가 있다. 이때의 상호텍스트성은 시인이 시를 쓸 때 의도적으로 다른 텍스트와의 연관을 지어 창작을 했다거나, 텍스트 간 영향 관계가 분명한 작품들에서 보이는 상호텍스트성만을 의미하지 않는다. 한 편의 시를 읽으면서 그 시에 생산적이고 창의적인 의미 부여를 할 수 있는 다양한 텍스트와의 연결을 자유롭게 시도하는 것이다. 그것이 다른 시일수도 있고, 노래나 음악, 회화나 영화여도 좋다. 말 그대로 텍스트와 텍스트의 사이를 연결하는 새로운 재미를 느끼며 또 다른 차원으로 텍스트를 즐기는 것이다.[38]

셋째, 다양한 텍스트 생산 전략을 개발할 필요가 있다. 창작에 어려움을 겪는 학습자들을 고려하여 완성된 한 편의 시만을 쓰도록 할 것이 아니라 리듬, 심상, 화자 등의 요소에 집중하는 부분 창작, 짧은 수필로부터 행바꿈을 달리 한 여러 버전의 시를 만들어 보기 등 부담은 덜하고 흥미는 높일 수 있는 방법들을 다양하게 개발하는 것이 필요하다. 최근에는 '사이버문학광장 문장'과 같은 사이트에서 청소년을 위한 창작 게시판이나 시낭송 축제 등을 개최하고 있는데, 이러한 공간을 활용하여 시의 복합양식 텍스트성[39]을 적절히 활용한 창의적 텍스트를 생산하는 방법도 학습자들의 흥미를 높이며 서정 문학을 경험할 수 있는 기회를 제공하게 될 것이다.

---

38) 대표적인 예로 다음 글을 참고할 만하다. 정재찬, 「상호텍스트성을 통한 현대시교육 연구」, 『국어교육학연구』 29, 국어교육학회, 2007; 정재찬, 「문학 교수학습 방법의 성찰과 전망 – 상호텍스트성을 활용한 활동 중심의 현대시교육」, 『국어교육학연구』 47, 국어교육학회, 2013.
39) 김정우, 「시의 복합양식 텍스트화, 그 양상과 특성」, 『국어교육』 136, 한국어교육학회, 2011; 박소영, 「심미적 체험으로서 "시낭송 UCC" 제작의 교육적 활용 방안」, 『배달말』 54, 배달말학회, 2014.

5. 서정 교육의 평가

서정 교육의 평가는 학습자의 서정 능력을 정확히 진단하고, 더 나은 서정 능력으로 발전시키기 위한 정보를 제공해 주는 과정이어야 한다. 이를 위해 우선 '서정 능력'을 구성하고 있는 요인들을 설정하고, 그에 따른 평가 요소와 각 평가 요소의 특성에 맞는 문항을 개발해야 하는 과제가 있다.

서정 능력은 크게 지식, 수행, 태도의 차원으로 구성된다고 볼 수 있다. 대략의 내용을 구성한다면 아래 표와 같이 정리할 수 있을 것이다.

[서정 능력의 구조]

차원	구성 요소
지식	• 서정 갈래에 관한 지식 • 한국 서정의 특징과 변천에 관한 지식 • 서정 갈래의 주요 작품에 관한 지식
수행	• 서정 작품 감상 • 서정 작품 해석 • 서정 작품 비평 • 서정 작품 재구성과 창작
태도	• 서정 갈래 향유에 대한 초인지 • 서정 갈래 향유에 대한 흥미 • 서정 갈래 향유에 대한 지속 의지

지식 차원의 일부와 태도 차원의 일부 구성 요소에 대해서는 진위형 평가, 단답형 평가, 선택형 평가, 척도 평가 등의 형식을 통한 지필평가로 학습자의 이해 여부 혹은 태도 형성 여부를 측정할 수 있다. 그러나 전반적으로 서정 능력의 평가는 가급적 학습자의 언어를 직접 외화할 수 있는 다양한 형태

의 수행평가를 지향하는 것이 바람직하다. 또한 평가가 교수·학습의 과정과 분리된 사후평가, 결과평가로만 이루어지는 것을 피하고, 교수·학습 과정과 긴밀하게 연계된 평가의 비중도 높일 필요가 있다.

예를 들어 서정 갈래에 관한 지식이나 작품, 작가에 관한 평가는 보고서법을 활용하면 학습자들이 해당 지식에 대해 어느 정도 수준의 이해를 하고 있는지 판별할 수 있으며, 학습자 스스로 자료를 찾고 보고서를 작성하는 과정을 통해 체계적으로 지식을 구조화하는 경험을 하게 되어 평가가 곧 좋은 교수·학습의 경험으로 이어질 수 있다.

서정 작품 해석에 관한 평가는 자신의 해석이 다른 사람에게 받아들여질 수 있는 '수용가능성'을 높이도록 준비를 하게 하고, '토론법'을 통해 학습자들이 자신의 해석의 타당성을 주장하는 과정을 평가할 수 있다.

서정 작품 비평이나 창작에 관한 평가는 포트폴리오법을 활용하여 창작물이 어떤 발전을 보이는지 학습자와 교수자 모두 매번 평가마다 확인할 수 있도록 하면 서정 능력 향상을 위한 주도적 학습의 동기가 마련될 수 있다.

태도 차원의 평가는 면접 평가, 관찰 평가 등의 방법을 활용하거나, 일지 쓰기, 독서록 쓰기 등의 방법을 통해 지속적이고 꾸준하게 서정 갈래 향유에 대한 태도를 기록하여 태도 향상 여부를 판정할 수 있다.

서정 교육의 평가는 교과 전반에 적용되는 평가 방법을 부분적으로 적용하는 데에 그쳐 왔다. 앞으로 개별 갈래의 특성에 맞는 '장르 중심 평가 틀'[40]을 개발하고, 학습을 위한 평가, 상위 인지에 대한 평가 확대, 평가 기준의 구체화[41]가 가능한 평가 도구들을 개발해야 하는 과제를 확인할 수 있다.

---

40) 남민우, 「시 교육 평가의 개선 방안 연구」, 『문학교육학』 34, 한국문학교육학회, 2011.
41) 김정우, 「문학능력 평가의 방향」, 『문학교육학』 28, 한국문학교육학회, 2009.

☑ (   )에 알맞은 말을 써 넣으면서 주요 개념을 정리합니다.

1 서사가 서술자의 중개를 통하고, 극에서 등장인물들이 모두 각자의 목소리로 이야기하는 데 비해 서정은 자아의 내면을 향한 (   )가 주를 이룬다.

2 현대의 서정 혹은 '다른 서정'이라는 이름으로 서정의 확대를 추구하는 시들은 본질적으로 방어적인 '자아' 대신 탐색의 고통을 마다 않는 (   )로의 전환을 꾀한다.

3 (   )는 고전극에서 배우들이 쓰는 가면의 입구를 가리키는 말에서 유래한 것으로서, 시인이 특정한 시적 상황에서 소통하고자 할 때 쓰는 가면에 해당한다.

☑ 지시에 따라 서술하면서 서정 갈래의 특성을 이해합니다.

1 서정 갈래의 시간의 특성에 대해 설명하시오.

2 서정 교육의 필요성에 대해 '공감'과 관련지어 설명하시오.

3 '해석학적 순환'의 개념을 바탕으로 독자의 해석 과정에 대해 설명하시오.

✅ 지시에 따라 주요 개념을 적용하면서 실천적 능력을 기릅니다.

1 다음 시를 활용하여 시의 음악성에 대한 이해를 높일 수 있는 활동을 설계하시오.

> 돌담에 소색이는 햇발가치 / 풀아래 우슴짓는 샘물가치 /
> 내마음 고요히 고흔봄 길우에 / 오날하로 하날을 우러르고십다 //
> 새악시볼에 떠오는 붓그럼가치 / 詩의가슴을 살프시 젓는 물결가치 /
> 보드레한 에메랄드 알게 흐르는 / 실비단 하날을 바라보고십다
>
> — 김영랑, 「돌담에 소색이는 햇발가치」

■ 시의 음악성을 이해하기 위한 활동

2 윤동주의 「서시」를 대상으로 하여 시에서 일어나는 통찰과 성장에 대해 <조건>을 활용하여 설명하시오.

조건	① 시적 화자의 정서를 설명할 것 ② 체험의 구체성과 직접성/간접성에 대해 설명할 것

제5장

서사 교육

문학이 없는 세상을 상상해 보자. 혹은 영화나 연극, 미술, 사진이라도 좋다. 만에 하나 그런 세상이 존재하기라도 한다면 과연 인간은 인간답게 살 수 있을까? 우리는 때론 감동을 주는 영화를 보면서, 문학 작품을 읽으면서, 아름다운 사진이나 미술 작품을 보면서 삶에 대한 충만한 에너지를 느끼며 전율한다. 그리고 그 순간 메마르고 타락한 세상에서 구원의 빛을 보고 느끼며, 그것 없이는 살 수 없다는 확신을 갖게 된다. 예술의 세계가 그런 것이다. 물론 때론 예술이 사람들을, 세상을 혼탁하게 만든다는 비난이 일기도 하지만 말이다.

언어 예술 가운데 서사라는 것이 있다. 이른바 이야기라는 것이다. 말할 것도 없이 이야기는 삶의 한 복판에서 우리의 삶에 빛을 던져준다. 그것이 멀리는 설화로, 가깝게는 소설이라는 이름으로 불리지만, 이름인들 언젠가 변할 것이다. 이야기의 속성에 기댄다면 이야기가 없는 곳은 찾을 수 없다. 일어나서 꿈 꿀 때까지, 태어나서 죽을 때까지, 인류가 존재하고 존속할 때까지 이야기는 우리와 함께 한다. 이렇게 중요한 이야기이기에 서사 교육의 필요성과 의의는 새삼 말할 필요조차 없다. 여기에서는 서사의 개념과 갈래, 서사 교육의 필요성, 목표, 방법, 평가를 알아보기로 하자.

1. 서사의 개념과 갈래

■ 장르(genre)
종류란 뜻의 프랑스어. '속(屬)'이
라는 의미의 생물학 용어인 라틴
어 'genus'에서 유래했다. 우리나
라에서는 장르 또는 갈래로 부르
며, 어떤 작품이 속하는 종류 또
는 부류를 말한다.

문학의 갈래 구분은 일반적으로 서정(抒情), 서사(敍事), 극(劇), 교술(敎述)로 나누는 방식을 취한다. 이것은 사건이나 체험을 전달하는 방식인 노래하기, 이야기하기, 보여주기, 알려주기에 각각 해당한다. 이는 장르가 어느 시대, 어느 민족의 문학에도 나타난다고 보는 이른바 장르류(유개념(類概念), Gattung)에 따른 것이다. 물론 장르는 이처럼 하위 장르들을 포괄하는 상위개념으로 쓰이기도 하지만, 역사적이고 관습적인 개별적 차원에서도 쓰인다. 이것을 장르종(종개념(種概念), Art)이라 한다. 이른바 고대시가, 향가, 고려가요, 현대시, 설화(신화, 전설, 민담), 고전소설, 현대소설 등이 여기에 속한다.

물론 장르는 문학의 존재 양식, 구조(형식), 관습 등에 따라 다양하게 정의되지만, 기본적으로 작품들의 유사성을 토대로 작품을 분류한다. 운문(韻文, verse)과 산문(散文, prose)이라는 2분법은 형식을 기준으로 나눈다. 그러나 이같은 구분은 가령 고대 서사 장르가 율격을 지니고 있기 때문에 문제점이 있다. 또한 보편적인 분류 체계인 서정, 서사, 극의 3분 체계로 나누기도 한다. 그러나 이것도 수필과 같은 것이 제외되는 문제가 있다. 그래서 서정, 서사, 극, 교술과 같은 4분 체계가 성립된 것이다. 어쨌든 문학을 장르로 구분하는 일은 분류의 편의에도 있지만, 보다 근본적으로는 문학 작품이 어떻게 창작되고 존재하고 향유되는가 하는 문제를 천착하는 데에 중요한 의의가 있다.[1]

한국 문학의 갈래를 가르칠 때는 대체로 다음과 같이 네 갈래로 나누어 설명한다. 우선 『(고등학교) 문학』 교과서에 제시된 설명을 보자.

[1) 한국문학의 갈래에 대한 논의는 조동일, 『한국문학의 갈래 이론』, 집문당, 1992 참조. 또한 전통적 장르 분류법에서 벗어나 다원적 분류를 주장하는 논의는 Hernadi, P., *What Is Literature?*, Indiana, 1978, 김준오 역, 『장르론』, 문장, 1983 참조]

서정 갈래는 객관적 세계와 체험이 자아에 의해 주관적으로 정서화되어 드러나는, 주관성이 강한 양식이다. 또한 세련된 언어 구사와 풍부한 음악성을 그 특징으로 한다. 고대 가요, 향가, 고려 가요, 시조, 잡가, 민요, 현대시 등이 이에 해당한다.

서사 갈래는 일련의 사건을 객관적으로 서술하여 전달하는 것으로 객관성이 강한 양식이다. 설화, 고전소설, 현대소설 등이 있다.

극 갈래는 인간의 행위와 사건의 전개를 독자의 눈앞에 직접 연출하여 보여 주는 것으로 주관성과 객관성을 공유하는 양식이다. 가면극, 인형극, 현대극 등이 이에 속한다.

교술 갈래는 실제로 존재하는 세계를 서술·전달하며 자아의 주관적 입장으로 세계를 변형하지 않고 작품 속에 그대로 드러내는 양식이다. 수필, 서간, 일기, 기행 등이 이에 해당한다.

가사, 판소리, 가전 문학, 몽유록 등은 지어진 시대와 지역의 특성을 반영하여 그 갈래를 서로 다르게 설명하기도 한다.[2]

이를 다른 『(고등학교) 문학』 교과서에서는 각 갈래의 특징을 다음과 같이 간단명료하게 제시한다.

서정 갈래는 개인의 정서를 주관적으로 표현하고, 서사 갈래는 사건을 서술자를 통해 중개하고, 극 갈래는 사건을 관객에게 직접 보여 주며, 교술 갈래는 의미 있다고 판단한 정보를 알리거나 주장한다.[3]

여기에서 우리가 주목하고자 하는 것은 서사 갈래이다. 서사 갈래의 핵심은 사건이 서술자(narrator)의 중개를 통해 제시된다는 점이다. 이는 서사의 본

---

2) 우한용 외, 『(고등학교) 문학Ⅱ』, 두산동아, 2013, 17면.
3) 김윤식 외, 『(고등학교) 문학』, 천재교육, 2014, 127면.

질을 말해주는 것으로, 모든 서사 혹은 서사물이 가지고 있는 두 가지의 특징 즉 이야기(story)와 화자(story-teller)를 가지고 있다는 데에 있다. 극은 화자가 없는 이야기로서 등장인물들이 행위를 직접적으로 실연하는 것이고, 서정시는 시인 또는 시인의 대리자가 노래하거나 생각에 잠기거나 말을 하는 것으로 우리는 그 노래나 말을 듣거나 엿듣는다. 이처럼 발화자가 사건을 말하게 되면, 서사를 지향한다는 것이고, 글이 서사가 되기 위해서는 단지 화자와 이야기가 필요하다는 것이다.[4]

서사학적으로 보면, 이것은 우리가 흔히 알고 있는 장편소설, 단편소설 등으로 일컫는 것을 포괄하는 개념인 허구 서사(narrative fiction)로 설명하기도 한다. 허구 서사는 일련의 허구적 사건의 서술을 의미하는데, 이것은 전달 내용으로서의 이야기가 송신자(서술자, narrator)에 의하여 수신자에게 전달되는 소통과정과 그 전달 내용을 전달하는 데 사용되는 매체의 언어적 성질을 나타낸다. 즉 사건과 그것의 언어적 재현, 구술 또는 기술의 행위가 허구 서사를 이루는 핵심이 된다. 이는 영화, 연극 등과 구별되며, 서정시나 설명적 산문과도 구별되는 특성이기도 하다.[5]

오늘날 서사(narrative)를 연구하는 연구자들에 따르면 서사가 무엇인지를 두고 많은 논의들이 진행되고 있다. 서사에 대한 정의는 V. 프롭, G. 주네트 등의 형식·구조주의 이론가들과 F. 제임슨 등의 마르크스주의 이론가에 이르기까지 학자들에 따라 다양하다. 전자는 텍스트가 무엇(스토리)을 어떻게 표현(담론)하고 있는가에 초점이 주어진다. 후자는 이른바 거대서사 즉 역사의 방향 속에서 이루어지는 삶의 양태들을 이야기라는 관점에서 보고 있다. 텍스트 차원을 강조하는 관점에 의하면 서사는 '현실 또는 허구의 사건들과 상황

4) Robert Scholes, Phelan, James Phelan & Robert Kellogg, *The Nature of Narrative*, Oxford Univ Pr, 2005, 임병권 역, 『서사 문학의 본질』, 예림기획, 2001, 12~13면.

5) Shlomith Rimmon-Kenan, *Narrative Fiction*, Routledge, 2002, 최상규 역, 『소설의 시학』, 문학과 지성사, 1990.

들을 하나의 시간 연속을 통해 표현한 것'6)이라 정의할 수 있다. 이런 정의에 의하면 서사는 '서술자, 인물, 사건, 배경' 등을 기본 요건으로 하는 '스토리(이야기)'와 신문, TV, 영화, 컴퓨터, 만화 등의 매체물, 역사적 사실이나 사회적 사실을 다루는 역사·사회·경제물 등과 과학적 사실을 다루는 과학물까지도 포괄한다. 심지어 무용까지도 포함한다. 그러므로 확장된 개념의 서사는 '현실과 허구'를 막론하고 서사성이라고 하는 성질을 갖는 표현물, 즉 현실 혹은 허구를 막론하고 일련의 사건의 서술 혹은 표현을 그 개념으로 삼고 있는 것이 오늘날 서사 연구의 일반적인 현상이다.

> **⊞ 기호학**
> 기호학(semiotics/semiology)은 인간이 다루는 모든 상징체의 구조와 그것이 체현하는 사상성을 탐구하는 학문이다. 우리의 눈이 이해하는 모든 것들이 기호이다. 우리는 거리의 신호등에서부터 말과 꿈 속의 장면에 이르기까지 기호들의 세계에 살고 있다.

요컨대 확장된 의미로서의 서사는 표현하고자 하는 내용이 여러 표현 매체를 통해 드러난 것이라 할 수 있다. 표현 매체로는 말(음성, 문자), 그림, 영상, 율동 등이 있다. 이들 매체의 공통된 특징은 의미를 담고 있는 기호7)라는 점이다. 이러한 서사는 사실상 인간의 모든 곳에 존재한다고 해도 과언이 아니다.8)

---

6) Gerald Prince, *Narratology : the Form and Functioning of Narrative*, Mouton, 1982, 최상규 역, 『서사학』, 문학과지성사, 1988, 12면.

7) 기호는 의미를 담고 있는 모든 표상체로 넓게 사용한다. 기호에 대해서는 김경용, 『기호학이란 무엇인가』, 민음사, 1996을 참조할 것.

8) 임경순, 「서사교육의 의의, 범주, 기능」, 『서사교육론』, 동아시아, 2001, 41~42면.

2. 서사 교육의 필요성[9]

(1) 총체적인 이야기 문화 향유

서사는 우리 일상생활 속에 만연해 있으며 인간 언어(기호) 활동의 매우 중요한 부분을 담당하고 있다. 서사는 곧 인간 활동의 총체적인 국면들과 관련되어 있어 그 의의가 크다 하겠다.

문자가 발명되기 이전에 그림을 통해 사람들은 이야기를 기록으로 남겼으며, 말을 통해 이야기를 창조하고 전해주었다. 선사시대의 많은 벽화들과 구전 이야기들이 이를 말해 준다. 중세에는 인쇄술이 발전하게 되었고, 이로 말미암아 이야기(지식)의 창조, 저장, 전파에 혁신적인 발전이 있었다. 근대에 접어들면서 사진, 라디오, 영화, 텔레비전의 발명에 이어 컴퓨터가 대중화됨으로써 이야기(정보)의 창조와 소통에 또 다른 혁신이 이루어지고 있다.

이렇듯 서사가 인간의 삶과 밀접해 있을 뿐 아니라, 다양하고 광범위하다는 것은 곧 그것에 대한 교육적 배려가 요청됨을 의미한다. 이는 삶 속에 편재해 있는 서사를 대하는 차원을 넘어서 그것을 적극적으로 생산하고 수용하면서 향유하는 총체적인 이야기 문화 차원으로 나가야함을 뜻한다. 이야기를 '이해 가능한' 능력을 통해 한편의 또 다른 이야기로 형상화하거나 해석해 내는 것은 서사문화에 있어서 없어서는 안 될 중요한 행위이다. 이점은 삶의 형상화 혹은 이해 능력이 인간의 존재 구현에 매우 중요하게 작용한다고 보는, 그럼으로써 이야기 행위 자체의 능동적인 역할을 강조하는 적극적인 의미를 갖게 된다.[10] 이렇듯 이야기의 생산과 수용이 어떠한 매체로 이루

---

9) 임경순, 위의 글; 임경순, 『국어교육학과 서사교육론』, 한국문화사, 2003 참조.
10) Frank Kermode, *The Sense of an Ending : Studies in Tehe Theory of Fiction*, Oxford Univ. Press, 1966, 조초희 역, 『종말의식과 인간적 시간』, 문학과지성사, 1993.

어지든지 그것은 삶의 의미, 행위 등과 직결된다는 점에서 교육적 차원에서 배려되어야 할 중요한 문제가 된다.

(2) 서사적 사고 능력과 상상력의 신장

인간의 삶에 지대한 영향력을 행사하는 서사는 인간의 사고를 반영하고 창조한다. 사고가 이야기와 연관되어 있다는 점에서 그것은 서사적 사고라 할 수 있다. 인간의 사고는 인간과 세계의 관계 속에서 형성된다는 점에서 볼 때, 서사적 사고는 인간이 세계를 인식하고 자신의 존재를 드러내는 바탕이 되는 것이며, 그것의 구현과 향유는 서사적 사고의 문화라는 적극적인 의미를 지닌다.

인간 경험은 비물질적인 의미와 사고라는 인격적이고 문화적인 영역과 밀접하게 관련되어 있다. 의미의 영역은 지속적으로 형상화하고 재형상화하는 과정을 통해서 형성되는 새로운 경험에 의해서 확장된다. 뿐만 아니라 이 영역은 우리의 생각과 경험을 다른 사람들에게 전달함으로써, 그리고 그들의 표현을 듣거나 봄으로써 개인의 차원을 넘어서기도 한다.

■ 서사적 상상력
서사적 상상력은 서사 생산 상상력과 서사 수용 상상력이 핵심이다. 서사 생산(configuration) 상상력은 이야기를 생산하는 데 작용하는 일체의 종합적 상상력이며, 서사 수용(reconfiguration) 상상력은 이야기를 수용하는 데 작용하는 일체의 종합적 상상력을 의미한다.

이것으로 보아 서사는 인간의 경험을 의미화하는 중요한 사고 유형 중의 하나라는 사실임을 확인할 수 있다. 일련의 학자들은 세계와 자신을 배우는 가장 중요한 방식 가운데 하나를 서사에서 찾는다. 세계에 대한 서사적인 이해와 표현의 사고를 강조하기도 하며, 보다 근원적인 관점에서 서사적 사고를 인간의 근본적이며 보편적인 사고 양식으로 상정하기도 한다.[11]

---

11) 논증의 언어는 논리학, 수학, 과학의 언어에 적합하며, 이러한 사고는 엄격한 분석, 논리적 증거, 이성적 가정에 의한 경험적 발견으로 이끈다. 반면에 서사적 사고는 좋은 이야기, 주의를 끄는 드라마, 그럴듯한 역사적 진술로 이끈다. Jerome Bruner, *Actual Minds, Possible Worlds*, Harvard University Press, 1986, 11면.

한편 서사를 생산하고 수용하는데 있어 상상력의 중요성은 강조될 필요가 있다. 상상력은 인간이 활동하는 모든 곳에 작용함으로써 사고를 가능하게 하며, 이야기 능력을 추동하는 것은 상상력이기 때문이다.

상상력이란 심적 표상(특히 이미지와 지각상)을 우리가 이해할 수 있는 의미 있는 통일체로 조직하는 능력이며, 정합적이고 의미 있는 경험·인식·언어를 얻는 수단으로서 결합구조의 대부분을 낳는 것이다. 상상력이 없으면 세상에서 아무 것도 의미를 지닐 수 없을 것이며, 우리는 자신들의 경험의 의미를 성취할 수가 결코 없을 것이며, 현실의 지식에 대해서 근거를 부여할 수도 없을 것이다.12) 상상력은 인간의 경험을 토대로 하여 있음직한 본보기(model)를 구성하는 힘이기도 하다.13)

상상력 가운데 서사와 관련된 상상력은 서사적 상상력(narrative imagination)이라 할 수 있다. 그것은 서사를 생산하고 수용하는 일을 가능하게 하는 종합능력으로서의 상상력을 말한다. 이는 문학의 문화문법을 특징짓는 항목 가운데 하나로서 문학의 형상성을 담보하는 역할을 한다는 점에서 그 중요성이 부각된다.14) 그러므로 서사적 상상력은 서사를 통해 삶을 이야기하고, 그것을 넘어서는 가능한 비전과 질서를 갖는 모델을 생산·수용하게 하고, 인간의 삶을 고양시킬 수 있다는 점에서 매우 중요한 역할을 한다.

---

12) Mark Johnson, *The Body in the Mind*, University Chicago Press, 1987, 이기우 역, 『마음 속의 몸』, 한국문화사, 1992, 5면.
13) Frye Northrop, *The Educated Imagination*, Univ of Toronto Pr, 2007, 이상우 역, 『문학의 구조와 상상력』, 집문당, 1992.
14) 상상력의 세련은 문학교육의 의의 가운데 맨 앞자리에 선다. 구인환 외, 『문학교육론』, 삼지원, 2001.

(3) 세계와 타자에 대한 이해

근대화가 진행됨에 따라 물질문명의 풍요와 더불어 사물화가 가속화됨으로써 고도의 위험사회로 진입해 들어가고 있다. 이러한 위협은 공적, 정치적, 그리고 사적 논쟁과 갈등을 지배하기 시작하는 완전히 다른 상황이 나타나는 단계에 이르게 된다.[15] 이러한 위험 사회에 대면하는 방법으로서의 성찰성은 이런 점에서 의의를 찾을 수 있을 것이다.

서사 교육의 차원에서 주체가 이런 사회와 대면하는 길은 일차적으로 세계에 대한 인식과 이해에서 출발한다. 주체의 대상 지향성이 세계와 타자로 향함으로써 세계에 대한 성찰적 인식과 이해를 형상화할 수 있다. 이를 두고 서사를 통한 세계와 타자 알기라 할 수 있다. 현상학적으로 보면 이러한 행위는 자아의 지향적 뻗침이 밖으로, 즉 외부 세계에 있는 대상으로 향함으로써 참된 앎에 도달하는 일이다. 그러나 문학의 경우에 세계를 개념으로 명제화하는 것이 아니라, 형상화한다. 형상화는 인식적 차원의 사유와 불가분 결합되어 있다. 이런 점에서 문학은 언어로 된 형상적 사유에 해당한다. 가령 사랑이라는 말이 있다고 하자. '사랑이란 이러이러한 것이다'고 말하는 것은 개념적인 차원에 해당한다. 그러나 이것을 일정한 배경 속에서 어떤 사건을 통해 인물들이 살아가면서 행하는 삶을 통해 형상적으로 보여주는 것은 서사의 표현 방식이다. 또한 '분단'이라는 문제는 우리 문학사에서 많은 작품들이 다루어 왔다. 소설사적으로 볼 때 '분단'과 관련하여 작가들은 시대의 맥락 속에서 세계에 대한 인식과 이해를 형상적으로 보여주고 있음을 알 수 있다.

이렇듯 형상적 사유를 통해 나타나는 세계에 대한 인식과 이해는 서사의

---

15) UlrichBeck, *Reflexive modernization*, Princeton University Press, 1985, 임현진 역, 『정치의 재창조—성찰적 근대화 이론을 향하여』, 한울, 1998, 26면.

교육적 필요성 가운데 하나가 된다. 서사를 통해 세계와 타자를 이해하고 인식하는 데에 기여하기 때문이다. 그것은 자기 자신을 대상으로 할 뿐 아니라 세계를 대상으로 이루어지는 것이다. 그것은 근대사회의 주체성에 힘입어 사회구조를 통찰하고, 이로 인해 파생되는 모순과 갈등 그리고 개인의 무의식을 점유하고 있는 개인과 사회의 관계를 파악할 수 있도록 한다. 나아가서 이러한 행위는 세계의 성찰을 통한 인간 해방의 기획을 도모할 수 있는 역할을 하게 된다.

(4) 자아정체성 형성

주체가 의식의 대상을 자아 내부로 돌릴 때 자기에 대한 성찰과 이해로 이어진다. 주체의 자기 존재에 대한 성찰과 이해는 자아 정체성 형성에 가장 중요한 핵심이다.

■ 리얼리즘과 현실주의
리얼리즘을 부분적인 사실 묘사의 수법이나 역사상 등장한 사조에 한정하기보다는 작가, 문학, 현실이 맺고 있는 긴밀한 관계에 주목한다면, 그것은 이상(理想)이나 관념보다는 현실을 중시하는 사고나 행동양식에 따라 문학적으로 형상화하는 원리라는 의미로 쓰이기도 한다. 따라서 그것은 단순한 기법이나 소재의 문제가 아니라 작품 전체의 형성 원리로서의 작가의 세계관, 태도와 직결된다. 이런 점에서 리얼리즘은 현실주의로 불리고 있다.

서사 속에서 복합적으로 분화되어 관계를 이루고 있는 주체들은 이야기 행위의 주체에 의해서 형상화된다. 그러나 소설의 언어는 주체가 복합적으로 분화되어 자아를 인식하고 복수주체들 사이에서 의미공유와 행동적 실천을 이루어내는 과정과 그 결과를 보여준다.16)

자아 정체성이 이야기의 구성적 측면이나 삶과의 연관성이 강조되기도 하지만,17) 그러한 행위를 통해 정체성을 형성하는 문학의 역할은 매우 중요하다. 따라서 삶의 체험과 서사의 관계 속에서 형성되는 자아정체성을 주목할 필요가 있다. 이와 관련하여 재현적 차원을 강조하는 서사와 구성을 강조하는 서사는 각각 다른 양상을 보이

---

16) 우한용, 「언어 활동으로서의 문학」, 『국어교육연구』 6, 서울대 국어교육연구소, 1999.
17) L. P. Hinchman,, Memory, Identity, Community, SUNY, 1997, 18～29면.

는 바, 전자는 주로 현실주의 소설을 중심으로, 후자는 모더니즘 소설을 중심으로 논의되어 왔다. 여기에서 주목되는 것은 그들이 갖고 있는 존재론적 문제를 어떻게 묻고, 풀어가고 있는가 하는 문제이다. 가령 현기영의 「순이 삼촌」, 김원일의 「노을」과 이청준의 「병신과 머저리」, 김승옥의 「건」, 「무진기행」 등이 문제 삼고 있는 자아의 모습은 차이가 있다. 자신의 정체성을 묻고 답하는 방식은 시대와 이념(세계관) 그리고 작가의 타자 인식에 따라 그 양상이 달라진다. 이들은 소위 60년대 세대들로서 소년 시절에 전쟁을 체험한 세대들이다. 대체로 전자 즉, 현실주의 소설들은 타자를 매개로 역사적 현실에 대한 뚜렷한 인식과 자기 정체성에 대한 새로운 인식을 시도한다. 그러나 후자 즉 모더니즘적 소설들은 아픔이 어디에서 오는지를 분명하게 인식하지 못한다든지, 소년 시절의 체험을 감각(이미지)적으로 혹은 속화된 형식으로 인식한다.

(5) 윤리적 삶의 형성

서사를 생산하고 수용하는 활동은 윤리와 관련된다. 서사 생산은 생산 주체의 세계관과 대상을 구현하는 과정이 가치화라는 측면과 관련된다는 점에서 윤리적 차원과 연결된다. 그리고 서사를 수용하는 것은 서사를 수용하는 주체가 서사와 관계를 맺어 가는 행위로서 이는 수용주체의 세계관과 관련된 가치의 해석과 관련된다는 점에서 윤리적 성질을 공유한다.

소설의 시대인 오늘날 이야기꾼이 끄집어내는 이야기에는 어떤 형태로든 간에 유용한 그 어떤 것을 내포하고 있다는 주장과는[18] 달리 경험 가치의 하락은 경험을 주고받을 수 있는 능력의 약화와 집중화를 초래하였다. 이런 점

---

18) Walter Benjamin, 반성완 역, 『발터 벤야민의 문예이론』, 민음사, 1996.

에서 이야기 형식의 창안은 더욱 중요한 의미를 갖게 되었다.

매일 우리는 주위의 사건을 접하게 되지만 정작 진귀한 이야기에는 빈곤을 느끼고 있다. 형식의 창안이 정보화의 물결과 상업화 속에 묻혀버린 형국이다. 고도 정보화 사회에서 소설의 죽음 혹은 문학의 죽음을 논한 지도 오래되었다.

바로 여기에 이야기를 논하고 이야기교육의 필요성을 논하는 이유가 있다. 가령 이야기 행위의 진정성과 책임성을 묻는 것은 이와 무관하지 않다. '세계는 무엇인가?', '나는 누구인가?'에 대한 물음에 응답하는 과정은 세계를 알아가는 과정임과 동시에 자신을 알아가는 과정이다. 이야기를 생산하고 수용하는 행위는 자신과 타자의 관계를 조망하는 것이고, 그것의 정당성은 이야기 행위의 진정성으로 이어진다. 그 진정성이 확보될 때 진정한 이야기 문화는 형성되는 것이다. 이런 의미에서 이야기 행위의 책임성을 문제삼을 수 있다. 어떤 인간이 탄생에서 죽음에 이르기까지 하나의 이야기의 주체로서 존재한다는 것은 이 이야기될 수 있는 삶을 구성하는 행위들과 경험들에 책임을 진다는 것을 의미한다. 또한 '나'는 책임을 지는 사람일 뿐만 아니라, 다른 사람에게 책임을 묻고 또 그들에게 질문을 제기할 수 있는 사람이기도 하다. 이처럼 해명을 요구하고 설명을 해주는 것은 그 자체 이야기를 구성하는 데 중요한 역할을 하는 것이다.19)

(6) 서사 문화 공동체 참여

서사는 학습자를 사로잡는 힘을 갖는다는 점에서 독특한 매력을 갖는다. 인간은 다양한 매체를 통해 서사를 생산하면서 의미를 구성한다. 그렇게 구

---

19) Alasdair MacIntyre, *After Virtue*, Notre Dame, 1987, 이진우 역, 『덕의 상실』, 문예출판사, 1997, 320~322면.

성된 서사가 미적인 완숙도를 성취하게 될 때 서사는 모든 계층에게 친화력을 갖는다.

서사는 공동체에 공통감각을 제공한다. 공동체는 공유된 서사를 통해서 진실을 상호 소통하고 의미를 공유한다. 이런 점에서 서사는 공동체의 유대감을 형성하는데 강력한 역할을 한다. 이렇게 볼 때 오늘날까지 강력하게 영향력을 지닌 문화의 중요성이 강조될 필요가 있다. 우리에게 익숙한 서사 작품들이 우리 공동체를 묶어 주고 공통감각을 유지토록 해준다. 물론 대중들에게 영향력을 행사하는 당대의 서사 역시 그러한 일을 수행한다.

서사는 다양한 매체를 통해서 소통된다. 그런데 오늘날 많은 논자들이 지적하고 있듯이 그러한 환경은 청소년들에게 긍정적인 측면과 아울러 부정적인 측면도 있다. 학습자들 특히 아동들을 대상으로 하는 서사들 가운데 많은 것들이 공동체 문화를 저해하는 것들이 많다는 점에 주목해 본다면, 올바른 공동체 문화를 이루기 위해서 현재의 서사 문화를 정립할 필요가 있다.

그러므로 오늘날 학습자들에게는 다른 어느 때보다도 가치 있는 공동체 문화를 영위할 수 있는 서사 문화가 필요하다. 그들은 점점 더 온갖 종류의 매체와 미디어 속에 내몰리고 있다. 따라서 그들이 올바른 서사 문화를 향유할 수 있도록 교육적인 배려가 요청된다.

3. 서사 교육의 목표

문학교육은 가치성, 실천(활동)성, 창조성과 관련된 총체적인 인간을 길러내는 데 있다고 볼 수 있다. 문학교육은 가치가 배제된 중립적인 교육일 수 없다는 점에서 진선미라는 보편적인 가치를 전제로 한다. 또한 지식에만 그치지 않는 실천을 강조한다는 점에서 삶의 실질적인 차원과 관련된다. 그리고 문학의 속성이 일반적으로 규범성보다는 창조성에 비중이 있다고 본다면 그러한 속성을 적극적으로 반영하는 인간 형성을 전제로 한 것이다.

서사 교육이 지향해야 할 이념과 관련하여 서사적 존재로서의 자아 확립, 세계 발견 능력의 고양, 세계 해석 능력의 함양, 세계 창조/재생산의 체험 확충 등을 들고 있기도 하고,[20] 서사 교육의 이념을 주체 형성으로 제시하기도 하였다. 이때 주체는 담론주체로서 이야기를 구성하는 주체일 뿐 아니라 이야기를 동일시와 거리두기로 읽어낼 줄 아는 주체, 나아가 이데올로기와 대면할 줄 아는 주체를 말한다.[21] 또한 비판적 주체성을 제시하고, 이를 실천할 수 있는 목표로 '비판적 문용력(reflexive literacy)'를 제안하기도 하였다.[22] 그리고 서사교육의 이념과 거기에 부합하는 인간상을 '자기 정체성의 정립'이라는 이념과 함께 성찰 행위를 통해 자기 존재를 인식하고 자기 이해에 도달함으로써 궁극적으로 자기 정체성을 확립해 가는 주체를 제시하기도 하였다.[23]

문학교육의 목표는 문학 텍스트의 생산과 수용의 전 과정에 관한 학습자의 문학 능력을 증진시키는 것으로 규정된다.[24] 이는 문학 능력을 구성하는 핵심 영역이 문학 텍스트의 생산과 수용에 있으며, 문학 능력에는 언어 능력, 의사소통 능력, 사회언어적 능력, 전략적 능력 등이 포함된다.

또한 문학 능력으로 인간의 행동 특성과 관련하여 문학적 소통 능력(문학 표현과 이해), 문학적 사고력(상상력을 포함하여), 문학 지식(개념적·절차적·전략

---

20) 우한용, 「서사의 위상과 서사교육의 지향」, 『서사교육론』, 동아시아, 2001, 29~33면.
21) 김상욱, 『소설 교육의 방법 연구』, 서울대학교출판부, 1996, 212~250면.
22) 문영진, 「서사 교육의 방향 설정에 관한 일 연구」, 『국어교육학연구』 13, 국어교육학회, 2001, 184~195면. 이는 변화하는 조건에 단지 적용하는 능력만이 아니라 동시에 자신의 운명을 스스로 결정할 수 있는 인간이 필요하다는 인식에서 출발한 것이다.
23) 임경순, 『서사표현교육론연구』, 역락, 2003, 198~200면.
24) 김상욱, 위의 책, 25면.

적인), 사전문학 경험, 문학에 관한 가치와 태도 등을 포괄하기도 한다.[25] 따라서 문학 능력은 의사소통 능력·사고·지식·경험·가치 및 태도의 종합이라 할 수 있다.

서사는 구조주의가 분석 대상으로 삼고 있는 서사 자체를 넘어 서사 현상 속에서 볼 때 그 역동적인 모습이 드러난다. 그러나 서사 현상 자체가 곧바로 교육으로 이어지는 것은 아니다. 그러므로 그것이 교육의 차원에서 수용되기 위해서는 새롭게 규정될 필요가 있다.

국어교육이나 문학교육이 국어나 문학을 가르치고 배우는 일체의 활동을 포함하고 있듯이, 서사 교육은 서사를 가르치고 배우는 일체의 활동을 포함하는 개념이다. 서사 교육은 넓게는 서사 교육과 관련한 교육과정론, 교수·학습론, 교재론, 평가론, 교사론, 정책론 등을 아우르는 개념이고, 좁게는 서사를 가르치고 배우는 현상 즉 학습의 주체인 학습자, 생산과 수용의 대상인 서사물(텍스트), 서사를 가르치는 교사 등을 주요 구성 요소로 하는 현상을 지칭하는 개념이다.

> **서사 현상**
> 서사 현상이란 서사가 사회·역사·문화적 맥락 속에서 생산, 유통, 수용되는 역동적인 소통 과정에 놓인 의미작용의 현상을 말한다.

서사 교육의 목표는 서사 능력의 신장에 있다. 그것은 우선, 문학 능력이 문학의 생산력과 수용력을 핵심으로 하듯이 서사 능력은 서사의 생산력과 수용력을 핵심으로 한다. 이는 서사의 생산과 수용 활동에 작용하는 능력들이다. 또한 문학 능력이 문학의 생산과 수용에 관련되는 사고력, 지식, 태도 등으로 구성된다는 점을 확인했듯이, 서사 능력은 서사의 생산과 수용에 관련되는 사고(상상)력, 지식, 태도 등으로 구성된다. 요컨대 서사 능력은 서사 주체(학습자)가 서사를 생산하고 수용하는 일에 관련되는 일체의 능력, 즉 서사 생산력과 수용력, 서사적 사고(상상)력, 지식, 태도 등을 아우르는 능력을 말한다.

---

25) 김창원, 「문학교육과정의 구성원리」, 『문학교육과정론』, 삼지원, 1997, 110면.

4. 서사 교육의 내용

(1) 서사 교육의 내용 범주

서사 교육의 내용 범주는 일반적인 분류법에 따라 서사와 관련되는 지식, 활동(수용과 생산), 태도로 설정할 수 있다.[26] 인식 대상의 종류에 부분적으로 의존하는 지식은 매우 다양하게 제시될 수 있다. 서사 교육에서의 지식은 서사의 개념에서부터, 서사의 동기와 기능, 서사의 특성, 서사의 종류 등과 관련된 명제(개념)적 지식과 서사의 생산과 수용에 관련된 방법적 지식으로 수렴될 수 있다. 여기에 이러한 지식들을 언제, 어떤 방식으로 적용하는 것이 효과적인지를 아는 조건적 지식과 명시적인 지식의 토대를 형성하고 있지만 명시화할 수 없는 암묵(인격)적인 지식까지도 포괄된다.[27]

활동은 서사 생산 활동과 서사 수용 활동으로 대별할 수 있다. 생산 활동은 서사의 모방, 재구성, 창작 활동 등을 포괄하며, 수용 활동에는 서사의 이해, 해석, 감상, 비평 등이 포함된다. 이들 각각의 활동에는 다양한 방법이 쓰일 수 있다. 태도는 서사물을 생산하고 수용하는 일에 관계되는 심리적·물리적인 상태나 입장 등에 해당한다. 태도에는 세계관, 가치관을 비롯하여 취향, 동기, 흥미, 습관 등이 포함된다. 태도는 서사 활동의 과정과 그 결과로 형성될 뿐 아니라, 서사 활동에 영향을 줌으로써 문화를 향유하고, 삶의 질과 인격 형성에 기여하는 중요한 범주이다.[28]

11 개정 국어과 교육과정의 공통교육과정에 해당하는 '국어' 과목의 문학

---

26) 이 밖에 여러 요소들이 내용 범주로 고려될 수 있을 것이다. 그런데 이들 요소들이 독자적인 내용 범주로 설정될 수 있는지에 대한 심도 있는 논의가 필요하다. 내용 범주에 대한 논의는 다음 참조. 임경순, 『서사표현교육론 연구』, 역락, 2003.
27) 장상호, 『학문과 교육 상─학문이란 무엇인가』, 서울대학교출판부, 1998, 360~373면.
28) 임경순, 『국어교육학과 서사교육론』, 한국문화사, 2003, 70~71면.

영역 내용 체계에서는 '실제'를 중심으로 그것이 '지식', '수용과 생산', '태도'와 관련되도록 구조화되어 있다. 이 중에서 서사 교육과 관련되어 있는 것은 '실제' 범주에서 '소설(이야기)'과 '다양한 매체와 문학'이다. 이것들이 서사적인 '지식', '수용과 생산', '태도'와 관련되어 내용으로 구조화되어 있다 하겠다. '지식'에서는 서사 문학의 본질과 속성, 서사 문학의 갈래, 서사 문학 작품의 맥락이 해당하고, '수용과 생산'에서는 서사 작품의 이해와 해석, 감상, 비평과 소통, 창작이 해당한다. '태도'에서는 서사 문학의 가치와 중요성, 서사 문학에 대한 흥미, 서사 문학의 생활화 등이 여기에 속한다고 할 수 있다.

(2) 서사 교육의 내용

서사 교육의 내용이 무엇인지를 알기 위해서는 교육과정에 제시된 것을 살펴볼 필요가 있다. 교육과정에는 전문가 등 관련 집단이 합의를 통해 가르쳐야 할 내용이 제시되어 있기 때문이다. 그동안 개정된 국어과 공통 교육과정의 '문학' 영역 제시된 성취기준 중 서사에 해당되거나 적용될 수 있는 항목을 간추려 정리하면 다음과 같다.

■ **작품의 이해와 해석, 감상, 비평**
- 인물의 마음, 모습, 행동 상상하기
- 인물의 행동 이해하고 평가하기
- 이야기의 구성 파악하기
- 이야기의 줄거리 파악하기
- 인물, 사건, 배경 알기
- 인물, 사건, 배경의 관계 파악하기

- 시점 이해하기
- 갈등의 진행과 해결 과정 파악하기
- 사회·문화·역사적 상황을 바탕으로 작품의 의미 파악하기
- 창작 의도와 소통 맥락을 고려하며 수용하기
- 작가의 태도 이해하고 표현하기
- 작품의 세계 이해하기
- 작품의 재미나 감동적 요소에 유의하며 이해하기
- 다양한 매체와 관련지어 수용하기
- 해석의 근거 찾기
- 다양한 관점과 방법으로 해석하기
- 작품의 가치 이해하기
- 주체적 관점에서 평가하기

■ **작품 창작**
- 이야기 구연하기
- 일상생활 이야기하기
- 느낀 점 표현하기
- 작품에 대한 판단 근거대기
- 작품이나 갈래 바꾸어 쓰기
- 작가의 태도 이해하고 표현하기
- 작품 창작하기

그리고 고등학교 선택 교육과정에 따른 과목 중 '국어Ⅰ', '국어Ⅱ'에 제시된 성취 기준은 서사를 기준으로 다음과 같이 정리할 수 있다.

- <지식> : 서사 문학 갈래의 개념과 특징 이해하기, 서사 문학의 흐름 이해하기

- <수용과 생산> : 서사 문학에 나타난 작가의 개성을 이해하고 작품 감상하기, 서사 문학의 기능을 이해하고 작품 수용・생산하기
- <태도> : 서사 문학의 형상적 특성을 이해하고 소통하기, 서사 문학의 다양한 가치를 비평적으로 이해하고 실천하기

고등학교 선택 과목 '문학'에서는 내용을 '문학의 수용과 생산', '한국 문학의 범위와 역사', '문학과 삶' 등으로 체계화하였으며, 각각에 대한 성취 기준의 내용을 서사를 중심으로 정리하면 다음과 같다.

- <문학의 수용과 생산> : 서사 문학을 다양한 맥락에서 이해・감상・평가하기, 서사 문학의 내용과 형식의 긴밀성을 이해・감상・창작하기, 다양한 매체로 구현된 서사 문학을 이해하고 수용하기, 인접 분야와의 관계를 이해하기, 서사 문학을 재구성・창작하기, 서사 문학을 비판적・창의적으로 수용하고 평가하기
- <한국 문학의 범위와 역사> : 서사 문학 전통과 특질 이해하기, 서사 문학에 반영된 시대 상황을 이해・감상하기, 서사 문학 갈래의 전개를 통한 한국 문학 개념과 범위 이해하기, 서사 문학의 보편성과 특수성 이해하기
- <문학과 삶> : 이해와 감상을 통해 서사 문학을 내면화하기, 서사 문학 활동을 통해 창의적 사고 배양하고 표현하기, 서사 문학을 통해 자아성찰, 타자 이해, 삶의 다양성 이해・수용하기, 서사 문학 활동을 통해 공동체와 문제의식 공유・소통하기

5. 서사 교육의 방법

문학 교수・학습은 문학을 가르치고 배우는 행위로 구체화되듯이 서사 문

학 교수·학습은 서사 문학을 가르치고 배우는 행위로 구체화된다. 서사 문학 교수·학습과 관련된 모형, 기술 등 일체의 행위들을 서사 교육의 방법 혹은 서사 교수·학습의 방법이라는 개념에서 다루기로 한다.

(1) 서사 교육 방법의 방향

첫째, 서사 교육의 방법을 마련하는 데에 있어서 서사 문학의 장르적 특성을 반영해야 한다. 서사 갈래는 서정 갈래나 극 갈래와는 다른 갈래적 특성이 있다. 또한 서사 갈래의 특성으로 일컬어지는 서사성이라든가, 허구성, 서사적 장치 등은 서사 문학의 일반적인 특질들이기도 하지만, 갈래에 따라서 그 특성과 정도가 다르기 마련이다. 따라서 서사 문학의 갈래적 특성을 살리면서, 서사 갈래의 하위 갈래들의 특성도 잘 살릴 수 있도록 해야 한다.

둘째, 교육 내용 성취 목표에 따라 다양한 방법을 마련해야 한다. 교육 내용 범주에서 보면 서사 교육은 지식, 수용과 생산, 태도 범주로 크게 분류할 수 있으며, 이들은 각각 하위 교육 내용으로 구체화되어 있다. 따라서 각 내용 범주에 적절한 교수·학습 방법 등을 다양하게 적용할 필요가 있다. 물론 지식과 수용·생산, 지식과 수용·생산·태도 등이 복합적으로 내용이나 목표로 제시될 수 있기 때문에 거기에 적절한 방법도 모색되어야 한다.

셋째, 서사 교육의 방법 운영에 있어서 융통성을 발휘해야 한다. 교수·학습에 단일 모형만 투입되는 경우는 드물기 때문에 모형과 모형, 모형과 기법 등을 다양하고 복합적으로 투입함으로써 수업의 목표 달성을 극대화할 필요가 있다. 또한 모형을 포함한 방법이 단일 차시에 적용되는 경우는 드물기 때문에 목표에 따라 다차시 적용도 고려해야 한다.

넷째, 명시적이지 않은 내용들을 서사 교육의 방법을 통해 구현될 수 있도록 해야 한다. 서사 교육의 방법이 명시적인 교육 내용이나 목표만을 반영하지는 않는다. 교육과정에 제시된 내용은 여러 여건을 반영하여 제한적으로 제시된 것들이다. 따라서 가르치고자 하는 모든 것을 제시할 수도 없거니와 문학이라는 특성으로 인해 내용으로 제시할 수도 없는 것들이 많다. 특히 정의적인 것들은 문학 자체, 활동 행위, 수업 과정, 나아가 수업의 결과를 통해서만 형성될 수 있는 것들이기 때문에 이러한 것들을 수업을 통해 성취할 수 있도록 고려해야 한다.

(2) 서사 교육의 방법

문학교육에서 교수·학습 방법과 관련하여 여러 모형이 제시되어 왔다. 여기에서는 서사 교육에서 논의되어 온 기존 논의를 참조하여 크게 수용 중심의 교수·학습 방법과 생산 중심의 교수·학습 방법으로 나누어 제시한다.

1) 수용 중심의 교수·학습 방법

① 내면화를 고려한 교수·학습 방법

내면화를 고려한 문학 제재 수업의 일반 절차 모형은 다음과 같다.

[문학 제재 수업의 일반 절차 모형]

| 계획 단계 | 진단 단계 | 지도 단계 | 평가 단계 | 내면화 단계 (발전 단계) |

이 모형은 '계획 → 진단 → 지도 → 발전 → 평가' 모형29)을 비판적으로 재구성한 것이다. 즉 문학교육의 본질은 작품의 이해와 감상에 있으며, 이는 수용자의 인격적 성숙과 변화를 기대하는 내면화의 과정을 전제로 한 것이다. 내면화는 교수·학습 전 과정에 걸쳐 형성되는 것이고, 평가 단계 이후에 나타날 수도 있기 때문에 장기적으로 이루어지는 것이다.30)

위의 일반 절차 모형을 바탕으로 소설 수업의 절차 모형을 제시한 것은 다음과 같다.31)

Ⅰ. 계획 단계
　1. 수업목표 설정
　2. 교육 내용으로서의 텍스트 분석
　3. 부수자료 선정(비평텍스트, 감상텍스트, 텍스트 배경자료)
　4. 평가 목표 설정
Ⅱ. 진단 단계
　1. 소설에 대한 사전 지식 진단
　2. 텍스트와 관련된 선(先)체험 진단
　　(1) 내용과 관련된 생(生)체험 진단
　　(2) 양식과 관련되는 미적 체험 진단
Ⅲ. 지도 단계
　1. 텍스트에 대한 개괄적 접근
　　(1) 작품 읽기
　　(2) 인물·사건·배경의 파악
　　(3) 관련 경험의 재생과 경험의 교환

---

29) 한국교육개발원, 『초·중학교 교육발전사업종합보고서』, 1981.
30) 구인환 외, 앞의 책, 232~233면.
31) 구인환 외, 위의 책, 269~270면.

2. 텍스트에 대한 분석적 접근

　　　(1) 텍스트의 창작 배경 파악

　　　(2) 플롯과 스토리의 관계 파악

　　　(3) 텍스트의 갈등 구조 파악

　　　(4) 서술방식과 주제와의 관련성 파악

　　　(5) 소설의 제요소간의 관련성 파악

　　　(6) 소설적 세계와 인물에 대한 심화된 이해

　　3. 텍스트의 종합적 재구성

　　　(1) 소설 내·외적 세계의 상호 관계 파악

　　　(2) 작가와 작중인물의 삶에 대한 자세 이해

　　　(3) 허구적 세계의 간접 체험

Ⅳ. 평가 단계

　　1. 소설교육 목표와 관련하여 평가 내용범주 정하기

　　2. 텍스트 본질과 관련하여 평가 방법 범주 정하기

　　3. 평가 결과 송환하기

Ⅴ. 내면화 단계

　　1. 텍스트상호성의 확대

　　2. 가치화의 지속 및 인식 확충

　　3. 간단한 소설 작품 쓰기 및 텍스트에 대한 평문 쓰기

　Ⅰ단계는 수업 전에 교사가 수업을 설계하고 준비하는 단계이고, Ⅱ～Ⅳ 단계는 학생과 교사가 수업에서 상호작용하는 단계이다. Ⅴ단계는 교사가 직접적인 교수 활동을 하는 단계가 아니라 학생들이 배운 문학 작품 또는 문학 수용을 자기의 내면으로 가치화, 인격화해 가는 과정이다.[32]

---

32) 구인환 외, 앞의 책, 270면.

② 주체 형성으로서의 교수·학습 방법

소설교육은 특정한 담론 양식으로서의 소설을 이해하고, 해석하며, 비판하기 위해서 어떠한 교육적 장치가 요구되는가라는 질문에서 시작한다. 그리하여 궁극적으로 소설교육의 목표인 이데올로기적 주체를 형성해 나가는 과정을 제시하고 있다.[33]

1. 이해 : 발견적 읽기
   ① 사건의 발전 과정
   ② 인물의 존재론적 상황
2. 분석 : 구성적 읽기(대상)
   ③ 인물의 변화 과정과 서사의 전체 구성
   ④ 의미대립과 중첩의 구조화
   ⑤ 언어 사용상의 특성 파악
3. 해석 : 해석적 읽기
   ⑥ 서사의 중심축과 그 의미
   ⑦ 동위소의 발견과 함축된 이데올로기
   ⑧ 사용된 언어의 의미 작용
4. 비판 : 구성적 읽기(주체)
   ⑨ 서사의 개연성 평가
   ⑩ 이데올로기적 효과 평가
   ⑪ 의미와 문체의 결합도 평가

1단계에서 이해를 위한 읽기의 1차적 과정은 발견으로서의 읽기에서 시작한다. 일정 정도 언어 능력과 의사소통 능력을 지닌 학습자라면 명시적으로

---

33) 김상욱, 앞의 책, 298~329면.

존재하는 요소들은 누구에게나 쉽게 발견될 수 있다.

2단계에서 분석을 중심으로 하는 구성적 읽기는 부분과 부분을 결합하거나 부분에 내재된 의미를 추론함으로써 획득된다. 예컨대 인물의 정서나 인식은 저절로 텍스트 속에서 발견되지 않는다. 또한 인물, 사건, 배경이 결합되는 과정을 파악하기 위해서는 그 관계에 대한 정치한 분석이 이루어져야 한다.

3단계 해석적 읽기는 문학교육의 주도적 읽기에 해당한다. 해석의 과정이 전체와의 관계 속에서 부분이 갖는 의미작용이 무엇인지를 알아가는 것이다. 텍스트 내적 논리에 따라 읽기가 진행되어야 한다는 점에서 전체적인 내용을 암묵적으로 전제하고, 그 전제 속에서 부분적 결합이 이루어진다.

4단계 비판을 중심으로 하는 구성적 읽기는 독자의 입장에서 구성된 현실로서의 텍스트가 갖는 의미를 비판하는 것과 함께 텍스트 내적 상호관계의 결합력을 비판하는 것이다. 이를 통해 또 다른 주체로서의 독자가 자신을 스스로 주체로 정립해가는 과정이기도 하다.

③ 반응 중심 교수·학습 방법의 비판적 재구성

■ 첫째, 반응 중심 교수·학습 방법

문학교육에서 학습자의 반응을 중시하여 반응 중심 교수·학습 방법을 다음과 같이 제안하고 있다.[34]

1단계 : 텍스트와 학생의 거래 → 반응의 형성
  (1) 작품 읽기
      심미적 독서 자세의 격려
      텍스트와의 거래 촉진

---

34) 경규진, 「반응 중심 문학교육의 방법 연구」, 서울대학교 박사학위논문, 1993. 이후 수정을 거침.

2단계 : 학생과 학생 사이의 거래 → 반응의 명료화

　(2) 반응의 기록

　　　짝과 반응의 교환

　(3) 반응에 대한 질문

　　　반응을 명료히 하기 위한 탐사 질문

　　　거래를 입증하는 질문

　　　반응의 반성적 질문

　　　반응의 오류에 대한 질문

　(4) 반응에 대한 토의(또는 역할 놀이)

　　　짝과의 의견 교환

　　　소그룹 토의

　　　전체 토의

　(5) 반응의 반성적 쓰기

　　　반응의 자유 쓰기(또는 단서를 놓은 쓰기)

　　　자발적인 발표

3단계 : 텍스트와 텍스트의 상호 관련 → 반응의 심화

　(1) 두 작품의 연결

　(2) 텍스트 상호성의 확대

■ 환기
텍스트에 의해 구조화된 경험. 텍스트와 심미적으로 교류하는 동안 독자가 자신의 언어적 문화적 삶의 과거 경험에서 끌어온 아이디어·감각·느낌·이미지를 선택하여, 작품에 담긴 새로운 경험과 종합하는 과정

'반응의 형성 – 반응의 명료화 – 반응의 심화'로 이어지는 반응 중심 교수·학습 방법은 로젠블라트(Rosenblatt)와 쿠퍼(Cooper)의 문학에 대한 반응이론에 힘입은 바가 크다. 반응은 환기(evocation)에 대한 것으로 텍스트에 의해 구조화된 경험인 환기와 구별되며, 텍스트의 중요성을 배제하지 않으면서 독자의 위치를 부각시키며, 독서 과정과 독서 후의 전 과정을 포함하며, 개인적이면서 동시에 사회 문화적인 행위라는 의의를 지닌다.[35]

그러나 반응이라는 용어가 불러일으키기 쉬운 수동성을 극복해야 하며, 독자 반응을 심미적이고 정서적인 쪽에만 한정해서도 안 되며, 반응을 개인의 것으로 한정시키는 위험성을 극복해야 하는 과제도 안고 있다. 이를 해결하기 위해 '독자 반응'을 보다 세분화하여 다음과 같이 세 가지 교수·학습법을 제안한다.36)

■ **둘째, 인상 중심 교수·학습 방법**
(1) 인상의 형성 단계
　　• 작품을 읽고 자신의 인상 정리하기
　　• 인상에 주목하기
(2) 인상의 표현 단계
　　• 다양한 형태로 자신의 인상을 표현하기
　　• 다른 사람의 인상과 비교하기
(3) 인상의 재구성 단계
　　• 자기 인상의 근거 밝히기
　　• 인상에 대해 성찰하기

이 방법은 모든 문학적 반응은 감상 주체의 작품에 대한 인상에서 출발한다는 데에 주안점을 둔다. 이 방법은 작품을 읽는 중과 읽고 난 후 독자에게 떠오르는 다양한 인상에 주목하고 그 인상의 내용을 충실히 전달하고 그것을 명료화하는 것을 목표와 내용으로 삼는다. 가령 이효석의 「메밀꽃 필 무렵」에서 특히 인상적인 부분에 주목하고 그 인상을 표현하고 재구성하는 활동을 들 수 있다.

---

35) 김성진, 『문학비평과 소설교육』, 태학사, 2012, 98면.
36) 김성진, 위의 책, 100~119면.

■ 셋째, 설명 중심 교수·학습 방법

(1) 주요 개념 습득 단계

- 비평 어휘, 기법의 설명
- 분석의 실제 보기

(2) 주요 개념의 적용 단계

- 작품 읽고 기법 발견하기
- 비평 이론의 적용 가능성 타진하기
- 기법의 의미·효과 파악하기

(3) 개념의 조정 및 응용 단계

- 다른 텍스트에 확장·응용하기
- 이론을 활용한 텍스트 '다시 쓰기'

탈식민주의 비평
주로 제국주의 유럽의 식민지였거나 그 강력한 정치, 문화적 통제 하에 있던 세계 여러 나라의 지식인들이 과거 식민지 문화 잔재에 대한 분석, 비판, 반발 등을 문학 내지 문화비평의 가장 중요한 문제로 삼고 있는 데서 출발한 비평. 탈식민주의 비평가들은 식민지배자들이 남긴 그릇된 의식을 비판하는 동시에 식민 시대 이후에도 힘을 뻗치는 위장된 제국주의적 습성을 분석해 내는 일에 주력한다.

이 방법은 '기법' 중심으로 작품을 읽고 그것의 의미와 효과를 논하는 활동을 바탕으로 실현된다. 소설의 경우 플롯, 인물, 배경, 시점, 서술 등이 기법과 관련된다. 또한 현대 비평 이론, 이론적 문제 등도 이 방법에 포함된다. 가령 채만식의 「치숙」의 풍자 기법을 학습하고 그것을 적용하고 응용하는 활동이라든가, 탈식민주의 비평 이론을 가지고 이호철의 「소시민」, 최인훈의 「광장」, 남정현의 「분지」 등을 읽어내는 것도 여기에 속한다.

■ 넷째, 사회·역사적 가치 탐구 중심의 교수·학습 방법

(1) 가치의 인식 단계

- 작품 읽기
- 작품을 둘러싼 맥락을 구성하기
- 작품 속에 나타난 사회문화적·정치적 가치 발견하기

(2) 가치의 비교 단계

- 사회에서 통용되고 있는 가치와 작품에서 발견한 가치를 비교하기

- 작품에 나타난 가치를 비판적으로 살피기
- 작품에서 의문시하는 사회적 가치의 타당성 생각하기
(3) 가치의 자기화 단계
- 작품에 나타난 가치에 대한 의견 밝히기
- 자신의 가치 체계와 비교하며 작품의 가치 평가하기
- 독자 자신의 가치와 비교하면서 자신의 가치를 조정하기

모든 교육의 궁극적인 목표가 가치 추구와 연결되며, 특히 문학은 이러한 것이 중시되는 과목이라는 데에 주목한다. 따라서 문학의 심미성에만 국한될 성질은 아니며 그것은 사회 문화 정치 등 총체적인 맥락 속에서 존재한다는 점에서 그것의 가치를 인식하고 비교하고 나아가 그것을 자기화하는 단계를 거친다. 가령 조세희의 「난장이가 쏘아올린 작은 공」을 읽고 사회 문화 정치적인 가치를 발견하고 그것을 비판적으로 비교해 보고, 자기의 의견을 밝히는 과정을 거치는 것도 방법이 될 수 있다.

2) 생산 중심의 교수·학습 방법[37]

① 서사 생산 활동의 유형

저학년에서는 수용과 생산(창작)교육의 연관성을 고려하면서, 학습자로 하여금 창작 활동에 대한 거부감, 부담감을 덜어주는 데서 출발한다. 그리고 점차 고학년으로 갈수록 종국에는 장르에 기반한 넓고 깊이 있는 사상과 감정을 효과적으로 표현할 수 있는 수준이 되도록 해야 한다.

따라서 초보자에게는 기존 작품을 통해 모방, 변형, 첨가, 매체 변환 등을 중심으로 기존 문학 문법에 친숙하게 하고, 생산 능력이 향상되면서 점차 창조적 생산 활동을 하게 한다.

---

37) 임경순, 앞의 책, 2003, 290~332면.

이를 토대로 서사 생산 활동을 몇 가지로 나누어 보면 다음과 같다.

1. 모방을 통한 생산 활동
   1) 모범 작품 옮겨 써 보기
   2) 작품의 부분이나 구성 요소를 모방하는 활동 – 화자, 인물, 사건, 줄거리, 시점 등을 모방해서 표현해 보는 활동
2. 변형·첨가 중심의 생산 활동
   개작과 첨작, 패러디 활동이 주가 된다. 여기에는 ① 이야기를 이루는 요소들 즉 인물, 사건, 배경, 줄거리, 시점 등을 바꾸어 표현해보기, ② 작품 뒤 이어쓰기, ③ 작품의 맥락을 고려해서 내용을 상상해서 부분 창작해 보기 등이 있다.
3. 창조적 생산 활동
   새로운 작품을 만들어 내는 창작활동이 중심
4. 다양한 매체를 활용한 생산 활동

언어창작활동에만 국한되는 것이 아니라 다양한 매체를 활용한 활동을 포함한다. 영화 보고 이야기하기(쓰기, 말하기, 쓰고 말하기, 말하고 쓰기, 듣고 말하기, 듣고 쓰기 등), 만화 보고 이야기하기, 신문 기사 보고 이야기하기(이야기를 신문 기사나 TV 뉴스로 써보기), TV 보고 이야기하기 등이 있다. 또한 범교과적 차원과 연계해서 창작교육이 이루어질 수 있다. 문학 작품을 이용한 역사, 사회, 과학, 미술, 음악 등과 연결된 창작교육도 가능하다.

② 서사 생산의 과정과 방법

I. 서사 생산 활동 전 단계
   1. 모범 작품에 대한 교사의 시범과 학습자 활동하기
   2. 아이디어 생성하기·조직하기

3. 선별하고 덧붙이기

Ⅱ. 서사 생산 활동 단계

　1. 줄거리 쓰기

　2. 구두로 이야기해 보기

　3. 초고 쓰기

　4. 다시 쓰기

Ⅲ. 서사 생산 활동 후 단계

　1. 발표하기

　2. 평가하기

　3. 최종 수정하기

　4. 출판하기

　5. 다른 매체로 생산하기

　서사 생산을 위한 교수·학습 방법을 크게 서사 생산 활동 전 단계, 서사 생산 활동 단계, 서사 생산 활동 후 단계로 나누었다. 1단계인 서사 생산 활동 전 단계 가운데, 아이디어 생성하기·조직하기에서는 전달 매체 선정하기, 목적 결정하기, 갈래 정하기, 독자(청자) 결정하기, 글감 정하기, 주제 정하기, 주제 구체화하기 등의 활동을 하게 된다.

　이야기를 형상화하는 요소들은 대게 인물, 사건, 배경 등이다. 그러나 이것은 서사표현 차원에서는 좀 더 구체화될 필요가 있다. 소설을 구조적으로 분석해 볼 경우, 그것은 스토리(기의 혹은 서사 내용)/텍스트(기표, 진술, 담론, 서사텍스트 자체)/서술하기(서술행위를 표현해 내는 것) 등이다. 인물, 사건, 배경 등은 스토리와 관련되고, 시점은 담론과 관련되고, 서술 수준, 대화 등의 기술은 서술하기와 관련된다. 이러한 요소들은 글감을 구체화하는 동시에 주제를 구현하는 매개 역할을 한다. 그러므로 각 요소들을 효과적으로 설정하기 위한활동이 필요하다.

> ▣ 스토리(story)
> 이야기(narrative)의 표현(expression)면인 이야기 담론(discours)에 대립하는 이야기의 내용면. 이야기의 '어떻게'에 대립하는 이야기의 '무엇'. 이야기하는 것(narrating)에 대립하는 이야기되는 것(narrated).

스토리와 관련해서는 인물 만들기, 사건 만들기, 배경 만들기 활동을 하고, 담론과 관련해서는 초점(시점) 정하기 활동, 서술과 관련해서는 서술과 스토리 관계와 수준 정하기, 화자의 유형 정하기, 수화자 정하기, 대화 만들기 등의 활동을 한다. 그리고 구체화한 아이디어를 의도(주제), 독자(청자) 등을 고려하여 선별하고 고치고 덧붙이는 활동을 한다.

2단계인 서사 생산 활동 단계에서는 간략한 줄거리와 자세한 줄거리 쓰기를 완성한 뒤에 그것을 바탕으로 구두로 이야기해 보기, 이야기의 초고를 쓰도록 한다. 이때 앞에서 언급된 것들을 반영하면서 생산자의 의도(주제), 어조, 시점, 서술자와 인물의 성격과 말, 수신자 등을 고려하면서 쓰도록 한다.

다시 쓰기에서는 초고 쓴 것을 모둠원들에게 발표하고 도움을 받도록 한다. 이때 모둠원들의 의견을 수렴해서 검토를 거쳐 이야기에 반영토록 한다. 다시 쓸 때는 목적, 의도(주제), 수신자 등을 고려하여 전 단계에서 고려했던 것들도 반영하도록 한다.

3단계 서사 생산 활동 후 단계에서는 수정한 이야기를 발표하고, 평가를 거쳐, 이를 반영하여 최종 수정하기를 하고, 다양한 매체나 형식으로 출판하도록 한다.

6. 서사 교육의 평가

(1) 서사 교육 평가의 방향

문학교육에서 평가가 어려운 이유는 특정 문학 작품에 대한 학습자들의 반응이 다양할 뿐 아니라, 그것을 위계화하거나 가치를 매기기가 어렵기 때문이기도 하다. 그럼에도 불구하고 교육이 이루어지고, 그것을 더욱 바람직한 방향으로 나아가게 하기 위해서는 어떤 형태로든 평가는 피해갈 수 없다.

문학교육평가의 일반적 지향점은 다음과 같다. 첫째, 한 개인에게 내재되어 있는 잠재가능성으로서의 문학 감상 역량, 개발될 수 있는 문학적 감수성, 문학에 대한 태도, 사물과 세계에 대한 문학적 인식의 습관 등을 현실적 지식 요소보다 중시하는 평가관에 입각해야 한다. 둘째, 문학교육 평가에서 평가의 자료와 대상, 평가에 투입되는 시간 개념 등을 확대하도록 해야 한다. 셋째, 평가의 과정이 계속적이고 종합적인 것이 되어야 한다는 문학교육의 평가는 수업 운영의 한 국면 속에 자연스럽게 녹아들어야 하며, 학생들로 하여금 문학 속에서 참다운 인간상을 스스로 발견해 나가는 것을 돕는 평가가 되어야 한다는 것이다.[38]

서사 교육에서의 평가는 서사 교육의 고유한 특성을 살려 서사 평가가 나아가야 할 방향을 제시해야 한다. 서사 교육의 평가는 궁극적으로 서사 능력에 대한 평가를 말한다. 서사 능력의 핵심에는 서사 생산 능력과 수용 능력에 있다. 이를 구체화하면 다음과 같다.

첫째, 경험의 가치를 확장해 나가는 평가. 인간 경험에 가치성을 제고해 주는 삶을 살아가고, 타자들과 더불어 그것을 '삶 속에서' 실현해 나가면서 서사 활동을 하도록 하는 일이 서사 교육과 평가의 과제이다.

둘째, 서사적 문제의식을 심화시켜주는 평가. 경험의 질이 확보되었다고 그것이 곧바로 서사화될 수 있는 것은 아니다. 그것이 이야기로 만들어지기 위해서는 어떤 매개가 필요하다. 그것은 이른바 문제의식이라고 볼 수 있는데, 이야기의 생산·수용 능력과 관련된다는 점에서 서사적 문제의식이라 할 수 있다.[39] 이

■ 서사적 문제의식
이야기를 표현하고 이해하는 과정에서 이야기에 부분적·전체적으로 작용하여 이야기의 줄거리와 의미 형성에 영향을 주는 묻고 답하는 정신적 힘

---

38) 구인환 외, 앞의 책, 305~307면.
39) 임경순, 「경험의 서사화 방법과 그 문학교육적 의의 연구」, 서울대학교 박사학위논문, 2003,

야기에는 수많은 문제의식이 포착되어 형상화되는데, 평가는 그러한 능력을 심화시켜주는 데 기여해야 한다.

셋째, 이해 능력을 신장시켜주는 평가. 학습자가 경험에서 의미와 문제를 발견하고, 그것을 구현해 나가는 데는 경험 사태에 대한 이해 능력이 중요하게 작용한다. 이해는 언어적인 것을 포함한 인간의 산물뿐 아니라 자연과 세계, 구체적인 것과 추상적인 것, 이론적인 것과 실천적인 것 등 모든 영역을 포괄한다. 또한 인간이 획득하고자 하는 경험은 인간의 생존과 관련된 것에서부터 모든 것의 의미를 묻는 데까지 이른다. 이런 의미에서 이해는 곧 포괄적인 세계에 대한 경험이라 할 수 있다.[40]

넷째, 구성·소통 능력을 정련화(精鍊化)하는 평가가 필요하다. 이야기를 한다는 것은 그것이 구체적인 모습을 갖춘 형식으로 창작된다는 것을 말한다. 그것도 구성적으로나 소통적으로 정련도가 높은, 그리하여 미적인 완성도가 높은 작품을 구성해나가는 것이다. 마찬가지로 그러한 완성도가 높은 작품을 더욱 정련화해서 수용할 수 있는 능력을 갖추어 나가도록 서사 평가는 견인해 나가야 한다.

다섯째, 성찰 능력을 강화시켜주는 평가여야 한다. 서사 문학을 수용하고 생산하는 근본 이유 가운데 자기와 세계에 대한 성찰이 놓인다. 그것은 궁극적으로 타자에 대한 이해와 자아실현으로 이어지는 정체성을 확립하는 매개 역할을 한다. 사실상 자기와 세계에 대한 성찰 없이는 그것들은 그 가능태를 상실하게 되는 것이다.[41]

132면.
40) 박순영, 「이해의 개념」, 『우리말 철학 사전』, 지식산업사, 1999, 170~171면.
41) 임경순, 앞의 책, 361~388면.

(2) 서사 교육 평가의 유형

수업 과정 속에서 이루어지는 평가는 일반적으로 진단평가, 형성평가, 총괄평가이다. 진단평가는 학습에 들어가기 전에 그 단원과 관련하여 학생들의 지적, 정의적 발달 수준 등에 대한 정보를 얻기 위한 평가이다. 문학은 지적, 정의적인 측면을 아울러 지니고 있기 때문에 두 측면을 아울러 평가해야 하는 것이 원칙인데, 수업의 내용과 목표에 따라 그에 적절한 내용에 대한 진단 평가가 실시되어야 한다. 형성평가는 학습이 진행되는 과정에서 이루어지는 형성 과정의 평가이다. 이는 학습 증진의 극대화를 목적으로 하기 때문에 교사나 학생에게 긍정적인 효과가 나타나도록 해야 한다. 총괄평가는 일련의 학습 과제나 특정한 교과 학습이 종료된 다음에 교수 목표의 달성 여부 등을 종합적으로 판정하는 평가의 형태이다.

서사 교육의 평가는 서사 능력을 평가의 준거로 삼아야 하는데, 앞에서 정리한 교육과정상의 세부 성취 기준의 달성 여부를 평가하는 일은 다양한 평가 범주들이 정교하게 결합되어 계획, 수행, 회송, 보완 등이 이루어져야 한다. 다양한 평가 범주로는 교수·학습 과정에 따른 범주(진단 평가, 형성 평가, 총괄 평가), 평가 방법에 따른 범주(지필 평가, 수행 평가, 관찰 평가), 평가 요소에 따른 범주(지식 평가, 수용과 생산 평가, 태도 평가, 상위 인지 평가), 평가 주체에 따른 범주(교사 평가, 자기 평가, 상호 평가), 평가 시기에 따른 범주(예비 평가, 과정 평가, 결과 평가), 평가 영역에 따른 범주(교과 내적 평가, 범교과적 평가) 등을 들 수 있다.[42]

일반적으로 평가에 사용되는 선택형(진위형, 배합형, 선다형)과 서답형(단답형, 완성형, 논술형)에 대한 실례는 많이 논의되어 왔으므로 여기에서는 다른 측면의 평가를 살펴본다. 물론 평가는 평가하고자 하는 내용과 목적에 가장 부합

---

42) 구인환 외, 앞의 책, 322~323면.

하는 방법을 적용해야 할 것이다.

이런 점에서 서사 능력의 기준에 근거한 평가를 일반적인 문제 해결의 서사구도를 상정하고 즉 '어려움 → 문제 인식 → 문제 해결'의 구도에 따라 서사 능력의 평가 척도를 구성할 수도 있다. 예를 들면 다음과 같다.[43]

상	중	하
서사텍스트 생산이나 수용 과정에서 겪는 어려움을 문제로 인식하고 적절한 문제 해결 방안을 구체화할 수 있다.	서사텍스트 생산이나 수용 과정에서 겪는 어려움이 어떤 이유에서 생기는 것인지 파악하고 있으나, 그 문제 인식의 단계에 머무르거나 문제 인식이 올바르지 않아서 문제 해결에 이르지 못한다.	서사텍스트 생산이나 수용 과정에서 어려움을 겪지만 이를 문제 상황으로 인식하지 못한다.

여기에서 중요한 것은 어려움을 학습자가 의식적으로 추구하는 목표에 대한 장애로 파악할 때 비로소 문제가 되는 것이기 때문에, 평가의 기준은 가령 '갈등의 진행과 해결 과정을 파악하며 작품을 이해한다.'라는 성취 기준에 따른 목표가 주어졌을 때 학습자가 이를 도달하기 위한 어려움을 문제 상황으로 인식하고 그것을 해결할 수 있는지가 된다.

또한 서사 교육의 평가가 서사 능력의 사회적 수행을 대상으로 해야 한다면, 그에 합당한 평가로 수행평가를 고려할 수 있다. 수행 평가 방법으로는 서술형 검사, 논술형 검사, 구술시험, 토론법, 실기시험, 실험·실습법, 면접법, 관찰법, 자기평가보고서법, 동료보고서법, 연구보고서법, 포트폴리오법 등이 있는데, 평가의 내용과 목적을 고려하여 적합한 평가 방법을 사용하면 된다.

수행평가 혹은 문학 수행 평가에 내재하는 철학이 단순히 평가를 개선하

---

43) 양정실, 「서사교육의 평가」, 『서사교육론』, 동아시아, 2001.

겠다는 것을 함의하는 것이 아니라, "인간과 삶과 학습을 하나의 혼융된 계열체로 파악하고, 그 바탕 위에서 학습자(인간)을 이해하겠다"[44]는 것이라는 점에서, 그것은 문학(국어) 수행 평가의 원리인 통합의 원리를 지향하면서,[45] '지금 여기'의 문학(국어) 교실에서 절실히 요청되는 것이다.

여기에서 주목할 문학교육의 방법이자 평가 방법 가운데 하나는 비평적 에세이 쓰기이다. 비평적 에세이는 문학 작품에 대해 자신이 사고한 바를 깊이 있게 써나가는 글을 말한다. 일정한 형식이나 절차를 필요로 하지 않는 글쓰기의 유형이다. 작품의 어느 한 측면에 자신의 생각들을 집중적으로 파고들면 된다. 가령 주인공의 말에 깊은 인상을 받고 그것을 계기로 자신의 이야기를 개진해도 되고, 사건이나 인물의 행위나 존재에 대하여 자신의 생각을 밀고나가도 된다. 여기에서 중요한 것은 그 내용의 설득력에 있다. 또한 비평적 에세이는 결과보다는 과정으로서 활용하는 것이 바람직하다. 작품을 읽어나가는 과정에서 자신의 생각을 글로 써나가면서 종국에는 깊이와 논리를 갖춘 생각으로 고양될 수 있도록 지도한다.[46]

평가의 측면에서 보면 교사는 학생이 생각한 바에 대하여 자신의 생각을 말하고, 학습자들이 쓴 글에 대하여 어떤 점에서 설득력이 있는지를 함께 이야기하면 될 수 있지만, 좀 더 체계적인 접근을 위해 비평적 에세이에 들어갈 내용과 절차가 구체화되어야 하는데, 그것은 작품에서 어떤 문제를 발견하고, 그 문제를 위해 무엇에 주목하여 읽어야 하며, 어떤 사고를 거쳐 문제를 해결하고, 어떤 형식의 글을 쓸 것인가가 드러날 수 있는 명확한 지시문을 제시하는 것이다.

---

44) 박인기 외, 『국어과 수행평가』, 삼지원, 1999, 16면.
45) 문학 수행 평가의 중요 철학을 통합의 원리에서 찾고 인식과 정서의 통합, 읽기와 쓰기의 통합, 지식과 활동의 통합으로 구체화한 논의는 다음 참조. 김성진, 「비평의 논리로 본 문학 수행 평가의 철학」, 『문학교육학』 3, 한국문학교육학회, 1999.
46) 김동환, 「비평적 에세이 쓰기」, 『문학과 교육』 7 봄, 문학과교육연구회, 1999, 55∼56면.

작품에 내재한 의미를 충실하게 읽어낼 뿐 아니라, 작품의 의미를 작품 바깥으로 확장시켜 나가면서 읽어내는 종합적인 과정을 통해 비평적 에세이를 쓰게 한다. 예컨대 김동인의 「붉은 산」을 읽고 익호에 대한 조사나 비문을 쓰라, 염상섭의 「삼대」를 읽고 이후 조덕기의 삶을 예상해서 짤막한 평전 형식으로 쓰라, 이상의 「날개」를 읽고 정신분석가의 입장에서 주인공의 행동과 심리를 진단하고 적절한 '처방'을 내리는 글을 쓰라' 등과 같은 평가 문항을 제시할 수 있다.[47]

---

47) 김성진, 앞의 글, 92~93면.

✅ (　　) 알맞은 말을 써 넣으면서 주요 개념을 정리합니다.

1 문학의 갈래는 일반적으로 서정, (　　　　　), 극, 교술로 나눈다.

2 서사 갈래의 핵심은 사건이 (　　　　　)의 중개를 통해 제시된다는 점이다.

3 리얼리즘은 단순한 기법이나 소재의 문제가 아니라 작품 전체의 형성 원리
　로서의 작가의 세계관, 태도와 직결된다는 점에서 (　　　　)로 불리고 있다.

4 서사 교육의 목표는 (　　　　　)의 신장에 있다.

5 서사 교육의 내용 범주는 서사와 관련되는 지식, (　　　　　), 태도로 설정할
　수 있다.

✅ 지시에 따라 서술하면서 서사 교육을 이해합니다.

1 서사 교육의 내용 범주를 설명하시오.

2 서사 교육의 내용을 수용과 생산으로 나누어 제시하시오.

3 서사 비평적 에세이에 대하여 설명하시오.

✅ 지시에 따라 주요 개념을 적용하면서 실천적 능력을 기릅니다.

1 '갈등의 진행과 해결 과정을 파악하며 작품을 이해한다.'(중1~3)를 내용 성취 기준으로 삼아 황순원의 「학」을 가르친다고 할 때 다음을 각각 제시하시오.

> ▪ 학습 목표
>
> ▪ 주요 학습 활동(내용, 목표, 적용)
>   예) 소설 속 인물들이 놓인 상황 파악해 보기, 소설 속에서 일어난 갈등의 진행과 해결과정 알아보기 등

2 "섬세한 읽기를 바탕으로 작품을 다양한 맥락에서 이해하고 감상하며 평가한다."라는 성취 기준을 바탕으로 교수·학습 계획을 세워서 다음 항목을 채우시오.

선정 작품	
교수·학습 활동1	
교수·학습 활동2	
교수·학습 활동3	
평가 문항	

제6장

극 교육

'인생은 연극이다'라는 문장은 세상에서 통용되는 대부분의 명제가 그러하듯 상투적이고 진부해서 더 이상 해석의 여지가 없어 보인다. 하지만 어떤 명제는 곧잘 반전의 유추로 이어지기도 한다. 다시 말해, 연극엔 '무대 위'만 있는 것이 아니라 '무대 뒤'도 있다는 것, 연극엔 '시작'만 있는 것이 아니라 반드시 '끝'도 있어야 한다는 것, 연극엔 '배우'만 있는 것이 아니라 '관객'이 더 중요할 수도 있다는 것을 떠올린다면 '인생은 연극이다'라는 문장이 그리 호락호락하게 느껴지지 않는다. 연극의 무대 뒤를 언급하면서 인생에서도 무대 뒤로 가야 할 때가 있다고 말한 이는 보부아르였고, 연극의 필연적인 끝을 운운한 이는 아리스토텔레스였으며, 실험극단들은 이미 20세기 초에 관객만 있고 배우가 없는 연극을 만들기 시작했다. 즉, 연극 같은 인생에는 무대 뒤가 있으며, 끝이 있으며, 관객만 있을 수도 있다는 의미다. 그것이 극이며, 또한 인생이다. 그래서 극을 본다는 것은 무대 뒤를 상상하는 일이며, 누군가의 끝을 공유하는 것이며, '나' 아닌 '타자'를 더 중심에 두는 일이기도 하다.

이 장에서는 우리가 무심코 보아 왔던 연극, 영화, 텔레비전 드라마 속으로 좀 더 깊이 들어가 볼 것이다. 그것을 통해서 우리의 삶에 대해서도 평소엔 생각하지 못한 새로운 면을 포착하게 될 수도 있을 것이다. 물론 여러분이 가르치는, 혹은 가르칠 학생들과 함께 말이다.

1. 극이란 무엇인가

여기서의 '극'이란 좁은 의미의 연극만을 의미하는 것이 아니라 연극과 영화, 텔레비전 드라마를 모두 포함하는 개념이다. 연극, 영화, 드라마의 공통점은 모두 '행동(말)하는 것을 본다'라는 것에 있다. 극을 의미하는 드라마(drama)나 시어터(theater)의 어원도 각각 '행동'과 '보다'라는 의미이다. 극을 감상할 때는 배우들의 대사만 들리는 것이 아니다. 무대의 배치도 보이고 조명도 느껴지고 배우들의 의상도 눈에 들어오며 음악도 들린다. 연극 공연에서는 배우들이 역동적인 행위를 할 때 그 열기가 온몸으로 전해져오기도 한다. 오감의 관극이 이루어지는 것이다. 극을 종합예술이라고 하는 것이 다 여기에서 비롯된다.

■■ 드라마와 시어터
'행동'에 무게중심이 더 가 있는 것이 '드라마(drama)'이고 '보다'라는 의미가 더 강한 것이 '시어터(theater)'이다. '보는 곳', 즉 '극장'이 'theater'인 것도 이와 관련이 있다. 이 중 드라마는 텔레비전용 극의 장르명으로 많이 사용되고 있고, 시어터는 영화나 연극 쪽에서 많이 쓰인다. '연극', '영화', '텔레비전 드라마'는 누군가 행동하는 것을 보는 장르이다. 하지만 그것의 매체가 '무대'인지, '스크린'인지, '텔레비전'인지에 따라서 서로 다른 장르적 특징을 갖게 되었다.

학생들은 '잠재적 관객'이다. 학생들이 오감을 열고 느끼고 체험할 수 있도록 이끄는 것이 극 교육의 핵심이다. 특히 극 교육은 자극적인 영상들이 무분별하게 난무하는 시대적 상황 속에서 학생 스스로 좋은 극을 선별하여 감상하고 이를 통해 미적 안목과 삶에 대한 통찰력을 기를 수 있도록 해야 한다.

극 교육은 극의 내용뿐만 아니라 매체적 특성을 잘 살리면서 이루어져야 한다. 극 교육에 있어 인물의 성격이나 사건의 의미 등만 파악하는 것으로는 불충분하다. 가령 연극이라면 '무대의 특성', 영화라면 '편집 방식이 암시하는 것', 텔레비전 드라마라면 '클로즈업의 의미' 같은 것이 고려되어야 하는 것이다.

2. 연극 교육의 내용과 방법

(1) 연극 교육의 요소

연극은 내용적인 측면에서 이야기(플롯, mythos), 인물(ethos), 주제(dianoia)를 포함하고, 형식적 측면에서 시각적 장치(opsis), 음악과 음향(melopoia), 어법 또는 문체(lexis)를 포함한다.[1]

연극을 본다고 할 때 관객은 그 이야기를 파악하면서 인물의 특성이나 심리를 따라가고 궁극적으로 특정한 주제에 이르게 된다. 이 감상 과정에 수반되는 것이 무대장치나 조명·분장·의상·소품과 같은 시각적 장치, 연극의 지배적 이미지를 형성하면서 분위기를 형성하는 음향, 인물의 독특한 말투나 대화의 방식 등과 같은 연극의 어법인 것이다.

가령 이근삼의 연극 「원고지」를 볼 때 관객은 단지 '현대인의 권태와 소외 증상'이라는 내용적 주제 의식만을 도출하는 것이 아니다. 관객은 주요인물인 '교수'와 '교수의 처', '장남', '장녀'의 캐릭터를 따라가면서 가족 구성원의 위치가 전도된 것을 알게 된다. 일관성 없이 연결된 에피소드에서는 부조리한 상황을 느끼게 된다. 무엇보다 '원고지'로 이루어진 무대장치와, 역시 원고지로 무늬가 들어가 있는 '교수'의 의상, '장녀'의 과장된 의상과 분장, 그리고 부모의 방보다 더 위쪽에 잘 꾸며진 자녀들의 방 배치 등에 주목하면서 풍자적 성격을 발견할 수 있을 것이다. 덧붙여 이러한 시각적 장치와 함께 '장남'과 '장녀' 방에서 들려오는 시끄러운 음악 소리를 듣고, 인물들의 대사를 통해 드러나는 말투와 목소리, 대화의 스타일에서 극적 재미를 더 느

---

1) Aristoteles, 이상섭 역, 『시학』, 문학과지성사, 2005.
   『시학』은 주로 '비극'과 '서사시'에 대한 내용을 담고 있다. 이야기 및 플롯, 인물, 주제, 시각적 장치, 음향, 문체 등 제6장에서 비극의 여섯 가지 요소를 들고 있는데, 이 6요소는 비극뿐만 아니라 연극 일반에 적용되는 기본적인 요소라 할 수 있다.

낄 수 있다. 이 과정들에서 관객들은 현대 사회의 부조리한 면을 절감하고 삶의 가치에 대해 성찰하게 되는 것이다.

따라서 연극 교육을 할 때에는 내용과 형식 차원이 모두 감상될 수 있도록 지도해야 한다. 이것은 희곡 읽기 교육을 할 때도 마찬가지다. 희곡은 기본적으로 상연을 전제로 한 텍스트다. 학생들은 인물 대사의 내용적 의미만을 파악하는 것이 아니라 이 희곡이 연극화되었을 때를 상상하면서 희곡을 읽어야 한다. 교수·학습 상황에서는 마치 학생이 연출자가 된 듯이 캐릭터를 분석하게 하고 인물의 행동이나 동선도 상상하게 하면서 무대장치나 분장, 의상, 음향이나 인물의 말투 같은 것도 떠올리며 읽게 하는 것도 필요하다.

(2) 연극의 역사와 종류

연극의 기원에 대해서는 다양한 의견들이 있지만 그 중 동서양을 막론하고 보편적으로 받아들여지는 것이 제의 기원설이다. 서양극의 시초라고 할 수 있는 고대 그리스 비극 또한 디오니소스 제전 때 신에 대한 숭배의 의미로 시작되었다. 한국의 전통극 또한 제의적 의미가 강하다.

서양극은 고대 그리스 연극으로부터 로마 연극, 중세극, 근대극, 현대극으로 나눌 수 있다.

고대 그리스 연극은 매우 넓은 원형극장에서 배우가 가면을 쓰고 공연하였고 코러스(합창)가 사건을 전달하는 중요한 역할을 했다. 흔히 비극과 희극을 대단원의 해피엔딩 여부로 판단하곤 하는데, 아리스토텔레스의 구분에 의하면 비극은 '평균 이상의 인물을 모방'하며, 희극은 '평균 이하의 인물을 모방'한다. 즉 비극은 우월한 영웅이 단 하나의 '결정적 결함 혹은 무지라는 죄 아닌 죄(hamartia)'에 의해 파멸하는 이야기다. 이 결말에서 관객은 카타르시스를 느낀다고 아리스토텔레스는 말하고 있다. 카타르시스란 관객이 영웅의 파멸에서 느끼는 공포와 연민의 감정을 느끼면서 정화되는 것을 말한다. 로마 시대에는 세네카의 웅변술이 방증하듯 교훈적인 성격을 띤 연극이 주로 공연되었다. 중세 시대에는 포교의 수단으로 주로 활용되었기에 예배극, 신비극, 기적극 등이 공연되다가 세속적 교훈을 담은 도덕극으로 확대되었다. 하지만 르네상스 이후 새로운 시대적 요구와 더불어 인간의 존엄을 강조하는 연극이 생겨나기 시작했다. 16세기 초 이탈리아에서는 단순한 줄거리에 즉흥적 대사로 이루어진 코메디아 델라르테(commedia dell'arte)가 성행하였고, 16세기 말에는 셰익스피어 4대 비극을 통해서도 알 수 있듯이 구성과 캐릭터 면에서 뛰어난 연극이 창작되고 공연되기 시작했다. 17세기 프랑스에서는 아리스토텔레스의 『시학』에 기초한 신고전주의 연극이 절대왕정의 분위기와 함께 강화되었으나 이 신고전주의 연극의 경직된 형식은 비판되면서 낭만주의 연극 운동으로 이어졌다.

▦ 셰익스피어 4대 비극
4대 비극은 「햄릿」, 「오델로」, 「리어왕」, 「맥베드」이다. 모두 인간의 본성을 치열하게 탐구한 작품이라 볼 수 있다.

19세기 중반 이후는 바야흐로 사실주의의 시대다. 연극계에서도 헨리 입센은 소위 '잘 짜인 극'(well-made plot)을 내세우며 치밀한 도입부와 인과에 충실한 구성을 강조하였다. 「인형의 집」(1879)은 사실적인 무대를 배경으로 당대 노르웨이 사회에서 여성이 처한 억압적 상황을 일상적 언어로 잘 그린 작품으로 평가받는다. 연극에서 사실성의 강화는 연기 교육에도 그대로 적용되었는데 러시아의 스타니슬랍스키의 메소드 연기(method acting)가 대표적인 예다. 메소드 연기란 배우가 극중 인물과 동일시하면서 자연스러운 연기를 하는 것을 말한다.

이후로 연극은 더욱 다양화되었다. 인간의 무의식을 강조한 초현실주의 연극이라 할 수 있는 앙토냉 아르토의 '잔혹극'이나 사물을 왜곡시키거나 과장된 형상을 보여줌으로써 산업주의를 공격하는 '표현주의 연극', 연극에서 강조되는 감정이입이나 극적 몰입을 방해하는 기법의 '서사극' 등이 그 대표적 예이다. 1950년대 전후에 등장한 '부조리극'이나 그로토프스키의 '가난한 연

■ 한국의 연극
한국의 연극은 전통적인 연희로부터 시작되었다고 볼 수 있다. 삼국시대의 '악(樂)'이나 '곡(曲)'으로부터 고려와 조선의 '산대잡극' 등도 연극의 시초라고 할 수 있다. 18세기 이후 성행한 판소리, 19세기의 꼭두각시놀음이나 탈놀이 등은 좀 더 본격화된 한국 연극이다.

극' 등도 새로운 연극의 흐름이라 볼 수 있다.

이러한 연극의 역사는 단지 역사적 차원에서만 의미를 갖는 것이 아니다. 연극사에서 두각을 나타내었던 연극 장르나 기법들은 여전히 최근 연극에도 그대로 적용되고 있다. 가령 오태석의 연극에는 잔혹극이나 가난한 연극 등의 기법이 활용되고 있다. 그리고 이런 기법의 도입은 단지 표현 방식의 문제가 아니라 연극과 삶에 대한 가치를 반영한 것이다. 사실주의 연극은 연극이 삶을 재현할 수 있다고 믿는 것이지만 표현주의 연극에서는 삶은 모호하고 불합리한 것이며 보이는 것이 진실은 아니라고 말한다. 따라서 학생들이 연극을 보거나 희곡을 읽을 때 어떻게 무대를 만들었는지, 분장이나 의상은 어떠한지, 사건의 전개는 인과적인지 반인과적인지 등을 고려하게 만드는 것이 필요하다.

(3) 교육연극

교육연극은 연극교육이나 연기교육과 다르게 '교육' 자체가 궁극적 목적인 연극이다. 교육연극에서 '연극'은 수단인 것이다. 연극을 통해 문학적 감수성을 함양할 수 있을 뿐만 아니라 언어능력, 사회성, 자존감, 관찰력 등도 신장시킬 수 있다는 전제가 교육연극에 깔려 있다.

교육연극은 T.I.E.(Theater in Education)와 D.I.E.(Drama in Education)로 나누기도 한다. 전자는 교사나 전문극단이 연극 만들기에 직접 개입해서 완성시킨 작품을 관객에게 공연하는 것까지를 포함하는 연극이다. 후자는 학생들이 주체가 되어서 즉흥적으로 연극을 만드는 과정을 더 중시하는 연극이다. 하지만 이런 구분보다 더 중요한 것은 연극을 통해 교육적 효과를 높이기 위한 모든 활동이 교육연극에 포함된다는 사실이다. 본격적인 수업 전 도입 활동에서 활용되는 연극 게임이나 역할놀이뿐만 아니라 수업 과정에서 이루어지는 연극적 상상 같은 것도 모두 교육연극에 포함시킬 수 있다.

문학에서 인물이나 화자의 심리 이해를 더욱 활성화시키기 위해서도 교육연극을 활용할 수 있고, 말하기·듣기 교육에서 의사소통능력을 신장시키기 위해서도 교육연극을 도입할 수 있다. 최근에는 국어과뿐만 아니라 사회·역사·외국어 교육 등에서도 교육연극을 활용하고 있다.

3. 영화 교육의 내용과 방법

(1) 영화 교육의 요소

연극에서 그 내용(이야기, 인물, 주제)뿐만 아니라 형식적 차원이 함께 교육되어야 하는 것처럼, 영화에서도 내용과 형식 차원이 모두 교육되어야 한다. 영화는 내용적인 면에서 이야기·인물·주제가 포함된다는 면에서 연극과 같지만 형식적 차원은 촬영과 편집으로 이루어진다는 면에서 연극과 다르다.

영화에서 카메라는 취할 곳을 선택하여 프레임을 구축한다. 어떤 풍경이 선택된다는 것은 다른 풍경이 배제된다는 의미이다. 이 선택과 배제에는 감독의 의도가 들어가 있다. 따라서 세계의 실상을 그대로 전달하는 화면은 없다고 볼 수 있다. 다큐멘터리 영화조차 현실 그 자체는 아닌 것이다.

카메라가 프레임을 구축해서 찍은 것이 쇼트(shot)이다. 쇼트는 카메라가 작동하여 멈출 때까지 얻어진 일련의 화면으로 영화의 최소단위이다. 쇼트가 결합되어 일련의 사건 단위를 이루는데 이것을 신

▣ 영화의 쇼트
카메라와 피사체의 거리에 따라 롱쇼트, 풀쇼트, 미디엄쇼트, 클로즈업 등으로 나눌 수 있다. 롱쇼트는 카메라와 피사체의 거리가 먼 경우, 풀쇼트는 배우의 전신이 프레임에 담길 정도의 거리에서 찍는 경우, 미디엄쇼트는 배우의 상반신을 포착하는 정도의 화면, 클로즈업은 배우의 얼굴이 크게 화면에 나오는 경우이다. 매우 극단적으로 멀리서 찍을 때에는 익스트림 롱쇼트, 반대로 매우 가까운 거리에서 찍는 경우를 익스트림 클로즈업이라고 한다. 참고로 롱쇼트가 '멀리서 찍기'라면 롱테이크는 '오래 찍기'로서 쇼트의 길이가 긴 경우를 말한다.

(scene)이라고 한다. 미장센(mise-en-scene)은 이 쇼트와 신을 통해 만들어진 미학적인 공간 연출을 말한다. 미장센은 말 그대로 '무대에 배치한다'는 뜻으로 원래 연극에서 사용되던 용어이기도 하다. 영화와 연극에서 모두에서 미장센은 한 화면(무대)에 담기는 이미지의 모든 구성요소들이 미학적으로 배열된 상태라고 할 수 있다.

또한 카메라는 사람의 눈처럼 특정한 관점을 갖는다. 카메라가 제삼자적 위치에 놓을 때 '객관적 쇼트'라고 하고 그 시점이 인물의 내면에 있을 때 '주관적 쇼트'라고 한다. 가령, 영화 <말아톤>에서 아래 ①은 객관적 쇼트이고 ②는 주관적 쇼트이다. ② 쇼트는 배경이 지하철이고, 사람들 사이에 있는 얼룩말을 담고 있는데 이것은 주인공 '초원'이의 눈에 비친 모습인 것이다.

①   ②

영화에서 주관적 시점의 쇼트를 유심히 보면 영화의 또 다른 의미를 도출할 수 있다. <말아톤>에서 '초원'의 눈으로 사물을 볼 경우 이 영화는 단지 장애인 영화가 아니라 한 인간의 독립과 인정투쟁, 성장의 과정을 그린 영화로 읽히게 된 것이다.

카메라로 촬영한 각 쇼트를 이어붙이는 것이 바로 영화의 편집 과정이다. 영화를 편집의 예술이라고 하는 이유는 편집에 따라서 전혀 다른 이야기가 될 수 있기 때문이다. 일찍이 영화감독이자 영화이론가였던 에이젠슈타인은 편집의 중요성을 '몽타주'라는 개념으로 표현하였다. 그에 의하면 영화적 몽타주는 장면들을 자연스럽게 연결하기보다는 연속적인 장면들을 분절하여 단편적으로 구성해서 여백을 남겨 놓고 관객에게 또 다른 연상 작용을 일으킬 수 있게 하는 것이다. 장면과 장면을 연결할 때 비약을 줌으로써 사이에 연속성이 단절된 부분은 관객이 상상 속에서 보충하여 완성해야 한다.[2] 따라서 몽타주가 예술적으로 이루어진 영화는 관객의 더욱 강한 집중력을 요구한다.

영화 <8월의 크리스마스>의 경우, 남녀주인공이 서로에게 다가가는 이야기가 장면의 미묘한 몽타주를 통해 매우 섬세하면서도 시적으로 암시된다. 두 사람이 어떻게 그토록 서로를 그리워할 수 있게 되었는가 하는 것은 두 사람 사이의 사건 자체에서 나타나기도 하지만 오히려 그 장면과 장면 사이에 관객이 채워 넣는 상상에 의해 더욱 강화된다. 영화의 마지막에 여주인공 '다림'이 '정원'의 사진관을 찾는 장면 또한 이런 몽타주의 특징으로 인해 관객에게 더욱 큰 감동을 불러일으키게 되는 것이다.

이 때문에 영화 교육을 위해서는 학생들이 수동적으로 영화의 서사를 따라가게 하기보다는 적극적으로 장면과 장면 사이를 상상하게 만들게 하는 것이 중요하다.

■ 네오리얼리즘(Neorealism)
영화는 사실을 중시해서 모든 장면을 실제 장소에서 조명 없이 자연광만으로 촬영했다. 영화의 세팅도 최대한 일상적인 모습으로 하고, 비전문 배우를 캐스팅하고, 일상적인 에피소드를 주로 다루며, 촬영이나 편집도 특별한 기술을 적용하지 않고 소박하게 한 것이 특징이다.

■ 누벨바그(Nouvelle Vague)
'새로운 물결'이라는 뜻으로서 기존의 영화 관습에 대항하여 젊은 감독의 개인적인 영감과 비전, 영화적 실험을 중시하는 영화 운동을 말한다. 구성은 느슨하며 비논리적이고 현지 촬영이나 야외 촬영을 주로 하며 무엇보다 영화 자체에 대한 자의식이 짙게 드러난다는 특성을 갖는다.

■ 시네마 베리테(cinema verite)
'진실 영화'라는 뜻으로 50~60년대 영화 운동이지만 넓게는 사실성(진실성)을 그 무엇보다 강조하는 영화적 경향을 뜻하기도 한다.

---

2) Robert Richardson, *Literature and Film*, Bloomington : Indiana University Press, 1969, 이형식 역, 『영화와 문학』, 동문선, 2000.

(2) 영화의 역사와 종류

영화는 1895년 '움직임을 담은 기계'라는 뜻의 시네마토그래프로부터 시작되었다. 뤼미에르에 의해 만들어진 첫 영화는 편집 없이 하나의 쇼트와 신으로 이루어진 '원쇼트 원신(one shot one scene)'이었다. 영화의 기술적 발전은 쇼트가 많아지고 이것을 촬영하고 편집하는 방식의 다양화와 관련된다고 볼 수 있다.

영화가 처음부터 예술로 인정받았던 것은 아니다. 처음에 영화는 일종의 눈요기로서 진귀하고 놀라운 마술 같은 장면을 보여주는 것이 주된 목적이었지만, 차츰 실험영화가 만들어지고 무성영화 시대로 오면서 예술로 자리 잡게 되었다.

영화는 100여 년의 역사를 갖지만 연극처럼 여러 변화를 겪게 된다. 1927년 유성영화가 시작되었고 1940년대 이탈리아의 '네오리얼리즘 영화', 1960년대 프랑스의 '누벨바그'와 '시네마 베리테' 등을 거쳐 오면서 영화 자체 내의 반성 또한 이루어지면서 영화의 스펙트럼은 더욱 넓어졌다고 할 것이다.

현재 영화는 매우 큰 규모의, 관객에게 익숙한 영화적 관습을 따르는 블록버스터로부터 매우 실험적이고 작은 규모의 독립영화까지 다양하게 제작·상영되고 있다. 멜로 영화, 액션 영화, SF 영화, 코미디 영화, 미스터리 영화, 스릴러 영화, 전쟁 영화, 스포츠 영화, 재난 영화, 버디 무비, 컬트 영화 등으로 장르를 나누기도 하지만 이것은 엄밀한 기준을 적용한 분류라고 보기 어렵다. 이런 장르 구분보다 중요한 것은 그 영화가 얼마나 훌륭한가에 있다. 학생과 교사가 좋은 영화를 선별하여 대화적 분위기 속에서 영화에 대한 비평장을 여는 것이 무엇보다 중요하다. 최근에는 좋은 단편영화도 종종 선보이고 있으므로 상영 시간이 30분 내외인 단편영화를 수업 시간에 함께 보는 것도 좋은 방법일 것이다.

4. 텔레비전 드라마 교육의 내용과 방법

(1) 텔레비전 드라마 교육의 요소

텔레비전 드라마는 영화와 마찬가지로 영상텍스트이기 때문에 촬영과 편집을 통해 텍스트가 구성된다. 하지만 영화의 큰 스크린에 비해 작은 화면이라는 매체적 제약과 영화의 관객과는 다르게 텔레비전 드라마 시청자들은 일반적으로 낮은 집중 상태라는 상황 등이 텔레비전 드라마를 영화와 다르게 만들기도 한다. 즉 텔레비전 드라마는 영화에 비해 그 구성이 느슨한 편이며 정보 또한 반복적으로 주어진다. 촬영 기법이나 편집의 방식 등도 영화에 비해 단순한 편이며 특히 인물의 대화가 중요한 연속극의 경우 롱쇼트나 풀쇼트보다는 미디엄쇼트나 바스트쇼트가 많이 쓰인다.

텔레비전 드라마에 대해서는 주로 '비판적 읽기'를 시도하는 경우가 많다. 이것은 드라마가 예술적이기보다는 상업적이라는 의식에서 비롯된 것이다. 가령 텔레비전에 자주 등장하는 신데렐라 이야기나 결혼 장애, 태생의 비밀 등의 모티프를 지적하거나 간접광고(PPL)의 폐해 등을 거론하는 것이 드라마를 비판적으로 읽는 예라 하겠다.

하지만 이런 과정에서 드라마 읽기가 제대로 이루어지지 않을 수도 있다. 교육에 있어서는 나쁜 텍스트를 비판하는 활동도 중요하지만, 좋은 텍스트를 선별하는 안목을 기르게 하고 이러한 텍스트를 잘 해석할 수 있도록 돕는 것이 더 중요하다. 그런 의미에서 좋은 단막극이나 미니시리즈의 서사와 영상을 미학적 차원에서 해석하는 활동을 교육하는 것은 필수적이다.

(2) 텔레비전 드라마의 역사와 종류

텔레비전 드라마는 소프 오페라(soap opera)를 그 전신으로 본다. 소프 오페라는 1930년대 주부를 대상으로 한 라디오 연속극으로 비누제조회사가 스폰서를 하는 경우가 많아 '소프 오페라', 즉 '비누 음악극'이라는 이름이 붙여지게 되었다. 내용이 감상적이고 불륜이나 혼전 관계, 결혼 장애, 근친상간, 불치병 등을 내용으로 하였기 때문에 이후 페미니스트들에 의해 격렬한 비판을 받았다. 그리고 이 비판은 이후 텔레비전 드라마에도 그대로 적용되었다. 하지만 이후에 드라마가 다양화되면서 그 순기능과 역기능이 여러 층위에서 검토되고 있다.

드라마는 분량과 각 회당 사건의 열림/닫힘의 여부에 따라 '연속극(serial), 미니시리즈, 시리즈, 단막극'으로 분류된다. 가장 긴 드라마는 연속극이며, 가장 짧은 드라마는 단막극이다. 연속극은 드라마 방영 회수에 제한이 없다. 단막극은 1~2회로 종영한다. 미니시리즈는 연속극의 형태이지만 일반적으로 연속극보다는 짧다. 미니시리즈는 그 명칭에 '시리즈(series)'가 붙어 마치 시리즈의 짧은 형태인 듯 오해가 되기도 하지만, 원래 시리즈는 각 회가 독립적인 에피소드로 구성된 것을 의미하기 때문에 한국의 미니시리즈는 시리즈가 아니라 연속극(serial)의 한 종류라고 봐야 한다.

텔레비전 드라마는 시청률에 영향을 많이 받기 때문에 방영 당시 사람들의 가치관이나 취향 등이 제작 과정에 많이 고려된다. 이 때문에 드라마의 하위 장르간의 접합도 빈번하게 일어난다. 역사멜로드라마, 스릴러트렌디드라마, 병원추리드라마 등과 같은 장르의 드라마가 방영되기도 하는 것이다. 또한 드라마는 시청자들에게 영향을 주기도 하는데, 연구자들은 이를 질적으로 연구하여

■ 드라마의 분류
드라마는 다양한 분류 기준에 따라 나눌 수 있다. 허구인지 아닌지에 따라 '(극)드라마, 다큐드라마'로, 시대에 따라 '역사극, 현대극'으로, 내용에 따라 '멜로드라마, 가족드라마, 사회드라마, 청소년드라마, 농촌드라마, 수사드라마, 병원드라마, 추리드라마 등'으로 표현 방법에 따라 '시트콤, 시추에이션 드라마, 트렌디드라마 등'으로 나뉜다.

■ 멜로드라마
멜로드라마는 '멜로디+음악'으로서 음악을 통해 시청자의 감성을 자극하는 드라마를 의미한다. 멜로드라마에 과도한 음악과 선정성, 감상성, 오락성 등이 종종 지적되는 것도 이 때문이다. 트렌디드라마는 중심 사건의 밀도 있는 전개보다는 음악이나 영상미, 주변의 코믹한 캐릭터 등 촉매적 요소들을 빈번이 사용해서 흥미를 돋우는, 비교적 낮은 연령층의 시청자를 겨냥한 드라마를 의미한다.

당대 문화나 가치관을 파악하는 경우도 있다.

중고등학생들에게 드라마는 매우 큰 영향을 미친다. 드라마에 있어서는 정확한 현실적 재현보다는 '정서적 사실성'(emotional reality)이 중요하다. 이는 한 편의 드라마를 이루는 많은 요소들 가운데 시청자는 자신이 관심이 있는 정서만 골라서 감정이입을 하게 되고 그것을 통해 리얼리티를 느낀다는 뜻이다.3) 가령 드라마 <가을동화>에서 태생의 문제, 결혼장애, 불치병과 관련된 서사에는 전혀 관심을 갖지 않고 그 속에서 남녀 사이에 발생하는 사랑과 긴장에만 감정이입하면서 볼 수도 있다는 뜻이다. 따라서 드라마 읽기 교육을 할 때에도 겉으로 드러나는 서사에만 천착할 것이 아니라 학생 각자가 감정적으로 동일시하는 부분에 집중하여 해석한다면 더 의미 있는 교육이 될 수 있다.

5. 연극과 영상의 통합교육

상호 각색이 이루어진 연극과 영화를 함께 대비해서 봄으로써 극 갈래의 교육이 더욱 활성화될 수 있다.

연극과 영화 사이에 각색이 이루어진 것으로는, 오영진의 연극(희곡) <맹진사댁 경사>와 동명 영화로부터, 이근삼의 연극 <살아 있는 이중생 각하>와 영화 <인생차압>, 오종우의 연극 <칠수와 만수>와 동명 영화, 이만희의 연극 <돌아서서 떠나라>와 영화 <약속>, 김광림의 연극 <날 보러 와요>와 영화 <살인의 추억>, 이윤택의 연극 <오구>와 동명 영화, 장진 연극 <웰컴 투 동막골>과 동명 영화, 김태웅 연극 <이(爾)>와 영화 <왕의 남자> 등이

---

3) 주창윤, 『텔레비전 드라마』, 문경, 2005.

있다.

이 중 비교적 연극과 영화에서 모두 좋은 평가를 받은 경우도 있지만, 연극에서 영화로 각색되면서 전혀 다른 평가를 받은 경우도 있다. 그 중 대표적인 것이 <오구>이다. 이것은 연극과 영화라는 각각의 매체적 특성을 고려하지 못하였기 때문이다. 즉 연극 <오구>를 각색한 영화 <오구>는 재현과 아리스토텔레스식 구성으로 바뀜으로써 연극의 장점이었던 '굿'의 미학이나 에피소드식 구성을 수용하지 못한 것이다.

반면에 연극 <이>는 영화 <왕의 남자>가 되면서, 서사의 확장과 변형, 시간·공간·인물의 확장과 변형이 발생하여 원작인 연극에서 독립적인 텍스트로 인정받게 되었고, 연극 <웰컴 투 동막골> 또한 동명 영화가 되면서 플롯의 입체화를 통해 영화로서의 입지를 굳히게 되었는데, 이는 각색이 또 다른 창작이 될 수밖에 없음을 방증하는 예라고 볼 수 있다.

이처럼 연극과 영화는 여러 가지 면에서 차이를 보이는데, 두 장르가 모두 '보여주기'의 예술이라 하더라도, 연극이 조명을 통해 관객의 시점을 부분적으로 조절하는 것에 반해, 영화는 카메라의 여러 기법을 통해 관객의 시점을 제어할 수 있는 측면이 훨씬 강하다. 연극은 대사 자체를 통해 관객의 관심을 집중시키는 경우가 더 많다. 앙드레 엘보가 연극에서 시각적인 것은 영상이 아니라 언어 속에 포함되어 있다[4]고 말한 바처럼 연극에서는 시각적인 장면조차 인물의 입을 통해서 언어화되는 경우가 많기 때문이다. 또한 영화는 카메라로 인해 다양한 시각적 표현이 가능하고, 편집으로 인해 사건과 배경의 이어붙이기가 자유롭기 때문에 사건과 인물, 배경 구성 등이 연극에 비해 자유롭다.

---

4) André Helbo, *L'adaptation. Du Theatre au Cinema*, Armand Colin, 1997, 이선영 역, 『각색 연극에서 영화로』, 동문선, 2002, 68면.

[연극과 영화의 차이]

요소 / 구분		연극	영화
인물	구성	주동인물과 반동인물을 중심으로 한정적 · 집중적이다.	일반적으로 연극보다 더 많은 인물이 배치된다.
	제시 방법	조명을 통해 인물에 대한 집중도를 높이지만 영화에 비해 효과가 낮은 편이다.	카메라 앵글을 통해 관객의 시점을 통제하면서 인물에 대한 집중도를 효과적으로 높인다.
사건	구성	중심사건과 부차적 사건이 긴밀히 연결된다.	연극에 비해 다양한 사건이나 에피소드가 삽입된다.
	제시 방법	장면의 전환이 거의 없거나 많지 않다. 주로 시간의 선조적 흐름에 따라 사건이 긴밀하게 전개된다.	하나의 장면은 다수의 쇼트로 구성된다. 쇼트의 수에 따라 영화의 속도가 결정되기도 한다.
배경	구성	배경은 고정되거나 유동성이 적다.	다양한 시공간적 배경이 나온다.
	제시 방법	시공간적으로 건너뛰기가 용이하지 않다. 인물의 대사 등을 통해 시공간의 이동이 간접적으로 전달된다.	시공간적으로 건너뛰기가 자유롭다. 오버랩이나 페이드인, 페이드 아웃 등 장면전환 기법을 사용한다. 카메라의 기법(풀쇼트, 롱쇼트 등)으로 배경을 다양하게 표현한다.

　연극 <동승>과 동명 영화의 경우, 연극은 하루 동안의 일로 진행되는 데 반해, 영화는 5년 동안의 일어난 일로 이야기를 진행된다. 따라서 영화에서는 시간과 계절의 변화를 적극적으로 나타낼 수 있고, 장소 또한 희곡에서 심산고찰로 한정되는 데 반해, 영화에서는 학교와 동네, 도시 등으로 확산된다. 인물 또한 연극에서는 '도념, 주지, 정심, 미망인, 초부'를 중심으로 이야기가 전개되며 '미망인의 친정모'와 '인수'가 주변인물로 등장하면서 핵사건과 위성사건이 모두 도념을 축으로 배치되는 데 비해 영화의 경우 인물군은 더욱 확대되며 사건 또한 다양화된다.

③   ④

③은 연극 <동승>에서 도념이 나무에 올라 앉아 자신의 어머니를 생각하는 장면이고 ④는 동명 영화에서의 같은 내용의 장면이다. 연극에서는 미니멀한 세팅과 스포트라이트를 통해 관객을 집중시키고 있다. 영화에서는 롱쇼트를 통해 도념의 절망감과 적막함을 표현하고 있다. <동승>처럼 연극과 영화로 각각 만들어진 텍스트를 통해 연극과 영상의 통합 교육을 꾀할 수 있을 것이다.

6. 극 교육의 평가

극 교육의 평가는 크게 읽기(보기) 평가와 쓰기(만들기) 평가로 나누어진다. 읽기(보기) 평가는 극을 감상한 후 이에 대해 토의하기나 비평문 쓰기 과정에서 이루어지며, 쓰기(만들기) 평가는 직접 극의 한 부분을 연행해 보거나 대본을 써서 촬영하여 편집하는 영상 만들기로 이루어진다.

읽기(보기) 평가와 쓰기(만들기) 평가는 함께 할 수도 있는데, 극 텍스트를 감상하고 이에 대해 토론이나 비평을 한 후에 이 텍스트에서 받은 영감으로 메타텍스트로서의 극을 공연하거나 영상텍스트로 만드는 것이다.

영상텍스트 만들기는 '시놉시스 쓰기 → 시나리오 쓰기 → 스토리보드(콘티) 만들기 → 촬영 → 편집'의 과정으로 이루어진다. 시놉시스는 간단한 줄거리나 개요를 의미한다. 시나리오는 영화 대본이고, 스토리보드(콘티)는 촬영대본이라고 하는데, 영화 속 장면을 그림으로 정리한 계획표를 말한다. 스토리보드는 촬영할 영상의 모습을 이미지화시켰기 때문에 시나리오보다 더 자세한 정보를 담고 있는 대본이라고 할 수 있다. 이런 일련의 작업이 끝나면 촬영과 편집으로 이어진다.

학생들의 영상텍스트 만들기 활동은 프로젝트 수업의 일환으로 하는 것이 좋다. 단순히 영상 표현의 차원에서만이 아니라 학생들의 삶을 기반으로 한, 일종의 문제 해결 과정으로서의 영화 만들기를 진행하는 것이다. 이 과정에서 학생들은 여러 다른 교과적 지식을 통합하면서 의미 있는 영상을 만들 수 있다.

특히 초단편극 만들기는 연극과 영상 교육을 함께 고려해 볼 수 있다는 데 의미가 있다. 단편극이 일반적으로 10분~1시간 정도 길이의 극이라면, 초단편극은 짧게는 3~4분에서 길게는 10분 안팎의 연극이다. 초단편극은 아주 짧기 때문에 시공간의 이동보다는 하나의 장면을 집중적으로 보여줄 수 있다는 점에서 종종 실내극의 방법을 수용한다. 무엇보다 학생들의 일상을 극으로 표현해 봄으로써 삶에 대한 성찰과 통찰을 해 볼 수 있다는 점에서도 매우 큰 의의가 있다.

⑤

⑥

위 ⑤와 ⑥은 학생들이 직접 만든 초단편극의 장면 일부이다. ⑤는 텐트 속에 있는 두 인물을 미디엄 부감 쇼트(카메라가 피사체를 위에서 내려다 본 시점으로 찍은 것)로 찍은 것으로 관객들이 두 사람의 내밀한 대화에 집중하게 만든다. 원쇼트 원신으로 찍은 것이기 때문에 연극적인 영상이라 할 수 있다. ⑥은 여러 쇼트와 신의 결합으로 이루어진 영상물이다. 인물의 얼굴이 나오지 않았지만 손을 클로즈업한 것으로 오히려 둘의 관계를 더 강하게 드러내고 있다. 이러한 영상 만들기를 통해 학생들의 영상에 대한 이해도와 관심도를 평가할 수 있을 뿐만 아니라, 무엇보다 학생들 스스로가 극 텍스트에 대해 더 바람직하고 적극적인 태도를 가질 수 있게 됨은 물론이다.[5]

---

5) 한귀은, 「초단편실내극 만들기의 교육적 의미」, 『배달말교육』 32, 배달말교육학회, 2012, 159~181면.

✅ (   )에 알맞은 말을 써 넣으면서 극 갈래의 특징을 이해합니다.

1 연극, 영화, 텔레비전 드라마는 이야기를 전달하는 매개자 없이 직접 인물의
  (   )와/과 (   )을/를 통해 표현된다는 공통점이 있다.

2 연극의 무대는 영화와 드라마의 (   )에 해당된다. 촬영을 통해 (   )
  이/가 만들어지고, 이것이 모여 (   )이/가 된다.

3 연극과 영화의 차이를 정리하시오.

요소 \ 구분		연극	영화
인 물	구성	주동인물과 반동인물을 중심으로 한정적·집중적이다.	
	제시 방법		카메라 앵글을 통해 관객의 시점을 통제하면서 인물에 대한 집중도를 효과적으로 높인다.
사 건	구성		연극에 비해 다양한 사건이나 에피소드가 삽입된다.
	제시 방법	장면의 전환이 거의 없거나 많지 않다. 주로 시간의 선조적 흐름에 따라 사건이 긴밀하게 전개된다.	
배 경	구성	배경은 고정되거나 유동성이 적다.	
	제시 방법	시공간적으로 건너뛰기가 용이하지 않다. 인물의 대사 등을 통해 시공간의 이동이 간접적으로 전달된다.	

✅ 지시에 따라 서술하면서 극 갈래의 교육 요소 및 내용을 이해합니다.

1 교육연극의 종류 및 교육적 효과에 관해 서술하시오.

2 영화에 있어서 카메라와 피사체의 거리에 따른 촬영 효과를 설명하시오.

3 텔레비전 드라마의 정서적 사실성에 관해 설명하시오.

✓ 지시에 따라 주요 개념을 적용하면서 실천적 능력을 기릅니다.

1 중고등학교 교과서에 나오는 영화 한 편을 선택해서 그 서사와 영상문법(촬영과 편집기법)을 분석하시오. 각 이야기와 이를 표현한 쇼트와 편집 방식이 잘 어울리는지 평가해 보시오.

2 연극이 영화로 각색된 경우나 그 반대의 경우를 찾아 두 텍스트를 대비하시오. 인물 설정이나 스토리가 어떻게 변했으며 그것이 어떤 장르적 특징을 반영한 것인지 설명하시오.

제7장

교술 교육

교술 갈래는 문학 창작이나 수용이 비교적 쉽고, 그 내용이 우리의 일상생활에 가까운 갈래라 할 수 있다. 이렇게 교술 갈래가 생활과 친숙한 성격을 지니고 있는 점이나 창작이나 수용에 접근하기가 용이한 점은 문학교육의 측면에서도 유용함을 지닌다. 특히 교술 갈래에 속하는 작품들은 다른 문학 갈래, 즉 서정, 서사, 극 갈래의 하위 양식에 비해 상대적으로 종류가 매우 다양한 편이다. 교술 갈래의 하위 양식이나 종류가 다양하고 범위가 넓은 것은 이 갈래의 형성 과정과 관련된다. 우리 문학의 역사적 전개 과정에서 문자사용 여부, 사용 문자의 종류에 따라 다양한 양식들이 생성되었는데, 이들 양식이 교술 갈래에 속하는 경우가 많은 것이다.

이 장에서는 교술 갈래에 대한 개념과 종류를 살펴보고, 교술 갈래에 해당하는 문학 작품의 역사적 전개가 어떠한지 대략적으로 훑어본 후 교술 갈래의 교육에 대한 실제적 구상을 시도해 보도록 한다. 교술 갈래는 그 다양하고 넓은 범위의 작품들만큼 다양하고 풍부한 문학교육적 접근이 가능한 장점이 있다. 교술 갈래에 대한 추상적인 이론 섭렵보다는 교술 갈래에 속하는 하위 갈래, 구체적인 작품을 중심으로 실제적인 문학교육을 구상하고, 그 실천 가능성을 탐색해 볼 수 있기를 기대한다.

1. 교술이란 무엇인가

'교술(教述)'을 말 그대로 풀이하자면 '가르침을 풀어 쓴다' 혹은 '가르치고 서술한다.'라는 정도의 의미를 지닌다. 사전적 정의로 '교술'은 '대상이나 세계를 객관적으로 묘사하고 설명하는 장르'이다. 이렇게 갈래 종류 명칭으로서의 '교술'의 사전적 개념 정의로는 이 갈래의 문학적 성격을 파악하기 어렵다. 왜냐하면 교훈이나 경계를 목적으로 하는 글은 비단 문학 작품에 한정되지 않고, 서술을 주로 하거나 목적으로 하는 글 역시 모든 종류의 글이 갖는 성격이어서 교술 갈래의 특성으로 한정지어 말하기에는 문제가 있기 때문이다.

그래서 문학의 한 갈래로 '교술'을 정의할 때에는 교술 갈래에 담는 내용으로서의 '어떤 사실이나 경험 세계'와 표현으로서의 '전달' 방식을 함께 포함하여 서술한다. 우리 한국 문학의 갈래를 서정, 서사, 극, 교술 네 가지로 나눈 관점에 의하면, 교술 갈래는 '작품 외적 세계의 개입이 있는, 자아의 세계화'이다. '작품 외적 세계의 개입'은 교술 내용으로서의 사실이나 경험 세계라 할 수 있으며, '자아의 세계화'는 전달 방식의 속성과 대응된다 할 수 있겠다.[1] 여기서 교술 갈래는 서술 주체로서의 자아가 중심이 되는 특성이 있음을 알 수 있다. 이렇게 서술 주체로서의 자아가 중심이 되면서도, '자아화'가 아닌 '세계화'가 이루어지는 것이 교술 갈래라는 점을 이해해야 한다. 즉 교술에서는 자아가 작품 바깥에 실제로 존재하고 그 자아가 서술의 주체이면서 동시에 서술의 객체가 된다는 것이다.

교술 갈래에 속하는 하위 갈래로는 다음과 같은 종류들을 들 수 있다.

---

[1] 교술 갈래를 '작품 외적 세계의 개입이 있는, 자아의 세계화'로 규정하는 관점에 대해서는 조동일, 『한국문학의 갈래 이론』, 집문당, 1992를 참고할 것.

교술민요, 교술무가, 속담, 수수께끼, 사(辭), 부(賦), 가전(假傳), 몽유록(夢遊錄), 시화(詩話), 만록, 그 외 한문 일반, 경기체가, 가사, 창가, 수필, 서간, 기행, 일기, 비평

위에서 보듯이 교술 갈래에 속하는 문학 작품의 종류는 율문의 형태를 지닌 것에서부터 한문으로 기록된 양식들, 한글로 된 수필류 등 매우 폭넓은 범위에 걸쳐 있다. 이러한 교술 갈래의 폭넓은 분포는 교술 갈래의 정의에서 보이는 포괄성 때문이기도 하고, 서정, 서사, 극 등의 갈래에 포함되지 않는 다양한 문학의 종류가 교술 갈래에 해당하기 때문이라 할 수 있다.

바로 이러한 이유 때문에 교술 갈래의 경우, 여타의 갈래에 비해 그 성립 가능성에 많은 회의와 논쟁이 있어 왔다. 교술이 전통적인 갈래 구분법에는 없는 갈래라는 점, 서양의 갈래 논의에서 4분법에 포함되는 '수필'과 교술이 무엇이 다른 것인가는 아직까지도 주요한 쟁점이다. '교술' 갈래의 존립 필요성에 대한 답은 아마도 우리 한국문학에만 존재하는 특이한 하위 갈래, 예를 들어 경기체가, 가사 등과 관련될 것으로 보인다.

우리 한국 문학에 존재하는 여러 가지 부류의 문학 작품들, 위에서 보듯 경기체가, 가사, 창가, 수필 등을 아우를 수 있는 갈래 구분의 하나로 교술을 두는 것은 우리 문학사에서 매우 의미 있는 일이라 판단된다. 왜냐하면 우리 한국문학사의 전개를 보면, 구비문학의 시대가 있었는가 하면 한문학의 시대가 있었고, 국문 문학이 등장하고 발전한 시대가 있어서 서로 다른 향유 전통 속에 있는 문학 작품들을 공통의 갈래로 묶는 것에 어려움이 있기 때문이다. 이러한 상황에서 교술 갈래의 존재는, 문학 작품이면서도 기존의 갈래 구분법으로는 문학 범주에 속할 수 없었던 작품들을 문학으로 간주할 수 있는 가능성을 제공하는 의의를 지닌다.

2. 한국 교술 갈래의 특성

(1) 실제적인 인간 경험의 외적 표현

교술 갈래가 무엇인지 정의할 때 보았듯이, 교술 갈래의 중요한 특성은 서술 주체 혹은 경험 주체로서의 인간이 실제적으로 경험한 세계를 자아 바깥으로 표현하는 것이다. 그래서 교술 갈래의 가장 중요한 특성은 실제적으로 경험한 사실이나 객관적 사물 등을 바깥으로 드러내어 표현하는 것이라 할 수 있겠다. 여기서 '실제적 경험 사실'이나 '객관적 사물' 등은 표현의 내용이고 '드러내어 표현'한다는 것은 다른 사람들에게 전달하고자 하는 목적과 관련된다.

우리가 알고 있는 대표적인 교술 갈래의 문학 작품인 한문산문 중 「곡목설(曲木說)」을 바탕으로 그 특성을 생각해 보자. 「곡목설」은 장유가 쓴 산문으로 굽은 나무를 소재로 한 것이다. 이웃에 사는 '장생'이라는 자가 경험한 일을 바탕으로 하여 인간 세상의 이치에 대한 생각을 드러내고 있다. 주요 내용을 보면 다음과 같다.

이웃에 '장생'이라는 자가 살고 있었는데, 집을 지으려고 산에 가서 재목을 구하였다. 그런데 나무들이 구불구불하여 용도에 맞지 않았다. 그러다 곧은 재목을 발견하여 쓰려고 하였는데 그 또한 구부러져서 쓸 수 없는 나무였다. 이에 탄식하기를 재목이 될 나무는 고르기가 용이한데도, 그 쓸모없음을 알지 못하였으니 사람의 경우에야 말할 것도 없다 하였다. 나무는 성장과정상 곧게 자라야 마땅한데도 구부러져서 쓸모없이 되는 경우가 있으니 사람의 경우에는 더더욱 그러하다는 것이다. 그러면서 구부러진 나무는 목수가 쓰지 않는데, 사람은 곧지 못해도 쓰는 경우가 많다 하였다.

위에서 보듯이 장유는 곧은 나무를 찾으러 갔으나 구부러진 나무밖에 발견하지 못하여 한탄한 장생이라는 자의 경험을 통하여 인재를 등용하는 일에 대한 생각을 드러내고 있다. 다시 말해 장생의 경험을 바탕으로 하여 「곡목설」이라는 산문을 쓴 것이다. 이렇게 교술 갈래의 문학들은 실제적인 사람들의 경험을 다룬다는 특징이 있다. 그러면서 교술 갈래 작품들은 경험을 보여주면서, 자신의 생각을 드러냄으로써 알려준다는 특성을 갖고 있다. 보여주기만 하거나 알려주기만 하는 것이 아니라 보여주기와 알려주기가 혼합되는 특성이 있는 것이다.

(2) 형식적 요건의 포괄성

교술 갈래에 속하는 하위 양식에는 교술민요나 경기체가, 가사처럼 고전시가에 속하는 것이 있는가 하면 속담이나 수수께끼와 같은 구비문학에 속하는 것도 있고, '설', '기', '가전'과 같은 한문산문에 속하는 것 등 다양한 종류의 작품들이 있다. 또한 근현대 문학의 범위에서는 창가, 수필, 서간, 기행문, 일기, 비평 등이 있다. 이렇게 교술 갈래는 그 형식적 요건이 포괄적이어서 다양한 종류의 문학 작품들이 해당된다.

(3) 삶에 대한 인식과 성찰

교술 갈래는 근본적으로 삶에 대한 인식과 성찰을 바탕으로 한다. 교술 갈래에 해당하는 문학 작품들은 삶의 체험을 드러내어 표현한 것이라는 점에서 삶에 대한 인식과 함께 성찰적 성격을 필연적으로 갖게 된다. 수필이나 가사 작품들이 생활에서 얻는 느낌이나 생각을 드러내는 양상에서 이를 확인할 수 있다.

「곡목설(曲木說)」 역시 삶의 인식과 성찰을 잘 보여준다. 글의 바탕은 장생이라는 사람이 곧은 나무를 찾으면서 굽은 나무의 쓸모없음을 생각하게 된 체험이다. 그런데 이러한 장생의 경험 전달에 그치지 않고 작가는 삶의 문제로 인식하여 나무의 쓸모를 사람의 쓸모로 유추, 적용함으로써 우리 삶에 대한 성찰을 드러내고 있는 것이다. "이 세상에서 굽은 나무는 아무리 서투른 목수일지라도 가져다 쓰지 않는데, 정직하지 못한 사람은 잘 다스려지는 세상에서도 버림받지 않고 쓰인다."라고 서술한 부분에서 작자의 인식과 성찰을 볼 수 있다.

3. 한국 교술 갈래의 전통과 현재

우리나라 교술 갈래의 전통을 살피기 위해서는 각 하위 양식별 전개 양상을 정리하거나 시대별로 존재했던 교술 갈래의 작품들을 정리해야 할 것이다. 그런데 우리나라 교술 갈래의 하위 양식은 위에서 보았듯이 매우 다양하고 방대한 경향이 있다. 이에 여기서는 우리나라 문학사에서 대표적으로 들 수 있는 교술 갈래를 들어 정리하는 것으로 대신하고자 한다.

우리나라 교술 문학으로 가장 오래된 작품들은 민요나 속담, 수수께끼와 같은 구비문학에서 찾을 수 있다. 민요는 서정 갈래에 속하는 경우가 많으나, 대상의 속성을 풀어내어 제시하거나 사람들에게 깨우침을 주고자 하는 작품들은 교술 갈래에 포함시킬 수 있다. 교술 갈래에 해당하는 대표적인 민요로 <꽃노래>, <메밀노래>, <한글뒤풀이> 등을 들 수 있다.

또한 구비문학 작품들 중에 속담이나 수수께끼들은 교훈을 주고자 하는 내용들이 있어 이들 역시 교술 갈래에 포함시킬 수 있다. 속담이나 수수께끼는 짧지만 인생살이의 교훈과 삶의 진리를 깨우쳐 주는 내용들로 교술 갈래의 특성을 잘 드러낸다. 이렇게 우리 교술 갈래 문학 작품들 역시 인간의 생활이 시작되는 순간부터 존재해 온 전통을 갖고 있다고 할 수 있다.

그런데 교술 갈래 중에는 '경기체가'와 '가사'처럼 한시적으로 등장하였다가 소멸된 작품들도 있다. '경기체가'는 고려 중엽 즈음에 등장하여 조선 전기 즈음까지, '가사'는 고려 말에 등장하여 조선말까지 향유된 양식으로 보인다. '경기체가'는 노래의 형식을 갖고 있다는 점에서 시가 문학에 속하지만 교술성이 지배적인 특성이라는 점에서 교술 갈래로 볼 수 있다.

'경기체가'에 해당하는 작품으로 고려시대의 「한림별곡」, 「관동별곡」, 「죽계별곡」, 조선시대의 「상대별곡」, 「화산별곡」, 「불우헌곡」 등을 들 수 있다. '가사' 작품으로는 정극인의 「상춘곡」, 송순의 「면앙정가」, 정철의 「관동별곡」 등을 비롯하여 무수히 많은 작품들이 있고 역사적 전개에 따라 향유층이 다양화되며 확대되는 양상을 보인다. 이들 경기체가나 가사 작품들은 대상에 대한 나열적, 실사적 제시로 대상을 객관화하여 드러내며 생각이나 느낌을 드러낸다는 점에서 공통적이다. 경기체가나 가사나 자아의 생각이나 느낌을 이러한 방식으로 실제적으로 드러낸다는 점에서는 공통적이나 그 형식이 변별적이다.

교술 민요나 경기체가, 가사 등은 시가 문학의 전통과 함께 존재해 온 교술 갈래의 문학이다. 다른 한편으로 산문 문학의 전통으로 존재하는 교술 갈래 문학 작품들이 있다. 앞서 살펴본 속담이나 수수께끼가 문장이나 담화 단위 수준에 그치고 있다면, 본격적으로 산문의 형태로 보이는 교술 문학 작품들이 한문산문류들에 나타난다. 한문산문에는 전(傳), 설(說), 기(記), 록(錄) 등 한문산문에 포함되는 대부분의 양식들은 교술 갈래에 속한다. 전 양식은 인물의 일대기를 중심으로 하여 칭찬을 하거나 비판하는 평가의 글이고, 설 양식은 대개 일반적인 경험을 바탕으로 한 깨달음이나 교훈을 드러내는 글이며, 기 양식이나 록(錄) 양식은 있었던 일이나 자신이 경험한 일을 구체적이면서도 생생하게 기록하는 성격이 강한 글이다.

한문산문 작품들 중에서 수필의 원류로 꼽을 수 있는 삼국시대 작품으로 설총의 「화왕계」를 들 수 있다. 「화왕계」를 『동문선』에서는 '풍왕서'라 하였는데, 그 주요 내용은 신하가 화왕(모란)을 권계하는 것으로 실제 설총이 신문왕에게 이러한 이야기를 하여 깨우쳤다 한다. 인간 세상의 일을 꽃으로 비유하여 표현하였기에 우화적이라 할 수 있으며 임금을 깨우친 이야기이므로 교훈적이라 할 수 있다.

전(傳) 양식의 경우 주로 한문 문식성이 있는 남자 사대부들이 지은 것으로 인물에 대해 평가를 하는 부분에서 교술성이 나타난다. 우리나라 한문문학에서 전 양식의 시작은 『삼국사기』「열전」에서 찾을 수 있다. 대표적으로 「김유신전」을 들 수 있다. 열전에서 비롯된 전 양식은 이후 가전체, 탁전, 가전(家傳) 등으로 발전했다.

한문으로 기록된 수필들은 고려시대에 이르러 문집의 형태로 발간된다. 김부식의 『삼국사기』과 같은 역사서 외에도 박인량의 『수이전』, 이인로의 『파한집』, 최자의 『보한집』 등 문집이 활발하게 간행되고, 이러한 문집 속에 다양한 종류의 수필들이 게재되었다.

이들 한문산문류들은 한글 사용의 확대와 함께 수필 양식으로 발전하였다고 할 수 있다. 훈민정음 창제 이후 문자 생활을 하는 계층이 부녀자층 등으로 확대되면서 한글 수필이 활발하게 창작된다. 근대 이전의 한글 수필들은 서발의 성격의 지닌 것, 교훈적인 것, 제문 성격의 것, 개인의 일생을 다룬 것, 우의적 성격을 지닌 것, 일기 형식의 것, 기행문의 성격을 지닌 것, 서간체의 형식의 것 등 매우 다양하게 나타난다.

특히 근현대에 들면서 본격적인 수필 문학이 자리 잡게 되며, 수필 양식 자체로 한문산문류의 하위 양식들처럼 다양한 하위 갈래들로 분화 발전하는데, 이들은 대개 자기 표현적 글의 성격을 지닌다. 근현대 수필의 효시로는 보통 유길준(1856~1914)의 『서유견문』을 드는데, 이 작품은 서구 여러 나라의 역사, 지리, 경제, 예술, 문화 등에 대한 견문을 주요 내용으로 하고 있다. 이후 최남선, 이광수, 김동인, 박종화, 변영로 등 다수의 작가들이 지은 수필이 속속 등장하게 된다.

이렇게 우리나라 문학의 전통 속에서 교술 갈래 문학 작품들은 매우 다양한 모습으로 존재하고 있음을 알 수 있다. 문자 사용의 유무나 한글인가 한문인가 등의 문자 체계의 차이에 따라 교술 갈래 하위 양식들은 다기화되었고, 표현과 수용의 목적에 따라 세분화되며 발전되었다고 할 수 있다. 이러한 교술 갈래는 문학교육의 측면에서 볼 때 학습자의 생산 활동과, 수용과정에서 학습자의 사고 발달과 관련지을 수 있다.

4. 교술 갈래 교육의 필요성

(1) 개인의 성장

교술 갈래는 본질적으로 인간의 경험을 드러내고, 그 과정에서 삶의 의미를 성찰하는 성격을 지닌다. 이는 교술 갈래 교육을 통해 학습자 개인의 인격적, 정신적 성장을 도울 수 있다는 문학교육적 효용과 관련지을 수 있다. 앞에서 장유의 「곡목설」의 내용과 표현을 통해 교술 갈래에서 어떻게 인간의 경험이 다루어질 수 있는지를 볼 수 있었다. 그리고 이러한 교술 문학 작품에서 인간의 삶에 대한 성찰이 이루어지는 방식을 볼 수 있었다. 작가적 관점에서 본다면 인간의 삶에 대한 성찰을 기반으로 하는 교술 문학 작품의 창작은 작가에게 성찰의 기회를 제공하고, 성찰의 결과를 글로 표현하는 과정을 거친다고 할 수 있다. 반대로 독자의 관점에서 본다면 독자는 삶에 대한 성찰이 담긴 교술 갈래 작품 읽기를 통해 독자는 삶에 대한 깊이 있는 성찰을 하고 성장하는 기회를 얻을 수 있다.

김소운의 수필 「가난한 날의 행복」에서도 지은이가 들었던 가난에 대한 이야기를 통해 그 경험에 대해 성찰함으로써 가난을 단지 아픔이나 슬픔이 아닌 행복으로 느끼는 과정이 잘 드러나 있다. 어쩌면 작가 김소운 자신이 이러한 글쓰기 과정을 통해 성장할 수 있었을지도 모르겠다. 그렇지만 그 사실 여부와 상관없이 이 수필을 읽고 배우는 과정에서 독자인 학습자는 가난의 경험이 단지 아픔에 머물지 않고 행복한 기억이 될 수 있음을 깨달을 수 있고, 결국 그러한 깨달음은 스스로 정신적, 인격적으로 성숙할 수 있는 계기가 될 수 있다.

이렇게 교술 갈래의 교육은 인간의 경험을 매개하는 문학을 통해 상상력을 기르고 정신적, 인격적으로 성장하는 데 도움을 준다. 이는 문학 작품이 가진 삶의 총체성과 관련된다고 할 수 있다. 교술 갈래 문학이 지닌 삶의 문제는 독자, 학습자의 삶과 연결이 되고, 교술 갈래 문학의 교육은 삶과의 관련성을 지닌다는 점에서 개인이 성장하는 데에 기여할 수 있는 것이다.

(2) 사고 표현 능력 신장

교술 갈래의 교육이 지닌 효용 중의 하나는 읽기뿐만 아니라 쓰기와 같은 표현 활동과 연계될 수 있다는 것이다. 교술 갈래는 그 영역이 다른 갈래에 비해 매우 넓다는 특징이 있다. 다른 갈래에 비해 교술 갈래의 하위 양식은 목적상, 형태상, 내용상으로 매우 다양한 것이다. 개인의 경험을 생생하게 전달하는 양식이 있는가 하면, 객관적 대상을 사실적으로 드러내는 양식도 있고, 다른 주체와의 상호작용을 주목적으로 하는 양식 등 교술 갈래에 속하는 양식들은 다양하다. 그리고 이러한 다양성은 교술 갈래 교육의 현장에서 학습자의 실제적인 쓰기 활동과 연계 가능성을 높인다. 그래서 교술 갈래는 사고를 표현하는 능력을 신장하는데 기여하게 된다.

특히 한문산문류에 속하는 양식이나 교훈을 목적으로 하는 근현대 수필 등의 양식에서 사고 표현 능력과의 관련성을 찾아 볼 수 있다. 다양한 한문산문 양식들에서 논, 설, 기 등에 해당하는 작품들은 글쓴이의 경험이나 사상을 논리적으로 전개하면서, 혹은 경험을 확대하여 적용하면서 사고 과정이나 사고 구조를 잘 드러내는 특성이 있다. 근현대 수필 작품들도 글쓴이의 경험을 바탕으로 깨달음이나 정서를 표현하고 있어 자신의 경험을 어떠한 사고 과정을 통해 드러낼 수 있는지 배울 수 있는 좋은 전범이 된다.

앞에서 살펴본 장유의 「곡목설」에서도 필자가 자신의 사고 과정을 드러내는 구조로 글을 구성하고 표현하였음을 알 수 있다. 「곡목설」에서는 유추적 사고의 과정을 표현하고 있음을 볼 수 있다. 다시 말해 곧은 재목을 찾다 굽은 나무만 발견하여 한탄하는 장생의 경험을 사람, 즉 인재를 쓰는 일에 적용하는 유추적 사고를 보이고 있는 것이다. 이러한 사고 표현 과정으로서의 글쓰기에 대한 모범적인 텍스트를 바탕으로 학습자는 자신의 사고 과정과 결과를 바탕으로 표현하는 경험을 가질 수 있다. 그리고 이러한 과정은 학습자의 사고 표현 능력을 신장하는 데 기여할 수 있을 것이다.

(3) 글쓰기를 통한 문화 동참

교술 갈래의 교육은 학습자들이 문학 작품을 읽고, 쓰는 활동을 통해 문학

문화에 쉽게 동참할 수 있는 길을 제공한다. 문학 문화의 고양과 동참을 위해서는 학습자가 주체적으로, 스스로 문학을 향유하는 것이 필요하다. 본질적인 측면에서 볼 때에나 문학의 역사적 전통을 통해서 볼 때에나 문학 향유는 자발적이고 적극적이며 즐거움을 누리는 것이다. 이러한 문학 향유의 적극성을 고려하여 보면, 교술 갈래 교육의 과정에서 이루어질 수 있는 학습자의 실제적인 쓰기 활동은 학습 주체의 문화 동참의 의미를 지닐 수 있다.

문학교육의 필요성과 의의에는 개인과 공동체의 문화적 역량 고양이 전제되어 있다. 그리고 교술 갈래를 읽고 쓰는 활동은 이러한 문화 주체로서의 성장과 문화 동참에 비교적 접근하기가 쉽다는 점에 더욱 큰 의의가 있다. 문화 동참에는 당대 문화의 형성과 발전에 참여한다는 의미도 있겠지만, 전대의 문화를 당대 문화로 계승하고, 미래 문화를 만들어나간다는 의미도 포함한다. 교술 갈래 교육을 통해 학습자가 문화 활동의 주체가 되도록 성장시키고, 과거, 현재, 미래의 문학 문화를 계승, 형성, 발전, 전수할 수 있는 능력을 함양할 수 있을 것이다.

5. 교술 갈래 교육의 역사와 변화

교술 갈래의 교육은 1차 교육과정기의 국어과 교육에서부터 이루어졌다. 1차 교육과정의 국민학교 국어과 항목에서 구성할 수 있는 국어과 단원의 예가 '생활을 위로 하는 단원의 예', '기능을 위주로 하는 단원의 예', '국어순화를 위주로 하는 단원의 예' 등으로 제시되고 있다. 여기서 두 번째의 '기능을 위주로 하는 단원의 예'를 간단히 예시하면 다음과 같다.

1. 동요 동시를 읽자
2. 동화 소설을 읽자
3. 희곡, 그림연극을 읽자
4. 역사 이야기를 읽자
5. 과학 이야기를 읽자
6. 아름다운 이야기를 읽자
7. 전기(傳記)를 읽자
8. 신문을 읽자
9. 잡지를 읽자
10. 참고서를 읽자
11. 빨리 읽는 법을 알아보자
12. 일기를 쓰자
13. 편지를 쓰자
14. 포스터어, 표어, 광고, 게시문 (揭示文)을 쓰자
15. 보고 발표의 원고를 쓰자
16. 감상문을 쓰자
17. 여러 가지 서식을 쓰자
18. 전보문을 쓰자
19. 회의록을 쓰자
20. 동요, 동시를 쓰자
21. 동화, 소설을 쓰자
22. 희곡, 그림연극을 쓰자
23. 논설문, 비평문을 쓰자
24. 메모 노오트를 효과 있게 쓰자
25. 문장의 중심 되는 점을 쓰자
26. 문장의 대강을 쓰자
27. 학급문고 도서관을 이용하자
28. 사진을 이용하자
29. 색인(索引)을 만들자
30. 신문을 만들자
31. 문집을 만들자
32. 그림연극을 꾸미자
33. 연극을 하자
34. 방송을 듣자
35. 마이크, 녹음기를 사용하여 보자
36. 속담, 전설을 모으자
37. 수수께끼를 모으자
38. 우스운 이야기를 모으자
39. 재미있는 말을 모으자
40. 격언 속담을 모으자

 앞에서 보듯이 4, 5, 6, 7, 12, 13, 16, 23 등의 단원에서는 교술 갈래의 작품을 다룰 가능성이 높아, 1차 국어과 교육과정기에서부터 교술 갈래 교육이 이루어졌다고 할 수 있다. 1차 중학교 국어과 교육과정에서도 교술 갈래의

언급을 확인할 수 있다. '3. 중학교 국어과의 지도 내용'의 지도 요소 '3. 언어 문화의 체험과 창조'에서 '(ㄱ) 문학 및 예술' 항목은 'a. 시가류, b. 소설류, c. 일기, 전기, 기록, d. 수필류, e. 논설류, f. 희곡 및 극 영화, g. 현대 문학(세계 문학), h. 고전 문학' 등으로 제시되고 있다. 여기서 'c. 일기, 전기, 기록'과 'd. 수필류', 'h. 고전 문학' 등에 해당하는 갈래로 교술 갈래를 들 수 있다. 이렇게 1차 국어과 교육과정에서부터 현행 교육과정에 이르기까지 교술 갈래 교육은 하위의 다양한 양식과 작품을 바탕으로 지속적으로 이루어져 왔다. 이러한 지속적인 교육의 가능성은 교술 갈래에 해당하는 문학 작품들이 매우 다양하고 풍부한 데에서도 찾을 수 있을 것이다.

실제로 6차 교육과정기의 중학교를 중심으로 국어 교과서에 실린 교술 갈래 작품들을 보면 다음과 같다. 수필로는 「현이의 연극(이정희)」, 「약손(박문하)」, 「제 잘못(윤석종)」, 「일회용 시대(황동규)」, 「짚신짝 하나(이규태)」, 「삶의 광택(이어령)」, 「아버지의 뒷모습(주쯔칭)」, 「올바른 판단(한승수)」, 「성공과 실패(김동길)」, 「아름다움에 대하여(법정)」, 「돌층계(유경환)」, 「나의 자화상(윤종성)」, 「가풍(김유현)」, 「수목송(김동리)」, 「외가 만들기(박연구)」, 「방망이 깎던 노인(윤오영)」, 「생활의 기쁨(이창배)」, 「메모광(이하윤)」, 「월등사죽루죽기(이인로)」, 「무궁화(유달영)」, 「설(전숙희)」 등이, 기행문으로는 「제주도 기행(계용묵)」, 「울릉도(서정범)」, 「따뜻한 석탑(최신해)」, 「홍도의 자연(최기철)」, 「석굴암(윤희순)」 등이 일기로는 「어머님께(심훈)」, 「나의 발견(학생)」, 「아들에게(김구)」, 「상무에게(김정희)」 등이 수록되었다.

고등학교 국어교과서에는 「슬견설(이규보)」과 「신록 예찬(이양하)」 등의 2개 작품만 있다. 대신 문학 교과서의 경우 8종 중 수필 문학 26편, 비평 문학이 3편이 수록되었다.

이렇게 볼 때 교과서에 게재된 교술 갈래 작품은 수필에 해당하는 작품이 많은 것으로 확인된다. 이는 그만큼 수필이 교술 갈래의 전형적이고 대표적인 하위 갈래라는 점을 말해준다.

6. 교술 갈래 교육의 내용

교술 갈래에 해당하는 문학 작품의 하위 양식이 매우 다양하기 때문에 어떤 양식에 속하는 어떤 문학 작품을 교육 자료로 삼는가에 따라 교육의 내용은 달라질 수 있다. 그렇지만 교술 갈래 교육의 내용을 문학교육의 일반적 구조에 따라 나누어 생각해 볼 수 있다.

11 개정 국어과 교육과정에 제시된 문학교육의 내용 체계는 실제, 지식, 수용과 생산, 태도 등으로 항목화되어 있고, 이전의 국어과 교육과정에서는 실제, 본질, 수용과 생산, 맥락으로 구조화되어 있어 대체적으로 문학 작품 텍스트와 이해와 표현 활동, 지식과 가치에 대한 것을 교육 내용으로 삼고 있음을 알 수 있다. 이에 여기서는 이해 측면, 표현 측면, 가치 측면으로 나누어 교술 갈래 교육의 내용을 살펴보고자 한다.

교육 내용에서 지식을 별도로 다루지 않은 것은 문학교육 내용에서 지식은 이해, 표현, 가치와 같은 태도와 모두 관련되는 성격을 갖고 있기 때문이다. 이해와 표현 활동을 위해서 지식이 전제되어야 하고, 문학에 대한 지식 자체가 중요하다기보다는 문학 향유와 관련될 때 그 의미가 있다는 점에서 그러하다.

(1) 이해 측면

이해 측면에서 교술 갈래 문학 작품의 교육 내용으로는 우선적으로 양식적 특성과 관련된 지식을 기반으로 한 수용 활동을 들 수 있다. 앞서도 보았듯이 교술 갈래에 해당하는 다양한 양식의 문학 작품 중에서도 설, 논, 기 등과 같은 한문산문류를 교육할 때에는 해당 문학 작품이 속한 양식의 특성에 대한 이해 과정이 필요하다. 이러한 양식적 특성은 양식의 본질과 관련된 것, 구조적인 것, 작자나 독자와 관련된 것 등을 들 수 있다.

예를 들어 「국순전」, 「공방전」과 같은 '가전(假傳)'에 해당하는 작품을 다룬다면 가전체 작품이 어떤 대상의 일대기를 다루는 양식적 특성을 갖고 있으며, 그 대상이 실재하는 인물이 아니라 의인화된 사물이라는 점, 이러한 일대기 양식이 원래는 역사의 열전에서 비롯되었다는 점 등을 양식적 특성과 관련되는 지식으로 다룰 수 있다. 이러한 교육 내용은 '다음 수필을 읽고, 이 작품에는 수필의 어떤 특성이 드러나 있는지 찾아보자.'와 같은 수업 활동으로 구현할 수 있다.

그리고 실제적으로 문학 작품을 읽고, 그 내용을 파악하고, 자신의 삶과 관련짓는 감상을 통해 문학 이해를 삶의 영역으로 확장해 가는 읽기 활동을 교육 내용으로 삼도록 해야 한다. 이 과정에서 지식으로 다루어진 내용이 문학 작품을 이해하는 바탕이 되어 이해 능력을 높이는 계기로 작용하게 된다. 가전문학 작품이라면 가전에 대한 지식을 바탕으로 하여 작품을 읽으면서, 해당 작품의 대상이 어떤 인물로 형상화되었으며, 그 일대기가 어떤 구조로 만들어졌는지를 다루게 될 것이다.

(2) 표현 측면

교술 갈래 문학 작품들은 그 양식적 특성상 삶에 대한 성찰을 표현하는 글쓰기나 허구적 이야기 창작의 바탕이 되는 자료로 활용할 수 있다. 다시 말해, 교술 갈래 문학 작품들은 다양한 글쓰기의 전범이 되는 자료가 될 수 있는 것이다. 그래서 표현 측면에서 교술 갈래 문학 작품을 다룰 때에 그 교육 내용은 문학 작품에 대한 이해를 심화하여 표현으로 연계하는 것일 수도 있고, 새로운 교술 갈래 문학 작품을 창작하는 것을 주요 활동으로 삼을 수도 있다.

예를 들어 어떤 수필 작품을 읽고 새롭게 생각하게 된 삶의 문제나 느낀 점 등을 새로운 수필 창작으로 연결시키는 활동을 교육 내용으로 상정할 수 있다. '다음 수필을 읽고, 깊이 공감하게 된 부분을 바탕으로 수필을 창작해 보자.'와 같은 활동이 그것이다. 혹은 새로운 수필 창작을 목표로 하여 쓰고 자 하는 수필의 소재, 주제, 구조 등에 대한 계획을 세워 실제적으로 새로운 수필 작품을 생산하도록 할 수 있다. 이러한 표현 측면에서의 교술 문학교육 내용은 다른 문학 작품을 바탕으로 한 교술 갈래 쓰기와 같은 통합 활동이 용이하다.

(3) 가치 측면

가치 측면에서의 교술 갈래 교육 내용은 앞서 살핀 이해 측면이나 표현 측 면과 동시에 관련될 수 있다. 왜냐하면 이해와 표현은 문학 작품과 관련된 활동의 성격을 지니는 데 비해, 가치 측면은 문학 작품이 다루고 있는 내용 과 관련되기 때문이다. 다른 문학 갈래에 비해 교술 갈래가 지니는 중요한 특성 중 하나가 삶의 교훈이나 가치 등을 뚜렷이 드러내는 것이다. 이는 교 술의 의미가 말해 주듯이 글쓴이의 생각이나 주장을 펼친 글이 교술 갈래이 기 때문이다.

교술 갈래의 교육에서 가치 측면은 주로 학습자 자신의 삶과 관련된다 할 수 있다. 기존의 문학교육에서 강조해 온 내면화나 자기화, 삶에의 적용을 통한 태도 변화, 문학교육이 지닌 생애 교육의 성격 등이 그것이다. 그래서 가치 측면에 해당하는 문학교육의 내용은 해당 문학 작품에 나타난 글쓴이 의 생각을 파악한 후, 이를 가치화하여 판단하고, 자신의 삶에 적용시켜 보 는 활동이 될 것이다. 가치 측면에서의 교술 갈래 교육은 문학 작품이 문학 작품을 읽는 독자의 삶과 별개의 것이 아니라 영향을 서로 주고받는 관계에 있음을 전제로 하는 것으로 문학의 효용과 가장 직접적으로 관련되는 것이라 할 수 있다. '글쓴이의 생각을 자신의 생활에 적용해 보고, 이에 대해 평가해 보자.'와 같은 활동이 있을 수 있다.

7. 교술 갈래 교육의 방법

교술 갈래 교육의 구체적인 방법은 매우 다양할 수 있다. 확대해서 말하자면, 국어과 교육에서 활용할 수 있는 일반적인 교수·학습 모형을 거의 모두 적용해 볼 수도 있을 듯하다. 이는 교술 갈래의 특성이 문학교육의 범위에 한정되기보다는 국어교육의 다른 영역의 자료로 활용될 수 있는 것이기 때문이기도 하다.

이 중에서 대표적으로 유사성 추론에 의한 화제형 구조를 활용한 글쓰기 모형을 들 수 있다.

자연 사물의 의미를 추상화하는 단계에서는 '학습자에게 자연 사물의 한 가지 현상이나 사건을 제시하여 의미를 추상화'하도록 한다. 그리고 그 의미는 '학습자가 스스로 찾도록' 하는 것이다. 인간 세상에서 유사한 대상을 유추하는 단계에서는 실제적으로 유추를 하는 단계이다. '서로 다른 두 대상 사이의 관계를 발견하는 사고'인 유추 과정에서 설득적 의미를 도출해 낼 수 있을 것이다. 사물과 유추 대상을 연결하는 단계에서는 '앞서 제시된 사건과 인간 세계에 유사한 대상이' 서로 유추적 관계를 이루고 있는지 대응시키도록 한다. 그리고 이 과정에서 단순한 대응이 아니라 의미적으로 대응이 이루어지도록 파악하게 한다. 주장을 드러내는 단계에서는 앞서 활동한 의미의 추상화, 유사한 대상의 유추, 사물과 유추 대상을 연결한 결과를 바탕으로 자신의 주장을 드러내도록 한다. 결국 이러한 과정은 이해의 결과를 설득적 성격을 지니는 교술 갈래의 글쓰기로 나아가도록 하는 것이라 할 수 있겠다.

8. 교술 갈래 교육의 평가

교술 갈래 교육의 결과 학습자의 학습목표 달성 여부 등을 위해 다양한 평가 도구를 활용할 수 있다. 서술형 평가와 같은 주관식 평가를 활용할 수도 있겠다. 그러나 현실적으로 서술이나 논술형 평가의 실제적인 수행은 학급 혹은 학교 단위 평가 범위 정도에 제한된다. 좀 더 일반적인 범위에서는 선다형과 같은 객관식 평가 도구가 주로 활용된다. 다음은 '2013년 고2 학업성취도 평가' 문항이다.

[24~25] 다음 글을 읽고 물음에 답하시오.

　'수오재(守吾齋)'는 큰형님이 자신의 집에다 붙인 이름이다. 나는 ㉠ 처음에 그 이름이 이상하다 여겼다. "나와 굳게 맺어져 있어 서로 떨어질 수 없는 것들 가운데 내 '자신[吾]'보다 더 절실한 것은 없으니 지키지 않더라도 어디로 가겠는가? 그 이름이 이상하구나."

　내가 장기 지방으로 귀양 온 뒤에 혼자 지내면서 생각해 보다가, 하루는 갑자기 이

의문점에 대해 해답을 얻게 되었다. 나는 벌떡 일어나 이렇게 스스로 말하였다.

"천하 만물 가운데 지킬 것은 하나도 없지만, 오직 내 자신만은 지켜야 한다. 내 밭을 지고 달아날 자가 있는가? 밭은 지킬 필요가 없다. (중략) 천하에 내 자신보다 더 잃어버리기 쉬운 것은 없다. 어찌 ⓒ 실과 끈으로 매고 빗장과 자물쇠로 잠가서 내 자신을 굳게 지켜야 하지 않으리오."

나는 내 자신을 잘못 간직했다가 잃어버렸던 자다. 어렸을 때에 과거(科擧)가 좋게 보여서 십 년 동안이나 과거 공부에 빠져 들었다. 그러다가 마침내 처지가 바뀌어 ⓒ 조정에 나아가 검은 사모관대에 비단 도포를 입고 십이 년 동안이나 미친 듯이 대낮에 커다란 길을 뛰어다녔다. 그러다가 또 처지가 바뀌어 한강을 건너고 새재를 넘어 ⓔ 친척과 선영을 버리고 곧바로 아득한 바닷가의 대나무 숲에 달려와서야 멈추게 되었다. 이때 내 자신도 땀이 흐르고 두려워서 숨도 쉬지 못하면서, 나의 발뒤꿈치를 따라 이곳까지 함께 오게 되었다. 나는 내 자신에게 물었다.

"너는 무엇 때문에 여기까지 왔느냐? 여우나 도깨비에 홀려서 끌려왔느냐? 아니면 해신(海神)이 불러왔느냐? 네 가정과 고향이 모두 초천에 있는데, 왜 그 본향으로 돌아가지 않느냐?"

그러나 내 자신은 멍하니 움직이지 않으며 돌아갈 줄을 몰랐다. 그 얼굴빛을 보니 마치 얽매인 곳에 있어서 돌아가고 싶어도 돌아가지 못하는 것 같았다. 그래서 결국 내 자신을 붙잡아 이곳에 머물렀다. 이때 둘째 형님 좌랑공도 당신 자신을 잃고 그것을 좇아 남해 지방으로 왔는데, 역시 자신을 붙잡아서 그곳에 머물렀다.

오직 나의 큰형님만이 자신을 잃지 않고 편안히 단정하게 수오재에 앉아 계시니, 본디부터 지키는 것이 있어서 자신을 잃지 않았기 때문이 아니겠는가? 이것이 바로 큰형님이 그 거실에 '수오재'라고 이름 붙인 까닭일 것이다. 큰형님은 언제나 "아버님께서 내게 태현(太玄)이라고 자(字)를 지어 주셔서 나는 오로지 나의 태현을 지키려고 했다네. 그래서 내 집에다가 그렇게 이름을 붙인 거지."라고 하지만, ⓜ 이는 둘러대는 말씀이다. 맹자가 "무엇을 지키는 것이 큰가? 몸을 지키는 것이 가장 크다."라고 하였으니, 이 말씀이 진실하다.

— 정약용, 「수오재기(守吾齋記)」

24. ㉠~㉤을 통해 알 수 있는 내용으로 적절하지 않은 것은?

① ㉠ : 글쓴이는 처음에 '수오재'의 참뜻을 이해하지 못했다.

② ㉡ : 글쓴이의 실제 행동이 아니라 마음가짐을 드러내고 있다.

③ ⓒ : 글쓴이는 관직에 나가서 열심히 일을 했다.
④ ⓔ : 글쓴이는 고향을 떠나 유배를 당한 상황이다.
⑤ ⓜ : 글쓴이는 큰형님에 대한 실망감을 표출하고 있다.

25. 윗글의 핵심 내용을 바탕으로 '현대인의 바람직한 삶의 자세'라는 제목의 글을 쓰려고 한다. 주제문으로 가장 적절한 것은?

① 견문을 넓히기 위해 많은 경험을 해야 한다.
② 풍요로운 삶을 위해 실용적인 경제 활동을 해야 한다.
③ 자신을 끊임없이 변화시켜 경쟁력을 높이도록 해야 한다.
④ 남과의 친밀한 관계를 위해 자신만의 좋은 이미지를 계발해야 한다.
⑤ 변화하는 현실에 흔들리지 말고 자기 성찰을 통해 자신의 본 모습을 지켜야 한다.

　　24번 평가 문항에서는 학습자가 해당 교술 갈래 작품을 이해하는 능력을 평가하고자, 지문에 제시된 특정 부분을 통해 의미를 추론한 결과를 묻고 있다. 25번 평가 문항에서는 글쓰기 상황을 가정하고 실제로 글을 쓸 때의 적절한 주제문 도출을 묻고 있다. 그런데 25번 평가 문항을 설계한 의도가 학습자의 표현 능력을 평가하는 데 있다면 평가 도구 선정에 대해 재고할 필요가 있다. 이 문항은 학습자의 표현 능력을 평가하기 위해 실제적인 쓰기 과정을 제공하거나 쓴 글의 자료를 활용하는 것이 아니라 선다형으로 주어진 선택지 중 하나를 고르게 하여 실질적으로는 이해 능력 평가 문항이 되어 버린 문제가 있다. 물론 학업성취도 평가라는 현실적 제약이 따르는 평가 상황의 문제이기도 하지만 의도한 평가 목표를 달성하기 위해서는 평가 도구를 수정할 필요가 있다 하겠다.

✅ (　　　)에 알맞은 말을 써 넣으면서 주요 개념을 정리합니다.

1　교술 갈래를 문학교육에서 활용할 때 좋은 점은 학습자의 삶과 보다 직접적
　　으로 관련되는 작품으로 실제적인 (　　　　　) 활동까지 나아갈 수 있다는
　　것이다.

2　문학 갈래로서의 '교술'에는 다른 갈래에 비해 다양한 양식의 작품들이 포함
　　되는 특성이 있다. 교술민요, 교술무가, (　　　　　), 수수께끼, 사(辭), 부(賦),
　　한문일반, 가전(假傳), 몽유록(夢遊錄), 시화(詩話), 만록, 경기체가, 가사, 창
　　가, 수필, 서간, 기행, 일기, 비평 등 교술 갈래에 해당하는 작품들이 매우
　　다양하다.

3　'교술'은 '(　　　　　　)의 개입이 있는, 자아의 세계화'가 이루어지는 갈래
　　이다.

✅ 지시에 따라 서술하면서 교술 갈래 교육의 효용을 이해합니다.

1　개인의 성장 관점에서 교술 갈래 교육의 필요성을 서술하시오.

2 교술 갈래를 문학교육의 자료로 활용할 때 사고 표현 능력 신장에 기여할 수
   있는 이유를 서술하시오.

3 한국 문학 전통의 관점에서 교술 갈래 교육의 의의를 서술하시오.

✅ 지시에 따라 주요 개념을 적용하면서 실천적 능력을 기릅니다.

1 문학 교과서에 실린 교술 갈래 작품 하나를 찾아 활동을 정리하고, 학습 목
   표 달성의 관점에서 적절성을 평가해 보시오.

2 기행 가사 한 편을 선정하여 글을 읽고 자신의 경험을 바탕으로 새로운 글쓰기로 나아가는 수업에 필요한 교수·학습 내용과 방법을 제시하시오.

3 설총의 「화왕계」를 자료로 하여 당대의 문학 문화를 이해하는 수업을 하고자 할 때 필요한 교수·학습 활동을 제시하시오.

문학사와 문학교육

제8장

고전시가문학사 교육

고전시가는 상고시대부터 조선시대까지 우리말로 만들어지고 향유되었던 시가 작품들을 일컫는 말이다. 그리고 고전시가문학사란 이러한 고전시가 작품들이 형성한 역사를 의미한다. 한국의 고전시가문학사는 오랜 시간동안 우리 선조들의 삶으로부터 탄생한 수많은 작품들이 다양한 갈래를 이루며 다채롭게 전개된 결과로서 우리의 정체성을 확인하고, 문학에 대한 안목을 형성하게 해 주는 소중한 자원이다.

그동안 꾸준히 축적된 연구를 통해 고전시가문학사의 실체가 상당한 수준으로 밝혀지고 있는 만큼 이제 문학교육에서도 우리의 고전시가문학사를 다양한 방식으로 폭넓게 활용하여 문학교육의 수준을 높이는 방안을 고민할 때가 되었다. 고전시가문학사의 실체를 정확히 확인하고, 문학교육에서 고전시가문학사가 활용된 방식을 비판적으로 점검하면서, 고전시가문학사를 통해 문학교육의 내용을 풍부하게 하는 방안을 모색해 보자.

1. 문학사 교육과 고전시가문학

문학사 연구는 문학이라는 범주 안에서의 지속과 변이, 그리고 창조를 일관성 있게 설명하는 것을 중요한 과제로 삼는다. 이러한 과제를 해결하기 위해 문학사의 연구 과정에서는 문학이란 무엇이고, 변화하는 삶의 조건들에 상응하여 문학이 어떤 역할을 해 왔는가를 지속적으로 묻고 답하며, 그 탐구의 결과를 지식의 형태로 제공하게 된다. 탐구의 결과가 지식의 형태로 기술되기는 하나 그 이면의 탐구 과정을 함께 볼 수 없다면 기술된 지식을 제대로 이해하기 어려운 것이 문학사의 속성이다.

문학의 생활화라는 문학교육의 목표에 비추어 볼 때 문학사의 이와 같은 속성은 학습자들이 문학이란 무엇인가를 총체적으로 이해하게 하고, 문학에 대한 깊이 있는 안목을 갖추도록 하는 데 요긴하게 활용될 수 있다. 문학사 연구가 지향하는바 역시 문학에 대한 총체적 이해이기 때문이다. 문학사적 지식이 자칫 학자들의 전유물인 것처럼 보일 수 있음에도 불구하고 전통적으로 문학교육에서 문학사적 지식을 중요한 교육 내용으로 삼아 왔던 것은 문학사를 이해하는 것과 학습자들의 문학에 대한 이해와 안목을 성장시키는 것 사이의 이와 같은 유의미한 상관관계에서 비롯되었다고 할 수 있다.[1]

고전시가문학사가 문학사의 일부이며, 또한 문학사교육의 구체적인 내용이라는 점에서 고전시가문학사에 대한 문학교육적 논의 역시 문학교육의 목표에 부합하는 문학사교육의 방향을 염두에 두고 진행되는 것이 당연한 일이다. 고전시가문학사가 교육 내용이 되는 경우, 고전시가문학사의 객관적인 사실들을 정확히 확인하는 것이 기본적인 전제가 되어야 하겠으나, 이에 그칠 것이 아니라 우리의 고전시가가 지속적으로 그려내었던 것이 무엇이며,

---

1) 노진한, 「문학사의 문학교육적 의의 연구」, 『국어교육』 97, 한국국어교육연구회, 1998, 53면.

삶의 조건이 변화함에 따라 어떤 변화와 창조가 이루어졌는가를 통시적으로 조망하도록 하는 데 초점을 두어 문학사적 안목의 함양과 관련을 맺을 수 있도록 해야 할 것이다. 이에 이 장에서는 문학에 대한 이해와 안목을 향상시키는 것을 문학사교육의 목표로 전제하고, 이러한 목표에 기여할 수 있는 고전시가문학사의 지속과 변이, 그리고 창조의 과정을 정리하면서 고전시가문학사의 문제적 맥락들을 짚어보고, 향후 문학교육이 해결해야 할 과제를 생각해 보고자 한다.

이제까지의 국문학사 연구가 보여주었듯이 고전시가문학의 역사적 전개 과정은 다양한 방식으로 서술이 가능할 것이나 여기에서는 고전시가문학사에서 명멸했던 여러 갈래들을 열거해 가며 이들의 특성을 설명하는 방식을 취하였다. 즉 상고시가, 향가, 고려가요, 악장, 시조, 가사, 잡가 등 고전시가문학사에서 뚜렷한 자취를 남긴 갈래들에 대해 그 개념과 향유 방식 및 전개 과정 등을 소개하였다. 제한된 지면 안에서 고전시가문학사의 전개 과정을 비교적 효과적으로 요약할 수 있는 방안이라 생각하였기 때문이다. 또한 필요에 따라 작품을 구체적으로 언급하기도 하였으나 가능한 한 개별 작품에 대한 언급은 최소화하고, 그 대신 각 갈래들의 전개 과정에서 학습자들이 흥미롭게 탐구해 볼만한 주제들이 돋보이도록 노력하였다는 점도 아울러 밝혀두고자 한다.

2. 갈래를 통해 본 고전시가문학사의 전개

(1) 상고시가

상고시가는 우리나라의 시가 중 통일신라시대 이전의 작품들을 일컫는 용어이다. 다시 말해 상고시가란 우리의 고전시가 중 가장 오래된 시기의 것들을 편의상 통칭하기 위해 고안된 개념으로, 삼국시대와 그 이전의 시가 작품들 중에서 향가를 제외한 것들이 이에 속하게 된다. 이런 점에서 상고시가는 이에 속하는 작품들이 공통적으로 가지고 있는 형식적, 또는 내용적 특성을 엄밀하게 논할 수 있는 문학의 갈래라 하기는 어렵다. 갈래 고유의 양식이나 미학을 고려한 개념이 아니라 한국시가의 원형적 모습을 찾아내기 위한 필요에 의해 설정된 개념이기 때문이다. 비슷한 용어로 상대시가, 고대시가 등이 사용되기도 하는데, 어떤 용어를 선택하는가에 따라 약간의 시기적인 차이가 있으나 향가를 포함하지 않는다는 점에서는 공통적이다.[2]

삼국시대와 그 이전의 시가 작품들을 통칭한다는 점에서 상고시가에 속하는 작품들의 범위는 대단히 넓지만, 우리가 실제로 확인할 수 있는 작품의 수효는 극히 미미하다. 여러 문헌을 두루 상고하더라도 삼국시대에 향유되었던 시가 작품은 대개 그 제목 정도만을 간신히 알 수 있기 때문이다. 현재 상고시가에 속하는 작품으로 우리가 그 내용까지 구체적으로 확인할 수 있는 것은 「공무도하가」, 「구지가」, 「황조가」 세 편뿐이다. 이들은 비록 한역된 모습으로 전해지고 있지만, 우리말로 불렸음이 분명하고, 관련된 배경설화가 함께 전하고 있어 한국고전시가의 초기 모습을 확인하는 데 매우 중요한 작품들이다. 그러나 이들 작품들을 분석하는 데 필요한 구체적인 관련 자료가 부족하고, 각각의 작품이 갖는 성격이 서로 달라 개별 작품에 따라 민

---

2) 김학성·권두환 편, 『신편 고전시가론』, 새문사, 2002, 48면 참조.

속학, 신화학, 역사학, 인류학, 종교학 등 다양한 접근 방식이 시도되었다. 작품의 수효가 많지 않은 대신 각각의 작품이 우리 고전시가문학사의 시원으로서 지닌 상징성이 적지 않으므로 세 편의 특성을 간략히 소개해 보면 다음과 같다.

세 작품 중 가장 이른 시기의 것으로 보이는 「공무도하가」는 중국 진나라 시기 최표가 지었다고 하는 『고금주(古今注)』를 비롯한 중국의 몇몇 문헌에 소개되어 있는 것으로 배경 이야기의 신비로운 분위기 덕에 많은 관심을 끌고 있는 작품이다. 조선의 진졸 '곽리자고'가 새벽에 어느 부부의 죽음을 목격하게 되었는데, 남편이 물에 빠져 죽는 것을 말리지 못한 아내가 이 노래를 부른 뒤 남편을 따라 물에 빠져 세상을 버렸다는 것이 목격한 사건의 실체이다. 곽리자고가 집에 돌아와 그 사연과 노래를 아내에게 들려주자 아내가 공후를 타며 이 노래를 다시 불렀다고 하며, 이 때문에 이 작품을 「공후인(箜篌引)」이라고 부르기도 한다. 남편의 외양이 머리를 풀어헤치고, 호리병을 차고 있었다는 점에서 서양의 주신(酒神) 디오니소스를, 남편의 죽음에 노래를 불렀다고 하는 아내의 모습이 디오니소스와 함께 다니며 음악에 능했던 님프를 연상시킨다는 이유에서 이들 부부를 신화적인 존재로 해석하려는 시도가 이루어졌다.3) 그러나 호리병을 도강(渡江)의 수단으로 보고, 남편을 생계를 위해 무모하게 도강을 시도하다 죽은 이로 보아 이 작품이 어리석음이 낳은 비극과 교훈을 담고 있는 작품이라는 해석이 제기되기도 하였다.4)

「구지가」는 『삼국유사』의 '가락국기'에 수로왕의 탄생과 관련하여 함께 소개되고 있는 작품이다. 어느 날 마을 북쪽의 구지봉에서 수상한 소리가 들려 사람들이 모여들었는데 하늘에서 누군가 말하기를, 나라를 세우기 위해 내려갈 것이니, '거북아 거북아 머리를 내 놓아라. 머리를 내어 놓지 않으면

---

3) 정병욱, 『(증보판) 한국고전시가론』, 신구문화사, 1993, 61면.
4) 김영수, 「공무도하가 신해석」, 『한국시가연구』 3, 한국시가학회, 1998.

구워서 먹으리라'라는 노래를 하며 춤을 추면 새로운 임금을 맞이할 것이라 하였다고 한다. 예로부터 신령스러운 동물로 알려진 거북을 불러들이고, 머리를 내어 놓으라 명령하되, 위협적인 언사를 구사하고 있다는 점은 이 노래가 지닌 주술적인 성격을 보여주는 것이라 할 수 있다. 또한 노래의 형식이 단순하고, 함께 하는 동작을 요구하고 있다는 점에서 노동요로서의 성격도 가지고 있음을 알 수 있다.

「황조가」는 『삼국사기』 '고구려 본기'의 유리왕 조에 수록되어 있는 작품이다. 짝을 잃은 자신의 모습을 이와 대비되는 꾀꼬리의 모습과 함께 드러내어 슬픔의 정서를 드러내고 있는 서정적인 작품이다. 그러나 유리왕에 대한 역사적인 기록을 고려할 때 이렇듯 개인 서정시로서만 이해하는 것에 문제가 있는 것도 사실이다. 현재 전하는 기록으로는 유리왕이 화희(禾姬)와 치희(雉姬)라는 두 아내를 맞이하여 갈등을 겪었다는 『삼국사기』의 설명을 역사적 사실로서 의심 없이 받아들이기 어렵기 때문이다. 이런 이유로 이 작품의 배경에는 계절의 순환을 노래하며 풍요를 기원하는 의식성이 자리 잡고 있다는 설명이 제시된 바 있다.[5]

이제까지 살펴 본 대로 이들 세 편의 상고시가는 당시의 의식과 생활 모습, 세계관 등을 고려하여 다양하게 해석할 수 있는 매우 흥미로운 작품들이며, 이들 작품에 대한 연구는 우리가 과거의 삶을 이해하는 데 중요한 디딤돌을 마련해 줄 수 있다. 문학에 대한 이해로 범위를 좁힌다 해도 이들 작품은 서정의 표출이라는 시가 고유의 역할을 보여주는 한편, 주술성과 의식성이라는 시가의 또 다른 성격을 품고 있어 우리 시가에 대한 이해를 높이는 데 매우 요긴한 역할을 할 수 있다. 따라서 상고시가는 단지 우리 시가 문학

---

5) 허남춘, 「황조가 신고찰」, 『한국시가연구』 5, 한국시가학회, 1999.

사의 맨 앞자리를 비워 둘 수 없어 어쩔 수 없이 언급하게 되는 대상이라기보다는 문학과 언어, 시가와 삶의 관계를 이해하기 위해 적극적으로 탐구되어야 하는 소중한 자료라고 보아야 한다.

(2) 향가

향가는 신라시대 등장하여 최소한 고려 전기까지 향유되었던 우리 고유의 시가 양식을 일컫는 말이다. 널리 알려져 있듯이, 한자의 음과 뜻을 활용한 향찰(鄕札)이라는 독특한 표기법을 사용하여 기록되었다는 점이 현전하는 고전시가의 다른 갈래에서는 찾아보기 어려운 향가만의 특징이다. 그렇다고 하여 향가가 향찰을 표기 수단으로 한 창작을 전제로 한 갈래라고 보는 것은 적절하지 않다. 향가 중에는 민요처럼 구비 전승되던 것이 후에 향찰을 통해 기록된 것으로 보이는 작품들이 발견되기 때문이다.

'향가(鄕歌)'라는 명칭은 향가가 수록된 문헌인 『삼국유사』의 기록에 등장하는 것으로 전대의 상고시가라는 명칭처럼 후대의 연구자들에 의해 새롭게 만들어진 것은 아니다. 예컨대 『삼국유사』의 '진성왕' 조에는 왕이 각간 위홍과 대구화상에게 명하여 향가를 수집하여 『삼대목(三代目)』이라는 책을 편찬하게 하였다는 기록이 있고, 같은 책의 '월명사 도솔가' 조를 보면 신라인 중에 향가를 숭상하는 이가 많았다라고 하는 기록도 있다. 우리가 지금 쓰고 있는 향가라는 갈래의 이름은 이를 근거로 하는 것이며, '향(鄕)'이라는 한자의 전통적 쓰임을 고려할 때 중국의 것이 아닌 '우리 고유의 노래'라는 의미를 담고 있는 것으로 생각할 수 있다. 또한 『삼국유사』에는 향가를 지칭하는 또 다른 명칭으로 '사뇌가(詞腦歌)'라는 것이 등장하고

향찰·이두·구결
훈민정음이 창제되기 이전 우리의 기록 수단은 한자를 직간접적으로 활용할 수밖에 없었으며, 이에 발달한 기록 방식으로 향찰과 이두, 그리고 구결이 있다. 향찰은 한자의 음과 뜻을 활용하여 문장 전체를 기록하는 방식을, 이두는 보통 한문 해독의 보조 수단으로 한자의 어순을 우리식으로 바꾸고 토를 붙이는 방식을 말한다. 구결은 한문 원전을 읽을 때, 편의를 위하여 한문의 단어나 구절 사이에 삽입하였던 우리말을 한자로 표기한 것이다.

있는데, 이 용어는 향가 전체보다는 향가 중에서 특정한 작품들만을 지칭하는 것으로 보아야 한다는 견해가 지속적으로 제기되었다.[6]

진성왕의 명에 의해 위홍과 대구화상이 『삼대목』이라는 이름의 향가집을 편찬했던 것으로 보아 신라 시대 향가 작품이 적지 않았음을 알 수 있으나 현재까지 확실한 기록이 남아 전하는 것은 『삼국유사』에 수록된 14수와 『균여전』에 수록된 「보현시원가」 11수에 불과하다. 『삼국유사』에는 7세기를 전후한 시기의 「서동요」, 「혜성가」를 시작으로 하여 9세기의 「처용가」에 이르기까지 신라 전반에 걸쳐 창작된 작품들이 전하고 있으며, 가장 많은 작품이 기록된 것은 8세기 성덕왕에서 원성왕까지의 시기이다. 이 시기의 작품으로는 「헌화가」, 「원가」, 「도솔가」, 「제망매가」, 「안민가」, 「찬기파랑가」, 「도천수대비가」, 「우적가」 등이 있다. 균여대사가 고려 광종 시기에 왕성한 활동을 보였다고 알려진 것을 근거로 할 때 『균여전』에 수록된 「보현시원가」는 일단 고려의 건국 이후에 지어진 것이라 볼 수 있다. 여기에 더해 아직 진위가 논란 중인 『화랑세기』에 미실이라는 여인이 지었다고 하는 「풍랑가」가 기록되어 있기도 하다.[7]

이렇듯 현재까지 전해지는 작품의 수효가 많지 않음에도 이들이 보여주는 다양한 모습을 통해 향가의 실체와 시가사적 의의에 대한 논의가 체계적으로 축적되고 있다. 먼저 형식에 대한 논의를 보면, 향가는 크게 작품의 길이에 따라 네 줄로 이루어진 것, 여덟 줄로 이루어진 것, 그리고 열 줄로 이루어진 것으로 나누어 볼 수 있다. 이들을 각각 4구체, 8구체, 10구체라고 부르

---

6) 조동일 외, 『한국문학강의』, 길벗, 1994, 183면.
7) 향가 작품들의 제목은 문헌에 기록되어 있는 경우와 후대의 학자들에 의해 작명된 것으로 나누어 볼 수 있다. 예컨대 『삼국유사』 소재 작품 중 작품명이 소개된 것은 「안민가」, 「찬기파랑가」, 「도솔가」, 「혜성가」, 「풍요」, 「헌화가」 등 여섯 개이고, 나머지 작품들은 작품의 내용 또는 표현에 착안하여 후대에 붙여진 것이다. 이임수, 『한국시가문학사』, 보고사, 2014, 73면 참조.

기도 하는데, 길이가 길어질수록 작품으로서의 완성도가 더욱 높은 양상을 보이고 있다. 이런 이유로 열 줄 형식의 향가가 가장 세련된 형태의 향가라고 보는 것이 일반적이다. 다만 4구체, 8구체에서 10구체에 이르는 과정을 단선적일 발전 과정으로 이해하기보다는 민요적인 성격이 강한 것과 개인 서정시적인 성격이 강한, 서로 다른 양식으로 볼 필요가 있다는 점도 놓치지 말아야 한다.

내용적 측면에서 작품과 함께 전해지는 배경 이야기들이 작품의 해석에 깊게 관여한다는 점은 향가가 지닌 또 하나의 중요한 특성이다. 『삼국유사』에 수록된 향가 작품들은 모두 이들 작품이 탄생한 배경을 함께 소개하고 있는데, 관점에 따라서는 오히려 이들 작품이 배경이 되는 이야기나 인물의 사실성을 돋보이게 하기 위한 증거 자료로 쓰인 것이라 말할 수도 있다. 예컨대 월명사의 「제망매가」는 월명사라는 기이한 인물을 소개하는 중에 삽입된 작품이다. 월명사는 일찍이 피리를 잘 불어 하늘의 달조차 그의 피리 소리에 가는 길을 멈추었다는 이야기가 전해진다고 하고 있어, 월명사(月明師)라는 이름 역시 이러한 이야기에 기인한 것으로 생각할 수 있다. 그는 경덕왕 때에 하늘에 해가 둘이 나타나는 변고를 '도솔가'를 지어 해결하는 능력을 보이기도 했다고 하는데, 이 같은 점들로 미루어 보아 그가 예사로운 스님이 아니었음을 알 수 있다. 「제망매가」는 그가 세상을 떠난 누이를 위해 재를 올리며 극락으로의 천도를 기원하기 위해 지었다는 이야기와 함께 소개되고 있다.

이렇듯 향가 작품들은 배경 이야기와 연결 지어 생각할 때 노래를 통한 소원의 성취와 긴밀히 연결된다는 점을 알 수 있고, 이런 이유에서 향가의 향유에 주술적 언어관이 개입되어 있음을 알 수 있다. 일연이 『삼국유사』에서 향가가 능히 천지귀신을 감동시키는 일이 종종 있었다고 한 것도 이와 연결하여 생각해 볼 수 있는 흥미로운 진술이다.[8]

그러나 향가의 성격을 이렇듯 일률적으로 재단하는 것은 현전하는 작품들의 면면을 고려할 때 경계해야 할 일이기도 하다. 현전하는 향가 작품들에는 역사적 기록이 분명한 승려나 귀족들이 지은 서정성이 높은 작품들은 물론 누구인지 정체를 잘 알 수 없는 이들에 의한 민요적 성격이 강한 작품들이 함께 있으며, 「처용가」처럼 명백히 무가적인 성격을 가진 것도 있기 때문이다. 따라서 향가는 민요나 무가와 같은 전형적인 구비문학과 이로부터 분화되어 발전한 개인적 서정시 양식이 혼재하고 있는 갈래라 할 수 있다. 개인 창작이 분명한 10구체 향가들을 다른 작품들과 구분하여 '사뇌가'라는 명칭을 사용하여야 한다는 의견이 학계에 제시되어 있는 것도 이와 같은 점 때문이다.

이처럼 향가가 시가 갈래의 분화 과정을 보여준다는 평가는 작품들이 지닌 내용상의 다양성만을 말하는 것이 아니라 시가의 형태적인 측면까지 함께 아우르는 것이다. 특히 10구체 향가의 경우 대체로 3단의 구성을 지니고 있고, 감탄사로 추정되는 어휘를 작품의 후반에 즐겨 사용하고 있어 이후 비슷한 구조를 지닌 고려가요의 일부 작품이나 시조에 미친 영향을 짐작해 볼 수 있다. 요컨대 향가는 단순한 민요적 형태를 띠고 있는 것에서부터 시가로서의 형태적 완성도가 높은 것까지 두루 담고 있는 까닭에 한국의 시가 문학이 형태적으로나 내용적으로 어떻게 전개되어 왔는지를 구체적으로 짐작해 볼 수 있는 매우 중요한 갈래이다. 그러나 향가는 12세기 고려 예종에 의해 창작된 '도이장가'에서 다시 그 흔적을 보여준 이후로는 시가 문학사의 표면

---

8) 향가가 천지와 귀신을 감동시키는 일(感動天地鬼神)이 종종 있었다고 하는 표현은 앞서 언급한 '월명사 도솔가' 조에 등장하는 것으로 그동안 향가의 주술적인 성격을 이해하는 중요한 단서로 활용되었다. 그러나 이와 비슷한 표현인 '천지를 움직이고, 귀신을 감응시킨다(動天地感鬼神)'이 이미 동양의 고전인 『시경』에 등장하고 있어 이를 시의 효용에 대한 보편적인 생각이 반영된 것으로 보는 입장도 있다. 이와 관련하여 학계에 제시되었던 견해들에 대해서는 다음의 논문에 통시적으로 소개되어 있다. 송지언, 「'감동천지귀신'의 의미와 「제망매가」의 감동」, 『국어교육』 139, 한국어교육학회, 2012.

에서는 자취를 감춘 것으로 보인다.9)

(3) 고려가요

신라시대 전반과 고려 전기까지 창작되었던 향가가 더 이상 새로운 작품을 보이지 못하며 고전시가문학사에서 사라지고 난 뒤, 향가를 대체한 우리말 시가의 구체적 모습은 쉽게 확인되지 않는다. 전시대에 비해 전반적으로 향상된 한문학의 수준으로 인해 문화의 상층에서 우리말 시가의 위축이 있었던 것이 그 원인의 하나라 짐작해 볼 수 있으나 보통의 민중들 사이에서조차 우리말 시가의 향유가 갑자기 사라졌다고 볼 수는 없기 때문에 기록의 제한을 아쉬워할 수밖에 없다. 우리말을 온전히 기록할 수 있는 한글과 같은 표기 수단을 갖추지 못했기에 당시의 양상이 구체적으로 기록될 수 없었다는 것이 이 시기 우리말 시가가 전해지지 않는 더 큰 원인이 되었다고 볼 수 있다.

이러한 사정으로 지금으로서는 향가 이후 고려시대에 향유된 우리말 시가의 모습은 몇몇의 개인 문집과 고려 시대에 대한 조선 시대의 기록을 통해 그 대강의 모습을 확인할 수밖에 없고, 그 구체적인 작품들을 속요와 경기체가로 나누어 볼 수 있다. 속요와 경기체가를 묶어 다시 고려가요라 부르는 것이 일반적이다. 고려가요는 말 그대로 고려시대의 우리말 운문 양식을 포괄적으로 지칭하는 것으로 보통의 문학 갈래처럼 내용적, 형식적 특성이 분명한 것은 아니다. 향가 이후 고려시대의 우리말 시가의 흐름을 속요와 경기

---

9) 「도이장가」는 고려 예종이 1120년 팔관회에 참석했다가 고려의 건국 공신인 김락과 신숭겸을 기려 지었다고 하는 창작 배경이 『고려사』에 기록되어 있는 작품이다. 표기 수단이 향찰이라는 점에서 향가로 보아야 한다는 입장과 시기적으로 이전까지 알려진 향가 작품과 멀리 떨어져 있다는 점에서 고려가요에 귀속시켜야 한다는 입장이 모두 제기되어 있다. 김기탁, 「「도이장가」에 대하여」, 『한민족어문학』 9, 한민족어문학회, 1982, 23면.

체가로 나누어 살펴보면 다음과 같다.

① 속요

속요(俗謠)는 그 의미 상 민속가요를 의미하는 것으로, 현재 확인할 수 있는 고려가요 중 경기체가를 제외한 나머지 시가 작품들을 두루 지칭하는 데 사용되는 용어이다. 현재 확인할 수 있는 고려가요는 앞서 언급한 것처럼 고려 시대나 조선 시대의 악부체 한시나 한역가의 형태로 기록된 작품들, 『고려사』의 '악지'에 작품의 제목과 관련 내용이 전하는 작품들, 그리고 『악학궤범』, 『시용향악보』, 『악장가사』 등 여러 악서에 작품의 전체나 일부가 수록된 작품들이 있다. 이 중 조선시대에 집필된 『고려사』와 악서들에 기록된 작품들은 모두 궁중의 연희에서 사용된 것들이기 때문에 속요는 그 이름에 담긴 뜻과 달리 궁중음악으로서의 성격도 가지고 있다. 『고려사』를 보면 고려 시대의 음악을 아악과 당악, 그리고 속악으로 구분하고, 속악을 다시 신라, 백제, 고구려 때의 것과 고려 시대의 것으로 나누어 차례로 소개하고 있는데, 이를 근거로 하자면 『고려사』 악지에 소개된 고려가요 작품들은 궁중음악인 속악의 가사라고 해야 정확한 표현이 된다.

■ 궁중음악
임금이 거처하는 궁중을 중심으로 향유되던 공식적인 음악을 말한다. 제례나 연향, 조회, 군례 등 궁중의 다양한 행사에 사용되던 음악으로 우리 고유의 것과 중국으로부터 유입된 것이 함께 쓰였다.

이런 점들을 고려하여 학계에서는 민요나 무가, 또는 불교의 노래 등 민속가요를 궁중에서 사용되는 속악의 가사로 바꾸어 사용하는 과정에서 형성된 고려시대 이후의 우리말 서정시가로 속요의 개념을 정의하는 것이 통설이었다. 그러나 개인 창작이 분명한 정서의 「정과정」이 있고, 「쌍화점」이나 「이상곡」과 같이 개인 창작의 가능성이 높게 제기되는 작품들이 있어 민속적인 성격만을 지나치게 강조하는 것에는 무리가 있다. 이렇듯 속요가 그 범위나 개념상 다양한 요소들의 종합으로 구성되어 있기에 속요를 이해하는 데에는 현재 확인할 수 있는 속요의 다양한 측면들을 심도 있게 고려할 필요가 있다.

먼저 속요의 실제 향유와 관련하여 궁중악적 성격을 이해하는 것이 필요하다. 앞서 언급했듯이 현전하는 속요는 전하는 문헌으로 보아 기본적으로 궁중음악으로 활용된 것들이다. 예컨대 속요의 대표적인 작품인 「동동」의 연행을 소개한 『고려사』 '악지' 속악 부분의 다음과 같은 기록을 보면 그 구체적인 모습을 쉽게 이해할 수 있다.

기녀 2명이 먼저 나와 북쪽을 향해 좌우로 나뉘어 서서 손을 여미고 발을 구르고 절하며 숙이고 엎드렸다 일어나 꿇어 앉아 아박을 받들고 동동사의 기구(起句)를 창(唱)하면(혹은 아박을 잡지 않기도 한다.) 여러 기녀들이 그에 따라서 화창하고 향악으로 그 곡을 연주한다. 두 기녀는 꿇어 앉아 아박을 허리띠 사이에 꽂고 음악의 1강이 끝날 때를 기다려 일어서고 음악의 2강이 끝나면 손을 여미며 춤을 춘다.

위의 설명에서 확인할 수 있듯 「동동」은 노래와 춤, 연주가 어우러진 종합예술로서 왕실의 행사에 소용된 속악이었다. 앞서 언급했듯이 『고려사』는 당시의 궁중악을 아악과 당악, 그리고 속악으로 나누어 소개하고 있는 바, 속악은 중국으로부터 전해진 당악에 대응하는 우리 고유의 궁중음악을 의미하는 것으로 실질적으로는 향악과 동일한 의미를 갖는다. 이런 점에서 속요 작품의 내용을 이해하는 데에는 궁중악의 가장 중요한 청자가 다름 아닌 임금이었다는 점을 고려해야 할 것이다.

이와 함께 현전하는 속요들이 공통적으로 보이고 있는 주제적 특성도 주목할 만한 요소이다. 속요의 특징으로 널리 언급되는 것은 이들 작품 중 상당수가 남녀의 사랑을 모티브로 하고 있다는 점이다. 속요의 대표작으로 언급되는 「가시리」나 「서경별곡」은 물론 「동동」, 「이상곡」, 「만전춘별사」 등 여러 속요 작품들에는 이루어지지 못한 사랑에 대한 괴로움을 노래하는 여성화자가 등장한다.[10] 그리고 이는 현재 우리가 속요에 대해 지니고 있는 인상을 좌우하는 중요한 요소가 되며, 오늘날 속요를 인간의 성정을 진솔하게 표현한 빼어난 갈래로 평가하게 되는 근거가 된다. 이때 속요의 가장 중요한 청자가 다름 아닌 임금이었다는 점을 고려한다면 작품에 나타난 남녀의 관계가 유교적 관점에서의 군신 관계와 모종의 유비성을 가지고 확장적으로 수용되었다는 가정이 가능한 부분이기도 하다.

그러나 이러한 주제적 특질은 오늘날 그 모습을 구체적으로 확인할 수 있는 작품들을 대상으로 한 것으로 고려시대 향유되었던 속요 전체에 일관되게 나타나는 특질이라고까지 하기는 어렵다. 『고려사』의 악지에 제목과 간략한 내용이 소개된 여러 작품들은 사랑이라는 주제보다는 충이나 효와 같은 유교적인 이념과 더욱 긴밀히 연결된 것이 많다는 점이 그 증거가 된다. 또한 우리가 알고 있는 속요의 대부분이 조선의 시각에 의해 걸러진 작품들이고, 이 과정에서 조선 건국의 주역들이 어떤 기준을 가지고 작품을 선별했는가의 문제를 도외시할 수도 없는 형편이기 때문에 속요의 주제적 특성을 쉽게 재단하기는 어려운 일이다. 현전하는 속요의 이러한 특징에 주목하여 오늘날 확인할 수 있는 속요들이 전 왕조인 고려의 흔적이 잘 보이지 않는 작품들로서 선별된 것이라는 의견[11]에 주목하게 되는 이유도 바로 여기에 있다.

끝으로 속요가 비단 고려 시대에만 향유되었던 것이 아니라 조선 시대에까지 지속적으로 연행되었다는 점에서 속요의 전승과정에 나타난 비판적 담론 역시 고려의 대상으로 삼아 그 작품 세계에 대한 이해를 심화할 필요가 있다. 주지하다시피 속요는 조선 초기 유학자들에게 비판의 대상이 되었다. '음사(淫詞)', '남녀상열지사(男女相悅之詞)' 등의 평을 들어야 했으며, 작품의 일부는 유학자들에 의해 그 내용이 바뀌기도 하였다.[12] 물론 현전하는 속요에

---

10) 최미정, 『고려속요의 전승 연구』, 계명대학교출판부, 1999, 57면.
11) 최미정, 위의 책, 100~102면.

남녀의 정을 노래하는 경향이 있었다고 하나, 오늘날의 기준으로 볼 때 이들 작품을 두고 음란하다거나 남녀가 서로 '즐거워하는' 내용을 담고 있다는 이들의 비판은 쉽게 이해하기가 어렵다. 그러나 이들이 지니고 있었던 예악관과 시가에 대한 관점을 고려한다면 그 비판의 맥락을 어느 정도는 짐작해 볼 수 있다. 공자가 『시경』을 두고 '애이불상(哀而不傷)'를 강조했던 것처럼 유교적 관점에서는 정제되지 않은 감정을 바람직하지 않게 보았던 것을 알 수 있는 바, 음사나 남녀상열지사 등의 표현은 이들 작품이 인간의 정을 노래하되 그것이 정돈되지 못한 감정을 그대로 노출하고 있다는 것으로 해석해 볼 수 있다. 이렇게 볼 때 역설적이게도 속요는 인간의 성정을 있는 그대로, 진솔하게 노출하고 있다는 점에서 유학자들의 비판을 받았으나 오히려 오늘날 바로 그 점에서 가치를 인정받고 있는 것이라 할 수 있다.

② 경기체가

경기체가는 고려 고종 때 한림(翰林)의 여러 선비들이 공동으로 창작한 것으로 알려진 「한림별곡」을 필두로 하여 조선 전기에 다수의 작품이 창작되었던 국문시가 갈래이다. 그러나 우리말로 된 작품들을 그 제목과 내용만을 간략하게 소개한 『고려사』 악지에도 「한림별곡」만은 작품의 거의 대부분이 수록될 수 있었을 정도로 한자의 사용이 많았던 갈래이기도 하다. 지금까지 알려진 작품은 26편 가량인데, 그 중 고려시대의 것이 「한림별곡」, 「관동별곡」, 「죽계별곡」 등 세 편이고, 나머지는 모두 조선 시대의 작품이다. 현재

---

12) 속요에 대한 조선시대 유학자들의 비판은 『조선왕조실록』의 기록을 통해 확인할 수 있다. 조선 전기 중종 때에 이르기까지 예악의 정비 과정에서 속요에 대해 논하는 과정에서 일부 작품들에 대해 '비리지사(鄙俚之詞)', '남녀상열지사(男女相悅之詞)', '음사(淫詞)', '불가지어(佛家之語)' 등의 부정적인 용어들로 비판하는 장면이 나타나고 있어 속요에 대한 당시 유학자들의 부정적인 인식을 알 수 있다. 조윤미, 「고려가요의 수용양상—조선조 정치·문화상황과의 관련을 중심으로」, 이화여자대학교 석사학위논문, 1987, 3장 참조.

알려진 것으로 가장 후대의 작품은 19세기 민규의 「충효가」이다. 이로 미루어 경기체가라는 갈래는 고려 후기에 시작되어 조선 전기까지 사대부들 사이에서 향유의 대상이 되었으며 비록 흐름이 약화되기는 하였으나 조선 후기까지 명맥이 이어졌다고 할 수 있다.

일반적으로 경기체가의 가장 큰 특징으로 언급되는 것은 형식의 완고성이다. 경기체가라는 명칭 역시 작품의 특정 부분에 공통적인 표현, 즉 '위 ○○ 景경 긔 엇더ᄒ니잇고'라는 표현이 등장한다는 데서 비롯되었다. 대개 사물이나 사실을 열거하는 것으로 구성되는 전대절과 정형화된 표현을 통해 시상을 집약하는 후소절로 이루어진 완고한 형식 속에서 사대부들이 추구하는 이상적인 세계가 표현되던 것이 전형적인 경기체가의 모습이라 할 수 있다.[13] 그러나 이러한 전형적인 작품들과 달리 조선 초기 몇몇 승려들에 의해 불교의 교리가 경기체가의 형식을 통해 노래되기도 하였다.

경기체가는 비록 고전시가문학사에서 많은 주목을 받는 갈래는 아니지만 고전시가의 발전 과정을 이해하는 데 중요한 자료가 되는 갈래이다. 앞에서 설명하였듯이 경기체가는 시조나 가사와 마찬가지로 고려 후기에 발생하여 조선 시대 전반에 걸쳐 향유되었던 국문시가의 한 갈래이다. 그러나 시조나 가사가 조선 전기를 지나며 수준 높은 작품을 배출하며 향유층을 넓혀 갔던 것과 달리 경기체가는 이들 갈래에 비해 이렇다 할 성장을 보이지 못하였고 뛰어난 문학성을 보여주는 작품을 보여주지 못한 채 문학사의 수면 아래로 가라앉고 말았다. 심지어 이황은 「도산십이곡」의 발문에서 당시 사대부들 사이에서 불리던 「한림별곡」에 대해서 '긍호방탕(矜豪放蕩)하여 족히 즐길 것

---

13) 경기체가의 형식적 특성이 가장 잘 드러나는 것 중의 하나가 바로 '전대절'과 '후소절'이 서로 분명히 구별된다는 점인데, 대체로 전대절에서는 규범적인 경물들의 열거가 나타나고, 후소절에서는 개인 혹은 집단의 정서가 드러난다. 최재남은 경기체가 작품들의 역사적 변화 양상이 특히 후소절에 담긴 정서가 집단적인 것에서 개인적인 것으로 변화하는 데에서 잘 드러난다고 분석한 바 있다. 최재남, 「경기체가 장르론의 현실적 과제」, 『한국시가연구』 2, 한국시가학회, 1997.

이 되지 못한다'는 평가지도 내린 바 있다.

이렇듯 경기체가가 시조나 가사와 비슷한 시기에 동일한 집단에 의해 발생하였으면서도 시조나 가사와 사뭇 다른 길을 걸었던 이유는 무엇일까? 아마도 그 이유는 무엇보다도 갈래에 내재된 폐쇄적인 성격에서 비롯된 일이라 볼 수 있을 것이다. 앞서 언급한 것처럼 경기체가는 시조나 가사에 비해 완고한 형식적 제한을 가지고 있었고, 이러한 형식에 담기는 내용 역시 외적인 대상에 대한 찬양과 감탄에 국한되어 향유자들의 정서를 곡진하게 드러내는 데 어려울 수밖에 없는 갈래였다는 것이 현재 학계의 지배적인 평가이다.[14] 결과적으로 경기체가는 권호문의 「독락팔곡」과 같이 초기의 형식이 산만해지는 작품들이 나타나면서 시가사의 전개 과정에서 도태되는 길을 걷게 된 것으로 보인다.

(4) 악장

악장은 국가적 차원의 제사나 연회에 사용되는 노랫말이나 음악적 양식을 지칭하는 용어이다. 오늘날에 비해 교화적 목적에서 음악적 효용에 대한 인식이 각별했던 근대 이전의 예악관에 비추어 볼 때 악장은 일찍이 고대국가에서부터 중세 시대의 왕조에 이르기까지 지속적으로 만들어지고 향유되었을 것으로 짐작할 수 있다. 우리나라의 경우에는 기록의 한계상 삼한 시대 이전의 악장의 모습을 직접적으로 확인하기는 어려우나 신라 유리왕대에 지어졌다고 하는 「도솔가」를 그 예로 가정해 볼 수 있고, 『삼국사기』에 수록된 예악에 대한 기록이나 『고려사』의 '악지' 부분을 통해 궁중에서 사용된 악장의 모습을 비교적 구체적으로 살펴 볼 수 있다.

---

14) 김흥규, 『한국문학의 이해』, 민음사, 1986, 117면.

그러나 한국문학사의 서술에서 악장이라는 갈래 명칭은 앞서 설명한 바와 같은 넓은 의미에서만 사용되는 것이 아니라 조선시대 초기, 주로 건국의 위업을 찬양하고, 왕조의 번영을 기원하는 내용으로 궁중의 여러 행사에 쓰였던 양식을 지칭할 때 사용되기도 하는데, 현재 문학교과서의 문학사 부분에 소개되는 악장이라는 갈래는 이렇듯 좁은 의미에서의 악장을 뜻하는 경우가 대부분이다.

조선 초기에 창작된 악장으로 널리 알려진 것은 「납씨가」, 「정동방곡」, 「신도가」, 「용비어천가」, 「월인천강지곡」 등이 있다. 그런데 이들 작품들은 길이는 물론 형식적으로도 매우 다양하고, 이러한 형식들 가운데 갈래의 공통점으로 제시할 만한 것을 쉽게 발견할 수 없어 하나의 갈래로 보는 것 자체가 쉽지 않기도 하다. 그러나 이들 작품 모두 왕조의 찬양과 송축이라는 악장 본연의 기능에 충실한 내용이 담겨 있는 것으로 "동양적 예악 사상과 조선조 건국이라는 특수한 상황이 결부되어 이루어진"15) 우리 고전시가문학 사상 하나의 의미 있는 갈래로 설정하는 것이 가능하다는 것이 학계의 공통된 의견이다.

이렇듯 좁은 의미에서의 악장의 성격을 이해하는 데에는 조선 시대 대표적인 작품인 「용비어천가」의 창작을 전후한 기록들이 적지 않은 도움이 된다. 다음은 권제, 정인지, 안지 등이 '용비어천가'의 완성에 기해 임금께 올린 것으로 악장의 창작이 이루어진 맥락과 목적을 짐작해 볼 수 있는 자료이다.

> 어진 덕을 세상에 널리 베푸시고 큰 복조를 성하게 여시매, 공(功)을 찬술(撰述)하고 사실을 기록하여 가장(歌章)에 폄이 마땅하오니 이에 거친 글을 편찬하와 예감(睿鑑)에 상달하옵니다. (중략)

---

15) 조규익, 「선초악장의 국문학적 위상」, 국어국문학회 편, 『고려가요·악장 연구』, 태학사, 1997, 492면.

목조(穆祖)의 처음 터전을 마련하실 때로부터 태종의 잠저(潛邸) 시대에 이르기까지 무릇 모든 사적(事跡)의 기이하고 거룩함을 빠짐없이 찾아 모으고, 또 왕업(王業)의 어려움을 널리 베풀고 자세히 갖추었으며, 옛 일을 증거로 하고 노래는 우리말을 쓰며, 인해 시(詩)를 지어 그 말을 풀이하였습니다. 천지를 그림하고 일월을 본뜨오니 비록 그 형용을 다하지 못하였사오나, 금석(金石)에 새기고 관현(管絃)에 입히면 빛나는 공을 조금 드날림이 있을 것이옵니다.[16]

앞에서 언급하였듯이 좁은 의미에서의 악장은 조선 초기, 15세기에 주로 만들어진 것들을 의미하며 그 정점에 있는 작품이 바로 「용비어천가」이다. 윗글을 보면 「용비어천가」의 창작 목적이 왕조 창업의 의의를 드러내고, 왕가의 존엄성을 드러내어 개국의 정당성을 분명히 하고 장차 왕조의 수성에 지침이 되도록 하려는 목표가 나타나 있다.

그런데 여기에서 한 가지 생각해 볼 수 있는 것은 왕조를 예찬하는 목적의 악장이 건국 초기에만 집중적으로 이루어진 이유가 무엇인가 하는 점이다. 다시 말해 악장의 창작이 건국 초기에 국한되며 창작이 후대에 이어지지 않는 것에 대해 다소 의아하게 생각할 수 있다. 그러나 악장이라는 갈래의 특성을 고려할 때 악장의 창작이 후대에 이어지지 않는 것은 오히려 자연스러운 것으로 볼 수도 있을 것 같다. 즉 왕조의 창업을 찬양하는 노래이며, 국가적 의례에 사용되는 가악이라는 악장의 성격을 고려할 때, 악장의 창작, 특히 '용비어천가'와 같이 개국과 관련된 모든 사항이 집대성된 악장의 창작은 곧 새로 건국된 나라의 기초가 충분히 마련되었음을 의미한다. 이런 이유로 굳이 후대에 건국 초기의 악장을 바꾸거나 새로 만들 필요는 상대적으로 적었으리라 추정할 수 있을 것이다.

---

16) 『세종실록』, 108권. 세종 27년(1445년) 4월 5일 3번째 기사.
   원문 자료는 http://sillok.history.go.kr 참조.

(5) 시조

시조는 주지하다시피 우리 고전시가문학사의 가장 대표적인 갈래이다. 현전하는 작품의 수나 문학성, 광범위한 향유층 등 여러 측면에서 시조는 시가와 산문을 모두 포괄하여 평가를 해 보더라도 국문학사의 대표적 갈래라 할 수 있다. 또한 시조는 지금까지도 창작이 이어지고 있는 현대의 문학이기도 하다. 이렇듯 시조가 고전시가문학사에서 차지하는 위상이 각별한 만큼 문학교육에서 시조가 차지하는 위상 역시 다른 고전시가 갈래에 비해 두드러지는 양상을 보이고 있어 다른 갈래에 비해 우선적으로 주목할 만한 가치가 있는 것이 사실이다.

시조의 특성은 무엇보다 그 형식적 우수성에서 찾을 수 있다. 각각 4음보로 이루어진 세 개의 장이 긴밀하게 연결되며 간결한 형식과 절제되고 함축적인 언어를 통해 개인적 서정과 이념적 지향을 우아하게 표현하고 있다는 점은 다른 갈래에서 찾아보기 어려운 시조만의 독특한 모습이다. 가곡창이나 시조창에 얹어 부르던 가사로서 조선 후기 등장하는 여러 가집들에 풍부한 작품들이 수록되어 있으나 굳이 음악적 특성과 연결시키지 않더라도 완성도 높은 문학적 형상성을 보이고 있는 갈래라 할 수 있다.

지금까지 연구된 바에 따르면 작품과 작가의 측면에서 비교적 신뢰성 있는 시조가 비교적 분명한 갈래적 특성을 보이며 문학사에 등장한 것은 고려 후기이다. 그러나 시조가 문학사적으로 분명한 특성을 보이며 존재감을 드러내었던 것은 조선 전기에 이르러서이다. 이 시기 사대부들의 활발한 창작과 향유가 이루어지면서 강호가도의 전통이 시조를 통해 구체화되었기 때문이다. 강호가도라는 개념은 시조 연구의 초기에 조윤제[17]에 의해 제안된 개념으로 사대부들이 자연 속에서의 삶을 성찰적, 예찬적으로 드러내는 경향을

---

17) 조윤제, 『조선시가사강』, 동광당서점, 1937.

지칭하기 위한 것이다. 유교의 가르침에 따라 조선의 사대부들은 경세치민(經世治民)과 자기수양을 중요한 과제로 삼고 있었고, 혼탁한 현실과 강호에서의 도학자적인 삶 사이의 갈등과 고민을 시조를 통해 드러내었던 것으로 짐작할 수 있다. 다음에 소개하는 맹사성의 「강호사시가」는 사대부로서의 고민과 지향이 그대로 드러난 조선 전기 강호가도의 전형적인 작품이다.

江湖에 봄이 드니 미친 興이 절로 난다
濁醪溪邊에 錦鱗魚 안주로라
이 몸이 閒暇히옴도 亦君恩이샷다

江湖에 녀름이 드니 草堂에 일이 업다
有信흔 江波는 보내느니 ㅂ람이다
이 몸이 서눌히옴도 亦君恩이샷다

— 맹사성, 「강호사시가」

모두 4연으로 이루어진 이 작품에서 맹사성은 자연 속에서의 소탈한 삶의 모습을 구체적으로 드러내면서도 임금과 나라에 대한 걱정을 담아내는 조화로운 태도를 보이고 있다. 종장에 반복되는 '역군은이샷다'에 담긴 진심이 무엇인지를 정확히 짐작하기는 쉽지 않은 일이나 강호에서의 한가한 삶과 군은에 보답하는 삶 사이의 갈등을 조화시키고자 하는 지향을 확인할 수 있다. 이 작품 이후 이황의 「도산십이곡」, 권호문의 「한거십팔곡」, 윤선도의 「어부사시사」 등이 이어지며 강호가도는 국문학사에 뚜렷한 자취를 남기게 된다.

물론 시조의 작품 세계가 강호가도에 국한된 것은 아니었다. 사대부들이 유교적 이념의 실천으로서 백성의 교화를 중요시했던 만큼 주세붕의 「오륜가」, 정철의 「훈민가」처럼 유교적 교훈을 전파하려는 교술적 목적을 지닌 작품들이 등장하였고, 사대부들의 유흥 문화에 조력자로서의 역할을 하였던 기녀들이 자신들의 서정을 곡진하게 표현해 낸 작품들도 지속적으로 창작되었다.

시조의 출발이 신흥사대부의 출현과 조선의 개국 전후라는 역사적 배경과 함께 했던 것처럼 이후 시조 역시 역사의 흐름에 따라 다양하게 변화되었다. 특히 임진왜란과 병자호란에 의한 사회의 변화는 시조의 내용과 형식 양 측면에서 적지 않은 변화를 유발한 것으로 보인다. 무엇보다 향유층이 이전보다 확장되었고, 이에 따라 작품에 담긴 체험과 의식 역시 이전의 사대부 시조에서 찾아보기 어려운 것들이 등장하게 되었다. 조선 전기 사대부의 전유물이었던 시조는 17세기를 지나며 평민층에까지 그 향유층이 확장되었으며 중인 가객들에 의해 가집 편찬이 활발해지기도 하였다. 김천택의 『청구영언』, 김수장의 『가곡원류』, 박효관과 안민영에 의한 『해동가요』 등이 조선 시대 대표적인 시조 가집으로 널리 알려져 있으며, 이들 외에도 수십 종의 가집이 지속적으로 편찬되었다.

이러한 조선 후기 시조사의 큰 변화를 가장 분명히 확인할 수 있는 것은 무엇보다 사설시조의 팽창이다. 사설시조는 작품의 일부가 평시조에 비해 길어진 형태의 작품들을 지칭하는 것으로 평시조에 비해 그 내용에 사회에 대한 풍자나 노골적인 성적 담론을 포함하고 있는 작품들이 있어 일찍부터 많은 연구자들의 주목을 받은 바 있다. 물론 사설시조의 대부분이 평시조와 전혀 다른 내용을 담고 있거나 평시조의 우아미와 달리 골계적인 성격만을 가지고 있는 것은 아니다. 비록 상투적이고 관습적이기는 하나 자연 속에서의 삶을 예찬하는 내용이나 교훈적인 내용을 담은 작품들이 사설시조에서 역시 적지 않은 분량을 차지하고 있으며, 문학성에 있어서도 평시조 못지않은 높

은 경지를 보여주는 작품도 있다. 예컨대 다음의 사설시조는 일상의 평온한
모습을 담백한 어조와 평범한 어휘로 드러낸 것으로 사설시조 가운데 평시
조 못지않은 예술성을 획득한 것이 있음을 보여주는 작품이다.

谷口啞 우는 소릐의 낫잠 찌여 니러 보니
져근 아들 글 니루고 며느아기 뵈 짜는 듸 어린 孫子는 못노리 혼다
맛쵸아 지어미 술 거르며 맛보라고 흐더라

— 오경화

　그러나 형식이 달라졌다는 것은 곧 새로운 형식을 필요로 할 만큼의 정신
적 변화가 있음을 의미한다는 문학 일반의 공리를 고려할 때 사설시조의 등
장을 견인한 세계관의 변화를 주목하지 않을 수 없다. 다시 말해 사설시조의
등장은 조선 전기의 견고한 도학적 세계관에 균열이 생겼음을 말해주는 증거
가 되기도 한다. 다음의 두 작품을 비교해 보면 평시조와 사설시조가 서로 다
른 형식 속에서 무엇을 드러내고자 하였는지를 쉽게 확인할 수 있을 것이다.

내 버디 몇치나 흐니 水石과 松竹이라
東山의 둘 오르니 긔 더옥 반갑고야
두어라 이 다숫 밧긔 쏘 더흐야 무엇흐리

— 윤선도, 「오우가」

불 아니 쩌일지라도 절노 익는 솟과
녀무쥭 아니 먹어도 크고 술져 흔 건는 물과 길슘흐는 女妓妾과 술 심는 酒煎
子와 양 보로 낫는 감은 암쇼 두고
平生의 이 다숫 가져시면 부를 거시 이시랴

— 작자 미상

두 작품 모두 다섯 가지의 사물을 들어 지향하는 삶을 드러내고 있으나 언급되는 사물들의 성격은 완전히 다른 방향성을 보여주고 있다. 윤선도의 「오우가」가 정신적 가치를 상징하는 자연물들을 활용하고 있다면 '불 아니 쩌일지라도'에서는 일상생활과 관련된 소재들을 등장시키고, 이를 통해 물질적인 풍요를 지향하는, 전혀 다른 삶의 모습을 구체적으로 드러내고 있다. 이런 점에서 사설시조는 기존 평시조의 전통을 새롭게 재해석한 창조적인 갈래라 이해할 수 있다.

시조의 역사에서 또 한 가지 주목할 만한 것은 시조가 일제강점기를 거치며 민족 문화의 정화로서 주목받았다는 사실이다. 일제강점기 시조부흥운동이 전개되었던 것은 시조를 민족문화의 중심에 놓음으로써 시조를 통해 민족의 정체성을 이어가려 했던 시도로 이해할 수 있다. 초기 국문학 연구에서 역시 민족 문학의 정화로서 시조의 위상이 부각되었던 것도 이러한 당시의 인식이 반영된 것으로 볼 수 있다.

(6) 가사

가사는 4음보의 연속이라는 최소한의 형식적 자질에 따라 서정과 교술을 넘나드는 다양한 주제를 광범위하게 아우르며 고려 말에서 조선 시대 전반에 걸쳐 창작되었던 우리말 시가를 일컫는 말이다. 형식적 제약이 적은 만큼 그 길이 역시 내용에 따라 자유롭게 길어질 수 있었으며, 단형의 형식인 시조와 대비하여 장가(長歌)라고 부르기도 하였다. 또한 가사라는 명칭이 지닌 의미나 초기 가사 작품에 대한 기록을 통해 볼 때 처음에는 가창으로 연행되었던 사실을 짐작할 수 있으나 후대로 내려오면서 점차 가창의 관습이 사라지고, 선율이 없는 낭송에 의해 향유된 것으로 알려져 있다.

최초의 작품으로는 고려 말 나옹화상이 지었다고 하는 「서왕가」와 조선 초 정극인의 「상춘곡」이 모두 언급되고 있는데, 두 작품 모두 작가의 신빙성에 대한 의문이 제기되어 있는 상태이기에 무엇이 최초의 작품인지에 대해 확실히 단정하기 어렵다. 다만 고려 말부터 승려들에 의해 포교를 목적으로 한 가사 작품들이 창작되었다 하더라도 가사의 본격적인 향유는 조선시대의 사대부들이 그들의 삶을 표현하는 시가의 형식으로 이를 적극적으로 활용한 것에서 비롯된 것으로 보아야 한다는 것이 학계의 일반적인 견해이다.[18]

시조와 마찬가지로 가사 역시 초기에는 강호가도를 노래하는 경향이 짙었던 것으로 보인다. 송순의 「면앙정가」, 정철의 「성산별곡」 등 이른바 호남가단의 주요 문인들에 의해 자연과 조화를 이루며 사는 삶을 구체적으로 노래한 빼어난 작품들이 조선 전기 가사 작품들의 주류를 이루며 다수 창작되었다.

그러나 단형의 시조와 달리 자유로운 길이와 유연한 정형성을 활용하고 있다는 점에서 가사는 사대부들의 삶을 구체적으로 표현하는 다양한 작품 세계를 보여준다는 특성이 있는 갈래이기도 하다. 이를 잘 보여주는 것이 바로 기행 가사이다. 백광홍의 「관서별곡」에서 정철의 「관동별곡」으로 연결되는 기행가사의 전통이 형성되고, 이후 「관동별곡」을 전범으로 삼아 창작된 여러 기행 가사가 등장하는 것에서 알 수 있듯이, 사대부들은 당시로서는 매우 특별했을 기행의 경험을 길이에 제한을 받지 않는 형식을 활용하여 마음껏 표현하였다. 특히 정철의 「관동별곡」은 금강산에서 동해로 이어지는 여정에서 작자가 목격한 경물을 생동감 넘치는 언어로 표현한 기행 가사의 대표작이다.

소향로(小香爐) 대향로(大香爐) 눈아래 구버보고

---

18) 조동일 외, 『한국문학강의』, 길벗, 1994, 219면.

정양사(正陽寺) 진헐대(眞歇臺) 고텨올나 안존마리

여산(廬山) 진면목(眞面目)이 여긔야 다뵈ᄂ다

어와 조화옹(造化翁)이 헌ᄉ토 헌ᄉ홀샤

눌거든 쒸디마나 셧거든 솟디마나

부용(芙蓉)을 고잣ᄂᆞᆫ듯 백옥(白玉)을 믓것ᄂᆞᆫ듯

동명(東溟)을 박ᄎ는듯 북극(北極)을 괴왓ᄂᆞᆫ듯

놉흘시고 망고대(望高臺) 외로올샤 혈망봉(穴望峰)이

하ᄂᆞᆯ의 추미러 므ᄉ일을 ᄉ로리라

천만겁(千萬劫) 디나도록 구필줄 모ᄅᆞᆫ다

어와 너여이고 너ᄀᆞᄐᆞ니 ᄯᅩ잇ᄂᆞᆫ가

— 정철, 「관동별곡(關東別曲)」

또한 가사는 조위의 「만분가」, 정철의 「사미인곡」, 「속미인곡」처럼 연군의 마음과 유배나 정치적 실각으로 인한 고통을 우리말을 통해 곡진하게 드러내는 데 사용되기도 하였다. 이렇듯 다양한 내용의 작품들이 가능했던 것은 무엇보다 가사의 융통성 있는 형식적 자질에서 비롯되었다고 볼 수 있다. 그리고 이를 통해 시조와 가사가 조선 전기의 사대부들의 서정과 생활을 드러내는 상보적인, 단형과 장형의 시가 양식이었음을 알 수 있다.

유연한 형식적 자질을 바탕으로 사대부의 구체적인 생활 체험을 표현하던 가사는 이후 향유층의 확대와 사회상의 변화에 따라 더욱 다양한 작품 세계를 보여 주며 전개되었다. 이전까지 남성 중심의 문학에서 소외되었던 여성들은 자신들의 삶을 드러내는 문학적 형식으로 가사를 택하여 이른바 규방가사라는 갈래를 탄생시켰다. 조선 후기에 이르러 널리 교세를 확장한 동학은 그 교리를 누구나 쉽게 접하도록 하기 위하여 가사라는 형식을 적극적으로 취하여 포교의 수단으로 삼기도 하였다. 또한 조선 후

■■유배와 유배 가사
조선시대의 형벌은 중국의 대명률을 전거로 하여 태형(笞刑), 장형(杖刑), 도형(徒刑), 유형(流刑), 사형(死刑) 등으로 시행되었다. 유배는 이중 유형을 의미하는 것으로 사형 직전의 매우 무거운 형벌이었다. 기한이 정해지지 않은 채로 삶의 터전으로부터 유리된 채 고통 속에서 지내야 하는 유배 상황은 조위의 '만분가'를 효시로 하여 유배 가사라는 독특한 갈래를 탄생시켰다.

기의 근대적인 변화에 따른 정신적 혼란에 대응하여 중세적 가치와 질서를 지키고자 하는 목적을 지닌 규범류 가사가 다수 등장하였고, 이와 함께 기존의 중세적 가치질서를 풍자하는 작품들도 아울러 나타나게 되었다. 예컨대 다음에 보이는 「우부가」와 같은 작품은 인간으로서 지녀야 할 보편적인 윤리를 강조하면서도 동시에 구체적인 생활 속에서 변화하고 있는 중세의 도덕 질서를 보여준다.

> 져 건너 꼼싱원은
> 제 아비의 덕분으로 돈 천이나 가졌더니
> 슐 한 잔 밥 한 슐을 친구 더접 ᄒᆞ얏든가
> 쥬제넘게 아는 체로 음양슐슈 탐호(貪好)ᄒᆞ야
> 당ᄃᆞ발복 구산ᄒᆞ기 피란 곳 츠져가며
> 울 적 갈 젹 ᄒᆡᆼ노상에 쳐ᄌᆞ식을 훗허녹코
> 유무상조 아니허면 조석난계 헐 슈 업다
>
> — 작자 미상, 「우부가(愚夫歌)」

집안의 재산을 허랑한 곳에 탕진하고, 요행을 바라다가 결국은 처자식도 돌보지 못하는 꼼생원은 양반가의 자제로서는 자격을 상실한 인물이다. 작품은 시종일관 비판적인 시각으로 꼼생원을 그려내고 있다. 당연히 꼼생원에 대한 이러한 비판은 당시의 사람들에게 인간으로서 지켜야 할 보편적인 윤리를 일깨우기 위한 것으로 볼 수 있을 것이다. 그러나 이 작품은 이미 이러한 인물들이 주변에서 쉽게 포착된다는 당시의 사회상을 보여주는 증표이기도 하다는 양면성을 갖는다.

이렇듯 조선 후기에 다양한 방향으로 전개되었던 가사는 구한말과 일제 강점기에는 민족의식을 고취하고 근대화를 설파하는 개화가사를 등장시키기도 하였다. 일제로부터의 독립과 신문명의 적극적 수용을 장려하고, 당시의 매국적 정치인들에 대한 풍자를 담은 가사 작품들이 <독립신문>과 <대한매일신보> 등의 지면을 통해 소개되었다.

시조와 가사가 비슷한 시기에 사대부에 의해 갈래의 모습이 구체화되었으며, 이들이 모두 사대부들의 생활과 이념을 표현하는 양대 갈래로서 점차 그 향유층을 확장해가며 조선 시대 내내 활발히 향유되었다는 점은 이미 앞에서 언급한 바 있다. 그런데 시조가 역사의 전환점마다 새로운 형식을 고안하며 지금까지 살아 있는 장르로 남아 있는 반면, 가사는 이와 달리 근대에서 현대로 넘어 오면서 그 생명력을 잃었다는 점에서 이 두 갈래의 전승 과정에 나타나는 차이를 문학사적으로 신중하게 검토해 볼 필요가 있다.

(7) 잡가

잡가는 조선 후기 도시의 성장을 기반으로 하여 기존의 시가와 달리 대규모의 청중을 상대로 상업적인 목적에 따라 연행되던 일군의 시가 작품들을 지칭하는 것으로 보통 서울을 중심으로 한 경기도 지역에서 주로 불리던 12잡가와 휘모리잡가 등이 많이 언급된다. 그리고 잡가라는 명칭이 널리 사용된 것은 19세기 정도부터인 것으로 알려져 있다. 19세기에 등장한 것으로 보이는 가집 『남훈태평가』를 보면 그 하위 분류로 '잡가 편'을 두고 그 안에 「소춘향가」, 「매화가」, 「백구사」 등을 수록하고 있어 이미 이 시기에 잡가라는 명칭이 어느 정도 일반화되어 있었던 것을 유추할 수 있기 때문이다. 또한 잡가(雜歌)라는 명칭에서 알 수 있듯이 잡가는 갈래 고유의 요소보다는 민요나 시조, 가사, 판소리 등 다양한 갈래를 광범위하게 흡수하면서 도시 대중의 취향에 맞추어 새롭게 형성된 갈래라고 보는 것이 일반적이다. 이런 이유로 연구의 초기에는 가사나 민요의 하위 범주로 다루어지기도 하였으나 최근 들어 잡가 갈래의 원리나 속성에 대한 집중적인 논의가 이루어지면서 점차 독자적인 갈래로서 다루어지고 있다.

📖12잡가
서울과 경기 지방에서 불리던 잡가로 주로 사계축 소리꾼들이나 삼패기생들에 의해 불렸다. 「유산가」, 「적벽가」, 「제비가」, 「소춘향가」, 「선유가」, 「집장가」, 「형장가」, 「평양가」, 「달거리」, 「십장가」, 「출인가」, 「방물가」 등이 이에 포함된다.

이와 같이 잡가가 비록 고전시가문학사의 끝자리에서 여러 가지 다양한 갈래가 혼합된 양상을 보이는 갈래이기는 하나, 잡가는 그 나름대로 고전시가문학사를 이해하는 데 중요한 전기가 되는 갈래이다. 무엇보다 잡가의 등장으로 인해 확연해진 시가 향유 방식의 변화는 잡가의 성격을 이해하는 요소인 동시에 고전시가 일반에 대한 이해를 심화시킬 수 있는 자료가 된다.

주지하다시피 우리 고전시가의 전통적인 향유 방식에서 작자와 수용자는 서로 구별되지 않았다. 즉 지어 부르는 이가 곧 작품의 수용자였으며, 일방적인 수용자가 없이 누구나 스스로 능동적인 창작의 주체가 될 수 있었다는 점이 고전시가 향유 방식의 특성이었다. 그러나 잡가에 이르러 사계축이나 삼패 기생과 같은, 창작이나 가창의 주인공들은 잡가의 가창을 생업으로 하는 전문인으로서의 성격을 띠고 있었으며, 이에 따라 생산과 보급의 주체와 수용의 주체가 서로 구분되는 양상을 보이게 된다.[19] 이는 이전의 갈래들과 확연한 차이를 나타내는 부분이다. 이들 전문 소리꾼들에 의해 도시 대중의 취향을 적극적으로 수용한 잡가는, 수용자들이 쉽게 반응하고, 호응할 수 있는 통속적인 갈래로서의 모습을 갖추게 되었던 것이다.

아울러 잡가는 도시가 발달하고, 도시가 탄생시킨 '대중'이 늘어남에 따라 점차 광범위한 수요자를 확보하는 데 성공하고, 20세기에 들어서 근대적 공

---

19) 잡가를 주로 부르던 부류는 크게 사계축 소리꾼과 삼패 기생들로 나누어 볼 수 있다. 사계축은 서울의 만리동과 청파동 일대를 지칭하는 말로 당시 잡가를 부르던 소리꾼들이 주로 이곳을 근거지로 했다는 점 때문에 점차 잡가의 소리꾼들을 의미하게 되었다. 그리고 삼패 기생이란 관청에 소속되지 않고, 따로 기녀로서의 교육을 받지 못했던 하류의 기생들을 의미한다. 사계축과 삼패 기생 모두 생계를 위해 잡가를 불렀다는 공통점이 있다.

연물로서 각광을 받았으며, 새로운 문물인 유성기와 결합하여 음반의 형태로
널리 향유되었다. 이런 점에서 잡가는 오늘날의 대중가요의 전신이라고도 할
수 있다.[20]

잡가에 대해 우리가 주목해야 할 또 다른 중요한 요소는 잡가가 그 내용을
구성하는 방식이다. 유흥적 공간에서 대중들을 상대로 불리던 잡가는 시조나
한시의 널리 알려진 구절들을 끌어 쓰거나 민요나 가사, 판소리 등에서 대중
들에게 익숙하거나 대중들이 선호하는 대목들을 필요에 따라 폭넓게 활용하
는 모습을 보이는데, 이는 오늘날 여러 대중 문화에서 확인할 수 있는 통속
성의 원리와 같다. 잡가는 "낯익은 것(진부성)을 자극하기(자극성)"[21]라는 원리
에 따라 기존의 여러 갈래 중에서 대중의 기호에 맞을 만한 내용들을 형식에
구애받지 않고 자유롭게 활용하였던 것이다.

3. 고전시가문학사와 문학교육의 과제

이제까지 일별해 본 것과 같이 한국의 고전시가문학사는 각 시대마다 주
어진 삶의 조건에 따라 형성된 다양한 갈래들의 연속으로 구성되어 있다. 고
전시가문학사를 구성하는 여러 갈래들은 이전의 갈래들이 보여 준 표현과
형식, 그리고 사고를 계승하면서도 갈래 고유의 특징적 요소들을 새로운 그
릇에 담아내며 다채로운 모습을 보여주었다. 물론 기록의 제약으로 인해 조
선시대 이전의 갈래들에 대해서는 여전히 확실히 밝혀지지 않은 점들이 상

---

20) 고미숙, 「대중가요의 선구, 20세기 초반 잡가 연구」, 『역사비평』 24, 역사문제연구소, 1994,
   280면.
21) 김학성, 「잡가의 생성 기반과 사설엮음의 원리」, 『세종학연구』 12 · 13, 세종대왕기념사업회,
   1998, 114면.

당하기는 하나 그동안 꾸준히 축적된 연구를 통해 고전시가문학사의 실체가 상당한 수준으로 복원되어 가고 있는 실정이다.

사정이 이러한 만큼 이제 문학교육에서도 일방적인 지식의 전수 이상으로 고전시가문학사를 풍부하게 활용할 수 있는 기반이 이전보다 훨씬 튼튼하게 마련되어 있다고 할 수 있다. 그러나 고전시가문학사에 대한 교육이 이전의 단조로움을 극복하고, 또한 고전시가문학사가 문학교육의 내용을 풍부하게 하는 데 기여하기 위해서는 그동안 문학교육에서 고전시가문학사가 활용된 방식을 비판적으로 점검하고, 고전시가문학사로부터 얻을 수 있는 문학교육에 대한 시사점을 적극적으로 탐구하는 일이 필수적이다.[22] 이에 고전시가문학사의 특성과 문학교육의 현황을 고려하여 다음과 같은 문학교육의 과제들을 제시해 보고자 한다.

첫째, 고전시가문학사를 통해 문학교육에서 고전시가에 대한 균형 있는 시각을 확보하는 과제를 제시할 수 있다. 앞에서 언급한 바 있듯이 문학사는 고정된 지식이라기보다는 변화하는 지식이며, 문학이란 무엇인가라는 질문에 대한 지속적인 탐구를 전제한다는 중요한 속성이 있다. 이런 점에서 고전시가문학사는 곧 시가가 무엇이었는가에 대해 지속적으로 탐구한 결과라고 볼 수 있으며, 이에 따라 고전시가를 바라보는 다양한 시각을 제공해 주는 원천이다. 그러나 아쉽게도 이제까지 고전시가문학사는 이해해야 할 지식으로서 중요시되기는 하지만, 고전시가를 바라보는 관점의 형성과 충분히 연결

---

22) 문학사의 교육과 관련하여 기존의 연구들은 공통적으로 문학사의 교육이 학습자의 주체적이고 능동적인 활동을 제한하고, 문학사적 지식을 일방적으로 전수하는 방식으로 이루어졌다고 비판한다. 또한 문학사의 교육이 문학교육의 발전에 '선순환적'으로 기여해야 한다고 강조하고 있다. 이러한 지적을 고려할 때 고전시가문학사를 문학교육의 장에서 논의하는 것은 고전시가문학사에의 지식 중 가르칠 것과 그렇지 않을 것을 선별하는 데 핵심이 있는 것이 아니라 고전시가문학사를 통해 문학교육의 실질적 변화를 이루어낼 수 있는 방안을 모색하는 것이어야 한다. 문학사교육에 대한 기존의 비판적 담론에 대한 논의는 정재찬, 「문학사교육의 현상과 인식」, 『민족문학사연구』 43, 민족문학사학회, 2010 참조.

되지는 못 했던 것 같다. '고전문학에 대한 역사적 원근법'23)이 제안된 이후 현대인에게 타자이면서 동질적인 것으로서의 고전문학에 어떻게 접근해야 하는지에 대해 열띤 논쟁이 진행되었으나 고전시가의 예술성과 역사성, 현재성 사이의 적절한 균형은 여전히 많은 논의를 필요로 한다. 그런데 여기에서 놓치지 말아야 할 것은 이러한 논의가 다름 아닌 문학사적 탐구의 본질과 일치한다는 점이다. 과거의 유산으로서 고전시가가 지닌 예술성과 역사성을 존중하면서도 오늘의 교육적 효용을 추출하여, 이를 문학교육의 내용으로 활용하는 방안은 고전시가문학사의 탐구를 기반으로 할 때 제대로 마련될 수 있을 것이다.

둘째, 앞의 문제와 관련하여 고전시가문학사를 문학교육에서 활용할 때 과거로부터 이어진 유산만을 지나치게 강조하는 태도로부터 조금 유연한 자세를 갖추는 것도 필요하리라 생각한다. 다시 말해 고전시가문학사의 교육에서 앞 시대의 갈래 또는 작품이 다음 시대에 어떻게 그대로 계승되었는가에만 초점을 두기보다는 어떻게 달라졌는가의 문제에도 적극적인 관심을 기울일 필요가 있다. 문학사에서 계승은 일방적인 답습이 아니기 때문이다. 이런 점에서 정지상의 「송인」이나 「가시리」와 같은 고전시가 작품의 정서와 현대의 작품인 김소월의 「진달래꽃」의 정서가 서로 동일하다고 강조하고, 이를 학습자들이 수긍하도록 하는 것이 고전시가문학사의 관점에서 보자면 실상을 단순화하는 일이 될 수 있다. 오히려 고전시가문학사의 전개 과정에서 나타난 충돌과 부정, 갈등 등을 함께 고려할 때 고전시가가 각 시대의 언어 예술로서 수행해 온 역할을 이해하고, 문학에 대한 안목을 형성하는 데 도움이 될 수 있다.

셋째, 고전시가문학사가 오늘의 문학교육에서 다채롭게 활용되기 위해서

---

23) 김흥규, 「고전문학교육과 역사적 이해의 원근법」, 『현대비평과 이론』 3, 한신문화사, 1992.

는 갈래라는 울타리를 넘어 여러 작품들이 공유한 형식과 발상, 사고를 근거로 하여 작품들 사이의 다양한 조합을 생산하여 이를 교육 내용으로 제시하는 것도 필요한 일이다. 갈래의 울타리를 벗어난 작품들 사이의 다양한 조합이란 개개의 작품들을 향가나 속요, 시조나 가사 등 역사적 갈래들의 실체로서만 보지 않을 때 찾을 수 있는 것이다. 갈래라는 테두리를 인정하되, 작품의 내용이나 주제, 발상, 표현 등 다양한 요소를 매개로 하여 서로 영향 관계에 있는 서로 다른 갈래에 속한 작품들의 조합도 충분히 만들어 볼 수 있을 것이며 이것 역시 고전시가문학사의 한 형태가 될 수 있다. 학습자들이 고전시가에 대한 안목을 얻기 위해 고전시가문학사에 명멸했던 다양한 갈래들에 대한 정확한 지식을 아는 것은 매우 중요한 일이다. 그러나 다른 한편으로 학습자들이 저마다 자신의 생활 속에서 고전시가를 떠올릴 수 있기 위해서는 학습자가 처한 상황과 동질적인 상황에서 탄생한 작품들의 조합을 다양하게 감상할 수 있는 계기도 마련해 주어야 한다.

넷째, 고전시가문학사 전체를 염두에 둘 때 문학교육의 관심이 시조나 가사와 같은 특정 갈래에 대해 집중적인 관심을 보이고 있다는 점도 극복해야 할 지점이다. 물론 이와 같이 특정한 갈래들이 여타의 갈래들에 비해 많은 관심을 받게 된 데에는 나름대로의 합리적인 이유가 있다. 조선 시대 이전의 갈래들은 상대적으로 작품의 실체를 온전히 파악하기 어려운 문제가 적지 않았고, 이에 따라 비교적 작품의 온전한 모습과 관련 정보를 구체적으로 확인할 수 있는 조선 시대의 갈래들이 선호되었던 것은 충분히 이해할 수 있는 일이다. 아무리 교육적 상황을 고려한다 하더라도 향가나 속요를 다룰 때에는 확실성의 문제로 인해 말할 수 없는 것이 여전히 많은 상황이다. 그러나 확실성을 준거로 하여 시조나 가사 이전의 갈래들을 소홀히 하는 것은 고전시가문학사의 유구한 흐름을 고려할 때 스스로 교육의 내용을 축소하는 일이 될 수 있다. 쉽지는 않은 일이겠으나 국문학의 연구 성과를 적극적으로 수용함으로써 문학교실에서 이들에 대해 말할 수 있는 내용을 조금씩 늘려 가는 일이 필요하다.

다섯째, 고전시가문학사의 대상을 지나치게 협소하게 제한하여 고전시가에 대한 이해를 제한하는 일도 피해야 할 일이다. 일반적으로 고전시가문학사의 대상은 우리말로 창작되어 향유된 시가로 제한되어 있으며, 이는 연구의 대상을 명확히 하기 위한 효율적인 방법이기도 하다. 그러나 우리의 언어생활이 지나 온 길을 생각할 때 고전시가문학사는 우리말이 한자와 영향을 주고받으며 발전해 온 역사를 그대로 담고 있는 것이기도 하다. 주지하다시피 고전시가문학사의 전개에서 중요한 역할을 수행한 사대부들은 우리말 시가 뿐 아니라 한문으로 된 한시를 동시에 향유할 수 있는 능력을 지니고 있었다. 따라서 이들의 우리말 시가는 이황의 '도산십이곡발'이나 김만중의 정철의 가사에 대한 평에서 드러나듯이 한문학의 향유에서 발생하는 한계를 극복하고자 하는 노력의 결과이기도 하다.[24] 따라서 고전시가문학사의 대상을 명확히 하되, 한자나 한문학과의 영향 관계를 충분히 고려하는 것에 대해 진지하게 생각해 볼 시점이라 생각한다. 우리말로 향유된 고전시가를 더욱 잘 이해하기 위해서라도 고전시가와 한시의 영향 관계가 고전시가문학사를 문학교육에서 활용하는 국면에서 좀 더 적극적으로 고려될 필요가 있다.

---

24) 김만중이 『서포만필』에서 정철의 양미인곡의 우수성을 우리말의 자연스러운 사용과 연결시켜 설명한 것이 교육 내용으로 소개되면서, 문학교육 현장에서는 이에 드러난 우리말에 대한 김만중의 인식이 마치 김만중만의 독창적이고, 혁명적인 것처럼 받아들여지고 있는 듯하다. 물론 『서포만필』에 서술된 김만중의 인식은 충분히 높게 평가할 만한 것이다. 그러나 고전시가문학사를 살피다 보면 우리말을 한자로 적는 것에 대한 고민을 도처에서 확인하게 되는 것도 분명한 사실이다. 매우 조심스럽기는 하지만 김만중의 주장은 고전시가문학사의 관점에서 보자면 전혀 새로운 것이라기보다는 이미 앞의 시대부터 여러 번 언급된 적이 있는, 따라서 오래전부터 예비된 것이라 할 수도 있다.

✅ (   )에 알맞은 말을 써 넣으면서 주요 개념을 정리합니다.

1 고려가요는 고려시대의 우리말 운문 양식을 포괄적으로 지칭하는 것으로, 형식적 특성과 향유 방식의 차이를 근거로 (   )와 (   )로 나누어진다.

2 악장은 (   ) 차원의 제사나 연회에 사용되는 노랫말이나 음악적 양식을 지칭하는 용어이나, 좁은 의미에서는 (   )시대 초기, 주로 건국의 위업을 찬양하고, 왕조의 번영을 기원하는 내용을 담아 창작되어 궁중의 여러 행사에 쓰였던 작품들을 지칭할 때 사용된다.

3 시가 연구의 초기에 사대부들이 자연 속에서의 삶을 성찰적, 예찬적으로 드러내는 경향을 지칭하기 위한 제안된 (   )라는 개념은 주로 조선 전기 사대부들의 (   ) 작품이나 (   ) 작품들을 통해 그 실체를 구체적으로 확인할 수 있다.

✅ 지시에 따라 서술하면서 고전시가문학사를 이해합니다.

1 『삼국유사』에 수록된 향가 작품들을 이해하는 데 작품들과 함께 기록된 배경 이야기의 역할에 대해 서술하시오.

2 시조와 가사의 형식적 자질을 비교하고, 이와 같은 형식적 자질의 차이에 따라 각각의 갈래가 어떤 특성을 보이게 되었는지 서술하시오.

3 향유 방식의 측면에서 잡가가 이전의 고전시가 갈래들과 두드러지게 달라진 점에 대해 서술하시오.

✓ 지시에 따라 주요 개념을 적용하면서 실천적 능력을 기릅니다.

1 한국의 고전시가는 대체로 음악의 일부이거나 음악과 깊은 관련을 맺으며 향유되었다는 특성을 감안할 때, 고전시가교육의 내용 생성과 교수・학습 설계에서 고려해야 할 점에 대해 논하시오.

2 <보기>를 참조하여 「용비어천가」가 한국의 고전시가문학사에 미친 영향에
   대해 논하시오.

> **보기**   「용비어천가」는 한글을 활용하여 창작된 최초의 시가 작품이다. 세종은 여
> 러 연회에서 이 작품을 연주하도록 하였을 뿐 아니라 인쇄본을 만들어 관
> 리들에게 보급하기도 하였다.

제9장

고전산문문학사 교육

이미지, 디지털, 가상현실 등이 문화를 견인하는 오늘날에도 문화적 향유의 핵심은 서사이다. 이야기를 짓고, 이야기를 듣고, 이야기에서 의미를 찾아내고 재미를 추구하며 이야기를 즐기는 것. 이는 동서고금을 막론해 나타난 공통된 문화적 향유방식이다. 그만큼 서사는 역사성과 보편성, 그리고 일상성을 지닌다. 또한 사실이 아님을 잘 알면서도 이야기를 꾸며내거나 즐기려는 욕망은 우리 민족의 역사, 문화적 토양 속에서 독특한 서사문학을 이룩해 왔다고 해도 과언이 아니다. 이런 점에서 우리 민족의 삶과 지혜, 그리고 정신세계를 이야기 속에 담아낸 고전산문은 현재를 사는 우리에게 많은 시사점을 제공해 준다.

본 장에서는 우리 민족이 산출해 낸 현실과 허구, 경험과 진실, 상상(환상)과 논리가 어떤 고유한 서사문학 세계를 이룩했는지 그 흔적을 살펴보고, 오늘날 이에서 우리가 배우고 고민해야 할 부분이 무엇인지 생각해 보고자 한다. 한자 유입 이전부터 존재했던 구비서사의 흔적과 한문학의 성장에 따라 나타난 각종 한문산문 갈래의 변모 과정, 그리고 뒤늦게 나타난 국문산문의 존재 양상과 의미를 고구(考究)하는 일은 결국 오늘을 사는 우리의 서사 세계를 창조적으로 구축해 나가는 동력이 된다. 설화, 가전, 몽유록, 소설, 민속극 등의 갈래별 특성을 중심으로 이 문제에 대해 살펴보기로 하자.

1. 고전산문의 범위

고전산문 하면 흔히 취급 범위에 따라 두 가지로 대별된다. 하나는 광의의 고전산문으로, 교술 산문과 서사 산문을 포함해 하나로 이해하는 경우다. 이는 운문 또는 시가문학에 대응하는 개념으로 '산문'문학에 초점을 둔 것이다. 다른 하나는 협의의 고전산문으로, 교술 산문을 제외한, 설화와 고소설을 위주로 한 서사문학(이야기문학)만을 일컫는 경우다.

광의의 고전산문은 우리 민족 사이에서 구전되어 온 이야기인 신화, 전설, 민담, 그리고 이것이 채록, 기록되어 역사서, 잡기류, 야담집 등에 기록된 이야기, 그리고 특정 시대에 등장한 산문 양식에다 다양한 서사를 가미해 기록문학(한문 또는 국문)으로 탄생한 설, 가전, 소설, 그리고 일기, 서간문, 기행문 등의 교술 산문까지 모두 포함하는 개념이다. 여기에다 현장성과 연행성이 중시되는 민속극(탈춤, 인형극 등)과 굿(무가) 등에서 사설, 또는 노랫말 형태로 구연되는 서사 작품까지 이에 포함시킬 수 있다.

이 경우, 고전산문 문학은 원시시대부터 20세기 초까지 수천 년 동안 정치, 사회의 부침과 함께 향유되어 온 역사를 지니고 있다. 문자로 기록되기 전부터 이야기가 생산, 향유되었을 것인데, 그 편린을 설화문학에서 살필 수 있다. 그러나 한자 사용이 가능해지면서 한문학의 전통 속에서 산문문학은 중국을 비롯한, 일본, 베트남과 유사하면서도 고유한 영역을 구축하면서 그 독자적 작품 세계를 열어 왔다. 15세기에 훈민정음이 만들어지고 국문 사용이 점차 늘어나게 된 상황에서 16세기 말~17세기 초에 임란과 병란 같은 커다란 전란을 체험한 후 문학 담당층의 의식 각성은 시가 중심의 문학창작에서 탈피해 산문정신의 실천이란 측면으로 점차 변모해 가게 된다. 그리하여 소설이 조선후기의 대표 갈래로 급부상하게 된다. 조선 후기에는 한시 외에 전과 야담을 비롯한 각종 한문 산문이, 문학 담당층의 확대에 따라 여성과 중하층 중심의 국문 산문이 활발하게 나타났다. 그러나, 비록 개항 이후인 19세기 말~20세기 초까지 고전산문의 향유와 창작이 이어졌지만, 근대 의식의 확산과 국문 중심의 교육, 시대정신의 변화에 따라 더 이상 고전산문을 향유하지 않게 되면서 고전산문문학은 그 종언을 고하게 되었다.

이중 교술 산문은 다른 장에서 별도로 다루므로 여기서는 협의의 고전산문, 곧 서사문학에 해당하는 설화와 고소설을 위주로 살펴보고자 한다. 그러나 구비문학 중 판소리와 서사무가, 그리고 민속극은 오히려 교술 또는 시가문학에서 다루기 어려운 면이 있다. 따라서 연행적 요소보다 서사에 주목해 여기서 함께 다루기로 한다. 그러나 이는 편의상 구획한 것일 뿐, 고전산문이 교술 산문과 서사 산문으로 대별된 채 독자적으로 발전해 온 것이 아니라 상보적 관계 속에서 역동적으로 발전해 왔음을 간과해서는 안 된다.

2. 고전산문의 사적 전개와 갈래 개관

(1) 설화

고전산문은 기본적으로 구비문학에서 기록문학으로, 한문학에서 국문문학으로의 발전 과정 속에서 서로 영향을 주고받으며 발전해 나간 역사였음을 기억할 필요가 있다. 한자가 한반도에 전래되기 이전에는 문자가 없었기 때문에 구비문학만 존재했다. 구비문학 중에서 설화와 서사무가, 그리고 민속극과 판소리의 사설이 산문문학의 범위에서 다뤄질 수 있다.

한국의 설화는 신화보다는 전설과 민담이 더 풍부하다. 특히 역사적 인물이나 사건과 결부된 이야기들이 많이 전하고 있는 것이 특징적이다. 이런 설화는 중세와 근대 문헌에 한자로 기록된 문헌설화와 현재까지 구비 전승되는 구비설화가 있다. 문헌설화는 식자층에 의해 향유되었으며 건국 시조에 관한 이야기, 고승과 명장 등 역사적 인물에 관한 이야기가 주를 이룬다. 반면 구비설화는 대중들이 즐겨 향유한 이야기여서 흥미를 전제로 한 우스개 이야기가 주가 된다.

설화는 신화, 전설, 민담으로 나눌 수 있다. 먼저 신화의 경우, 신성성이 강조된다. 신화에는 건국신화와 성씨 시조신화 등 조상신에 관한 신화와 농경 생산신이나 가정수호신 등 무속신에 관한 신화가 있다. 이 중 조상신 신화에는 건국신화가 대표적이다. 그리고 건국신화 중에는 「단군신화」(고조선)와 「주몽신화」(고구려) 등 북방 지역의 신화와 「박혁거세신화」(신라)와 「수로왕신화」(가락국) 등 남방 지역의 신화로 대별 가능하다.

북방 신화가 하늘의 상징인 남신(천신)과 땅의 상징인 여신(지신)이 결합해 새로운 국가를 세우는 건국시조를 탄생시킨다는 내용으로 이루어진 것과 달리, 남방 신화는 남신과 여신의 결연은 생략된 채 건국시조의 출생이 나타나고, 건국 후 건국시조의 혼인에 초점을 맞추고 있다는 점에서 차이가 난다. 더욱이 북방 신화에서는 삼대기 구조(환인-환웅-단군/천제-해모수-주몽)뿐 아니라 영웅의 일대기 구조를 갖추고 있다. 「주몽신화」의 경우, 주몽의 신이한 탄생과 시련, 그리고 영웅적 투쟁과 건국의 과정을 이야기하고 있다. 이런 영웅의 일대기 구조는 서사무가 「바리데기」뿐 아니라, 조선 후기의 국문 영웅소설(「홍길동전」, 「유충렬전」 등)로 이어져 왔다.

한편, 전설은 전승자가 그 내용을 사실로 여기는 이야기이다. 대체로 특정한 역사적 시간과 구체적 공간이 제시되고 비극적 결말로 처리되고 있어 비장미가 두드러진다. 전국적으로 전승되는 전설로는 「장자못 전설」, 「아기장수 전설」, 「오누이 힘내기 전설」 등이 있다. 지역적 전설은 증거물이 인지되는 지역 주민들의 체험에 근거를 둔 전설을 의미한다. 그 밖에 최치원, 강감찬, 곽재우와 같은 역사적 인물뿐 아니라 김선달, 방학중, 박문수, 자린고비 등 특색 있는 인물의 출생과정이나 기이한 행적을 다룬 인물 전설, 또는 사물의 기원과 조성 과정에 얽힌 사물 전설 등으로도 나눌 수 있다. 이들 전설은 유능하고 뛰어난 인물이 잘못된 사회 현실과 맞서 싸우다가 패배하고 만다는 내용이 주를 이룬다. 따라서 역사 속에서 겪은 우리 민족의 슬픔과 고난의 감정이 배어 있는 경우가 적지 않다.

민담은 전승자가 '꾸며낸 이야기'라는 의식을 갖고 재미를 목적으로 전승되어 온 이야기이다. 구체적인 증거물이 없어 "옛날 옛적 호랑이가 담배 피던 시절에" 식으로 불특정 시대와 장소를 배경으로 한 보편성을 추구한다. 그런데 흥미 본위의 전승력을 확보할 수 있어 세계적인 분포를 보인다. 온 계층의 인물이 등장하는데, 출생이나 성장 과정에 대한 이야기가 없이 바로 성년의 주인공이 우연한 행운을 얻거나 소박한 지혜로 문제를 해결하고 결혼 또는 부자가 된다는 내용이 일반적이다. 이처럼 민담은 세계의 횡포에 의해 주인공이 패배하는 일이 없고, 우스꽝스런 상황을 마련함으로써 골계미의 원천이 되는 구비 산문이라 하겠다. 「구렁덩덩 신선비」, 「우렁색시」, 「꼬리로 물고기 잡는 호랑이」, 「지하국 대적 퇴치담」, 「선녀와 나무꾼」 등이 대표적이다.

(2) 서사무가

서사무가는 고대부터 나라 굿을 행할 때 형성된 이후로 현재까지 그 생명을 이어오고 있다. 흔히 우리의 신화에는 건국신화만 있는 것으로 알기 쉬운데, 제주도에서 '본풀이'라고 부르는 데서도 알 수 있듯이, 무당이 섬기는 무속신의 내력을 담아 낸 서사무가

📕 제석본풀이

「제석본풀이」는 제석신이라는 명칭에서 알 수 있듯이 불교적 영향을 받은 무속 신화이다. 지역에 따라 명칭이 다르나(함흥의 '셍굿', 함북 지방의 '성인노리푸념', 평양의 '삼태자(三胎子)풀이', 경기의 '당금애기', 제주도의 '초공본풀이' 등), 대체로 재수를 기원하고 출산을 관장하는 무속신(제석신)에 관한 서사무가이다. 공통된 내용을 요약하면, 예쁜 딸을 둔 명문 집안의 가족이 불가피한 일이 있어 딸만 집에 놓고 출타했을 때 중이 찾아와 시주를 청하고 딸과 접촉한 뒤 딸이 잉태를 하게 되자 가족이 이를 알고 내쫓아 버렸지만, 딸은 중을 찾아가 아기를 낳고 자신은 삼신이 되고 아이들은 제석신이 된다는 것이다.

는 무속신화로서 당당히 우리 신화의 한 축을 차지하고 있다.

전국적으로 전승되는 서사무가로는 「바리공주」, 「제석본풀이」(일명 당금애기), 「칠성풀이」 등이 있고, 지역에 따라 고유하게 존재하는 무가들도 적지 않다. 서사무가는 제주도에서 가장 많이 전하는데, 그 중 창세신화에 해당하는 「천지왕본풀이」, 농경신으로 좌정한 자청비에 관한 이야기인 「세경본풀이」 등은 무속신화의 신화적 세계를 다채롭게 이해할 수 있는 좋은 예가 된다.

제석님은 어찌하여 제석님이 되셨으며 어찌하야 내 땅에 만인들이 위성하게 되셨을가? 제석에 근본을 찾아보자. 제석에 근본이 어디신가? 제석에 근본은 서천서역국 서여불전 천축국 왕불암 반왕에 태자론데, 태자드면 어찌하야 제석님이 되셨을까? 서서히두 알리리다.[1]

— 「제석본풀이」

이렇듯 신의 내력을 밝히는 서사무가는 주로 굿을 할 때 신을 불러오는 '청배(請拜)' 단계에서 구송되는 것이 일반적이다. 무가는 주술적 기능과 오락적 기능을 지니고 있다. 강신무보다 세습무에 의해 오락적 성격을 띤 서사무가가 발달하게 된다. 이는 관중의 흥미를 의식하면서 구연기법을 개발한 결과다. 악공의 반주에 맞추어 몸짓을 곁들이게 되고, 창과 사설을 교체하며 구연하는 방법을 사용한다. 이런 구연 기법은 조선 후기에 발달한 판소리의 구연 방법에 일정 부분 영향을 미쳤을 것으로 보인다. 판소리가 무가에서 기원했다는 주장이 바로 이것이다. 서사무가는 악기 반주에 맞춰 신에 관한 이야기를 노래로 들려준다는 점에서 구비서사시이기도 하다.

---

1) 서대석, 「제석본풀이」, 『한국의 신화』, 집문당, 1997, 150면.

(3) 한문산문의 등장과 발전

삼국 시대와 통일신라시대의 산문은 남아 있는 것이 많지 않다. 그럼에도 「광개토대왕릉비」, 여러 고승의 신이함을 드러낸 「고승전」, 설총이 지었다는 「풍왕서(諷王書)」(일명 「화왕계(花王戒)) 등이 있어 당시 시대의식과 산문세계를 일부 엿볼 수 있다.

고려의 산문은 무신정권기 이후에 비약적 발전을 보이게 된다. 김부식의 『삼국사기』와 일연의 『삼국유사』와 같은 역사서, 그리고 이인로의 『파한집』, 최자의 『보한집』, 이제현의 『역옹패설』 등의 잡기류로 나눠 이해할 수 있다. 신흥 사대부들이 사물에 대한 관심과 세계를 새롭게 이해하려는 시도가 잡기류 창작과 향유로 나타나게 된 것이다.

이런 산문 전통은 조선 전기에 이르러 더욱 풍성해진다. 즉, 신변잡기와 일화에 해당하는 이야기들을 모아 편찬한 잡기(雜記)가 대거 나타난 것이다. 성현의 『용재총화(慵齋叢話)』, 서거정의 『태평한화골계전(太平閑話滑稽傳)』과 『동인시화(東人詩話)』, 강희맹의 『촌담해이(村談解頤)』, 송세림의 『어면순(禦眠楯)』 등 민간에 유행하던 각종 우스개 이야기와 일화를 모아 펴낸 잡서가 이에 해당한다. 물론 『동문선』에서 한문 시문(詩文)의 갈래 규범을 확립시킨 점을 간과할 수 없으나, 이후로 한문산문 중에는 한문소설, 몽유록, 야담 등 새로운 경험과 의식을 표현하는 유형의 서사 작품이 나타났다. 자세한 관찰과 개성적 글쓰기가 요구되는 '기(記)', 허구가 개입되어 서사가 확대될 수 있는 '전(傳)', 여행록 같은 기행문학 등이 나타나 산문의 지형이 한층 다기하고 풍요로워졌다.

(4) 전(傳)의 전통과 서사문학의 관계

오랜 역사만큼이나 한문 산문의 서사 전통에서 '전(傳)'이 차지하는 비중은 결코 적지 않다. 흔히 전을 열전(列傳), 사전(私傳), 탁전(托傳), 가전(假傳) 등으로 나눌 수 있거니와, 이들은 한 인물의 생애를 중심으로 역사적 사실에 충실히 기록하기 위한 것이었다. 이처럼 전은 원래 한 인물의 생애를 일화를 통해 서술하는 서술 방식을 취하고 있는 만큼, 거기에 허구적 요소나 흥미로운 요소가 가미되면 소설로 전화될 수 있는 속성을 지니고 있다.

탁전은 흔히 자신을 다른 사람에 가탁해 쓰는 것이다. 이규보의 「백운거사전(白雲居士傳)」, 최해의 「예산은자전(猊山隱者傳)」이 이에 해당한다. 반면 가전은 우리 문학사에서 전(傳) 문학을 특별하게 만든 장본인이다. 임춘의 「국순전(麴醇傳)」과 「공방전(孔方傳)」, 이규보의 「국선생전(麴先生傳)」 등을 가전의 대표작으로 들 수 있다. 특별히 임춘의 「국순전」과 「공방전」은 사물을 의인화해 각각 술과 돈의 내력을 밝히면서 기존 전과는 달리 돈이 나라를 좀먹고 인간의 이기적 탐욕을 표상하고 있다거나 술이 탐욕과 타락에 빠지는 인간의 약점을 표현하고 있는 등 대상을 부정적 관점에서 입전시켜 다룬 점이 흥미롭다.

이들 작품들은 사물을 의인화해 허구적 세계를 그려내고 있어 혹자는 이를 '가전체 소설'로 명명한다. 그러나 모든 허구가 사실이 아니듯, 가전에서의 허구는 소설의 그것과는 사뭇 다르다. 시공간의 구성이나 서술구조, 그리고 갈등의 정도가 단지 그것들을 확인하는 데 주력할 뿐, 대상의 인격적 변화나 사건의 인과적 전개에 큰 관심이 없다. 또 작품 말미의 논찬 부분에 가해지는 서술자의 논평은 인간이 지녀야 할, 또는 추구했어야 할 어떤 성품 내지 규범적 인간상 확립에 주목한다. 이는 결국 가전이 교훈적 성격에서 벗어나지 못했음을 의미한다. 따라서 고려 '가전'은 소설이 아닌 교술 산문으로 이해할 필요가 있다.

이러한 '전' 전통의 글쓰기는 근대 이전까지 지속되었다. 특별히 가전은 조선 전기에 나타난, 소위 '천군소설' 내지 '전계(傳系) 소설'과 밀접한 관련을 갖는다. 전자의 경우, 가전의 의인화 수법에다 본기(本紀), 또는 연의(演義) 등의 서사적 형식을 결합시키되, 심성을 천군에 빗댄 작품군을 의미한다. 인간의 성정(性情) 문제에 깊이 천착한 사대부들은 인간의 심성을 의인화한 임제의 「수성지(愁城誌)」 같은 작품을 탄생시켰다. 혹자는 이런 작품을 '심성 가전'으로 부르기도 하지만, 고려 가전과 달리, 사물이나 사실에 관한 단순한 지식으로 그치지 않고, 대상을 의인화시켜 구체화된 생애로 서술하면서 유교 이념지배 사회의 문제점과 욕망의 실현 불가성, 그리고 시대정신의 변모를 인과적 구성에 의거해 펼쳐내고 있다는 점에서 소설에 가깝게 근접한 예에 해당한다. 김우옹의 「천군전」, 정태제의 「천군연의」 등이 대표적이다.

한편, 후자의 경우, 전을 표방한 '가짜 전'이라 할 '전계 소설'은 17세기 초부터 나타나 근대 이전 시기까지 거듭 창작, 향유된 서사산문이다. 이에 관해서는 뒤에서 별도로 다루기로 한다.

(5) 한문소설

서사문학사 전체를 놓고 볼 때, 고소설은 비교적 늦은 시기인 조선 중후기에 이르러 그 꽃을 활짝 피우게 된다. 창작 당시 사용한 언어를 기준으로 한문소설과 국문소설로 나눠 이해하는 것이 실상에 부합한다. 국문소설만을 위주로 고소설사와 그 특징을 이해하려는 태도는 온당하지 않다. 서사문학사의 진행 경로가 설화에서 소설로 이행하는 모습도 보이지만, 다른 한편으로 전(傳) 또는 전기(傳奇)와 같은, 설화와는 양식적으로 구별되는 특성을 지닌 한문 서사문학의 영향과 기반 하에서 소설로 발전해 나간 사실을 균형 잡힌 시각에서 들여다볼 필요가 있다.

17세기 이전부터 이미 전기를 위주로 한 자신의 고유영역을 구축해 온 한문소설은 17세기 이후에 성행하게 된 국문 고소설과 다양한 영향을 주고받으며 발전해 나갔다.

이와 관련해 한문소설의 발생 기점을 놓고 여러 논의가 이루어진 상태다. 설화와 소설의 분기점으로 일부 학자들이 나말여초(羅末麗初)인 9~11세기에 편찬된 일문(逸文) 『수이전』 수록 「최치원」을 소설로 파악해 『금오신화』를 같은 전기소설로 명명해 다룬 것이 한문소설의 존재 가치를 이해하는 한 근간이 된다. 이처럼 당나라 전기를 이어받아 발전시킨 '전기소설' 외에도 한문소설로는 민간에 떠도는 이야기를 채록자의 의도를 담아 기록한 '야담계 소설'(한문 단편), 사실 기술적인 전(傳)에 서사적 경향이 강화되어 나타난 '전계 소설' 등이 주를 이룬다. 특징이 두드러진 몇 가지 갈래를 중심으로 살펴보기로 하자.

① 애정 전기(傳奇)소설

당(唐)나라 전기(傳奇) 양식의 영향을 받아 창작된 소설로, 남녀의 애정 문제를 중심에 두고 벌어지는 사건을 다룬 일련의 작품군을 의미한다. 이는 화려한 문체를 구사하며 남녀의 애정 또는 신이한 이야기를 담고 있다. 작자 미상의 「최치원」, 김시습의 『금오신화』속 「이생규장전」과 「만복사저포기」, 신광한의 『기재기이』수록 「하생기우전」, 권필의 『주생전』, 조위한의 『최척전』, 그리고 작자미상의 『운영전』등 초기 한문소설이 이에 해당한다. 이런 애정 전기소설 작품들은 다음과 같은 몇 가지 특징이 있다.

첫째, 서정과 서사의 교직으로 나타나는 문체의 복합성이 두드러진다. 남녀 주인공의 만남과 애정 표출이 시(詩), 부(賦), 사(辭) 등의 창화(唱和)로 이루어짐으로써 등장인물의 내면 심리를 섬세하게 드러내고, 서사 전개를 이끄는 기제가 된다.

둘째, 애정 전기소설의 주인공은 대체로 고독하고 쓸쓸한 존재이다. 그러나 그들은 이러한 문제를 극복하기 위한 실제적인 노력을 보여주기보다는 기이하고 환상적인 방법을 통해 넘어서려는 욕망을 꿈꾼다. 결국 작품 속 주인공이 맞닥뜨린 현실을 극복하는 방식은 환상적이고 비현실적인 방법이다.

셋째, 주인공 남녀 간의 결연과 이별에 관한 애정 서사야말로 애정 전기소설의 특징을 가장 잘 보여준다. 주인공 남녀의 만남의 기쁨과 헤어짐의 슬픔에서 비롯되는 감정은, 시대적 특수성과 함께 인간의 보편적 모습을 보여준다. 예를 들어, 「최척전」에서는 전란으로 인해 빚어진 사회적인 문제와 전쟁으로 인한 참상을 의지와 집념으로 극복하는 가장 중요한 원동력이 바로 '사랑'이었다. 더욱이 이러한 '사랑'은 최척과 옥영의 부부애는 물론, 가족애의 범위를 넘어 인류애로 확장되는 현상을 확인할 수 있다.

넷째, 17세기의 애정 전기소설은 전대의 전기소설과는 달리 당대의 사회적 현실이 사실적으로 반영되어 있으며, 사회적으로 가장 큰 사건인 '전란'이 직, 간접적으로 수용되어 있다. 전기소설의 현실성은 17세기를 기점으로 뚜렷하게 드러나게 되는데 총체적인 현실 문제와 사회적 변화가 서사문학의 전환기를 마련하게 된 결정적인 계기가 되었기 때문이다. 17세기 이전에 나타난 애정 전기소설과는 달리 객관적인 배경과 인물을 제시하고 있어 현실성을 뚜렷이 확보하고 있다. 전란으로 인한 공간의 확장과 이동은 바로 당대의 현실성을 핍진하게 드러내는 기능을 한다. 또한 기이함을 유발하던 환상적이고 우연한 만남과 같은 서사적 요소보다는 당대 현실이나 일상과 대비되는 '현실적 기이함', 즉 과연 그런 일이 일어날 수 있을까? 라는 의구심을 자아낼 법한 현실적 이야기가 주를 이루게 된다.

② 전계(傳系) 소설

전계(傳系) 소설은 역사적 실존 인물의 행적을 평하는 전의 방식을 취해 만든 한문소설의 하나이다. 사마천의 『사기』 열전 편에서 마련한 '가계(내력)－행적－평결(논찬)'이란 전의 구성방식을 통해 인물의 행적을 평하되, 허구적

요소와 흥미로운 요소를 가미해 허구적 진실성을 드러냄으로써 현
실 세계와의 갈등 국면을 보여주는 일련의 작품군을 가리킨다.

이항복(李恒福)이 지은 「유연전(柳淵傳)」이 전계소설의 선편(先便)에
해당한다. 그리고 동시대의 허균은 소위 '일사(逸士)소설'이라 불리
는 전계 소설 5편을 지었다. 실존인물 중 이인, 거지, 서자, 신선
등 이전에 전혀 다루지 않았던, 다른 부류의 인물들을 입전시켜
자아와 세계가 겉으로는 화합하는 듯하지만, 실은 심각한 불화를
겪고 있다는 반어를 통해 이 둘 사이의 분열상을 새롭게 문제 삼
고자 했다. 「남궁선생전(南宮先生傳)」, 「손곡산인전(蓀谷山人傳)」, 「장
생전(蔣生傳)」, 「엄처사전(嚴處士傳)」, 「장산인전(張山人傳)」이 바로 그
러하다. 후대에 갈수록 한문을 사용하는 상층의 인물들이 하층민에 대한 깊
은 관심을 보이면서 전계 소설에 등장하는 인물들은 기인, 협객, 거지, 예술
가, 상인 등으로 대폭 확장되었다.

전계 소설은 전과 달리 입전 인물들의 개성이 뚜렷이 나타나고 있다. 장면
이나 정황의 보다 구체적인 묘사, 서사요소의 확대 등을 통해 그 개성을 드
러낸다. 이해관계를 달리하는 인물들 사이의 성격과 갈등을 포착하여 대화체
로 구체화시켜 당대 양반 사회의 인정세태를 드러내고 있다. 그리고 인과적
이고 계기적 구성에 의한 서사 전개가 현저하다. 이는 이전의 전이 규범적이
고 도덕적인 가치를 표상하는 인간형이 사건이나 사실 그 자체의 시간적 추
이에 따른 충실한 보고적 기록, 또는 순간적 국면만을 포착, 단순한 사건의
평면적 기술 또는 나열에 머물고 만 것과는 사뭇 다른 점이다. 『삼국유사』
수록 「김유신전」, 「온달전」 등에서도 갈등이 일부 보이지만, 그것은 의도적
으로 창조된 허구라기보다 설화적 허구에서 비롯된 것에 불과하다. 현실의
복잡한 얽힘과 갈등 국면을 작품 속에 제대로 구현해내고 내고자 했다. 전계
소설로는 홍세태의 「김영철전(金英哲傳)」, 채제공의 「만덕전(萬德傳)」, 박지원의

「민옹전(閔翁傳)」, 「광문자전(廣文者傳)」, 「예덕선생전(穢德先生傳)」, 이덕무의 「은애전(銀愛傳)」, 이옥(李鈺, 1760~1810)의 「유광억전(柳光億傳)」 등이 대표적이다.

③ 몽유록계 소설과 몽자류 소설

꿈을 매개로 한 한문 작품으로 몽유록계 소설이 있다. 몽유록계 소설은 16세기부터 나타나기 시작했다. 식자층 작가가 꿈의 형식을 빌려 현실에 대한 비판을 토로하거나 이상세계에 대한 지향의식을 허구적으로 드러내는 데 초점을 맞추고 있다. 흔히 '입몽－꿈속 대화/토론－각몽'의 서사구조를 띠는데, 이중 꿈속 등장인물들이 성토하는 비판의 내용이 이 작품의 주제에 해당한다. 입몽과 각몽 과정이 있다는 점에서는 몽자류(夢字類) 소설과 같다. 그러나 몽유록계 소설은 인생의 한 부분을 그리는 데 반해, 몽자류 소설은 전 생애를 다룬다. 또한 몽자류 소설과 달리 몽유록계소설에서는 각몽 이후에 입몽과는 다른, 인생에 대한 시각의 변화가 감지되지 않는다.

꿈이 매개되지만, 오히려 정작 중요한 것은 꿈속에 등장한 인물들의 입을 통해 전달되는 현실 비판적 토론 내용이라 하겠다. 「원생몽유록(元生夢遊錄)」은 단종과 사육신이, 「달천몽유록(達川夢遊錄)」은 임란 당시 충주 탄금대에서 왜군과의 전투에서 패배해 죽은 무명의 군사들이, 「강도몽유록(江都夢遊錄)」은 병자호란 당시 강화도에서 후금 군대에 의해 비참한 죽음을 맞이한 14명의 여인들이 등장해 자신들의 억울함과 상층 남성 지식인 사회의 무능을 신랄하게 비판한다. 그밖에 꿈을 통해 이상 실현을 추구하려는 작품으로는 「대관재몽유록(大觀齋夢遊錄)」과 「안빙몽유록(安憑夢遊錄)」이 있다. 전자는 문장왕국에 들어가 왕의 인정과 온갖 부귀영화를 누리다가 꿈을 깨는 이야기가, 후자는 꿈에서 이상세계에 들어갔지만 그곳 역시 현실세계와 마찬가지로 문제가 많음을 확인하고 각몽 후 현실을 다시 깨닫게 된다는 이야기가 주가 된다.

이렇듯 이상세계를 지향하거나 현실 비판적 의식을 노골적으로 드러내고자 한 몽유록은 각종 역사적 부침 속에서 지배층의 무능과 허위를 객관적으로 바라보고 반성코자 한 시각이 담겨 있다. 더 이상 귀신과의 만남이나 초월적 방식으로 현실의 문제를 넘어설 수 없다는 자각이 '꿈'이라는 그럴듯한 허구적 서사장치로 발현하게 된 것이다. 몽유록 형식의 서사문학 전통은 근대에 이르러 신채호의 「꿈 하늘」, 「용과 용의 대격전」으로 이어졌다.

한편, 몽유록 외에도 꿈을 매개로 서사의 편폭을 확대시키고, 심각한 문제의식을 담보한 작품들이 존재한다. 그 대표작이 「구운몽」이다. 「구운몽」이 국문으로 창작되었는지 여부는 불분명하지만, 작가가 선천 유배지에서 늙은 어머니를 위해 지은 작품으로 알려져 있다.

선계와 현실계, 꿈과 현실이라는 이중 구성을 제시하고 불교적 인생관과 사대부의 귀족적 이상을 추구함으로써 심오한 깊이와 서사적 장대함을 획득한 작품으로 평가된다. 세속적 출세에 대한 인간의 욕망을 보여줄 뿐 아니라 그 욕망 자체가 헛된 것임을 말하고 있다. '선계→ 현실계→ 선계'의 순환구조를 기본으로 삼되, 이를 꿈의 형식, 곧 환몽(幻夢) 구조로 만듦으로써 내용과 형식면에서 중층성을 더하고 있다. 특히 선계의 성진이 벌을 받아 인간세상의 양소유라는 인간으로 환생하는 서사는 불교의 윤회설 내지 인과보응설에 기초해 있다.

이런 꿈의 형식은 이전 서사문학에서 이미 마련된 전통이었다. 『삼국유사』 수록 「조신 이야기」를 비롯해, 김시습의 「남염부주지」, 「용궁부연록」, 그리고 몽유록 형태의 작품들에서 꿈을 매개로 한 서사가 공히 발견되기 때문이다. 「구운몽」은 후대 소설에도 적잖은 영향을 끼쳤다. 「옥루몽」, 「옥련몽」 등은 「구운몽」의 직접적 영향 하에 창작되었고, 「옥선몽」, 「옥린몽」 등 '몽(夢)'자가 들어가는 소위 '몽자류 소설'이 「구운몽」의 명성에 힘입어 거듭 나타났다.

④ 야담계 소설

조선전기의 일반적 잡기류와 달리, 체험담과 일상담을 위주로 현실적 문제를 포착해 이를 비판, 풍자 내지 성찰하는 내용으로 서사폭을 확대시킨 야담집이 17세기 이후로 나타났다. 상층 문인들이 일상생활에서 일어난 소소한 일화나 민간에 구전되던 기이한 이야기들, 그리고 한시를 매개로 해 벌어진 사건이나 품평을 다룬 시화, 당대 현실 문제를 포착해 그 복잡한 갈등 상황을 형상화한 소설에 이르기까지 여러 종류의 작품들을 기록, 편집한 책들이 다수 나타나게 된 것이다. 17세기 초 유몽인의 『어우야담(於于野談)』에서 그 흔적이 보이거니와 19세기의 『청구야담(靑邱野談)』, 『계서야담(溪西野談)』, 『대동야승(大東野乘)』, 『동야휘집(東野彙輯)』 등에서 그 절정을 이루었다.

그런데 이런 야담집에 실린 작품 중에는 소설에 근접한 작품들도 존재한다. 이들을 야담계 소설, 또는 한문단편(소설)로 부른다. 이들 야담계 소설은 초기의 서사문학 형태인 설화에 머물지 않고, 상층 작자의 손을 거쳐 개작된 것이라 할 것이다. 야담집은 한문본으로 존재한다. 단순한 민중의 세계관을 반영한 이야기를 채록한 것이 아니라 상층의 세계관과 의식을 반영해 그려냈다는 데서 그 의의를 찾을 수 있다.

(6) 국문소설

17세기 초 허균의 「홍길동전」이 국문소설의 시작을 알렸다. 적서차별이라는 사회문제를 정면에 내세운 「홍길동전」은 당대부터 금서로 지정되었지만 몰래 전해져 읽혔다. 이후 17세기 후반에 김만중의 「사씨남정기」와 조성기의 「창선감의록」, 그리고 「소현성록」 같은 국문 장편소설이 나타나 국문소설의 위상과 가치를 한껏 높여 놓았다.

그런데 이처럼 17세기에 국문소설이 발흥한 후 곧바로 절정의 모습을 보여줄 수 있었던 데엔 몇 가지 이유가 있다. 곧, 첫째, 전대에 이미 창작되어 온 한문소설의 창작 경험과 전통이 있었으며, 둘째, 국문 사용이 전란 이후로 본격화되었고, 셋째, 임·병 양란의 충격 속에서 서민의 의식 자각과 함께 산문 정신의 실천적 성격으로 창작이 활발히 이루어졌으며, 넷째, 여성 독자층이 형성되었기 때문이었다.

현재 작가가 밝혀진 작품은 모두 한문소설이며, 국문소설은 작자미상이 대부분이다. 국문소설의 경우, 대개 남성 작가에 의해 창작되었을 것으로 짐작되지만, 국문소설 중 대하장편소설의 경우, 여성이 창작했을 가능성을 완전 배제할 순 없다.

국문소설은 한문소설보다 지식인 사이에서 부정적으로 취급당하면서 더욱 천시되고 폄하되었다. 그러나 국문소설은 사회 비판적 의식보다는 충효열 등 유교 지배이념을 공고히 하고 강화하는 내용의 것이 많았다. 이는 여성 독자에게 소설 독서와 필사를 장려함으로써 유교 이데올로기를 더욱 고착시키려는 상층 지식인의 속셈이 맞닿아 나타난 결과이기도 하다.

국문소설의 하위 갈래로는 작품의 주제와 내용을 기준으로 가정소설(「사씨남정기」, 「장화홍련전」 등), 가문소설(『완월회맹연』 등 대하장편소설), 영웅소설(영웅군담소설, 「홍길동전」, 「임경업전」, 「유충렬전」 등), 세태소설(「이춘풍전」, 「옥단춘전」 등), 판소리계소설(「심청전」, 「토끼전」 등), 애정소설(「숙향전」, 「숙영낭자전」), 우화소설(「장끼전」, 「서동지전」) 등으로 나눌 수 있다. 그러나 이는 작품 이해를 위해 편의상 구분한 것일 뿐 절대적 갈래 범주가 아니다. 이만큼 다양한 성격의 작품이 상하층과 남녀를 불문하고 생산, 향유된 것은 고전산문의 서사적 편폭과 상상의 세계가 얼마나 다채롭고 역동적으로 전개되어 왔는지를 방증한다. 이 중 몇 가지 하위 갈래를 중심으로 국문소설의 세계를 들여다보자.

① 영웅소설

최초의 한글소설로 평가되는 「홍길동전」은 설화에서 발견되는 '영웅의 일대기'와 상통하는 구조를 지닌다. 「홍길동전」 이후로 거듭 영웅의 일대기를 기본 구조로 한 국문소설이 많이 창작되었는데, 이들을 흔히 '영웅소설'로 부른다. 그러나 후대의 영웅소설은 천상계 존재인 주인공이 지상 세계로 적강(謫降)해 하늘의 뜻에 따라 도사(조력자)의 도움을 받지만, 「홍길동전」에서의 길동은 천상의 존재와 아무런 관련이 없고, 조력자 없이 스스로 문제를 개척해 나간다는 점에서 차이가 있다. 이는 후대의 영웅소설이 통속적 성격을 띠고 유형화된 서사구조에 의지하고 있는 것에 비해, 「홍길동전」은 적서차별 현실에 저항하려는 문제의식과 의적 활동을 벌이면서 갖고 있던 사회의식을 담보한 문제작임을 간접적으로 대변하는 것이기도 하다.

사실 영웅적 면모를 보이는 주인공을 다룬 소설은 모두 '영웅소설'이라 부를 수 있다. 그런데 영웅의 일대기적 구성에 입각한 유형화된 서사구조에다 전쟁담을 통해 주인공의 영웅적 면모를 극대화한 작품군을 좁은 의미의 '영웅소설', 곧 '영웅군담소설'로 부른다. 이러한 영웅군담소설은 역사 영웅군담소설과 창작 영웅군담소설로 대별된다.

역사 영웅군담소설은 실재했던 역사적 전란을 배경으로 하거나 역사적 인물을 주인공으로 하여 그들의 활약상을 서술한 「임경업전」, 「박씨전」, 「임진록」 등을, 창작 영웅군담소설은 허구적 인물과 가공적 사건을 설정하되 전쟁 이야기를 통해 주인공의 영웅적 면모를 부각시킨 작품군으로, 중국을 배경으로 한 전쟁담과 영웅담이 결합된 「유충렬전」, 「조웅전」, 「소대성전」 등을 가리킨다.

이러한 영웅군담소설은 19세기에 방각본 형태로 널리 유통되었다. 이는 인기 있는 통속소설로 대량생산되어 널리 향유되었음을

■ 여성영웅소설

여성 주인공의 영웅적 활약에 초점을 맞춘 일련의 작품으로 「박씨전」, 「옥주호연」, 「정수경전」, 「홍계월전」 등이 이에 해당한다. 기존에 남성 중심의 가부장제 사회에서의 남성 우월적 상황을 역전시켜 남장 여성의 지략과 용맹으로 국가 또는 집안의 위기를 극복하고 질서를 회복한다는 내용이 주를 이룬다. 영웅소설의 인기에 힘입어 19세기에 여성영웅소설이 성행한 것으로 보인다.

의미한다. 그 영향 하에 여성영웅소설(「홍계월전」 등) 작품군이 출현하였고, 20세기 초에는 활자본 소설(일명 딱지본 소설)로 재간행되었다.

② 대하장편소설(가문소설)

18세기는 대하장편소설(가문소설)의 시대라 해도 과언이 아니다. 새로운 국문소설 독자층으로 급부상한 여성 독자들이 18세기에 즐겨 읽던 작품이 바로 국문 대하장편소설이었다. 17세기 후반에 나타난 「창선감의록」과 「소현성록」에서 이미 그 단초를 찾아볼 수 있다.

가문소설이란, 말 그대로 한 가문 안에서 몇 대에 걸쳐 벌어지는 사건을 주로 다루거나 여러 가문이 혼인을 통해 서로 얽히면서 겪는 다양한 갈등을 긴 호흡으로 그려낸 소설을 의미한다. 이들 작품은 수십 종이 전하며, 분량 역시 대장편이어서, 예를 들어, 『명주보월빙(明紬寶月聘)』과 『윤하정삼문취록(尹河鄭三門聚錄)』은 각각 100책과 105책으로 연작(連作)에 해당하고, 『완월회맹연(玩月會盟宴)』은 180책에 이른다.

대하장편소설은 가문 안에서 일어날 법한 사건 사고를 매우 사실적으로 그려냄으로써 은연 중 '가문의식'을 강조하면서 가문의 질서 유지와 구성원 간 결속을 다지려는 성향이 강하다. 이는 임란과 병란 이후로 흐트러진 유교 지배 이념을 바로잡고 가부장적 질서를 강화하려는 사회 현상과 맞물려 나타난 것이다. 대다수의 대하장편소설이 가문 내외적 갈등 해결을 통해 가문의 수립과 창달에 초점을 맞추고 있는 것도 이러한 사회적 분위기와 무관하지 않다.

이러한 소설 작품들은 상당한 분량의 작품을 읽고 즐길 만한 시간적, 경제적 여유를 갖고 있던 상층 사대부 여성들을 중심으로 읽혔다. 그 결과 여성들의 집안 내 예의규범과 행동거지, 처세를 익힐 수 있는 수신서일 뿐 아니라, 교양서로서 상층 여성들에게 큰 호응을 얻었다. '처-처' 또는 '처-첩'

간의 갈등, 계모와 전실 소생 자식 간의 갈등, 그리고 흔히 '혼사장애'로 언급되는 두 남녀의 결연을 가로막는 존재와 두 남녀 사이의 갈등 등이 주된 서사 축을 구성한다. 복잡하게 중첩적으로 얽힌 갈등이 작품 말미에 모두 해결되는데, 이는 대단히 이상적이며 이념적이어서 '충효'의 옹호 또는 회복을 지향한다. 따라서 대하장편소설은 상층 남성에 의해 여성들에게 적극 권장되었다.

대하장편소설에는 상층 귀족 출신의 재자가인이 남녀주인공으로 등장하고, 천상계와 지상계의 이중구조를 전제한 이원론적 세계관이 담겨 있다. 상층의 여성 독자를 중심으로 한 소설에 대한 수요 증가는 세책점을 통해 소설의 상품화를 가능케 하였고, 소설의 상업적 유통을 활성화하는 데 적잖은 영향을 미쳤다.

③ 판소리계 소설

판소리는 직업적인 소리꾼 광대가 고수의 북장단에 맞춰 긴 이야기를 말과 창을 교체해 가며 관중들 앞에서 공연하던, 일종의 구비서사시이다. 사설의 의미에 부합하는 악조 장단을 섞어 만들었기 때문에 판을 짜서 부르는 소리라는 의미에서 '판소리'라고 불렀다. 유진한(柳振漢)이 1754년에 전라도를 여행하다가 「춘향가」 소리를 듣고 이를 한역한 「만화본(晩華本) 춘향가」를 남긴 것이 가장 오래 된 기록이다.[2] 이로 볼 때, 판소리는 이미 18세기 초에는 성립되었을 것으로 짐작된다. 전라도 지역의 세습무가 중심이 되어 서사무가의 서술원리와 구연방식을 빌려다가 흥미 있는 설화 자료를 각색해 속세에서 시정인을 상대로 노래하면서 발달해 나갔다.

정조 연간에서 순조 대에 이르면 서울의 중산층의 애호를 받으며 크게 발

---

2) 김동욱, 『춘향전 연구』, 연세대학교 출판부, 1965, 165~166면.

전하여 권삼득, 송흥록, 염계달, 모흥갑, 고수관 등의 '전 8명창'이 활약하게 된다. 그 후 철종 대를 지나 고종 대에는 대원군이 판소리를 적극 후원해 많은 명창이 배출되었는데, 박만순, 이날치, 김세종, 장자백 등 '후 8명창'이 대표적이다. 장엄하고 웅장한 느낌이 나는 우조(羽調) 가락을 구사하는 동편제와 섬세하고 여성적인 느낌이 나는 계면조(界面調) 중심의 서편제로 나눠져 창법이 발전해 나갔다.

오늘날 현전 판소리 사설로는 신재효(申在孝)가 정리한 「춘향가」, 「심청가」, 「토별가」, 「박타령」, 「적벽가」, 「가루지기타령」 이렇게 6마당이 있다. 오자를 바로잡고 서사 전개상 어색한 부분과 비속한 표현을 합리적이고 전아하게 바꾸는 데 심혈을 기울였다. 그러나 신재효의 사설 정리가 판소리의 문학성을 높이는 방향에서 이루어졌다는 평가[3]서부터 평민의 생기 넘치는 언어를 양반 취향으로 바꿈으로써 판소리의 생명이라 할 발랄성과 생동감이 거세되었다는 평가[4]에 이르기까지 다양하다. 신재효는 「광대가」에서 명창의 조건으로 인물치레, 사설치레, 득음, 너름새의 네 가지를 들었다. 이것은 각각 배우의 조건이자 작품의 문학적 요소와 구연자의 음악적 자질, 그리고 구연자의 연극적 기교를 말하는 것이다.

이처럼 판소리는 청중을 상대로 한 공연서사시로서 문학과 음악, 그리고 연극이 합쳐진 종합예술이다. 판소리는 조선 후기 한국 서민의 일상적 삶의 세계를 통해 서민의 슬픔과 기쁨, 그리고 현실적 고통과 낭만적인 이상을 담아낸 구비서사문학의 정수라 할 것이다. 판소리가 하층민으로부터 왕에 이르기까지 전 계층에 걸쳐 인기를 누리게 되자, 19세기 후반 이후에는 방각본 형태의 '판소리계 소설'로 만들어져 국민 문학으로 급성장하게 된다.

판소리계 소설은, 18세기에 형성되어 19세기에 전성기를 맞이한 판소리의

---

3) 강한영, 「신재효의 판소리사설 연구」, 『신재효 판소리 전집』, 연세대 인문과학연구소, 1969.
4) 김흥규, 「신재효 개작 춘향가의 판소리사적 위치」, 『한국학보』 10, 일지사, 1978, 39~40면.

인기에 힘입어 나타났다. 판소리를 소설화한 것이기 때문에 판소리 사설의 문학적 특성이 대부분 담겨 있다. 당대 서민층이 쓰던 구어체와 율문체 문장에 기초한 것도 바로 그 때문이다. 현재 판소리계 소설로는「춘향전」,「심청전」,「흥부전」,「토끼전」,「옹고집전」,「배비장전」,「변강쇠가」,「장끼전」등이 있다.

　소재나 주제는 대단히 다양한데, 표현방식에 있어서는 해학적이거나 풍자적이라는 점이 공통적이다. 조선 후기 서민층의 의식과 함께 현실주의적 성향이 잘 드러나 있다. 소재, 주제, 표현수법 등에서 귀족적 성향의 소설이나 유교 이념 중심적 국문소설과 달리, 현실주의적 의식에 입각한, 독자적인 계열을 형성한 역사적 갈래종이라 할 것이다.

　인기가 많아 다양한 형태의 이본이 많은데, 주로 당대 인기작을 중심으로 상업적 이익을 추구하기 위한 목적에서 간행한 방각본과 활자본 형태로 널리 퍼져나갔다. 국민소설로 자리매김하고 있는「춘향전」만 해도 세책본 소설인「남원고사」를 비롯해 현재 우리에게 가장 널리 알려진 완판 84장본「열녀춘향수절가」, 이해조가 개작한「옥중화」등 가장 많은 이본 종수를 자랑한다.「춘향전」은 춘향과 이몽룡의 사랑 이야기가 주가 되면서도 당대 사회의 주요한 모순과 사회역사적 동향을 잘 반영해 놓았다. 특별히 이몽룡에 대한 춘향의 사랑은 춘향이 가졌던 신분 해방의 욕구와 인간적 감정을 충실히 드러낸 결과라 하겠다. 이처럼 판소리계 소설은 당대 민중의 세계관을 반영하면서 근대소설로 나아가는 중간 지점에 위치한다고 하겠다.

(7) 국문소설의 유통과 향유 방식

① 소설 독자

고소설을 실제로 누가 어떤 방법으로 어떻게 읽고 생활했는지를 살피는 일은 곧 소설 독자들의 독서 행위 및 독서문화, 그리고 소설 독서생활 전반의 생활사를 이해하는 것과 다름없다. 기존에 중시해 온 작품론과 작가론 못지않게 독자론이나 수용미학, 문학사회사 측면에서 맥락(사회, 상황)을 고려한 이해교육을 중요하게 다룰 필요가 있다.

15, 16세기에는 소설 독서가 일반화되지 못했다. 몇 편의 한문소설만이 확인되기 때문이다. 독자층도 학자 문인에 속하는 일부 남성들이 중심이었다. 그러나 17세기 이후로는 소설의 양적 증가와 함께 상층 독자의 존재도 점차 부상한다. 예학의 정립과 보급에 큰 역할을 담당했던 신독재 김집(金集, 1574~1656)이 「만복사저포기」·「주생전」·「왕경룡전」·「이생규장전」·「최문헌전」 등을 읽고 기존에 잘못 표기된 것을 바로잡아 한데 묶어 『신독재수택본전기집』을 만든 것이 그 좋은 예이다.

> 내가 본래 학문을 좋아하나 잡기(雜記)는 더욱 좋아한다. 이 책을 빌려와 세세히 살펴보니 누구로부터 전사(傳寫)되었는지는 알 수 없으나, 혹 불필요한 글이 덧붙기도 하고 잘못 쓰이거나 빠진 글자가 많아 문리가 통하지 않았다. (중략) 문리를 모르는 사람이 끊어진 구절의 상하를 잇는 데 어려울까 염려하여, 통하기 어렵거나 확실치 않은 곳에는 점을 찍어 후에 읽을 사람을 기다리게 했으니 아마도 유익하지 않겠는가?
>
> — 김집, 『신독재수택본전기집』

예학자가 소설 독자로서 여러 작품을 모아 놓은 점에 주목할 필요가 있다.

그런가 하면 영의정을 역임한 이상황(李相璜, 1763~1841)은 소설 읽기를 좋아해 밥을 먹을 때나 화장실에 갈 때에도 책을 손에서 놓지 않았으며, 북경을 다녀온 이들이 그에게 앞 다투어 소설을 포함한 신서를 갖다 바칠 정도였다. 19세기 초에 중국 소설 『경화연(鏡花緣)』을 번안해 『제일기언(第一奇諺)』이라는 소설책을 쓴 홍희복(洪羲福)은 과거시험을 포기하고 한가할 때 세상에 전하는 국문소설을 거의 다 열람할 정도였다. 이처럼 조선 후기에 소설 독서에 깊이 빠져든 상층 지식인들도 있었다.

비록 지배 세력에게 고소설이 호의적이지 않았지만, 그렇다고 검열과 금서의 대상으로 소설을 낙인찍은 적도 없었다. 오히려 세조는 중국 설화집이라 할 『태평광기(太平廣記)』에 대해 관심을 표명하였고, 연산군은 소설류(『전등신화』, 『전등여화』, 『서상기』 등)를 탐독하기도 했다. 그런가 하면 효종비인 인선왕후(1618~1674)가 딸 숙명공주에게 보낸 한글 편지("녹의인던은 고텨 보내려 ᄒ니 깃거ᄒ노라", "하븍니장군뎐 간다 감역집의 베낀 칙 ᄎᆞ자 드러올제 가져오나라", "슈호뎐으란 너일 드러와서 네 출혀 보내여라" 등)에서도 소설 독서 흔적을 확인할 수 있다.

특히 궁중과 사가 사이에 소설책을 주고받았다는 사실은, 상층 사대부가의 여성들을 중심으로 소설 읽기가 유행하고 있었음을 확인시켜 준다. 이 밖에도 18세기 영조 연간에 완산 이씨가 제작한 『중국소설회모본(中國小說繪模本)』이나 안겸제(安兼濟)의 모친이 "완월(玩月)을 지어 궁중에 흘려 넣어 명성을 널리 떨치고자"(조재삼, 『송남잡지』) 했다는 기록 등은 여성작가의 존재와 궁중과 소설의 상관성을 추정할 수 있는 중요한 자료이다. 무엇보다 궁중 도서관(낙선재)에 소장되어 있던 소설책의 상당수가 현재까지 전해지고 있다는 점은 궁중 내에 적지 않은 소설 독자가 있었음을 잘 보여준다.

한편, 「구운몽」이나 「창선감의록」의 창작 동기가 소설 읽기를 좋아하는 노모를 위한 것이었다는 점에서 사대부가의 여성 독자가 소설 독서의 주체였음을 엿볼 수 있다.

내 선조 졸수공 행장에 이르기를, "대부인은 고금사적을 두루 꿰뚫고 계셨으며, 만년에는 또 누워서 소설 듣기를 좋아하시어 이로써 잠을 막고 근심을 풀 거리로 삼으셨다. 공께서 스스로 소설을 여러 편을 지어 드렸는데 세상에 전하는 「창선감의록」, 「장승상전」이 그것이다.

— 조재삼, 『송남잡지(宋南雜識)』

사대부가 여성들이 소설을 즐겨 읽었음을 알기에 충분한 내용을 담고 있다. 또 다른 자료(『옥소고(玉所稿)』)에는 권섭이 모친 용인 이씨가 자신이 직접 필사한 소설을 손자 손녀에게 나누어주었다는 기록도 전한다.

정부인(貞夫人)에 추증된 돌아가신 어머니 용인 이씨(龍仁李氏)께서는 손수 필사하신 책 가운데 15책의 대소설『소현성록』을 장손 조응(祚應)에게 주어 가묘(家廟)안에 보관하게 했다.『한씨삼대록』은 내 동생 대간군(大諫君)에게 주고,『한씨삼대록』1건과『설씨삼대록』은 황씨 집안으로 시집간 누이동생에게 주었다.『의협호구전』과『삼강해록』1건은 둘째 아들 덕성(德性)에게 주고,『설씨삼대록』은 김씨 집안에 시집간 내 딸에게 주었으니, 각 집안에서 자손들이 대대로 잘 간수해야 할 것이다.

— 권섭, 『옥소고』

이처럼 사대부가 여성들이 소설을 즐겨 수용한 배경에는 여성을 중심으로 한 한글 보급, 여성들의 문예적 욕구, 그리고 여가의 확보 등이 자리하고 있다. 이때 이들이 즐겨 읽던 소설은 대체로 국문 장편소설이었는데, 이들 중에는 안겸제의 모친처럼 작품을 직접 창작한 인물들도 있었을 것으로 추정된다. 또한 세책점에서 빌려다 읽던 세책본 소설의 주된 독자도 사대부가의 여성들이었다. 그들은 소설책을 빌려다 읽는 데 탐닉한 나머지 가산을 탕진해 버리는 이들도 있었다. 이덕무나 채제공이 쓴 기록에서 잘 확인할 수 있다.

그런데, 국문소설의 경우, 독서 방식이 오늘날과 같은 묵독(눈으로 읽기)보다는 낭독(소리 내어 읽기)이 빈번했던 사실을 기억할 필요가 있다. 이처럼 듣는 독서는 자연히 여러 사람들의 참여 아래 행해지는 경우가 많았다. 특히나 소설책이 귀했고, 노안(老眼)이나 문맹(文盲) 등의 이유로 책을 직접 대하기 어려운 이들에게까지 독서의 기회를 줄 수 있다는 점에서 자연스런 독서 방식이었다.

국문소설은 하층민 남성들에게까지 점차 확산되어 갔는데, 장소를 바꿔가며 「숙향전」·「소대성전」·「심청전」·「설인귀전」 등을 구송했다는 전기수(傳奇叟)의 주위에 사람들이 많이 모여 들었다는 기록(조수삼, 『추재집』)에서 그 같은 일반 서민 독자의 존재를 확인할 수 있다. 그런가 하면 종로 담배 가게에서 강독사가 『임장군전』을 낭독하다가 주인공이 김자점에게 죽임을 당하는 대목에 이르러 흥분한 나머지 낭독자를 담배 써는 칼로 찔러 죽였다는 일화는 당시 하층민이 소설 내용에 얼마나 흠뻑 빠져들었는지 짐작하고도 남음이 있다.

옛날에 어떤 남자가 종로의 담배 가게에서 어떤 사람이 패사(稗史) 읽는 것을 듣다가 영웅이 가장 실의하는 대목에 이르러서는 갑자기 눈을 부릅뜨고 입에 거품을 물고서는 담배 써는 칼로 패사 읽는 사람을 찔러 죽였다.

— 이덕무, 『아정유고』

소설이 대중화의 길로 들어서던 단계였음을 알 수 있다. 특히 전기수는 이야기가 절정에 이르면 일부러 낭독을 멈추고 뜸을 들인다. 다음 대목이 궁금한 청중은 그 다음 이야기를 듣고 싶어 안달을 하며 돈을 던진다. 이런 식으로 전기수가 이야기판을 쥐락펴락 하며 돈을 버는 이런 방법을 '요전법(邀錢法)'이라 했다. 그밖에 서리 부부를 후원자로 삼았던 이업복(李業福), 빈곤을 타개하기 위해 소설을 잘 읽는 재능으로 재상가에 출입하였던 이자상(李子常), 여성의 복색을 입고 규방에 출입하면서 소설을 읽어주다가 남녀 간의 일로 인하여 장붕익(張鵬翼)에게 죽음을 당한 낭독자, 마을 사람들에게 소설을 읽어주고 소설책을 팔기도 했다던 방물장수인 책장수 등의 존재를 통해 여성 및 하층민 독자를 상대로 한 다양한 독서 활동이 있었음을 짐작할 수 있다.

② 유통 방식에 의한 향유 양상

초기에는 고소설을 직접 필사하거나 빌려다 보는 차람(借覽)의 방식이 일반적이었다. 「창선감의록」을 쓴 조성기(趙聖期, 1638~1689)는 "그의 모친이 아직 읽지 않은 책이 어느 집에 있다는 말을 들으면, 어떻게 해서든지 그것을 구해 오곤 하였다."[5]고 했다.

한편, 임사(賃寫)는 고소설의 상업적 유통 전 단계의 모습을 보여준다. 일정한 삯을 받고 의뢰자가 필요로 하는 소설을 구해 그것을 대신 필사해주는 것이다. 독자가 필요로 하는 소설을 구해 이를 필사해주고 일정한 값을 받았다는 점에서 일종의 주문 생산에 의한 유통이라고 할 수 있다. 이는 세책점 출현 직전 단계의 모습을 잘 보여준다.

상품성을 담보한 물건으로서 소설책이 상업적 유통의 대상이 된 것은 세책점 필사본인 세책본 소설부터다. 도서대여점이라 할 세책점은 18세기에 나타났으며, 19세기 후반에 나타난 민간 서점의 역할을 일찍부터 감당했다. 세책점의 주인은 대개 생계가 막막한 가난한 선비 또는 중인들이었다. 이들은 장편소설뿐만 아니라 단편소설, 가사집 등을 구비하고 있었으며, 19세기 후

---

5) 조성기, 『졸수재집(拙修齋集)』 권12 참조.

반~20세기 초에는 필사본뿐만 아니라 인쇄본도 취급했다. 책을 주로 빌려보는 이들은 여성 독자들로서 일정한 물품을 전당품으로 삼아 보관하고 나중에 세책 비용을 별도로 지불하였다. 세책 비용을 마련하기 위해 비녀나 팔찌를 팔기도 하고, 심한 경우에는 빚을 내어 이를 감당하느라고 가산을 기울인 경우도 있었다. 모리스 쿠랑의 『한국서지』에 의하면, 세책점은 지방에는 없고, 오직 서울에만 있었다고 한다. 세책본 소설은 사대부가 여성 독자의 독서열을 충족시키고, 자극하는 역할을 했다. 독서 계층의 확대를 가져왔으며, 궁중에까지 전해져 궁중에서도 세책본 장편소설을 애독하게 되었다.

또한 세책본 소설의 홍행에 힘입어 19세기에는 상업적 이익 추구를 목적으로 인기 있는 작품들을 목판으로 제작, 대량 생산한 방각본 소설이 성행했다. 물론 방각본 소설 중 가장 오래된 것은 1725년에 나주 남문에서 간행한 한문본 「구운몽」과 1803년 간행 한문본 「구운몽」이 있다. 이 을사본(1725년 간행본)은 사각(私刻)인지 방각(坊刻)인지 불분명하나, 이미 중국 소설의 판각이 이루어졌다는 점에서 본다면 방각본일 개연성이 있다. 한문본 방각본 소설의 뒤를 이어 국문소설 방각본이 나왔는데, 1780년에 간행된 국문본 「임경업전」, 1847년에 간행된 「전우치전」 등이 이른 시기에 방각된 작품들이다. 서울 지방에서 간행된 『삼설기』(1848), 전주 지방에서 간행된 「구운몽」(1863)도 그 뒤를 이어 나온 오래된 것들이다. 이처럼 방각본은 일반서적이 먼저 나오고, 그 뒤를 이어 한문소설이 나왔고, 그 뒤를 이어 국문소설이 나왔다. 경판본(서울)과 완판본(전주)이 대표적이다.

이러한 방각본 소설은 서민의 요구에 부응해 나타난 소설이다. 방각본 소설의 출현은 기존의 소설 유통 방식인 필사본만으로는 이미 광범위하게 형성되어 있던 소설 독자층의 욕구를 충족할 수 없게 된 데서 기인한다. 세책본 소설은 서울의 일부 독자를 상대로 한 것이라면, 방각본 소설은 다수의 독자를 전제로 한 대량생산의 결과물이다. 방각본 소설은 결국 독자 수의 증가와 소설의 대중화를 실현시켰다고 할 것이다. 왜냐하면 방각업자들이 관심을 가진 작품들은 소위 당대에 일반 독자들 사이에서 가장 인기 있게 읽히던 것들이었기 때문이다. 비록 비용문제로 축약과 누락이 있었지만, 방각본은 필사본에 비해 동일한 텍스트를 여러 사람이 함께 공유할 수 있다는 점에서 텍스트를 고정해주었다는 의의를 지닌다. 그리고 방각본으로 간행된 인기 있는 고소설 작품들은 20세기 초에 신연활자 기계를 이용한 활자본 소설로 재탄생되었다. 표지에 울긋불긋한 칼라판 그림을 집어넣어 독자의 흥미를 불러일으키는 수법으로 상업적 판매 전략을 추구한 획기적인 시도도 나타났다.

그밖에 상업적 서적 유통의 주체로 책쾌(冊儈)가 있다. 책쾌는 서점 또는 세책점이 정착하기 이전부터 직접 책을 가지고 돌아다니며 흥정하며 판매를 하던 서적외판원에 해당한다. 이들은 사회의 상류층 내지 지식인, 장서가, 그리고 사적으로 서적구입을 희망하는 이들을 대상으로 거래를 행했다.6)

이처럼 고소설이 고정적이지 않은 역동적 갈래로서 조선후기 문학사의 지평과 편폭을 다채롭게 만들어놓을 수 있었던 동인은 바로 소설 유통문화와 인쇄술의 발전, 그리고 상품예술로서의 끊임없는 독자의 요구가 맞물려 나타난 것이었다. 독자의 요구에 부응하기 위한 유통·출판업자들의 노력은 소설의 향유와 전파뿐만이 아니라 그들이 당대에 의도하지 않았다 할지라도 결과적으로 그들이 작품 창작에 개입해 소설적인 형식과 내용을 발전시키는 데 공헌했다.

---

6) 이민희, 『16~19세기 서적중개상과 소설 서적 유통관계 연구』, 역락, 2007, 99~157면.

(8) 민속극

민속극은 민간에서 전승되던 연극으로 크게 무극, 가면극, 인형극으로 나눌 수 있다. 무극은 굿을 할 때 연행하던 굿놀이를 말하고, 인형극은 남사당패와 같은 유랑 연예집단이 행하던 「꼭두각시놀음」을 말한다. 그런가 하면 가면극은 지역마다 행하던 탈춤놀이를 의미한다. 민속극 중에는 가면극이 가장 활발히 전승되고 있다. 가면극 중에는 황해도 봉산 지역에서 전승되던 「봉산탈춤」과 경기도 양주 지역에서 행해지던 「양주 별산대놀이」, 그리고 경남 일대에서 행해지던 「오광대 놀이」 등이 그 예술성을 높이 평가받고 있다.

가면극의 기원과 관련해서는 농악굿 기원설이 설득력이 있다. 즉, 농촌 마을에서 행해지던 마을굿에서 가면극이 시작되었다는 것이다. 마을굿을 행할 때 농악대의 '잡색놀이'라는 탈놀이가 있는데, 탈놀이 대사 속에는 마을 수호신인 남신과 여신, 그리고 남녀의 결합과 출산 등에 관한 내용이 있어 풍년을 기원하는 제의적 성격이 강하다. 가면극은 바로 이런 농촌의 제의와 관련되어 발전하게 되었다는 것이다. 그런데 조선 후기에 이르러 장시(場市)가 대거 생겨나고 경제가 발달함에 따라 평민들이 행하던 탈놀이가 도시로 진출해 도시 가면극으로 성장하게 되었다. 마을굿에서 형성된 가면극이 교통의 요지와 상업이 발달한 지역마다 일반인들을 대상으로 한 공연 예술로 발전하게 된 것이다.

비록 지역마다 가면극의 특성이 달리 나타나지만, 공통된 과장이 있다. 영노과장, 미얄과장, 노장과장, 양반과장이 그러하다. 영노과장은 영노 또는 이시미라는 무서운 동물이 사람을 잡아먹으려 하고 이를 물리치는 내용을 담고 있어 재해에 맞서 싸우는 원시적 인간의 모습을 담고 있다. 미얄과장은

■ 꼭두각시놀음

국내에 전하는 유일한 인형극으로 주인공인 박첨지의 일대기를 바탕에 깔고 사건이 전개된다. 등장인물을 염두에 두고 「박첨지놀음」, 「홍동지놀음」으로 부르기도 한다. 박첨지 일가의 파탄과 구원이라는 줄거리를 갖고 있으면서 삶의 덧없음을 잘 드러낸 인형극이다. 인형 조종자와 악사(산받이)의 대화를 통해 사건이 진행된다.

영감과 미얄 할미, 돌모리집이 등장해 한 남성과 두 여성 사이의 삼각관계를 보여준다. 돌모리집으로 표상되는 젊은 여성이 미얄을 물리치고 영감이 젊은 여성 사이에서 아기를 낳는다는 내용으로 남신과 여신의 결합과 풍요를 기원하던 의식에서 유래한 것으로 보인다. 그런가 하면 노장과장은 파계승을 조롱함으로써 불교 권위에 대한 저항과 풍자를, 양반과장은 양반계층을 희화화함으로써 유교 신분 사회에 대한 조롱과 풍자를 담아내었다. 이들 과장은 각각 독립되어 있고, 극적 갈등은 대사보다 춤을 통해 더욱 역동적으로 표출된다. 그러나 이런 갈등은 과장별로 모두 해소되고, 새로운 출발로 마무리된다.

이렇듯 가면극은 신분 사회에서 천대받고 억압받던 하층민의 비판의식을 풍자와 해학으로 승화시킨 민중 연희물이다. 지배층을 풍자하고 현실적 욕망을 긍정하며 남성의 가부장적 횡포를 폭로하고자 한 의식은 중세적 지배 질서가 해체되어 가던 조선후기의 인식 세계를 단적으로 잘 보여준다.

3. 고전산문문학사의 문학교육적 쟁점

(1) 고소설 발생과 기원 논쟁

현재 설화와 소설의 차이를 염두에 둔, 고소설 발생과 기원에 관한 논의가 거듭 이루어지고 있다. 기존에 『금오신화』를 최초의 고소설로 인정하던 것과 달리, 나말여초의 전기 작품인 「최치원」을 소설의 시작으로 보아야 한다는 논의가 활발히 전개되고 있기 때문이다. 이러한 소설 발생론은 소설의 발생 시기를 『금오신화』가 창작된 15세기가 아닌, 「최치원」이 실려 있었다는

『수이전』의 편찬 시기인 9~11세기로 파악하고 있다는 점에서 커다란 차이를 보인다. 『수이전』 일문(逸文)의 갈래를 어떻게 규정하느냐에 따라 서사문학사의 발전 경로는 물론, 설화에서 소설로의 분기점 역시 달리 파악할 수밖에 없다는 점에서 이들 작품의 갈래 규정은 서사문학사에서 중요한 의미를 갖는다.

「최치원」은 남녀의 사랑 이야기로, 인간과 귀신이 서로 만나 즐거움을 나눈다는 인귀교환(人鬼交歡) 모티프가 기저에 깔려 있다. 이런 내용상, 양식상 특성은 15세기에 김시습이 지은 『금오신화』의 「이생규장전」, 또는 「만복사저포기」 등에서도 동일하게 발견된다. 그러나 조동일은 「최치원」이 '작품외적 자아의 개입에 의한 자아와 세계의 상호 우위에 입각한 대결'로 요약되는 소설의 구조를 지니고 있지 않기 때문에 전설이라고 보았다. 반면, 임형택은 소설의 갈래적 표지로 '작가의 창작성 및 문식성', '사회 현실에 대한 풍부한 반영', '작가 의식의 합리성' 등을 내세워 「최치원」을 『금오신화』와 동일한 특성을 지니고 있다고 보고, 이를 소설로 파악한다. 또한 서정과 서사의 교직, 고독감의 유무, 묘사의 구체성 등을 들어 설화와 소설의 차이를 논하기도 한다. 그러나 양자의 주장대로 「최치원」에 사회현실이 풍부하게 반영되어 있으며, 그 인식과 행동의 의지가 구체적으로 형상화되어 있다거나 주인공과 갈등 또는 대립하는 세계가 드러나고 있는지 여부는 그것을 판단하고 규정하는 연구자의 관점과 시각에 따라 달리 제시되고 있다.

이런 상황에서 교사는 소설의 발전 경로에 대해 보다 개방적이고 문제적 시각을 견지하는 것이 필요하다. 설화에서 소설로의 이행이라는 단선적인 이해에서 탈피해 실상에 근거해 소설과 경쟁 관계에 있으면서 나타난 다양한 서사 갈래종의 발생과 교섭에 대해 복합적으로 사고하는 것이 요구된다. 예를 들어, 「최치원」이 설화가 아니므로 전기(傳奇)가 곧 소설이라는 식의 논리는 곤란하다. 최소한 논쟁이 벌어지는 시각의 차이가 무엇인지 학습자들로 하여금 생각할 여지를 제공할 수 있는 교육이 필요하다. 최초의 소설이 「최치원」인지 『금오신화』인지 그 자체는 중요하지 않다. 그런 지식 위주의 교육목표는 더 이상의 사고를 요하지도 않으며, 소설이란 갈래의 본질과 특성을 이해하는 데 기여하는 바가 없다. 왜 「최치원」을 설화로 볼 수밖에 없는지, 또는 『금오신화』가 최초의 소설이라면 그 이전의 서사 작품은 왜 소설이라 볼 수 없는지 등에 관해 의문을 갖고 자기 스스로 해답을 찾아나가려는 토론과 사고력을 키우는 교육이 필요하다. 적어도 소설 발생론에 대한 교육은 소설이란 갈래 개념에 대한 보다 깊이 있는 이해를 가능케 하며, '『금오신화』=최초의 소설'이라는 화석화된 지식 교육에서 탈피해 보다 생산적인 토론을 가능케 한다는 점에서 의미가 있다.

(2) 갈래 규정 및 용어 사용의 문제

고전산문을 교육할 때 부닥치는 문제 중 하나는 갈래 귀속과 이에 따른 용어 사용이다. 예를 들어, 고려 시대의 '가전(假傳)'과 관련해 혹자는 이를 '가전체', '가전체 소설', '의인 문학', '의인체 소설', '고전수필' 등으로 규정하고 다양하게 명명하고 있다. 그런가 하면 조선 전기에 심성을 의인화한 작품군, 즉 「수성지」, 「천군전」, 「천군연의」 등까지 가전의 연장으로 보아 '심성가전' 또는 '가전체'로 부르기도 한다. 그러나 조선 전기의 천군류 작품은, 고려 '가전'과는 차이가 현저한 별개의 갈래, 곧 '소설'(천군소설 또는 가전체 소설)로 보아야 한다는 주장이 만만치 않다. 이런 관점의 차이는 '가전'으로 명명되는 작품군 자체가 선명하게 규정하기 힘든 속성을 지니고 있는 데서 비롯되기도 하지만, 용어 사용의 모호함에서 기인한 측면도 무시할 수 없다.

현재 일부 문학사에서는 천군류 작품을 '가전체'라고 명명하고 있다. 그 결과 고려 가전과 조선 전기의 천군류 작품을 모두 합쳐 '가전체'라고 통칭하는 경향이 강하다. 이것은 천군류 작품을 고려 가전의 연장으로 보아야 한다는 시각에 서 있는 것이다. 그런데 천군류 작품을 소설로 파악하는 이들은 이들 작품을 교술이 아닌 서사, 곧 '천군소설' 또는 '가전체 소설'로 보아야 한다고 한다. 무엇보다 고전 가전과 달리, 인과적 구성과 현실 문제를 비판적으로 성찰하고 있는 점에서 소설로 볼 수 있다는 것이다. 그리고 이 두 견해 외에, 천군류 작품은 소설도 교술도 아닌 '복합갈래'로 파악해야 한다는 주장까지 있다.

이런 상황에서 최근 고려 '가전' 작품을 대개 그냥 '가전'으로 명명하는 데 있어서는 어느 정도 암묵적 합의가 이루어진 듯하다. 그러나 연구초기에 '가전체'로 명명했던 관행과 타성은 여전히 남아 있어 백과사전에서부터 교과서와 참고서에 이르기까지 '가전'과 '가전체'가 함께 쓰이고 있기도 하고,[7] 학계의 논의와 별개로 시중 참고서에서는 고려 가전마저 소설, 또는 고대수필로 제각각 소개되고 있기도 하다. 이로 말미암아 연구자뿐 아니라 일반인들과 학생, 교사 모두에 이르기까지 큰 혼란을 야기하고 있다. 이 경우 그 결과는 고스란히 다수의 학습자들에게 영향을 미쳐 작품군에 대한 무관심 내지 오해와 부정적 선입견을 조장하기 쉽다.

갈래 규정문제와 관련하여 갈래의 명칭과 그 개념은 해당 대상을 다른 대상과 구별 짓는 기준이 된다. 또한 해당 작품을 바라보는 일정한 관점 형성과 이해에도 영향을 끼친다. 따라서 명칭에 대한 학계와 교육계의 연구와 합의, 그리고 그 적용이 필요하다. 가전과 가전체 문제처럼 여전히 적당한 명

---

7) 백과사전의 경우 하단에 설명의 출처가 누구의 어떤 글인지 밝혀져 있지만, 가전과 가전체의 분분한 명칭 사용을 일반인들이 이해하는 데에는 한계가 있다. 그런데 더 큰 문제는 현행 교과서 또는 참고서에서 가전의 명칭과 관련한 혼란이 고스란히 반영된 채 학습자들에게 전달되고 있다는 점이다. 한 예로 같은 출판사에서 나온 문학 참고서와 교과서임에도 불구하고 동일한 「국선생전(麴先生傳)」을 두고 각각 '가전체 작품'과 '가전'으로 달리 명명해 놓고 있다. 또한 동일 교과서 내에서도 서로 달리 명명하고 있어 교과서나 참고서를 보는 학생들과 교사들에게 혼란을 주기 쉽다.

칭을 얻지 못한 채 부유하고 있거나, 합의가 필요한 부분에 대해 적합한 명칭과 갈래 규정은, 비록 소소해 보일지 몰라도, 매우 긴요한 일이다. 따라서 결과가 무엇이든지 간에 학계의 합의와 해결책 제시가 필요하다. 그래야 어떤 것으로 교육 현장에 제시해야 할지가 결정될 수 있다.

만약 작품의 성격 규명과 갈래 규정문제가 합의에 이룰 수 없다면 이 또한 논란이 되는 지점과 이유 등을 학습자에게 허심탄회하게 알려줄 필요가 있다. 갈래론에 대한 이해가 있을 때 문학교육에서 요구되는 개별 작품에 대한 주제와 성격 파악이 가능할 뿐 아니라, 문학사적 이해와 감상의 폭을 넓혀 갈 수 있기 때문이다. 작품과 갈래 관련 연구가 생산적으로 전개될 때, 고전 문학교육의 의미와 사회적, 교육적 위상과 가치 역시 달라질 수 있다. 물론 이는 단순히 갈래론이 중요함을 의미하지 않는다. 갈래론이 작품 감상과 이해의 기반을 넓히는 데 유용하게 기능할 수 있음을 깨닫는 것이 더 중요하다. 단순 지식 교육이 아니라 사고하고 탐구하는 교수·학습 방법으로 고전 산문 교육이 이루어질 필요가 여기에 있다.

(3) 역사 갈래종에 대한 이해와 상호텍스트성

비록 교과서에는 없지만, 교육 현장에서 상당히 널리 가르치고 있는 내용 중에 '고소설의 일반적 특징'이란 것이 있다. '대부분 작자 미상이다', '권선 징악적 내용이 많다', '행복한 결말로 끝난다', '비현실적이고 우연적인 전개가 많다', '전형적, 평면적 인물이 등장한다', '주인공의 일대기적 구성을 취한다' 등등. 그런데 이런 특징들은 실상 조선 후기에 방각본 소설로 널리 유통된 '영웅군담소설'에서 주로 나타난 것이지 고소설 작품 전반에 걸쳐 보이는 특징은 아니다. 국문소설 중에서도 한 부분에 불과한 영웅군담소설의 특징이 고소설(한문소설과 국문소설) 전반의 특징으로 왜곡된 채 교육이 이루어지고 있다. 이는 고소설에 대한 부정적 인식을 조장할 뿐 아니라, 주로 참고서나 문제집에서 언급되고 있어 학습자들에게 혼란을 초래하기 쉽다.

따라서 고소설 작품의 유형이 다양하고 이본 또한 다양하다는 사실을 인식하고, 이본별 존재 양상과 형태, 그리고 그 성격과 내용을 각기 구별해 이해하는 것이 필요하다. 이는 특정 역사 갈래종에 대한 이해뿐 아니라, 그런 이본들을 향유했던 작가와 독자, 언어 표기 형태(한문, 국문), 그리고 유통 방식(세책본, 방각본, 활자본 등)에 대한 종합적 이해가 있을 때 가능하다. 그럴 때 소설 작품군을 실상대로 제대로 파악할 수 있고, 작품의 주제의식과 내용적, 사회적 맥락에 대한 이해 또한 풍부해질 수 있다. 이처럼 다양한 이본이 존재하고, 역사적 갈래종 역시 시대와 문학담당층에 따라 달리 산출되었다는 사실을 아는 것에서 상호텍스트성 교육이 시작될 수 있다.

✅ (   )에 알맞은 말을 써 넣으면서 주요 개념을 정리합니다.

1 고전산문문학사 교육은 작품에 대한 문학적 이해뿐 아니라 사적 전개 과정에 대한 이해, 그리고 더 나아가 작품이 속한 갈래에 대한 이해가 종합적으로 요구된다. 예를 들어,『유충렬전』의 경우, 영웅 유충렬이 (   ) 구성에 의거해 고난을 극복하고 성공을 이룬다는 내용을 파악하는 것뿐만 아니라, (   ) 소설로서의 갈래적 특성을 잘 이해해야 할 것이며, 국문 창작 작품으로 하층민 독자의 취향에 부응하고 있으면서 19세기 이후에 나타난 (   ), 활자본 등의 형태로 널리 읽혔다는 사실을 이해하는 데까지 나아가야 할 것이다. 통시적 관점에서 작품 내적 주제와 외적 존재 환경을 함께 이해하는 문학사 교육은 학습자에게 흥미와 공감을 동시에 만족시킬 수 있는 한 방법이 될 것이다.

✅ 주요 개념에 대한 통시적 이해를 토대로 현대적 적용 능력을 기릅니다.

1 고소설의 기원과 발생과 관련해 고려해야 할 것이 무엇인지 토론해 보고, 이를 통해 고소설 교육의 방법과 내용, 그리고 그 교육적 적용에 대해 설명하시오.

1) 최초의 소설 작품은 무엇인가?

2) 그 작품을 최초의 소설이라 말할 수 있는 근거는 무엇인가?

3) 그 작품 이전의 서사작품을 소설로 볼 수 없는 이유는 무엇인가?

4) 설화와 소설을 어떻게 구별할 수 있는가?

5) 고소설을 갈래론으로 접근하고자 할 때 고려해야 할 내용과 방법은 무엇인가? 그리고 그 교육적 효과는 무엇인가?

2 특정 고전산문 작품을 택한 후, 작가와 독자, 그리고 사회적 맥락을 바탕으로 작품의 유통과 창작, 독서 환경을 고려해 그 작품이 갖는 고유한 존재 양상과 의의에 대해 설명해 보시오.

3 작가가 여성을 영웅으로 설정한 이유와 여성영웅소설이 인기를 누린 이유를 수용론적 관점에서 말해 보시오. 또한 여성영웅소설을 오늘날 관점에서 볼 때 어떠한 의미를 부여할 수 있는지 토론해 보시오.

4 설화와 무가, 민속극 등의 구비서사 문학이 현대에 어떻게 수용, 적용 가능한지 그 방법과 내용을 구체적으로 밝히시오.

제10장

현대시문학사 교육

제도의 역사에서는 하나의 목적론적 역사 기술은 존재하지 않는다. 그것은 심지어 역사가 그것을 추동하는 힘이나 의지에 의해 하나의 이념이나 목적을 전개된다고 이해하는 경우에조차 그러하다. 왜냐하면 제도의 역사란 역사의 각 시기마다 서로 다른 질문과 기획, 도전 등을 통해 서로 다른 규약과 관습을 완성해 가는 과정이기 때문이다. 이념의 역사에 가까운 문학사와는 달리 현대시사는 제도의 역사에 해당하므로, 이 역사에서 단절과 병치와 특이는 동질성만큼이나 일반적인 일이다. 그렇다면 우리는 어떤 이념화된 지향을 가지고 간난신고를 이겨내며 경주해 가는 역사가 아닌, 그때그때마다 최선의 답을 얻어가려는 기획과 시행착오의 역사에 대해서 공부해야 한다.

이 장에서는 역사의 유명한 비유 중 하나인 베짜기에 빗대어 현대시사를 살펴본다. 곧, 베짜기에서 중요한 것이 씨줄이 아닌, 그것을 잇고 대고 짜는 날줄인 것처럼 현대시사에서도 각 시기마다 시인, 독자들이 각기 다른 현대시 형식들을 만들고 발전시키면서 어떠한 문제의식과 노력을 보였는지를 중요하게 살펴볼 것이다. 이는 중요하다고 알려진 시사적 사건이나 작품들을 연대기적으로 나열해 놓고 그것들의 인과적 관계를 살피려는 시도와는 다른 접근이 될 것이다.

1. 현대시문학사[1]를 보는 관점

서구 신화에서 베짜기는 인간의 운명에 비유된다. 신화에는 운명의 세 여신 모이라이(Moirai)가 등장하는데, 그녀들은 각기 자신의 역할에 따라 실을 뽑고(클로토), 타래를 엮으며(라케시스), 천을 잘라(아르로포스) 인생의 시작과 끝을 정하였다. 인간의 삶과 죽음이 이 여신의 주관에 달려 있었기에, 그녀들의 결정은 다른 신들조차 어찌할 수 없을 정도로 절대적이었다고 한다.

이 강력한 모티프로 인해 모이라이는 시대에 따라 모습을 달리하며 여러 문학 작품들에 반복하여 등장하면서 인과를 벗어날 수 없는 운명으로 신화화한다. 예컨대 맥베스(Macbeth)에 등장하는 세 마녀도 모이라이의 변주이다. 그녀들은 전쟁에 승리하여 개선하는 그의 앞에 나타나 알 듯 모를 듯한 모종의 신탁을 하는데, 그것은 작품 전체를 통해 인간이 벗어날 수 없는 숙명의 비극성을 부각시킨다. 나아가 모이라이는 자연의 질서를 은유하기까지 한다. 세 여신은 각기 과거와 현재와 미래를 나타내면서, 한 치의 틈도 만들지 않고 운명의 주관자로서 인간의 삶에 간여한다는 것이다.

우리가 역사를 이해하는 방식 중 하나가 인과이며, 역사를 한 줄기 강물에 비유하는 것도 그러한 이해의 한 양상임을 생각해 볼 때, 역사는 마치 운명의 세 여신에 의해 결정되는 인과의 과정처럼 보인다. 목적론적이든, 운명론적이든 간에 여기에는 필연이 존재한다. 하지만 이렇게 받아들이고 나면 역사는 정당성의 논리나 처세의 교훈은 될 수 있을지 몰라도 교육의 내용은 될

---

[1] 이 장의 제목이 '현대시문학사'로부터 출발하고 있기는 하지만, 그 대상이 되는 시기의 작품들을 '현대시'라고 부르기에는 적합하지 않은 면이 있다. 탈근대적 문화 현상이 확산되기 시작한 90년대 이후로 현대시는 근대시와는 내적 형식에서 두드러진 차이를 갖는 많은 작품들을 갖게 되었기 때문이다. 다만 책 전체의 체제를 고려하여, 이 장에서는 근대시까지를 포괄하는 명칭으로 현대시라는 용어를 사용한다. 필요할 경우에는 근대시와는 구분하여 사용하기도 할 것이다.

수 없을 것이다. 우리가 역사에 대해 알려는 까닭은 인과의 끝에 오는 결과와 그것이 주는 교훈보다는 인과 속에 존재하는 선택과 그 과정이 주는 의미를 얻기 위함이다.

현대시 문학사(이하 현대시사)에 대해서도 이러한 이해가 필요하다. 비유컨대 베짜기의 씨줄이 우리가 어찌할 수 없는 현대시사의 흐름이라면, 현대시사 교육의 진정한 의의는 도저한 그 씨줄의 흐름을 엮어내려 한 날줄을 이해하는 데 있다고 할 수 있다. 날줄은 씨줄 위에 얹어질 때 무늬를 만들며 현대시 작품은 현대시사의 흐름 위에서 그 독특한 문학적 형체와 채색을 보여준다. 이런 점에서 현대시사의 교육은, 과거에 어떤 훌륭한 작품이 있었고 그 작품들이 얼마나 문학사에서 빛을 발하느냐를 이해하는 데 있지 않고, 시인이 자신이 속한 시대를 어떻게 이해하였으며 그 속에 자신의 위치를 어떻게 선택하였는지, 또한 독자들이 그 시인의 작품을 어떤 의미 있는 발언(discourse)으로 이해함으로써 특정한 동시대인의 위치를 형성하였는지를 이해하는 데 있다고 할 수 있다.

2. 씨줄로 현대시사 읽기

(1) 현대시사의 주요 작품들

현대시사를 공부할 때면, 다음과 같은 작품 목록을 반복하여 대하게 된다. 「진달래꽃」(김소월), 「님의 침묵」(한용운), 「유리창 1」(정지용), 「오감도」(이상), 「남신의주 유동 박시봉방」(백석), 「동천」(서정주), 「광야」(이육사), 「또 다른 고향」(윤동주), 「나그네」(박목월), 「풀」(김수영), 「꽃을 위한 서시」(김춘수)[2] ……. 때로

■ 메타 담론

거대 담론이라고도 하며, 여타의 담론들을 조직하여 형성한 상위의 추상적이고 초월적인 담론을 가리킨다. 더 높은 차원에서 기존의 담론들을 성찰하는 담론이다. 이를테면, 역사는 단순히 사실들의 집적체가 아닌, 어떤 의미로 해석될 수 있는 자료들과 이미 어떤 의미로 해석되어 있는 담론들을 통해 형성된 추상적인 담론이기에, 그 자체가 메타 담론으로 존재한다. 비평도 메타 담론에 속한다. 메타 담론은 그 스스로 주장하는 대신, 그것을 이루는 여러 담론들이 내포한 이러저러한 주장들을 이미 진리로 가정하고 있기 때문에 초월적이다.

는 다른 작품, 다른 시인이 이 자리에 있기도 하고, 목록에 오르는 작품의 수가 늘거나 줄기도 한다. 그래도 대체로 이 목록(들)은 대체로 안정되어 있다고 할 수 있는데, 그러한 까닭에 우리는 이 목록(들)을 '정전'이라 부르며, 곧잘 현대시사로 치환하여 이해하기도 한다.

하지만 씨줄을 통해 읽게 되는 현대시사에는 엄밀히 말해 작품들은 존재하지 않는다. 왜냐하면 '어떤' 씨줄은 서로 다른 날줄들과의 교직 속에 만들어진 가상의 선이고, '모든' 씨줄은 과거에서 현재로 오직 한 방향으로만 내닫는 흐름일 따름이어서, 추상의 관념으로만 포착되기 때문이다. 만약 그러한 씨줄을 현대시사로 읽고자 한다면 이후에 언급할 메타 담론들(meta-discourses)을 살펴야 한다.

그럼에도 불구하고 현대시사는 작품들의 나열로 치환되는 경우가 적지 않다. 『문학』 교과서에는, 비록 편집 체제상 듬성듬성 배열되어 있기는 해도 현대시 작품들이 선별되어 제시된다. 11 개정 교육과정에 따른 『문학』 교과서들에 수록되었던 현대시 작품은 421편이다. 수십만 편에 이를지 모르는 전체 작품 수에 비하면 '매우' 선별된 것이지만, 그 이전 교육과정기의 교과서들에 비하면 대폭 늘어난 작품 수를 갖추고 있다.

이 작품들이 시간 순서로 늘어선 것이 현대시사일까. 이 작품 하나하나는 마치 직물의 씨줄과 날줄이 만나 이루는 '양(陽)의 교차점'[3]과 같아서 어떤

---

2) 이 목록은 시인협회가 2007년 선정한 대표 시인 10인의 대표작이다.

3) 직물의 결(texture)을 보면, 씨줄과 날줄이 교차하는 지점의 표면은 반드시 그것에 의해 가려진 이면을 가지고 있다. 만약 씨줄과 날줄의 색이 서로 다르다면 표면의 색과 이면의 색은 교차하는 위치에 따라 다를 수밖에 없다. 만약 현대시사에서 어떤 작품이 선택되었다면 그 선택은 다른 어떤 작품을 선택하지 않는 기준으로도 작용하게 된다. 선택되지 않은 작품은 '음(陰)의 교차점'이 되는 것이다.

교차점에 있느냐에 따라 다른 양상을 보이게 된다. 그렇다면, 우리는 마땅히 물어야 한다. 무엇이 421편을 선택하게 했을까? 씨줄 읽기에서 선별된 작품들은 설명을 갖지 않기 때문에 우리에게는 그것이 다만 사실로서 인지된다. '현대시사는 421편으로 존재한다.'

하지만 여전히 설명되지 않은, 그래서 수많은 '음(陰)의 교차점'들을 가지고 있는 이 씨줄의 작품들에 대해 우리가 묻기를 멈추지 않는다면, 이 작품들에 대해 공부하는 것을 잠시 멈추고 다음과 같은 물음들을 공부의 목록에 올려 놓아야 한다.

- 현대시사는 언제부터 시작되어 언제 끝나는가?
- 현대시사는 왜 시대 구분을 하며, 무엇을 기준으로 하는가?
- 현대시사의 주요 작품들은 어떤 기준으로 선별되었는가?
- 현대시사의 주요 작품들이 달라지는 것은 무엇 때문인가?

앞서 421편이라 부른 것들에는 이른바 '개화기'의 작품들이 포함되어 있다.[4] 이것들까지 모두 포괄하여 현대시사라 부를 수 있을까? '개화기'라는 시기 명칭은 한국사의 시대 구분 표지를 차용한 것이다. 하지만 현대시사가 어떤 역사에 부속된 일련의 시간적 현상들이 아닌, 독립적인 주제를 갖는 온전한 역사가 되려면 씨줄을 설명할 고유의 시대 구분 표지를 갖추어야 한다. 실제로는 '개화기'가 현대시사의 출발점으로서 어떤 동인(動因)이나 그것의 배후지가 될 수 있다는 논리를 현대시사 자체는 제공해 주지 못한다.[5] 그 명

---

4) 「애국하는 노래」(이필균), 「동심가」(이중원), 「해에게서 소년에게」(최남선), 「맑은 물」(최남선), 「경부 철도가」(최남선), 「창의가」(신태식), 「독립군가」(미상) 등
5) 이에 대한 설명적 가정들을 대별하면 크게 두 가지를 떠올릴 수 있다. 하나는 현대시가 근대성의 추구 과정에서 태동했으며 따라서 근대성 추구가 바로 현대시사의 추동력이라는 것이고, 다른 하나는 현대시가 개성의 문학적 추구 과정에서 태동했으며 그러한 까닭에 개성의 시 형식을 발견하고자 하는 욕망이 현대시사의 추동력이라는 것이다. 이 둘은 내용과 형식 차원에서 각기

명을 다른 것으로 바꾸더라도 이 사실은 바뀌지 않는다.

이 작품들 중에는 일제 강점기 시대의 작품들이 다수 포함되어 있다. 일제 강점기는 과연 현대라고 할 수 있을까? 만약 그렇게 부를 수 있다면, 21세기의 현대와 일제 강점기의 현대는 같은 현대성을 갖고 있다는 뜻일까, 아니면 '현대'는 끊임없이 변주하는 개념이기에 백 년이나 이백 년이 지난 후에도 같은 이름으로 묶어 부를 수 있다는 뜻일까? 역사를 연구하는 사람들은 대개 근대와 현대를 구분하여 사용한다. 그것은 '근대'에는 역사상 시대 구분의 개념으로서의 의미가 강한 반면, '현대'는 '동시대성(contemporaneity)'을 나타내는 시기 개념에 가깝기 때문이다. 그래서 근대와 현대를 구분하여 역사를 기술하거나 혹은 현대를 근대의 최근 시기로 위상을 설정하여 역사를 기술하는 것이 일반적이다. 따라서 만약 1940년대, 혹은 1970년대나 1980년대를 기점으로 그 후의 작품들만을 선별하는 대신, 그 이전의 작품들까지도 함께 다루고 있다면, 그 까닭을 현대시사는 설명할 수 있어야 한다.

교과서의 작품들 중에는 시조나 단가조의 작품들도 포함되어 있다.[6] 본래 이 작품들이 기댄 형식은 대표적인 고전 시가의 형식이다. 과연 고전 시가의 형식은 현대시의 형식이 될 수 있을까? 우연적 사건이 아닌, 시의 지향으로서 선택한 관습화된 형식에 대해 말하는 것이라면, 이 질문은 결코 단순한 것은 아니다. 새 술이 헌 부대에 담길 수는 있지만, 우리는 왜 새 술을 헌 부대에 담그려 했는지에 대해 물어 봐야 하기 때문이다. 근대성은 근대의 추구를 중심으로 근대에의 저항이라는 '반담론(counter-discourse)'까지도 포괄하는

던져진 질문과 그에 대한 설명처럼 보이며, 또한 그러한 측면이 없지도 않지만, 본질적으로는 서로 다른 추상의 차원, 즉 시를 넘어선 지점에서 제기된 이념적 추구와 시의 차원에서 제기된 장르적 추구에 따른 질문과 그에 대한 설명의 성격을 갖는다.

6) 「뵈오려 못 뵈는 님」(이은상), 「가고파」(이은상), 「송별」(이병기), 「난초 4」(이병기), 「박연폭포」(이병기), 「야시」(이병기), 「달밤」(이호우), 「백자부」(김상옥), 「상치 쌈」(조운), 「난초 잎」(조운), 「서해상의 낙조」(이태극), 「개화」(이호우), 「고무신」(장순하), 「떠난 님을 그리며」(임방울) 등

쩨나 넓은 스펙트럼을 갖는다. 하지만 근대에 대한 의식을 갖지 않은 성향, 곧 비근대성을 근대성이라 부를 수는 없기 때문에, 이제 현대시사는 이 작품들이 어떤 이유로 근대시, 혹은 현대시라고 부를 수 있는지를 설명할 수 있어야 한다.

한편 교육과정이 바뀌면서 교과서는 복합 문화적 지향을 갖는 작품들을 적지 않게 등장시켰다. 여성 시인들의 작품도 대폭 늘어났고, 삶과 현실에 좀 더 강하게 잇닿아 있는 작품들, 대중 매체와의 연관 속에서 생산되거나 향유되었던 작품들도 비중이 커졌으며, 전반적으로 80년대 이후 작품들이 놀랍게 증가되었다. 이전 교육과정의 교과서들이나 현대시 작품 선집들에서 의례 볼 수 있던 이른바 '정전' 중심의 작품들이 현대시사를 구성하던 것과는 매우 달라진 양상이다.

현대시사에서 보이는 변화는 어떻게 이해해야 할까? 이 현상은 역사가 하나의 씨줄, 곧 단일한 인과 관계의 사건들로 설명될 수 없다는 것을 시사한다. 그렇지 않다면, 현대시사의 저 다양한 작품 스펙트럼을 인과성으로 설명할 도리가 없다. 그렇다면 이 작품들은 복수의 현대시사가 미래를 향해 지나가고 난 자리의 자취들이거나 혹은 역사와는 무관하게 시간 속에 흩뿌려져 있는 과거의 흔적들이어야 한다. 그도 아니라면, 우리는 씨줄보다는 날줄, 곧 문학하기에 대한 동시대적 문제의식과 대응들, 특히 제도화된 장르에 대해 관심을 가져야 할 것이다. 왜냐하면 현대시사는 현대시라는 장르를 만들어낸 역사이고, 그 장르는 밖으로는 다른 장르에 대해 정련된 형식을 취하지만 안으로는 제각기 존재하는 작품들이 상충하거나 영향을 주는 가운데 우연한 결과로서 만들어진 대표적인 형식들과 그것들의 규범을 통해 규정되기 때문이다.[7]

결국 작품으로 대하는 현대시사에서 작품들은 우리에게 현대시의 역사를

반담론
역담론이라고도 하며, 기존의 주류적 담론, 혹은 이를 규정하는 지배적 담론에 대항하여 제기된 상반된 논리의 대항 담론을 가리킨다. 지배적 담론에 저항적이라는 점에서는 문제 해결적인 것처럼 보이지만, 실제로는 지배적 담론의 가정과 전제를 그대로 유지하고 있는, 지배적 담론과는 상호 의존적인 관계 담론이다. 역담론으로서 반근대성 담론은 근대를 부정함으로써 근대에 대한 의식을 드러낸다. 말하자면 근대성 담론의 프레임 안에서 근대성 담론에 대항하는 것이다.

보여주는 대신에 역사를 해석하는 단서를 제공해 준다고 할 수 있다. 특정한 문학 범주로 묶여 제시되는 작품들은 공통의 사건에 관련되어 있거나 같은 이론으로 설명되는 일련의 사건 속에 있다고 가정되기에, 현대시사 교육은 이 가정의 정합성을 검토하거나 각기 대응하는 사건이나 이론들의 의미를 검토하게 된다.

(2) 현대시사의 주요 사건들

인과적 사태들로 이어진 사건들의 기록을 역사라고 하면, 아이러니컬하게도 역사는 역사 자체를 보여주지 못한다. 역사의 시간이 실제의 시간에 가까워질수록, 곧 인과에 개입하는 사건들을 가급적 모두 보여주려 하면 할수록, 역사의 기술은 불가능한 일이 되기 때문이다. 따라서 이러한 역사에서는 왜곡이나 은폐와 같은 문제가 없더라도, 축약이나 선별이 불가피해진다. 그리고 이러한 판단에 따른 역사 개념으로 항용 우리가 대하는 대상은 한줄기 긴 산맥의 봉우리들 같은 것이다.[8]

이런 의미에서 현대시사는 중요하다고 판단되는 어떤 사건들의 목록으로 이해되기도 한다. 이 사건들에는 다음과 같은 것들이 포함된다.

- 근대시로 규정될 수 있는 첫 작품이 발표되었다.
- 동인 수준에서 벗어난 직업적 시인들이 등장하였다.
- 근대시의 성격이나 과제에 관한 논쟁이 전개되었다.
- 한국의 근대시가 지닌 특징을 잘 갖춘 작품들이 등장하였다.
- 여성시를 비롯하여 다양한 시들에서 주체 개념이 분화되었다.

---

7) 이러한 이유로 씨줄을 보고자 한다면 날줄을 보아야 하는 것이다. 이에 대해서는 3절에서 다룬다.
8) 이를 앞서 '양(陽)의 교차점'이라고도 부른 바 있다.

- 시와 시인들에서 세대 개념이 형성되었다.
- 역사 및 사회와의 교호 작용 속에서 현대시의 주목할 만한 성과와 한계가 드러났다. 등등

　이 사건들에 구체적인 인명이나 시기를 드러내지 않는 것은 여기에 대응할 수 있는 사건이 유일하지 않기 때문이다. 예컨대 최남선의 「해에게서 소년에게」가 최초의 근대시로 불린 적이 있었지만 신체시의 정체성에 대한 논란이 이어졌고, 주요한의 「불노리」가 이를 대신한 적도 있었지만 그보다 앞선 시기에 자유시나 산문시형의 작품들이 발표되었음이 확인되기도 하였다.9) 그 이전에 발표된 작품들 중에는 최남선의 「꽃두고」나 「태백산부」, 이광수의 「곰」 등이 신체시와는 다른 호흡의 질서를 지녔다는 점에서 근대시로 평가되기도 했으며,10) 내용에 초점을 두고 애국 계몽의 시가들이 근대시의 단초로서 평가되기도 했다.11)

　최초의 근대시가 복수의 사건으로서 등장하는 것은 새로운 자료의 발굴로 인한 기존 자료의 재평가 때문일 수도 있다. 이 경우 이 사건들은 결국 하나의 사건으로 재해석되고 역사의 표면 위로 솟아오르는 가시적이고 유의미한 사건으로 수렴될 것이다. 하지만 앞의 예들에서는 역사를 보는 관점이나 이론적 입장의 차이로 인해 근대시 규정이 달라지는 경우도 있으며, 여기에는 여전히 경합하는 복수의 사건들이 존재한다. 이때 근대시 규정은 선택의 문

---

9) 윤여탁, 「「불노리」는 최초의 자유시도 산문시도 아니다」, 『시와시학』 여름호, 1998.
10) 다음 글에서는 근대시와 그 이전의 시를 구분하는 주요한 기준 중 하나가 '호흡'에 있다고 있다고 보았다. 근대시가 개인의 서정을 드러내게 된 것이 개성적 호흡과 그것이 반영된 시 형식의 자유화(개성화)에 의하고 있다는 점에서이다. 최지현, 「한국 근대시 정서체험의 텍스트 조건 연구」, 서울대학교 박사학위논문, 1997.
11) 애국 계몽의 시가들이 매우 완고한 음수율을 시도했던 것 자체가 근대 이전의 전통적인 정형률에서 벗어나려는 시도였다고 평가하기도 한다. 김학동, 『한국 개화기 시가 연구』, 시문학사, 1981; 임주탁, 「한국 근대시의 형성 과정 연구」, 『한국문화』 32, 서울대학교 한국문화연구소, 2003.

제가 된다.12)

더 나아가 신체시나 자유시, 산문시 같은 용어나 개념들에 대한 정의의 선택 문제도 대두된다.13) 같은 용어를 사용하더라도 정의가 다를 수 있으며, 혹은 그 함축된 바가 달라질 수 있기 때문에, 용어나 개념의 선택이나 그것의 정의 문제는 씨줄로 이루어진 역사의 주요 사건을 다르게 평가하게 하는 요인이 된다.

사건으로 제시되는 현대시사에서 사건들 자체는 현대시의 역사를 단편화한다. 이 때문에 현대시사의 흐름을 이해하게 하는 데에는 오히려 제약이 될 수도 있다. 하지만 현대시의 문학 범주들이 지닌 함의와 함축을 이해하게 하는 데에는 도움을 줄 수 있다. 특히 문학 범주로 묶여 제시되는 사건들은 그에 경합하는 다른 사건들과의 비교를 통해 그것들을 지칭하는 개념이나 용어들이 역사적으로 형성되며 계열화하기도 하고 때로는 상충하여 배제하기도 하면서 상위의 문학 범주를 만든다는 것을 보여주는데, 현대시사 교육은 이를 검토하는 가운데 시론을 통한 문학 범주의 이해가 갖는 한계나 문제점을 보완할 수 있다.

---

12) 전래 시가들의 전통으로부터 벗어나 '근대시'라는 새로운 시를 모색했을 때 그것이 '신체시'였던 적이 있다. 이것이 과거와는 전혀 다른 시 형태를 보인 것에 주목한 사람들은 이를 신시라 불렀고, 나중에는 근대시라고 하였다. 하지만 그것이 형태만 다를 뿐 시의 형식에서는 전래의 시가 형식이나 외래의 형식인 창가와 본질적으로 다를 바 없다고 여긴 사람들은 신체시를 근대시로 인정하지 않았다. '산문시'는 전통적 율격 형식을 벗어나기 위해 도입한 자유시의 시도였기에 이를 구현한 작품들을 근대시의 출발로 여긴 사람들이 있었지만, 자유시와 산문시를 엄격히 구분하려 한 사람들은 자유시가 안정적인 형식을 갖추었을 때 비로소 근대시로서 의미를 갖는다고 보았다.

13) 예컨대 근대시 초기에 이름도 없이 존재하던/부재하던 여성시는 1930년대에 '여류시'라는 이름으로 범주화되었다가 1980년대(개념적으로는 김정란, 김혜순 등의 논의가 제기된 90년대 초반)에 이르러서야 '여성시'로 대체되기 시작했는데, 이들이 각기 지칭하는 시인이나 시 작품은 같았으나 그 함축하는 바가 달라졌고 그것의 범주적 위치에 대한 평가도 물론 바뀌었다. 이 과정은 여성시의 변화 과정으로 설명될 수도 있으나, '부재하는 여성시'가 '여류시'와 같을 수 없고, 이것이 이후의 '여성시'와 같을 수도 없기에 하나의 과정으로 설명할 수 없는 것이기도 하다는 점을 주지할 필요가 있다.

(3) 현대시사의 메타 담론들

어떤 사건이 보는 입장이나 시각에 따라 다른 이름으로 불릴 수 있다는 사실은 그 사건을 규정하는 복수의 상위 담론이 존재함을 시사한다. 사건의 의미와 중요성을 공유하는 현대시사의 주요 사건들이 그 사건의 중요성은 공유하면서도 서로 다른 사실이나 작품을 가리킬 때, 상위 담론들은 그것의 상위 담론들에 의해 규정되는 상이한 이론으로서 존재하게 된다.[14] 이렇게 하여 현대시사 전체를 관통하는 상위 담론들이 존재하게 되는데, 이러한 담론들을 메타 담론이라 한다.

문학사는 '민족 문학의 발전 과정'이라거나 '문학적 개성의 구현', 혹은 '문학 주체의 다양화와 문학의 저변 확산' 같은 주제를 가진 메타 담론들을 가진다. 경우에 따라서는 문학사 자체가 하나의 메타 담론으로 설정되기도

---

14) 현대시사에는 몇 차례의 세대론, 혹은 세대 논쟁이 등장한다. 명시적으로 세대라는 용어를 사용하지는 않았지만 20년대 초반의 '폐허'나 '백조' 동인들은 그들의 시(문학)이 그들의 앞 세대가 견지했던 계몽주의적 문학과 다름을 드러내고자 했고, 30년대에는 이른바 순수문학을 둘러싸고 유진오와 서정주, 김동리 등이 신세대 논쟁을 벌이기도 했다. 신세대 의식은 전후 실존주의의 영향 속에서 모더니즘의 새로운 서정을 추구했던 박인환, 김경린 등에서도, 이중어 사용의 고민 속에서도 식민주의를 극복하고 한국적인 모더니즘을 정착시키고자 했던 김수영, 김종삼 등에서도, 그리고 90년대에 문학 위기론을 배경으로 새로운 시 형식을 시도했던 젊은 시인들에게서도 나타났다. 이 가운데 50년대와 60년대, 90년대의 신세대론(혹은 전후 세대론)은 현대시사를 보는 관점에 따라 각기 중요한 역사적 변화의 분기점과 관계가 있다. 뭉뚱그려 말하면, 50년대는 넓은 의미의, 하지만 근대시와 변별되는 현대시의 출발 기점을, 60년대는 한글 문학으로서의 현대시의 출발을, 그리고 90년대는 좁은 의미의 현대시의 출발을 보여준다. 한편, 현대시사 밖에서는 3·1운동 이후로 사회 환경의 변화(마르크스주의의 도입, 일제의 식민 통치 정책의 변화, 근대적 산업의 형성과 노동자·농민 계급의 성장 등)를 배경으로 한 사회 개조 운동 과정에서 '신여성', '신청년'의 새로운 세대 선언이 있었고, 한국 전쟁 이후에는 폐허 같은 현실에 대한 인식과 세계 자본주의 체제로의 편입을 감수한 청년들의 전후 세대 개념이 형성되기도 했다. 전후 30여 년의 실질적인 군부 통치가 80년의 광주 민주화 운동과 그 이후의 여성, 노동, 통일 운동 등을 통해 무너지면서 사회 민주화를 겪게 된 60년대생 세대(흔히 386세대라 불렸던)의 신세대 문화도 여기에 더해질 만하다. 이러한 새로운 세대 의식 또한 현대시사의 세대 개념과 일정 부분 관련되는데다가 그 자체도 문학사의 중요한 분기점 기능을 수행하고 있기도 하다.

한다.15) 하지만 현대시사는 그렇지 못한데, 이는 단적으로 말해 현대시사가 문학사의 일부만을 다루고 있기 때문이다.

그렇다면 그 일부란 어떤 것일까? 현대시사는 문학사와 어떤 관계를 가지며 어떤 역사 원리에 의해 구성되는 것일까?

현대시사와 문학사가 다르다는 것은 직관적으로 느껴지지만, 이 둘을 구분하여 다루고 있는 사론(史論)은 보기 힘들다. 이 둘의 현상적 차이는 대상이 되는 사료가 한국 현대시에 국한되었는가, 아니면 한국문학 작품 일반이 포괄되어 있느냐 정도일 뿐이다. 모든 문학사론이 현대시도 다루고 현대시 작품도 다룬다. 이러한 까닭에 현대시사와 문학사는 실제로는 서로 다른 규모의 역사 — 다루는 작품의 범위가 다른 — 정도의 차이만 지니는 것처럼 보이기도 한다.

그런데 만약 현대시사를 이렇게 이해하려고 한다면, 예컨대 '민족 문학의 수립' 같은 문학사적 과제 — 물론 이 과제는 다를 수 있다 — 는 현대시사에도 그대로 적용되어야 하며, 시기 구분론도 동일하게 적용되어야 한다. 혹은 문학사의 과정이 현대시사에서도 존재해야 한다. 그리고 만약 실제로 이러한 현대시사 이론이 존재한다면, 문학사와 독립적으로 현대시사를 기술하는 이유가 무엇인가를 물어야 한다. 역사가 사료들의 목록이라고 한다면, 문학사보다 훨씬 많은 현대시(사) 자료들이 현대시사에 포함되어 있음을 위안으로 삼을 수 있겠지만, 그렇지 않고 역사의 동력이나 목표, 당위성, 필연성 등과 같은, 좀 더 보편적이고 추상적인 논리가 역사의 다른 이름이라면, 어째서 현대시사가 독립적으로 기술되어야 하는지를 설명하지 못한다.16)

---

15) 만약 근대문학사, 혹은 이를 포괄하는 현대문학사를 하나의 단위로 한다면, 앞서 제시한 주제들은 각기 문학사의 독립적인 역사 원리로서 병존하게 될 것이다. 곧 복수의 문학사가 형성된다. 하지만 한국문학사를 하나의 완결된 역사라고 보면, 이 주제들은 전체 문학사 중 일부만을 설명하는 선택적인 역사 원리가 된다. 이때에는 이 주제를 포괄하는 상위 담론이 있어, 그것이 메타 담론의 역할을 하게 될 것이다.

이로써 볼 때, 문학사와 구별되는 현대시사를 상정하면서도 그 둘의 관계가 일치된 논리 위에 서로에게 영향을 주며 설정될 수 있으려면, 두 역사가 같은 사료를 역사 해석과 평가의 자료로 삼으면서도 현대시사의 역사에는 문학사가 설명하지 않는 어떤 핵심적인 과정이 있어야 한다.[17] 물론 그 핵심적인 과정이란 서로 모순되거나 분리되는 것이어서도 안 될 것이다.

여기에 현대시사가 독립적일 수 있는 논리 몇 가지를 열거해 본다.

- 문학사는 문학의 이념이나 논리를 추구하지만, 현대시사는 현대시 형식의 형성과 변화에 대한 설명을 목적으로 한다.
- 문학사는 문학과 사회의 제반 양식들 간의 교호 관계를 통해 설명되지만, 현대시사는 현대시와 문학의 교호 관계를 통해 설명된다.[18]
- 문학사는 계보학적 독해를 통해 파악되지만, 현대시사는 징후적 독해를 통해 파악된다.

■ 계보학적 독해와 징후적 독해
계보학적 독해(Genealogical Reading)란, 역사적 대상의 계통이나 순서를 그 배경과 맥락에 근거하여 읽어 가는 방법을 말한다. 계보학적 독해에서는 대상의 현상을 그것의 발생한 시간에 따라 순차적으로 읽어가는 대신, 그 현상에 야기한 배경과 맥락을 바로 그 대상의 본질이라고 평가하면서 그 기원을 향해 거슬러 올라가며 읽는다. 징후적 독해(Symptomatic Reading)란, 역사적 대상으로 이미 규정된 현상에 국한하지 않고 그와 연관된 여러 현상들에서 기호화되지 않은, 따라서 부재나 공백, 무의미 상태 등을 포함한 징후들을 찾아 그로부터 의미를 찾아내는 읽기를 말한다. 현대시사가 징후적 독해를 필요로 하는 것은 이를 통해 읽게 되는 대상이 이념의 현실태가 아니라, 시 텍스트라는 구체적인 표현 형식이기 때문이다.

---

16) 한 나라의 역사는 세계사의 흐름과는 별개의 흥망성쇠를 겪을 수 있다. 두 역사는 역사라는 이름은 공유하지만 역사의 주체와 단위가 전혀 다르기 때문이다. 현대시사에서 현대시는 문학의 특수한 실현이라는 점에서 문학사와 독립적인 역사를 갖지 않는다. 이 점이 일국의 역사와 세계사의 관계를 현대시사와 문학사에 투사할 수 없는 까닭이다.

17) 두 역사가 서로 독립적이라고 가정해 보면, 현대시사에 사료로서 개별 작품들을 모두 내어주게 될 문학사는 결과적으로 이론의 역사로만 남게 될 것이다.(현대소설사, 현대희곡사 등등에도 개별 작품들을 넘겨주어야 하기 때문이다.) 또한 개별적 역사로서의 현대시사는 역사 과정을 동시대의 개념을 설명할 수 없게 된다. 문학사와 분리되어 있으면서 동시대성을 가질 수는 없기 때문이다.

18) 시와 문학의 교호 관계란, 결국 구체와 추상의 상호 넘나듦을 의미한다. 시는 시 형식이 제도적으로 정제되면 정제될수록 이를 근거로 문학이 실체적인 존재로 여겨지게 하는 효과를 갖는다. 반대로 문학은 그것의 제도적 성격이 확고해 보이면 보일수록 시의 형식을 통해 실현되려는 동기를 갖게 된다.

만약 문학사가 추구하는 설명과 현대시사가 추구하는 설명이 추상과 구체라는 서로 다른 층위를 지향한다고 하면, 이 둘은 독립적으로 존재할 수도, 기술될 수도 있다. 그리고 이 경우, 현대시사는 문학사의 의미 있는 시기마다 마치 파도에 의해 만들어지는 이랑들처럼 각 시기에 도달한 서로 다른 완성된 시 형식들을 보여줄 것이다. 만약 민족 문학을 이념으로 하는 문학사가 설명된다면, 현대시사의 설명에는 근대적 시 형식의 여러 시도와 그 응답들이 놓이게 될 것이다. 물론 이 시도와 응답들은 각기 독립적이기에 이들 간에 어떤 인과적 연관을 설명하기는 어려울 것이다.

이러한 까닭에 현대시사의 시기론(혹은 시대론)은 문학사의 그것과는 전혀 다른 성격을 갖게 될 수밖에 없다. 예컨대 1940년대 초반의 문학사를 살펴보자. 이 시기는 문학사에서는 이른바 '암흑기'니, '일제 강점기 말기'니 하는 정치사적 함의를 지닌 시대 구분 명칭을 부여받고 있다. 이 말은 문학사의 흐름에서 이 시기가 '정상적인 발전'과는 다른 양상과 흐름을 보이고 있다는 것을 시사한다. 그렇기에 유기체론적이든, 목적론적이든, 아니면 진화론적이든 간에 이 시기를 지속과 발전이라는 문학사의 내적 논리로 설명하기 위해서는 이 시기의 문학 현상들을 과잉 의미화하거나 과소 의미화할 가능성이 커진다. 실제로 민족 문학의 형성과 발전이라는 맥락에서 기술된 문학사론들에서는 이른바 '친일 문학'의 규정에 매우 엄격한 잣대를 적용하면서 '저항 문학'의 규정에는 매우 느슨한 잣대를 적용하는 것을 볼 수 있다.[19] 하지만 현대시사의 이 시기는 (30년대 말부터 50년대 초반까지를 포함하여) 조선어로 시 쓰기라든가 내성화된 담론의 형식 찾기 같은 현대시의 과제들이 있었고, 그 과제에 대한 답은 현대시를 통할 수밖에 없었다. 따라서 이를 통해 시

---

19) 이에 따라 이육사와 윤동주는 이 시기를 대표하는 시인들로 부각되며(그런데 윤동주는 이때까지는 공식적으로 시인으로 불리지도 않았다.), 그들의 작품들이 보이는 다양한 시적 양상들과 시도들이 '저항'으로 단순화되었다.

기론을 구성한다면 이는 연속적일 수 없다.[20]

3. 날줄로 현대시사 읽기

주지하다시피 현대시는 형식들을 갖는다. 서정이 리듬감을 지닌 심상을 통해 시적 인식에 이르는 것, 심상화된 시적 인식이 리듬을 통해 서정을 획득하는 것, 혹은 서정적 시적 인식이 리듬과 심상을 통해 구체성을 갖게 되는 것. 어떤 경우이든 이것들은 시의 내적 형식들이며, 외적 형식인 규약과 관습을 통해 특정한 형태를 취함으로써 현대시가 된다. 하지만 행과 연, 율격, 비유와 수사, 시적 표현 같은 형태는 그것만으로는 현대시를 규정할 수 없다. 이 때문에 현대시사에서는 규약과 관습이라는 제도화된 형식, 곧 외적 형식이 매우 중요한 의미를 지니며, 이것에 대한 설명(이론)이 교육 내용의 기본 단위를 이루게 된다.

그런데 현대시의 외적 형식에 대한 설명은 일반적인 현대시 이론 교육에서와는 다를 수밖에 없다. 이를테면 율격이나 율격 이론에 대한 설명은 시의 내적 형식에 대한 것으로, 이는 현대시 이론 교육의 몫이다. 반면 자유시 율격의 형성에 대한 설명이나 자유시 율격에 대한 1910~20년대의 이론들에 대한 설명은 현대시사 교육의 몫이다. 이렇게 보면, 현실적으로 중등학교의 현대시사 교육에서 이론은 소략되어 있다고 할 수 있고, 실제로는 거의 다루

---

20) '일제 강점기'는 문학사적 시기 명칭이 될 수 있다. 단, 이 경우 그 전후의 시기에는 불가불 '개화기'나 '해방 이후' 같은 명칭이 뒤따를 수밖에 없다. 이에 따라 이 시기의 시는 사회와 역사에 대한 문학의 응전으로서 '순수'나 '저항'이나 '참여' 같은 문제틀을 갖게 된다. 다른 문제틀, 예컨대 '낭만주의시' 같은 문학적 태도에 관한 문제 설정, '현대시조' 같은 문학 형식의 모색에 관한 문제 설정, '정신시' 같은 문학적 요체에 관한 문제 설정 등은 문학사의 시기 구분론의 논리가 될 수 없다. 하지만 현대시사에서라면 가능할 것이다.

어지지 않고 있다고 평가될 만하다.[21]

현대시사 교육의 내용으로 포함되어야 할 현대시사의 이론들을 열거해 보면, 다음과 같은 논의들이 대표적으로 포함된다.

- 시의 근대적 형식 : 근대시의 형식은 현대시사의 핵심적인 의제이다. 또한 가장 오랜 시기 동안 주제를 변주하며 다루어져 왔던 의제이기도 하다. 신체시, 자유시, 산문시, 민요조 서정시, 단편 서사시, 현대시조 등이 이 의제를 통해 논의되었다.
- 개성적 정서 : 다음 항목에서 다루어진 시 형식들이 외적 형식으로서 논란의 대상이 되었을 때, 그것의 판단 기준이 되었던 것은 근대시의 서정성을 규정하는 개성적 시상과 정서였다. 이 기준에 따라 신체시의 전근대성이 판단되었고 민요조 서정시와 근대 서정시의 경계가 검토되었으며 현대시조의 근대성 여부가 논의되었다.
- 전통적 형식과 대중성 : 20년대 초반의 폐허나 백조 동인들에 의한 이른바 데카당적, 감상주의적 시도가 실패로 돌아가고 난 이후 한동안 근대시의 논의는 민요시론을 통해 이어졌다. 민요시론은 앞선 근대시 시도의 실패를 음악성과 대중성의 부족에서 찾았고, 그에 따라 대안으로 전통적 형식을 차용하려고 하였다. 그런데 전통과의 연계는 한편에서는 시의 대중성 확보라는 시 형식의 성공적 정착 조건과 긴밀히 관련되었지만, 다른 한편에서는 결과적으로 근대시에 대한 반동화의 시도가 되기도 했다. 이후 민요시와 프로시의 논쟁, 시조 부흥 운동과 관련한 논쟁 등을 통해 이른바 '조선심'이나 민족적 형식 등에 대한 비판적 논의가 이루어졌다.
- 시적 언어의 성격과 기능 : 근대시의 발전 과정에서 외적 형식이 중요한

---

21) 문학사를 교육과정 내용으로 포함하는 고등학교 '문학' 과목에서조차 교과서는 한두 쪽 내외의 간략한 문학사적 흐름을 기술한 다음, 개별 작품을 중심으로 한 학습을 전개한다. 장르의 외적 형식이 개별 작품의 외적 형식과 달리 사회적 담론 과정을 전제하고 있다는 점에서, 현대시사뿐 아니라 장르사에 대한 교육은 거의 이루어지지 않는다고 볼 수밖에 없다.

의제가 되자 시적 언어의 문제도 함께 부각되었다. 언어의 문제는 상징주의시론과 민요시론에서도 제기된 바 있었고 여성적 문체와도 관련된 바도 있었지만, 본격적인 논의는 기교주의 논쟁과 함께였다. 이후 조선어 사용, 난해시, 풍자 같은 의제 등에서 핵심적인 주제로 다루어졌다. 시적 언어의 문제는 표현론이나 수사학적 차원에서 다루어졌지만 대부분 근대시의 존재 방식에 관한 문제의식을 배경으로 하고 있었다.

- 여성적 목소리와 여성시 : 근대시 초기에는 '여성시'의 범주적 구분이 없었다. 이른바 여성운이나 여성적 정조라는 것은 특정한 시적 분위기와 어조에 대한 평가적 진술로 사용되기는 했으나 성적 정체성을 전제로 한 것은 아니었다. 여성성의 문제는 문학 외적인 차원에 있었다. 그러다가 문학이 제도로서 안정화되고 여성 시인들이 등단하게 된 30년대에 이르면서 문학적 형식의 성적 분배가 이루어지기 시작했다. 여류시라는 색터화된 구분이 생기고 여성성의 고착화가 이루어졌다. 그 후 70년대부터 여성시에 대한 성찰과 재개념화가 시도되었다. 문학에서 성적 담론에 대한 논의는 문학 제도의 다른 모든 소수자의 문제와 마찬가지로, 그리고 더욱 전형적으로 문학 형식을 직접적으로 다룸으로써 비로소 문제의 본질에 접근할 수 있었다.

- 시와 시인의 관계 : 시가 시인의 목소리로 여겨졌던 근대 이전의 문학적 인식은 근대시에 와서 시와 시인의 분리론적 입장에 의해 도전을 받게 되었다. 이 변화는 문학에 대한 다양한 인식과 논리를 가능하게 했으며, 시에서 다중적 목소리와 역할을 상정할 수 있게 했고, 나아가 시를 분석 가능한 대상으로 받아들이게 했다. 또한 독자와의 대화로서 소통적 맥락에 두게끔 했으며 전략적 글쓰기로서 다룸으로써 그 이면에 존재하는 담론에 대해 성찰할 수 있게 하였다. 이는 현대시사의 전 시기를 통해 문학을 보는 관점을 변화시켰다는 의의를 지닌다.

- 참여와 저항, 친일과 민족, 순수의 시 형식 : 문학사의 각 시기마다 문학이 인접 문화양식과 맺었던 관계들에는 참여, 저항, 민족, 순수, 친일 등과 같

은 문학을 규정짓는 지배적 담론이나 반담론들이 있었다. 이것들은 모두 문학 밖으로부터 문학을 규정하면서 '문학적 원리'로까지 발전하며 자리를 잡았는데, 형식에 대한 내용의 과잉이 공통적인 특징이었다. 예컨대 40년대 후반과 7,80년대에 전개된 민족 문학 논쟁에서 볼 수 있다시피 문학사에서 이 범주들은 내용론적, 이데올로기적 의제로서 치열하게 다루어지기는 했지만, 어떤 형식적 규범을 가져 본 적이 없다. 이러한 내용 과잉(과 그에 대응하여 발생한 형식 부재)은 현대시사의 논의에서는 심각한 제약 요인이 된다.

주로 현대시의 정체성과 관련한 이 논의들은 근대성, 혹은 동시대성을 호흡하려는 시인들의 문학적 반응을 이론화한다. 또한 이론화 과정에서 공통적 관념으로 형성된 규범과 관습은 시 형식으로 구체화되어 간다. 이러한 순환적 과정은 현대시사의 각 시기마다 독자적인 문제의식을 통해 저마다의 완성형을 추구하며 진행되기 때문에 문학사와는 달리 현대시사는 불연속적으로 진행되는 것으로 나타난다.

이것이 날줄로 현대시사를 이해해야 하는 이유이다. 날줄은 직물의 무늬를 넣어 가며 씨줄을 엮는 기능을 하며 이러한 기능으로 현대시사에서는 의미 있는 역사적 사건들을 구성한다. 그렇기 때문에 현대시사를 공부한다는 것은 현대시사의 주요한 사건들과 거기에 담긴 문제의식들을 알아간다는 것을 뜻하기도 하지만, 그보다 더 중요한 것은 그것이 특정한 시기 현대시의 형식에, 그리고 이것을 둘러싼 관습과 규범에 어떻게 구현되었는지를 이해한다는 뜻한다.

앞서 열거했던 논의의 의제들은 추상적 수준에서 이 사건들의 맥락을 제공하는 것이었으므로, 이제 좀 더 구체적인 수준에서 현대시사의 날줄 몇 개를 확인해 보자.

이광수 등의 계몽주의적 근대 문학관에 반발한 일부 젊은 시인들이 서구 근대 문학의 출발을 이끈 프랑스 상징주의의 문학적 태도와 방법을 수용하여 무운시와 산문시형의 자유시 형식과 낭만적 퇴폐 정조를 근대시 모색의 방안으로 시도하였다.

『폐허』나 『백조』 등의 동인지 활동을 하던 젊은 시인들의 시도는 결과적으로 충분한 독자층을 확보하지 못함으로써 근대시 형성의 주된 흐름을 형성하는 데 성공하지 못했을 뿐 아니라, 이후 이들의 방법적 시도(데카당스)가 이들의 정신적·문학적 미성숙을 반영하는 것으로 평가되기까지 했다. 하지만 그들은 자신들이 살고 있는 시대를 마치 황무지나 폐허처럼 여겼기에 이어받을 그 무엇도 없다고 여겼고 오직 갈아엎고 새로 시작해야 할 과제가 있을 뿐이라고 여겼다. 그러기 위해서는 기존의 도덕과 인습, 관례와 규범 들을 뒤집을 필요가 있었다. 그것이 데카당스라는 방법론이었다. 그렇다면 이 시도는 미완의 근대시가 가질 수밖에 없었던 어쩔 수 없는 불완전성이었을까, 아니면 시대를 지나치게 앞섰던 오해 받은 근대적 기획이었을까.

근대시 시도의 핵심은 시에서 무엇이 근대적이게 하는가 하는 질문에 대한 적절한 답변을 제공하는 것이었다. 처음에는 계몽적 주제나 진취적 정신을 담아냄으로써 근대성을 얻으려 했고, 그런 이후에는 정형적인 율격에서 벗어난 산문시형을 통해 근대성을 드러내려 했으며, 또 그 이후에는 개인의 자유로운 감정을 내용으로 삼아, 그러고 나서는 개성적인 정서를 시의 기본 정조로 삼음으로써 근대성을 획득하려 했다.

근대시 초기의 가장 중요한 의제는 근대 사회에 걸맞은 시의 근대적 형식을 얻는 것이었다. 하지만 무엇이 시를 근대적이게 하는지에 대해서는 확립된 공적 준거가 없었고 당시의 어떠한 답변도 만족스러운 것은 아니었다. 다만 시인들은 근대시가 내용과 형식의 어떤 통합적 원리를 통해 존재하게 됨을 인정하게 되는데, 이는 이후에 다음 둘 중 어느 것을 선택하느냐에 따라 다른 근대시의 미래가 상정되는 것이었다. 개인인가, 아니면 공동체인가, 개인이라면, 개성적인 것의 실체는 무엇인가. 혹은 공동체라면, 근대 이전의 문학과 근대 문학은 어떤 결정적 경계선을 갖는가.

폐허나 백조파 시인들의 근대시 실험이 결과적으로 성공적이지 못했던 반면, 그들에 앞서 근대시를 모색했던 김억, 주요한, 김동환 등의 이른바 민요조 서정시는 대중적 호응을 얻었다. 민요조 서정시는 전통적 리듬 형식을 취했을 뿐 아니라 소재와 정조도 예스러운 것으로 복귀하였다.

주요한 등은 서구의 근대 문학이 국민 문학의 형성을 통해 이루어졌다고 이해했고, 따라서 국민적 정서와 사상을 민요와 같은 형식을 통해 형상화하는 것이 새로운 시(신시)의 전형이 될 것이라고 주장했다.[22] 나아가 이를 '조선 노래다운 노래'로 이념화하였다. 폐허나 백조 동인들과는 상반된 방향으로 이루어진 이러한 근대 문학에의 접근은 폐허나 백조 등의 실패와 맞물려 있었기 때문에 어떤 의미에서 보면 근대 문학의 추구보다는 대중성 획득이 문제의식의 중심에 있었을지도 모른다. 결과적으로 동시대의 독자들에게 이 집단적 공유 정서와 가창 형식을 갖춘 민요조 서정시는 더 높은 호응을 얻게 된다. 그렇다면 민요조 서정시는 문학의 근대적 기획이었을까, 아니면 근대에 대한 반동이었을까. 흥미로운 것은 이러한 바탕 위에서 전혀 다른 가능성을 보여준 김소월의 시가 등장했다는 것이다. 그의 시는 개성적 호흡과 정조를 담은 한국 근대시의 원형 중 하나가 되었기 때문이다.

위에 예시한 사건들처럼 현대시사의 날줄들은 당대의 동시대적 문제의식

---

22) 주요한은 어떤 문학사를 보더라도 이러한 사실을 발견할 수 있다고 단언하였지만 이는 주로 자신의 일본 유학 체험에 기인한 것이었다. 국민 문학을 통한 근대 문학의 형성은 실제로는 독일이나 일본 등과 같은 후발 자본주의 국가들에서 나타났던 현상이었다.

을 내포한다. 또한 근대시(현대시)의 내적 형식들이 외적 형식화하는 과정에서 의미 있는 사건으로서 문제화되고 있다는 점에서 이론적 중요성을 갖는다. 이를 바르게 이해하기 위해서는 이 날줄들이 동시대에 서로 다른 무늬를 만들 수 있다는 것을 인정해야 한다. 예컨대 30년대의 기교주의 논쟁을 주목할 때 여기에는 현대시의 본질을 찾아가는 서로 다른 세 가지 시도가 존재한다. 사건은 하나이고 따라서 비유적으로 말해 하나의 날줄이 현대시사를 가로지르고 있지만, 이것들은 그에 앞서거나 뒤따르는 사건들의 서로 다른 날줄들과 연결된다. 각 날줄들은 서로 간에 독립적일 뿐 아니라 앞뒤의 다른 날줄들과도 독립적이지만, 서로 연결될 때 다양한 무늬를 만들어낸다. 말하자면 현실주의와 모더니즘, 그리고 순수시론의 세 가지 시도는 하나의 날줄이 관련된 서로 다른 세 가지 무늬인 셈이다.

또한 이 날줄들은 우리 앞에 자명하게 존재하는 것이 아니라 우리 자신—또는 문학사가나 교사—에 의해 선택된, 의지나 선호의 산물이라는 것도 인정해야 한다. 어떤 날줄은 이미 굵은 선과 짙은 색으로 놓여 있을 수도 있지만, 날줄로서의 존재를 모르던 것이 있을 수도 있다. 역사가 직조의 과정임을 미루어 짐작해 보면, 결국 우리가 이해하는 역사란 우리의 선택이나 혹은 우리가 아닌 누군가의 선택에 의해 우리 눈에 띄게 된 날줄들이 씨줄과 만나는 과정인 것이다. 따라서 현대시사의 공부는 씨줄과 날줄이 만드는 무늬를 읽어가는 과정일 뿐 아니라 어떤 날줄을 선택하여 당대의 문제의식을 자기화하는 과정이기도 한 것이다.

4. 결 읽기

학교 교육을 통해 우리가 만나게 되는 시 작품들은 주로 현대시이다. 우리는 이 작품들을 대개 작품 그 자체로만 대하게 된다. 작품의 내적 형식은 외적 형식을 통해 우리에게 지각되며, 이 외적 형식은 지각되는 그 시점에서는 언제나 완성된 형태로 나타나기 때문이다. 이로 인해 작품은 마치 시간의 영향 밖에 있는 것처럼 여겨지기도 한다. 그리고 이때 그것은 개인적인 것이거나 혹은 장르 본연의 선험적인 것으로서 이미 결정되어 있는 실체처럼 보인다.

■ 역사적 이해의 원근법
원근법이란 대상을 보는 시선을 기준으로 먼 것은 멀게 가까운 것은 가깝게 표현하거나 이해하는 방법을 가리킨다. 이러한 원래적 의미처럼 역사적 대상을 그것의 시간적 거리만큼을 고려하여 파악하는 것을 역사적 이해의 원근법이라 말한다. 역사를 읽는 우리의 입장에서 특정하게 이해된 먼 과거의 사건은 그 사건이 벌어진 시점에서는 우리가 이해한 것과는 전혀 다른 의미로 실현되었을 수도 있는데, 이를 간과하고 자기 중심주의적으로 맥락을 파악하여 이해하려고 해서는 안 된다는 것이다. 이는 역사적 대상의 이해에서 의미의 상대성, 시간적 간극과 문화적 차이, 이해 맥락의 상이성 등이 고려되어야 함을 시사한다.

여기서 형태와 형식이 혼동되며, 역사는 단절된 시간처럼 작품에서 지워진다. 고전 작품들에 대해 '역사적 이해의 원근법'[23]이 적용될 때조차 시간은 흐름으로 이어지지 않고 상당히 벌려진 틈을 지닌 듯 여겨지는 법인데, 현대시에 대해서는 이 '시간의 틈'마저 적용되지 않는다.[24] 문제는 현대시의 역사 또한 이미 한 세기를 지나고 있고, 근대 이후로 과거는 한 세대만 지나도 원근법을 필요로 할 만큼 시간의 틈을 느끼게 한다는 점이다. 이는 동시대성의 맥락에서 우리가 현대시라 부르는 작품들에 동시대적 공감과 연대를 하지 못할 가능성을 말하는 것으로, 경우에 따라서는 현대시 교육이 고전문학 교육보다 더 심각한 공감의 부재와 괴리를 겪을 수도 있음을 시사한다.[25]

---

23) 김흥규, 「고전문학교육과 역사적 이해의 원근법」, 『현대비평과 이론』 봄호, 1992.
24) 시간의 틈이 발생하는 근본 원인은 과정이라고 하는 연속성을 지각하기 어려워하는 인간의 심리 특성 때문일 수 있다. 고전 작품과의 거리감도 시간의 틈에 대한 지각을 공간적으로 비유한 것이다. 거리감은 비교가 되는 공간의 두 지점을 전제한다.
25) 원경은 세부가 부족하다. 하지만 이것은 경관의 제한적 조건이기는 해도 문제가 되는 것은 아니다. 누구나 이 사실을 인지하고 있으며, 그러한 까닭에 원경을 원경으로 받아들인다. 고전문학 교육이 정상적으로 이루어진다면, 문자의 해독에서부터 문화의 격차에 이르기까지 교육의

'현대시에 대해서는 시간의 틈이 적용되지 않는데 어떤 현대시에는 시간의 틈이 실제로 존재한다.' 이 문제를 다시 정리해 보자. 우선, 현대시에 대해 시간의 틈이 적용되지 않는 것은 그 자체로 문제일 수 있다. 문학 생산과 수용 사이에는 체험의 지연이 발생하기 마련이며, 이 지연이 길어질수록 생산과 수용의 이해 차이는 틈으로 인식된다. 현실에서는 불가피하게 이 틈이 발생하며 시간이 지날수록 경향적으로 심화된다. 그런데도 이 틈을 인정하지 않는다면 현대시 작품의 수용은 자의적 읽기에 의한 오독으로 귀결될 것이다.

다음으로, 현대시에 대해 시간의 틈을 인정한다는 것은 그 거리만큼 작품을 대상화하게 된다는 것을 의미한다. 시간의 틈을 인정할 경우, 읽기의 자연화로 인한 오독의 문제는 발생하지 않을 수 있다. 하지만 작품과의 거리가 고정됨으로써 앞서 언급한 형태 중심의 작품 읽기가 이루어질 때에는 그 문제가 심각해진다. 예를 들어, 같은 형태를 유지하는 21세기의 시조 작품은 조선조 중기의 시조 작품과는 '내용' 이외에는 달리 읽힐 것이 없어진다. 그렇다면 이때 내용은 어디에서 오는지 설명할 근거를 갖지 못하게 된다. 형태가 달라진 시조 작품이 고시조와 같은 장르적 특성을 갖는 근거도 설명하지 못한다. 형태가 같든, 혹은 같지 않든 간에 21세기의 시조 작품을 현대 시조라 불러야 할 이유를 갖지 못하게 된다. 모든 시조 작품들은 개별화되거나 동일화되기 때문에, 시조 형식의 변화를 설명할 씨줄의 논리이든, 아니면 날줄의 논리이든 갖지 못하게 된다.

이상의 「오감도」에 대해 당대 독자들이 보였던 반발이나 그로부터 80년이 지나 역사라는 맥락과 무관하게 이 작품을 읽는 행위는 모두 가능한 문학적

제약 조건이 생긴다. 그렇기는 해도 이 제약이 교육의 한계를 의미하지는 않는 것은 그것은 처음부터 원경으로서 존재하는 것이기 때문이다. 하지만 현대시 교육에서는 상황이 달라진다. 상대적 거리감의 차이 때문에 현대시 교육을 근경으로 가정하지만, 실제로는 원경인 것을 근경인 양 받아들일 수 있기 때문이다. 이러한 상황은 교육의 제약 조건이 아니라 문제 상황이다.

반응이다. 하지만 그것으로는 절반의 가능성에 그칠 뿐이다. 더 채워 완전해지는 반응이 있다는 의미에서가 아니라 다른 반응의 가능성이 있다는 의미에서 그렇다. 다른 반응의 가능성은 시간의 틈을 메우는 문학 읽기의 방법으로서 얻어질 수 있는데, 이것이 역사적 조망을 통한 시 읽기, 곧 현대시사를 통한 현대시 읽기이다.

이 방법은 작품을 곧바로 역사적 맥락에서 직접적으로 해석하는 것을 뜻하지 않는다. 작품의 내적 형식은 장르의 내적 형식과 동일하며 작품의 외적 형식은 특수하게 실현된 장르의 외적 형식을 의미하기 때문에, 작품을 제도화 과정 속에 있는 장르의 현재 모습으로 평가하여 그것의 역사적 맥락을 검토한다. 이를 절차화한다면, 다음과 같을 것이다. ㉠ 먼저 장르의 내적 형식에 따라 현대시 작품들을 읽으면서 내적 형식에 대한 이해의 관점을 형성한다. 이때 장르는 현대시가 되며, 그것의 내적 형식은 개성적 호흡에 의한 자유시 형식이 된다. ㉡ 작품의 외적 형식들을 장르의 내적 형식과 연관하여 이해한다. 이때 외적 형식은 작품의 리듬을 구성하는 구체적인 형태를 가리키기 때문에, 각 작품의 형태적 차이는 결국 내적 형식과 외적 형식 사이에서 발생하는 조화와 균열, 전환 등을 읽어갈 단서가 된다. ㉢ 작품의 외적 형식들에 대한 비교의 관점을 통해 내적 형식이 형성되고 변화해 가는 과정을 평가한다. 이때 외적 형식의 형태들 역시 시간에 따라 달라지기는 하지만 엄밀히 말하면 내적 형식과는 달리 역사적 변화보다는 전환을 의미하게 된다. 왜냐하면 현대시 작품의 외적 형식은 그에 앞선 다른 현대시 작품의 외적 형식으로부터 기인된 것이 아니라 해당 작품 그 자체의 문제의식 속에서 실현되는 것이기 때문이다. 따라서 외적 형식의 전환을 포함한 형식의 변화에 대한 평가는 씨줄이 아닌, 날줄의 논리를 설명해 가는 과정이 된다.

역사는 과거의 일처럼 여겨지지만, 항상 현재적이다. 이는 자명한 현실로 존재하는 현재를 역사의 지평 위에 놓게 하는 것을 말한다. 현대시사 또한 그것의 의미는 현재를 이해하게 하는 데 있다. 현대시사는 우리가 시 작품을 읽고 있을 때 그것이 현대시임을 자각할 수 있게 한다.

물론 이 과거는 가공의 과거가 아니라 '의미 있음'의 맥락에 따라 재구성된 과거이다. 그리고 이런 의미에서 과거란 흔적이라기보다는 징표에 가깝다. 우리는 우리에게 주어진 '어떤 과제'를 해결하기 위해 '현대시사'를 찾아 나서는 것이다. 이 과제는 응당 현재의 과제이기도 하다. 우리는 왜 시를 읽는가, 우리는 왜 시에 공감하는가, 시인은 왜 그러한 시를 쓰는가…….

✅ (   )에 알맞은 말을 써 넣으면서 주요 개념을 정리합니다.

1   교과서나 선집에 실린 현대시의 대표적 작품들, 또는 역사적으로 두드러졌던 현대시의 사건들을 현대시사로 치환하여 읽어서는 안 된다. 그보다는 그러한 작품들이나 사건들을 의미 있게 만드는 동시대적 문제의식들을 (   )의 형성과 모색이라는 맥락에서 읽어야 하며, 그렇게 읽어낸 결과를 해석된 현대시사로서 읽어야 한다.

2   현대시사의 주요 사건은 현대시사에 대한 이해가 만들어낸 (   )에 의해 선택된 것이기 때문에, 본질적으로 순환론적이다. 이러한 점에서 현대시사 교육은 이 해석의 선택에 대한 이해로부터 시작될 필요가 있다.

3   현대시 작품은 현대시가 (   )라는 내적 형식을 제도화하게 된 과정을 이해하는 바탕 위에서 읽혀져야 한다. 이는 현대시의 이해가 현대시사에 대한 이해를 바탕으로 해야 한다는 것을 의미한다. 작품들로부터 출발하는 현대시 교육의 도달점은 현대시사의 교육이며, 현대시사의 교육은 현대시 작품들을 향유할 수 있게 하는 새로운 출발점이다.

✅ 지시에 따라 서술하면서 현대시문학사를 이해합니다.

1   현대시사를 이해할 중요한 날줄을 본문에 열거된 것을 포함하여 네 가지만 쓰시오.

> ▪ 근대시의 형식으로 자유시형을 시도했다.
> ▪ 개성적 호흡과 정서에 어울리는 근대시 형식을 모색했다.

- 국민 문학의 형성을 지향하며 전통적 형식을 차용했다.
- 여성시인들이 등장하고 여성시가 발표되었다.
- 시와 시인의 관계에 대한 논의가 전개되었다.
- (   )
- (   )
- (   )
- (   )

2 '1'에서 열거한 낱줄들로부터 성취된 현대시 형식의 주요 특징을 간략히 정
   리해 보시오.

- 형태의 측면에서

- 율격의 측면에서

- 표현법의 측면에서

3 넓은 의미에서의 현대시와 좁은 의미에서의 현대시를 구분하고, 이 중 후자
   를 근대시와 다시 구분하여 보시오.

제11장

현대산문문학사 교육

　한편의 문학 작품은 그 자체로 충분히 의미를 갖고 있어서 우리가 문학 작품을 향유하는 데 큰 문제가 되지 않는다. 그런데 문학 작품을 읽고 난 다음, 문학 작품을 읽는 과정에서 느끼게 된 재미나 감동이 어디에서 기원한 것인지, 문학 작품이 생산된 시대의 문화적, 역사적 조건은 어떠한지, 이전에도 이러한 유형의 문학 작품이 씌어졌는지, 이와 유사한 경향의 문학 작품에는 어떤 것이 있는지 궁금하다면 이제 우리는 문학사의 영역으로 들어서게 된 것이다.

　문학사란 문학 작품에 담긴 인간의 정신과 문화의 흐름을 연구하여 기술한 것으로서, 문학사 기술에서는 인간의 정신과 문화가 압축적으로 형식화된 장르와 함께 특정한 장르 혹은 경향이 만들어지는 시대적 배경, 개별 작품들이 장르 문법을 계승하고 변형하는 양상 등이 중요하게 다루어진다. 문학사적 관점에서 볼 때, 한편의 문학 작품은 특정 시기의 보편적 장르에 속한 것이자 그 시기의 문화적이고 역사적인 배경의 산물이며, 개별 작가의 형상화 경향의 산물이기 때문이다. 이 장에서는 문학 작품의 통시적 맥락과 공시적 맥락을 동시에 고려함으로써 문학 작품에 대해 중층적으로 공부해 보자.

1. 문학사 교육의 필요성

09 개정 국어과 교육과정 『문학』 과목에서는 '문학에 대한 지식과 경험을 바탕으로, 문학에 대한 체계적인 이해'를 갖고 '능동적으로 문학 활동'을 하는 것을 그 목표로 제시하고 있다. 이는 문학에 대한 체계적인 지식이 문학 작품을 감상하고 해석하는 능력의 전제가 됨을 보여준다. 국어과 교육과정의 제안과는 달리, 최근 문학적 지식과 문학의 감상 및 해석 능력의 관계에 대한 학계의 관심이 높아지면서, 장르 이론이나 문예사조, 해석 방법론, 비평이론 등과 함께 문학적 지식의 핵심적인 역할을 담당했던 문학사의 문학교육 내 위상이 점검 대상이 되고 있다.

이러한 논의의 배경에는 문학사 지식이 문학 작품의 감상, 해석에 필수적인 것은 아니라는 진단과 함께, 실제 교수·학습 상황에서 문학사적 지식이 수용하고 암기해야 할 절대적인 것처럼 다루어지면서 학습자가 주체가 되는 능동적인 활동을 기대하기 어렵다는 인식이 내재해 있다. 문학사적 지식을 '실증주의적'이거나 '실체 중심', '결과적'이라고 말하는 것에도 문학사 자체가 학습해야 할 지식으로 존재해 온 현상에 대한 성찰이 담겨 있다. 이와는 달리 문학사 교육이 '문학관을 정립하는 데 도움을 주고, 문학적 지식을 확대하며 문학을 역동적으로 구조화하여 삶의 과정성과 총체성을 재현할 뿐만 아니라, 민족 문학의 특수성을 이해'[1]하도록 한다는 점에 그 의의를 두거나, '우리 문학사에 대한 안목을 형성하고, 우리 문화에 대한 교양을 갖추며, 현재와 미래의 문화 창조의 의미를 진지하게 생각하게 하는 교육'[2]으로 나아가게 한다는 지적은 문학사 교육이 문학교육에서 중요한 위치에 있음을 강

---

1) 구인환 외, 『문학교육론』, 삼지원, 1988, 362~366면.
2) 김정우, 「학습자 중심의 문학사교육 연구─정지용의 시론을 예로 하여」, 『국어국문학』 142, 국어국문학회, 2005, 142면.

조하는 주장들이다.

문학사는 그 자체가 '문학에 대한 메타 담론'[3)]으로서 지식의 성격을 갖고 있지만 중요한 것은 문학사적 지식이 교육의 대상이 될 수 있는가 아닌가의 여부가 아니라 교육의 대상으로 문학사적 지식을 바라보는 시각에 있다. 문학사는 연속과 변화라는 역사적 관점에서 문학 작품을 이해한다. 연속과 변화의 역사적 관점을 갖는다는 것은 하나의 작품이 작가, 창작 연대, 발표 매체, 동인지, 문예사조, 시대구분, 사회문화적 배경 등과 맺는 관계를 고려하면서 동시에 이 작품과 다른 작품들과의 관련 양상에 주목, 이들 관계를 통해 만들어지는 의미를 포착할 때 가능하다. 곧 문학사 교육은 역사적 관점에서 작품을 이해하는 것으로, 문학 작품을 둘러싼 다양한 관계망 속에서 생성되고 지속하며 변화하고 소멸되는 것들을 통찰하는 가운데, 부분과 부분, 부분과 전체를 통해 만들어지는 의미를 파악하게 되고 폭넓은 안목을 갖게 된다.

현대소설의 역사 역시 현대소설 작품을 중심으로 다양한 요소들의 영향 관계를 선택하고 배치하는 가운데 만들어진 의미의 역사이다. 실제 문학사적 지식은 역사적으로 입증 가능한 사실과 문학사가의 해석이 교직하면서 구성된다는 점에서 현대소설사 역시 사실들의 체계라고 볼 수 있는 작가, 창작 연대, 발표 매체, 동인지, 문예사조, 사회문화적 배경 등이 어떻게 의미를 구성하는가에 초점을 맞추어 문학사를 살펴보는 일이 필요하다. 특정 작가에게 작가가 살았던 시대적 여건, 활동했던 동인지, 문예사조, 이전에 활동한 작가와 작가의 작품 등이 어떤 영향 관계에 있는지 작가가 그러한 영향 관계를 독창적으로 변화시킨 동인이 어디에 있는가를 고려하면서 2장에서 개괄하고 있는 현대소설사를 읽어보자.

---

3) 정재찬, 「문학사교육의 현상과 인식」, 『민족문학사 연구』 43, 민족문학사학회, 2010.

2. 현대소설사의 개괄적 접근

(1) 계몽의식과 양식의 선택

1860년대 조선 후기부터 1910년까지 한국 사회는 일본 제국주의와 서구 자본주의의 팽창 위협이 거세어진 가운데, 봉건적 의식이나 제도를 극복하려는 시각과 문명화된 사회를 만들어야 한다는 과제가 공존하는 경향을 보인다. 외세와 결탁하여 체제를 강화하려는 지배계급에 대항하여 봉건제도의 모순을 타개하려는 농민들의 저항이 거세어진 가운데 독립신문, 제국신문, 황성신문, 대한매일신보 등의 신문, 잡지 등이 간행되면서 현실을 자각하고 계몽을 실천하려는 의지가 전국적으로 확산된다. 신문이나 잡지 등은 계몽적인 논설이나 문학 작품을 발표한 매체 역할을 수행하면서 자주 독립과 문명개화의 사상을 고취시키는 데 기여하게 된다.

개화기에 발표된 소설은 다양한 형식을 차용하여 봉건 제도, 일제의 개화시책을 비판하고, 자주독립과 문명개화에 대한 지향성을 드러낸다는 점이 특징적이다. 신채호의 역사전기소설은 고전소설의 전 양식과 영웅적인 모티프를 계승하여 민중을 중심으로 한 자주독립 사상을 표현한다. 「을지문덕」, 「이순신전」, 「최도통전」 등은 역사적 인물이 국가의 위기 상황을 극복해 나가는 과정을 통해 민족의 역량을 모아 당대 현실의 문제를 해결하고자 하는 취지를 드러낸다. 대화, 토론, 연설체 형식을 차용한 일련의 소설로, 「소경과 안즘방이 문답」, 「거부오해」, 「자유종」, 「금수회의록」 등을 들 수 있다. 「소설과 안즘방이 문답」, 「거부오해」의 경우 소외된 계층의 인물들을 통해 민중들은 개화 정책을 식민지적 지배로 나아가는 길로 인식하고 있음을 보여준다. 안국선의 「금수회의록」은 꿈속에서 금수들이 부도덕하고 이기적인 인간의 모습을 비판하는 모습을 본다는 내용으로 전통적 몽유록의 구조와 우화적 풍자 방식을 통해 당대 현실을 비판한다. 이해조의 「자유종」은 이매경의 생일잔치에 참여한 여러 부인들이 시국 문제를 토론하는 상황을 설정하여 여성의 지위, 반상 차별, 서얼 차별 등의 봉건적인 제도를 비판하고 교육과 근대적 학문의 필요성을 강조한다. 이러한 대화, 토론, 연설체 형식은 논설과 서사를 결합하는 방식을 통해 직설적으로 발화하기 어려운 주장이나 사실들을 우회적으로 제시한다.

이와는 달리 소설의 허구성과 서사성에 충실하면서 당대의 현실 문제를 담아내려는 시도가 이루어졌는데 이러한 계열의 소설을 신소설이라 부른다. 이재선은 신소설의 발생 요인으로 사회 제도의 변화, 서적 유통방식의 변화, 민간 신문의 출현, 내재적 전통의 축적 및 외국문학의 영향 등을 들고 있다.[4] 처음 신소설이라는 양식을 표방한 소설은 이인직의 「혈의 누」이다. 이인직의 「혈의 누」는 가족의 해체와 결합이라는 고전소설적인 내용을 이어받으면서도 봉건 제도에 대한 비판, 문명개화에 대한 의지 등이 표출된 작품이다. 「혈의 누」는 개인의 운명이 청일전쟁이라는 역사적 사건 속

■ 신소설
신소설은 고전소설에서 근대소설로 넘어오는 과도기 양식을 말한다. 신소설의 대표적인 작품에는 이인직의 「혈의 누」, 「귀의 성」, 「치악산」과 이해조의 「빈상설」, 「화의 혈」, 「자유종」, 최찬식의 「추월색」, 「능라도」 등이 있다. 이들 소설은 대부분 개화기라는 구체적 현실을 배경으로 신분 차별이나 조혼과 같은 봉건적인 제도나 인습의 문제점을 비판하고 교육을 통한 자아 각성, 서구 문물의 수용을 통한 풍속 개량의 문제를 다루고 있다.

에서 변화되는 모습을 보여줌으로써 개인과 사회의 관계에 초점을 맞추고 있다. 구성의 측면에서도 새로운 전환을 보이는데, 청일전쟁 당시 가족이 서로 뿔뿔이 흩어지게 되는 상황에서부터 작품이 시작되어 연대기적 구성을 해체하고 있으며 인물의 성격을 형상화할 때에도 신분에 따라 성격이 전형화되는 방식에서 벗어나려는 경향을 보임으로써 보다 리얼리티를 추구하려는 경향이 나타난다. 옥련의 계모가 처음부터 악한 인물로 나오는 것이 아니고, 남편이 죽고 재가하려는 생각하면서부터 옥련의 존재를 부담스럽게 생각하게 된다는 배치도 이 소설이 리얼리티에 비중을 두고 있음을 말해준다. 하

---

4) 이재선, 『한국현대소설사』, 홍성사, 1982, 57~59면.

지만 여전히 우연성이 남발되거나 이념에 압도되어 현실적인 개연성 없이 행동하는 인물을 등장시키는 점은 이 소설의 한계이다. 신소설을 통해 새로운 개화사상을 담아내려는 시도가 유지되지 못하면서 신소설은 가족의 갈등을 담아내는 소설로 쇠퇴하는 경향을 보인다. 이인직의 「귀의 성」, 이해조의 「빈상설」, 「구마검」, 최찬식의 「추월색」 등의 작품에서 보듯, 계몽적인 의식보다는 구시대의 인습과 세태의 문제점을 다루는 측면에 기울게 된다. 신소설의 문체적 특징으로, '더라'체와 함께 '-ㄴ다'체가 등장하여 대상에 대한 인상을 묘사하고 있고, 인물의 대화와 지문을 구분하여 서술하고 있다.

(2) 소설 장르적 성격에 대한 탐구

한일합방 후 한국사회는 정치·경제 분야를 중심으로 식민지화의 길을 걷게 된다. 정치적으로 일제는 한반도에 식민통치기관인 조선총독부를 설치, 행정, 입법, 사법, 군사 분야를 총괄하여 그 지배권을 행사하게 된다. 농업 부문에서 일제는 근대적 토지 소유관계를 확립한다는 명목 하에 토지조사사업을 실시함으로써 일본과 친일지주 중심의 토지수탈을 위한 근거를 마련하였고, 회사령을 공포하여 민족 자본의 성장을 억제하고 일본 기업의 기반을 마련한다. 그 결과 농촌에서는 자작농의 감소와 소작농의 증가라는 계층적 분화가 촉진되며 이농, 이민 현상이 두드러진다. 이농자의 반 이상은 도시로 나아가 도시의 빈민이 된다. 3·1 이후 일제는 문화정책을 실시한다고 하면서도 그 이면에서는 사전 검열제, 치안유지법 등을 시행하는 등 일제의 식민지 정책은 점차로 강화되어 간다.

이 시기는 동인지 문학의 시대라고 부를 만큼 동인지 중심의 문학활동이 활발해지는 시기이다. 문학의 순문학적 성격을 강조한 『창조』에는 김동인의 「약한자의 슬픔」, 「마음이 옅은 자여」, 「배

■『창조』
1919년 2월에 창간된 우리나라 최초의 종합 문예 동인지이다. 창간 동인은 김동인, 주요한, 전영택, 김환, 최승만 등이며, 이들은 계몽주의에 반대, 순수 문학 운동을 전개하였다. 『창조』는 본격적인 자유시의 전개시켰다는 의의를 가질 뿐만 아니라 소설에서도 산문 문체에 대한 자각, 자아의 발견 등 근대소설의 장르적 발전에 기여하였다.

따라기」, 전영택의 「천치(天痴)? 천재(天才)?」, 주요한의 「불놀이」 등이 실린다. "옛 것은 멸하고 시대는 변한다. 새 생명을 이 폐허에서 피어난다."는 정신에서 출발한『폐허』는 김억, 남궁벽, 염상섭 등이 활동하였으며, 이들의 퇴폐주의, 감상주의, 낭만주의적 경향은 식민지 지식인들의 불안의식과 서구의 세기말 사상을 반영하고 있다. 박종화, 홍사용, 나도향 등이 참여한『백조』에는 주로 퇴폐적인 경향의 낭만주의시와 자연주의적 경향의 소설이 실리게 된다. 『폐허이후』, 『영대』 등의 동인지가 이 시기에 만들어졌으며 조선프롤레타리아예술동맹(KAPF)이라는 이름으로 계급의식에 기반한 문학예술운동을 조직적으로 전개해 나가기도 한다. 카프는 박영희, 김기진, 이상화, 조명희, 이기영, 임화, 김남천 등이 가담하여 활동하였으며 이전의 신경향파와는 달리 목적의식과 정치성을 띤 문학운동 단체였다. 이들은 문학 작품과 창작 방법론 사이의 관계에 대해 지속적으로 모색해 나갔으며, 김기진의 「소설건축론」이 발단이 되어 박영희와 내용/형식 논쟁을 벌이게 되는 것도 문학에 대한 이론적 모색과 그 실천에 대한 강조에서 나온 문제제기이다.

근대소설의 출발 지점에 이광수가 있다. 그는 문학에서 감정의 역할을 중시, 감정이 근대적인 개인을 독자성을 보장해 줄 뿐만 아니라 감정을 기반으로 삼아 자신과는 다른 사람에 대한 동정이나 공감으로 나아갈 수 있다는 점에 주목했다.[5] 이러한 생각은 「무정」에도 반영되어, 이 소설은 근대적인 개성과 전통적인 관습의 대립을 주축으로 삼으면서 개인의 주체적인 사고, 감정 등을 중시하는 경향을 보인다. 「무정」의 인물들은 특정한 이념 아래 행동과 감정을 제한하지 않고, 자신이 처한 상황마다 변화하는 감정의 상태를 자연스럽게 받아들이는 인물이다. 이형식이 과거 암묵적 정혼 관계였던 박영채보다 김선형을 선택하는 것에서도 당위의 세계보다는 자신의 욕망에 주목하

5) 이광수, 「문학이란 하오」, 『매일신보』, 1916.11.15~11.26, 『한국의 문학비평1』(권영민 엮음, 민음사) 79~97면.

는 근대적 인간의 모습을 살펴볼 수 있다.6) 특히 이 소설의 마지막 삼랑진 홍수 장면에서는 주요 등장인물들이 모두 삼랑진 재해의 상황을 동정하고, 교육의 필요성에 공감하면서 계몽이라는 시대정신을 이끌어낸다. 이 소설의 인물들─이형식/노파와 김선형, 월화와 병욱/박영채, 마지막엔 이형식과 모든 등장인물이 사제 관계로 연결된다는 점에서도 이 소설이 계몽 정신을 그 기저층으로 삼고 있음을 확인할 수 있다. 하지만 사제 관계의 중심에 서 있는 이형식의 역사의식이 부재하여7) 이 소설에서 지향하는 문명개화 역시 당위성 차원에 머물고 있다는 한계를 지닌다. 문체적인 면에서도 '-ㄴ다'체, '-었다'체가 중심이 되지만 '-더라'체도 혼용되는 경향을 보이며 남녀 구분 없이 '그'를 사용하고 있는 점도 특징적이다. 「무정」을 계기로 한국소설은 근대소설적인 면모를 갖추게 된다.

　김동인은 작가의 창작 태도, 소설의 구성, 서술자의 시점, 문체 등 근대소설의 기법적인 측면에 관심을 보인 작가이다. 김동인은 소설의 근본 과제는 인생의 창조이고, 이러한 인생을 창조할 수 있는 자가 작가라는 점에서 작가야말로 자신이 창조한 세계를 지배할 수 있고 조종할 수 있어야 한다고 보았다. 이러한 그의 생각을 인형조종술이라 부른다. 김동인은 소설의 구성적인 면에도 관심을 두었는데, 단순하면서도 통일성 있는 구성을 중시하였고, 주인공의 눈에 비친 것에 한에서 작가가 쓸 수 있다는 점에서 일원묘사를 제안하기도 한다. 문체적인 면에서도 과거의 구투에서 벗어나 과거 시제를 정착시켰다. 이러한 과거 시제를 사용하는 이유에 대해 서술적 주체와 대상의 거리를 엄격하게 유지하기 위해서는 '-었다'라는 과거시제가 필요하다고 말하고 있다.8) 「약한 자의 슬픔」에서도 의식적으로 과거형을 사용하려는 시도를

---

6) 서영채, 「「무정」 연구」, 서울대학교 석사학위논문, 1992.
7) 김윤식 외, 『한국문학사』, 민음사, 1994, 120면.
8) 김동인, 「조선근대소설고」, 『조선일보』, 1929.7.28~8.16, 『한국의 문학비평1』, 333~362면.

보이고 있고, 「마음이 옅은 자여」에서는 주인공 K의 시점이 작품 끝까지 유지되고 있다. 「배따라기」, 「감자」 등의 작품에서는 우연적인 사건이나 주변의 상황에 의해 결정되는 인간의 운명을 포착해 보여준다.

염상섭의 「표본실의 청개구리」는 현실 속에서 삶의 지향점을 발견하지 못한 채 번민하고 방황하는 인물들을 통해 우울, 불안, 광기와 같은 내면세계가 한 개인을 추동해 가는 모습을 보여준 작품이다. 염상섭은 「조선과 문예, 문예와 민중」에서 인생을 바라보는 바람직한 자세로 과거와 미래를 아우르면서 동시대의 사회나 윤리에 대한 안목을 갖는 태도에서 찾는다.9) 이러한 중도적인 세계관은 이후 「만세전」이나 「삼대」와 같은 작품에 반영된다. 「만세전」은 주인공 이인화가 아내가 위독하다는 전보를 받고, 동경에서 출발하여 서울에 도착한 다음, 다시 동경으로 돌아가는 지점까지 서술되어 있다. 이 소설에서 여로 형식은 일본과 조선의 주종 관계, 예전과는 달리 식민지화되어 가면서도 여전히 봉건적인 관습에 사로잡혀 살아가는 조선의 현실을 압축적으로 보여준다는 점에서 당대 현실의 총체성을 담아낼 수 있는 장치가 된다. 여로를 따라 당대 현실이 반영됨과 함께 주인공의 의식 변화가 이루어진다는 점에서 여로를 자기 반성의 여로로 보기도 한다.10) 이인화는 이러한 조선의 모습을 구더기가 들끓는 묘지로 인식하고, 이로부터 벗어나기 위해 동경으로 향한다. 이 소설의 원제목이 「묘지」였던 것도 이러한 인식에 기인한다.

현진건은 「빈처」, 「술 권하는 사회」 등에서 가정의 문제를 중심으로 사회적 모순을 다루는 경향을 보이다가 「운수 좋은 날」, 「고향」 등의 작품에서는 삶의 뿌리를 상실하고 유랑하는 하층민의 삶에 초점을 맞추어 식민지 현실의 문제를 사실적으로 그리고 있다. 나도향은 「벙어리 삼룡이」, 「물레방아」

---

9) 염상섭, 「조선의 문예, 문예와 민중」, 앞의 책, 295~308면에서 재인용.
10) 정호웅, 『문학사 연구와 문학교육』, 푸른사상, 2012, 178면.

등을 통해 인간의 본성, 계층적인 갈등의 문제를 다루고 있으며, 「지형근」에서는 봉건적인 식민지 자본주의화의 한 단면을 보여준다. 노동자나 농민 계급의 가난 문제를 핍진하게 다룬 작가로 최서해가 있다. 최서해는 간도라는 공간을 중심으로 극단적인 궁핍과 그러한 상황 속에서 방화나 살인과 같은 폭력적인 방식으로 문제를 해결해 나가는 인물들을 그린다. 「기아와 살육」, 「박돌의 죽음」, 「홍염」 등의 작품들이 폭력을 통한 개인적 해결을 모색한 작품이라면, 「탈출기」의 경우 가족을 버리고 독립단에 들어간 주인공의 행동을 통해 사회적 차원의 변혁을 지향한 작품이다. 이러한 최서해의 소설은 신경향파 소설이라 부른다. 최서해와 함께 신경향파에 속하는 작가로 조명희를 들 수 있다. 조명희는 「낙동강」에서 농민의 아들인 박성운이 사회주의자가 되어 계급 운동, 소작조합운동을 하다 고문으로 죽고 난 다음, 그의 뜻을 애인 로사가 잇는 진취적인 내용을 담고 있다.

■ 신경향파
신경향파는 프롤레타리아 문학이 계급적, 정치적 성격을 뚜렷하게 정하기 이전 단계에 나타난 사회주의 경향의 문학을 말한다. 신경향파 소설은 주로 가난을 소재로 해서 가진 자와 못 가진 자의 대립구도 아래 못 가진 자의 투쟁의식을 고취하고 있으며, 개인적인 복수와 살인과 방화로 결말을 맺고 있다. 김기진의 「붉은 쥐」, 박영희의 「사냥개」, 최서해의 「탈출기」, 「기아와 살육」, 이기영의 「가난한 사람들」, 주요섭의 「인력거꾼」 등이 있다.

(3) 현실 인식의 확대와 내면 탐구

31년 만주 사변을 시작으로 일제의 대외 침략이 본격화되어, 37년 중일전쟁을 거쳐 41년 태평양 전쟁과 45년 패전에 이르는 기간 동안 일제의 군국주의는 더욱 강화되고 한국은 전쟁 수행을 위한 후방의 병참기지로서의 역할을 수행하게 된다. 중일전쟁 이후 국가총동원법, 국민징용령, 창씨개명, 징병제, 학병제 등을 실시하면서 점차 내선일체, 황국신민화를 위한 일제의 압박이 거세어지고, 미래에 대한 전망이 불투명해진 상황에서 친일을 선택하는 사람들이 늘어난다. 해방 직후 일제에 협력한 사람들에 대한 처단 문제가 대두되지만 좌우 이데올로기의 대립이 거세어지고, 강대국의 기권이 개입되면서 혼란 속에서 6·25 전쟁을 맞게 된다.

30년대 초부터 일제의 사상 탄압이 거세어지면서 카프가 강제로 해산되고 프로문학 계열은 크게 위축된다. 1930년대 문단은 1935년 해체된 카프와 구인회, 『삼사문학』, 『단층』 등 동인 활동이 중심이 된다. 카프 소속 작가들은 두 번에 이른 검거에도 사회주의 리얼리즘을 문학 작품 속에 구현하려는 모색을 늦추지 않았고, 구인회, 『삼사문학』, 『단층』 등에서 활동한 작가들 가운데 모더니즘적인 경향을 지닌 작가들의 활동이 두드러지면서 인간의 내면 의식이나 기법에 대한 탐구가 진전된다. 여기에 염상섭, 채만식, 김유정과 같이 지속적으로 당대의 현실을 포착하려는 시도를 보인 작가들이 가세하면서 1930년대 소설은 크게 당대 현실의 본질을 객관적으로 포착하려는 경향, 즉 리얼리즘 계열의 소설과 개인의 주관성을 중시하여 개인의 내면 의식이나 그러한 의식에 포착된 현실의 모습을 그리려는 경향을 지닌 모더니즘 계열의 소설이 뚜렷하게 정착되어 가는 시기라고 볼 수 있다. 이와 함께 근대문명의 이면에 자리 잡고 있는 전통적인 것, 순수한 것, 운명적인 것에 관심을 갖고 이를 포착하려고 한 일련의 작가, 이태준, 김동리가 있다. 1930년대 중반 이후 소설의 경향을 '소재의 다양성과 장르 확대 현상',[11] '관심의 다원화'[12]로 보기도 한다. 소재의 측면에서 본다면, 도시를 배경으로 삼을 경우, 도시의 세태, 소외된 개인의 내면, 일본 식민지화의 양상 등을 다루며, 농촌이 배경이 될 때에는 농촌의 궁핍화 현상을 조명하거나 계몽이나 계급운동의 대상으로 농촌/농민의 모습을 다루기도 하며, 자연 친화적 삶을 구현하는 공간으로 농촌이 표상되기도 한다.

　1930년대의 두드러진 성과로 당대의 현실을 충실하게 담아내려는 경향의 소설이 많이 창작되었다는 점이다. 그 가운데 염상섭, 채만식, 김남천 등에 의해 쓰인 가족사 소설을 들 수 있다. 이들은 가족의 역사와 근대사의 흐름

---

11) 이재선, 앞의 책, 313면.
12) 권영민, 『한국현대문학사』, 민음사, 2009, 441면.

을 맞물리게 배치하여 역사적 변화 속에서 한 가족 운명의 추이를 그려낸다. 가족사 소설의 경우, 문화의 최소 단위인 가족의 문제를 세대의 문제로 확장하여, 가족 구성원이 각 세대를 대표하는 인물이 되어 가족 단위 속에 압축적으로 사회적 변화를 담아내는 것이 가능하다. 「삼대」, 「태평천하」, 「대하」 등 작품에서는 구한말부터 개화기 혹은 1930년대에 이르는 시간의 흐름 속에서 파생된 사회문화적인 변화가 가족의 삶을 어떻게 변화시키는가의 문제를 보여준다. 염상섭은 「삼대」는 사당과 곳간 지키기에 전념해 온 조의관, 지식인이지만 도덕적으로 타락한 조상훈, 사회주의에 공감하면서도 조부의 뜻을 이어 집안을 책임지는 중산층 현실주의자 조덕기로 이어지는 삼대의 삶을 그린다. 채만식의 「태평천하」는 구한말에 부를 축적한 윤용규와 "우리만 빼 놓고 어서 망해라."라는 생각을 가진 윤직원, 그리고 윤직원의 아들로 주색에 빠져 있는 창식, 윤직원의 손자로 사회주의 운동을 하여 감옥에 가게 되는 종학으로 이어지는 가족사를 풍자적인 방법으로 보여준다. 김남천의 「대하」 역시 자수성가한 박씨 집안의 서자 형걸을 중심으로 기독교, 학교, 자전거 등 개화 문물이 유입되는 과정에서 빚어지는 의식과 생활의 변화를 보여주고 있다.

김유정 소설에서는 농촌사회의 구조적 모순을 해학적 기법을 통해 드러낸다. 김유정이 표현하는 농촌 현실은 식민지 농촌 수탈 정책으로 인해 피폐해진 상태로, 도박, 매춘, 기만 등이 성행하는 곳이다. 김유정 소설의 인물들은 대부분 자신의 처지나 현상의 본질을 파악하지 못하고 있으며, 주변적인 것에서 문제의 원인 혹은 해결 방안을 찾는 근시안적 시각을 가지는데, 이처럼 사태의 본질을 우회하거나 왜곡하는 태도로부터 해학이 비롯된다. 이러한 해학은 비참한 처지에서도 그것을 웃음으로 극복하려는 태도로서, 현실의 부정성을 드러내지만 그것을 직접 비판하지는 않는다. 심훈의 「상록수」에서 농촌계몽의 차원에서 접근하고 있다면 이무영의 「제1과 제1장」에서는 흙과 함께 사는 농민들의 소박한 삶에 초점을 맞춘다.

이기영의 「서화」, 「고향」 등의 작품은 프로 문학의 추상적이고 관념적인 경향성을 극복하고, 사회주의 리얼리즘을 충실하게 구현한 작품이다. 「서화」는 쥐불놀이라는 전통적 풍속이 사라지고 도박이 성행하는 농촌을 배경으로, 그러한 현실에 문제의식은 있으나 그 원인을 찾지 못하는 돌쇠라는 인물과 돌쇠에게 영향을 미치는 지식인 정광조가 등장한다. 정광조는 돌쇠에게 현실의 모순과 전망을 설명하고 안내할 수 있는 매개적 인물에 해당한다. 「고향」은 매개적 인물인 지식인 김희준이 주인공이 되어 소작 쟁의를 이끄는 과정을 보여준다. 「고향」에서는 당대 농민, 마름, 지식인을 그리는 데 있어서 그들 집단이 갖고 있는 장점과 한계, 지향과 절망 등을 아우르고자 하였다는 점에서 전형적 상황에서의 전형적 인물을 그려냈다는 평가를 받고 있다. 홍명희는 봉건계급의 억압에 저항하는 민중의 역동적인 힘을 보여주는 소설, 「임꺽정」을 남긴다. 강경애는 카프 소속 작가는 아니지만 농민과 지주, 노동 대중과 지배 계급의 갈등을 낙관적으로 형상화하고 있으며 그 과정에서 성장하는 현실 변혁의 주체를 그려낸다.

이상 소설에서는 서로 속이고, 속는 남녀 관계를 통해 사람들 사이의 진정한 만남이 가능한가의 문제를 탐색한다.[13] 「지주회시」, 「단발」, 「날개」, 「종생기」 등의 작품에서 여성은 가정을 책임지거나 주체적인 인물인 반면, 남성은 사회적 통로가 봉쇄된 채 여성에게 기대어 무기력하게 살아가는 인물로 제시된다. 여성과의 관계는 상대방의 속임수를 알아내고 그 속임수에 넘어가지 않으며, 자신의 속임수를 상대방이 알아채지 못하게 하기 위한 게임, 대결의 성격을 갖는다. 남자 주인공의 패배로 끝나고 마는 이러한 대결 구도는 현대인의 소외감을 드러냈다는 평가와 이러한 자기기만적인 태도 자체가 독

---

13) 김윤식 외, 앞의 책, 190면.

자를 기만하기 위한 제스처에 해당한다는 평가를 받기고 한다. 박태원은 「소설가 구보씨의 일일」, 「천변풍경」에서 서울 시내를 산책의 공간으로 삼거나 청계천 주변에서 살고 있는 다양한 사람들의 모습을 형상화하여 보여준다. 「소설가 구보씨의 일일」은 소설가인 구보가 고현학, 노트를 들고 다니며 서울 시내를 돌아다니며 보고 느낀 것을 기록하는 과정을 보여주며, 그 과정이 곧바로 소설이 된다는 점에서 자기반영성을 보여준다. 이 소설에서는 활자 크기, 쉼표, 행갈이, 중간 제목, 광고 삽입 등 문체적인 면에서도 새로운 시도를 보여준다. 이상의 「날개」와 「천변풍경」은 최재서로부터 리얼리즘의 심화와 확대라는 평가를 받은 작품[14]으로 청계천을 중심으로 펼쳐지는 다양한 삶의 모습을 충실하게 재현하고 있다.

이태준의 소설에서는 근대화의 과정에서 소외된 인간의 모습, 패배한 인간의 모습을 그린다. 「달밤」, 「복덕방」, 「영월영감」, 「밤길」 등은 변화해 가는 현실에 적절하게 대응하지 못하는 인물들의 모습을 통해 근대화의 문제점을 우회적으로 그려내며, 불우한 인물들이 지닌 소박한 마음에 주목함으로써 전통적인 것에 대한 지향을 드러낸다. 「패강냉」, 「토끼이야기」 등은 일제의 사상 억압이 강화되는 상황에 처한 지식인의 내면 갈등을 표현하고 있다. 김동리는 문학을 통한 인간 운명의 발견, 곧 생의 구경적 형식으로서의 문학을 제안한다. 그의 소설은 폐쇄된 사회 속에서 살아가는 인물들이 중심을 이루며, 이들은 허무의식, 운명의식에 사로잡혀 있다. 「무녀도」는 이러한 닫힌 사회에 기독교가 들어와 문화의 충돌을 일으키는 과정을 보여주었고, 「황토기」는 지형적인 조건이 그곳에서 살아가는 인물들의 삶에 관여하는 양상과 그것을 운명으로 수용하는 모습을 그린다.

---

14) 최재서, 「리아리즘의 확대와 심화」, 『동아일보』, 1936.3.18.~25, 『한국현대모더니즘비평선집』, 김윤식 편, 서울대학교출판부, 161~171면에서 재인용.

해방 후 소설에서 특징적인 경향은 해방과 함께 해외에서 국내로 귀환하는 과정을 그린 소설들이 나타났다는 점이다. 대표적으로 허준의 「잔등」을 들 수 있다. 허준의 「잔등」은 해방 후 간도 유이민이 귀향하는 과정에서 겪는 사건들을 통해 해방의 의미에 대해 천착하고 있는 작품이다. 이와 함께 일제 강점기 동안 자신의 행적을 성찰하는 소설이 등장하였는데 대표적인 작가는 채만식과 이태준이다. 채만식은 「미스터 방」, 「논 이야기」 등을 통해 해방 후의 한국 상황을 풍자하는 작품을 쓰면서 다른 한편으로는 친일 행위에 대한 속죄 문제를 주제로 한 「역로」, 「민족의 죄인」 등의 소설들을 창작하였다. 이들 소설에서는 자신의 친일 행위를 고백하면서도 기본적인 생존을 위해 친일을 해야 하는 상황에 대해 변명하는 형식을 취하고 있다. 이태준의 경우 「해방 전후」에서 소극적으로 일제에 협력해 오던 주인공이 해방 후 국가 만들기에 매진하는 모습을 통해 해방 후 지식인이 취해야 할 태도가 어떠한가의 문제에 보다 관심을 보여준다.

(4) 6·25 전쟁과 그 서사화 양상

6·25 전쟁은 국내의 이념적 갈등에 해외 열강들의 이권이 개입하여 발발한 전쟁이었다. 6·25 이후, 분단의 당사자인 남한과 북한은 자체적으로 분단의 문제를 분석하고, 갈등을 조정하려는 노력을 기울이기보다는 독자적인 사회 체제를 구축, 분단 현실을 더욱 공고히 하는데 관심을 둔다. 남한사회는 강력한 반공 이데올로기를 중심으로 독재 체제를 구축하면서도, 다른 한편으로는 미국을 중심으로 한 자본주의 체제에 편입하여 종속적인 경제 발전을 이루게 된다. 이후 1980년대까지 좌우익의 이념적 대립과 분단 체제, 군부 독재 체제가 지속되면서 발생한 억압된 현실, 산업화 및 도시화가 빚어낸 사회적 갈등 등의 문제가 한국소설의 주된 소재로 자리 잡는다.

■ 의식의 흐름
현대소설의 서술 기법 중 하나로
인물의 의식을 중심으로 서사가
전개된다. 의식의 흐름이란 인상,
연상이나 기억에 의해 작동되는
의식의 상태로서, 잡다하고 혼란
스러운 모습을 지닌다. 의식의
흐름이 중심이 되는 소설에서는
인물의 의식에 떠오르는 내용 중
심으로 내용이 서술되기 때문에,
사건의 인과관계에 의해 만들어
지는 플롯을 찾기 어렵다.

50년대 문학은 6·25 전쟁의 체험과 밀접한 관련을 갖는다. 이 시기는 전쟁과 분단을 객관적으로 바라볼 수 있는 시각이 마련되지 못하였지만, 극한 상황 속에서 벌어지는 인간의 폭력성에 관심을 갖고 이데올로기의 허구성을 성찰하고 인간의 실존을 탐구하는 경향이 두드러진다. 이 시기 소설에서는 일반적으로 휴머니즘의 경향을 기조로 삼고 인간의 결단성이나 내면 의식을 그려내기 위해 의식의 흐름, 내적 독백 등을 활용하는가 하면, 극한 상황 속에서 인간의 왜소화를 그리기 위해 풍유적, 우화적 기법을 사용하기도 한다.15) 이 시기의 소설을 '주제의 심화와 기법의 관계'16)으로 평가하는 것도 이러한 경향 때문이다. 전후 소설이라고 부르는 이 시기 소설의 주요 작가로 손창섭, 장용학, 오상원, 하근찬, 김동리, 선우휘, 서기원, 김성한, 박경리 등을 포함시킬 수 있다.

손창섭은 「비오는 날」, 「혈서」, 「미해결의 장」 등의 소설을 통해 이념이나 직분과 같은 허상 뒤에 숨어 있는 인간의 초라하고, 무의미한 모습을 그리고 있다. 손창섭 소설의 주인공들은 자신이 처한 삶을 부정적으로 인식하고 있지만 그러한 상황의 원인을 분석하거나, 그 대안을 모색하지 않는다. 그의 이러한 방관자적 태도는 근본적으로 인간이라는 존재에 대한 불신, 삶의 무의미함에 대한 자각으로부터 나온다. 장용학의 「요한시집」에서는 전쟁 후 포로수용소에서 벌어지는 이념 간 갈등을 알레고리의 기법으로 제시한다. 또한 「요한시집」은 내적 독백의 기법을 활용하거나 혼재된 시간 층위를 제시하여 전후의 혼란스러운 사회상과 인간의 의식 상태를 포착하고 있다. 오상원의 「모반」은 애국이나 정의의 이름으로 타인에게 가해지는 폭력이란 정당한가의 문제를 다루고 있다. 이 소설은 조직이나 이념의 가치가 개개인의

---

15) 김윤식, 『한국현대문학사』, 서울대학교출판부, 1992, 433면.
16) 김윤식, 위의 책, 433면.

일상적 삶의 가치를 파괴할 만큼의 의미를 가진 것인가의 문제를 제기한다.

하근찬은 「수난이대」는 일제 식민지 시대에 징용에 끌려가 한쪽 팔을 잃은 아버지와 6·25 전쟁으로 인해 한 쪽 다리를 잃은 아들의 상황을 통해 민족의 수난을 가족의 수난을 통해 제시하고 있다. 태평양전쟁이나 6·25와 같은 역사적 사건에 희생되는 민중의 삶을 그리고 있지만 육체적인 불구에도 불구하고 삶을 살아가지 않을 수 없다는 삶의 질곡을 그려 보여준다. 이호철은 「탈향」, 「나상」은 1·4후퇴 때 부산으로 오게 된 네 젊은이의 처지나 북한군 포로가 된 형제의 모습을 통해 천진난만함, 소박함, 솔직함, 인정 많음 등의 덕목에 대한 얼마나 소중한가와 다른 한편으로 현실 속에서는 이러한 덕목이야말로 극복해야 할 대상임을 보여준다. 김동리의 「흥남철수」는 반공 이데올로기, 휴머니즘을 기조로 한 작품이다. 중공군의 공격에 흥남을 교두보로 하여 흥남에서 배를 타고 후퇴해야 하는 극한 상황을 구체적인 시간과 지명을 통해 제시하여, 전쟁의 비극성을 강화한다.

(5) 혁명과 자유의 발견과 좌절

60년대는 부패한 이승만 정권을 무너뜨리고 자유민주주의를 탈환한 4·19 혁명 정신이 뒤이어 벌어진 5·16 군사 정변에 의해 훼손되면서 혁명과 그 좌절 사이의 심리적 공백이 큰 시기이다. 정치적으로는 군사 독재로 인해 사상의 통제가 이루어졌고, 경제적으로 산업화, 공업화를 통한 경제 발전에 총력을 기울이게 되면서 자연스럽게 농촌의 붕괴와 도시의 확대가 초래되어, 전통적 가치가 훼손되고 인간 소외 현상이 두드러진다.

이 시기의 문학사적 과제는 전후 세대의 문학을 극복하는 데 있었다. 50년대 문학이 전쟁의 충격으로 인해 당대 현실을 포괄적으로 파악하기 어려웠다면, 60년대 문학은 전후 세대와는 거리를 두고, 4·19와 5·16라는 정치적 사건이 주는 의미를 성찰하는 데 초점이 맞춰진다. 이러한 경향을 대표하는 작가로는 최인훈, 김승옥, 이청준, 서정인, 박태순 등이 있고, 30년대부터 창작활동을 시작한 김정한 역시 이 시기에 당대의 현실을 모순을 반영하는 소설을 쓰기 시작한다.

최인훈의 「광장」은 분단 체험과 4·19체험의 맞물림 속에서 태어난다. 광장과 밀실은 공존하고 균형을 이루어야 함에도 불구하고 북의 사회구조는 폐쇄적이고 집단의식만을 강제한다면, 남의 사회는 무절제한 개인주의가 팽배한 사회라는 인식이 「광장」이 제기하는 문제의식이다. 곧 이명준은 체제로서의 이데올로기와 그 이면 현실 사이의 괴리에 절망하게 되고 중립국을 선택하게 되는데, 중립국으로 떠나는 배에서 만난 갈매기의 모습에서 자신이 사랑했던 은혜와 딸의 모습을 발견하도록 하여, 사랑을 통한 구원을 주제로 전달한다. 이러한 문제의식은 「회색인」에서도 이어지며, 이 소설에서는 현실을 변화시키는 방법으로 혁명보다는 사랑과 시간이 필요하다는 인식을 드러낸다.

김승옥은 부정의 정신으로 자유를 억압하는 어둠에 맞서겠다는 선언으로 출발한 『산문시대』의 동인으로 활동한다. 김승옥의 소설은 도시를 배경으로, 공동체적 이념이나 윤리보다는 개인적 삶을 유지하는 문제가 중심이 되는 사람들의 모습을 그려낸다. 모든 욕망의 집결지인 서울의 밤풍경을 중심으로 선술집에서 우연히 만난 대학원생, 구청 직원, 서적 외판원의 만남을 그린 「서울, 1964년 겨울」은 진정한 경험의 교환, 타인의 고통에 대한 공감이 상실된 상황을 배경으로 삼고 있다. 「무진기행」은 일상적 현실과 일탈의 공간을 대비하여 무진, 고향, 하인숙이 일상에서의 자신을 유지하는 하나의 수단에 지나지 않는다는 인식을 보여주는 작품이다. 김승옥 소설은 산업화, 도시화, 근대화가 본격적으로 가동되기 시작한 시대의 거대 변화의 징후를 일상적인 것에의 매몰이라는 현상을 통해 날카롭게 보여준다.

이청준의 「병신과 머저리」는 전쟁의 상처를 가진 형과 환부는 없지만 통증을 가진 동생의 삶을 통해 전후 세대와 60년대 세대 간의 차이를 대비시킨다. 4·19와 5·16 군사 정변의 희망과 좌절을 경험한 60년대 세대를 환부 없는 환자로 규정하면서 환부가 없기 때문에 적극적인 해결의 방안도 찾을 수 없다는 인식을 드러낸다. 서정인은 군대, 감옥, 학교, 병원 등 일상인을 분류하고 동질화하는 제도에 대한 저항을, 「후송」에서는 개체적인 특성을 배제하고, 동질화시키고, 평균화시키는 군대, 병원의 체제가 비판의 대상이 되며, 「강」은 천재가 평범한 인물이 되어 가는 과정을 통해 '아름다운 꿈의 상실과 초라한 현실의 확인'17)이라는 주제를 구현한다. 박태순은 「무너진 극장」에서 4·19의 상황을 시간, 장소의 구체성을 가진 르포형식으로 제시한다. 「정든 땅 언덕 위」에서는 외촌동이라는 우물, 공동 변소와 같이 공동체적 삶의 흔적을 공유하면서도 돈의 가치가 사람들을 움직이는 도시 변두리를 공간적 배경으로 삼아 농촌이 도시에 편입되는 과정을 보여준다.

김정한은 당대 농민들의 삶의 근원적 문제로서 토지 문제를 제기하고, 농촌사회의 모순과 현실을 고발한다. 권력의 부당함과 불법적인 힘에 맞서는 힘없는 자의 대항을 보여준다. 「모래톱 이야기」의 갈밭새 영감, 「인간단지」의 우중신 노인 등은 권력의 압력에 맞서는 적극적 인물들이다.

(6) 산업화와 인간 소외의 문제

70년대는 개발독재, 군사독재로 지칭되는 강압에 의해 정치적 억압이 거세어지면서 민주주의, 자유, 평등과 같은 이념적인 가치에 대한 지향이 두드러진다. 그리고 산업화 과정에서 농촌 공동체가 붕괴하면서 도시와 농촌의

---

17) 이남호, 「「강」에서 「봄꽃 가을열매」까지 작품론」, 『작가세계』, 1994.

격차가 커지고, 도시 빈민의 숫자가 늘어났으며, 생태계의 파괴, 물신 숭배, 계층 갈등, 세대 갈등, 소외 등의 현상이 발생하게 된다. 이 시기에는 농촌에서 쫓겨난 농민들이 도시 빈민 혹은 노동자가 되는 경향이 두드러졌고, 자본가에 의한 노동자의 착취가 극대화되면서 계급 모순의 상태가 심각한 상태에 도달하게 된다. 이러한 경향은 80년대의 전두환 정권으로 이어지며, 광주민주화운동, 6·29선언 등을 거치면서 점진적으로 민주주의를 정착시켜 나간다.

7, 80년대의 소설은 주로 농촌, 도시 주변이 공간적 배경이 되며, 근대화를 추진하는 과정에서 벌어지는 모순과 갈등, 산업화 과정에서 뿌리 뽑힌 자들의 처지를 담아내는 경향이 두드러진다. 70년대 뿌리 뽑힌 자들의 유형을 생존의 요건을 갖추지 못한 노동자들, 근대화의 격랑 속에 삶의 터전 혹은 정신적 뿌리를 상실한 사람들, 적응력을 갖추지 못해 몰락의 길을 걷는 소박한 존재들, 기존의 법, 제도, 관념과의 마찰 끝에 정신적 항상성을 놓친 사람들, 6·25와 같은 과거의 역사적 사건의 외상에서 헤어나지 못한 사람들로 나누기도 한다.[18]

이와 함께 이 시기의 소설에서는 '남과 다른 자기 세계'[19]를 추구하는 경향도 확산된다. '남과 다른 자기 세계'를 추구한다는 것은 역설적으로 '남과 다른 자기 세계'를 용인하지 않는 산업화, 도시화, 물신화에 대한 비판으로 나타난다. 이청준, 이문구, 조세희, 황석영 등은 이러한 경향을 대표하는 작가들이다. 이와 함께 김원일, 윤흥길, 박완서, 오정희 등은 유년시절 경험을 회상하거나 소년/소녀 주인공을 등장시켜 6·25 전쟁의 의미를 묻거나 전쟁 이후의 혼란스러운 정황을 포착하는 경향의 소설들을 창작한다.

---

18) 조남현, 「1970년대 소설의 몇 갈래」, 김윤식 외, 『한국현대문학사』, 현대문학, 2008, 508면.
19) 류보선, 「1970년대, 80년대의 자유주의문학」, 민족문학사연구소, 『새 민족문학사 강좌 02』, 창비, 2009.

이청준의 「소문의 벽」은 인간의 병리적 현상을 통해 사회 현상 이면의 억압적 기제를 폭로한다. 이청준 소설의 주인공들은 전쟁이나 어린 시절의 체험에 의한 트라우마를 갖고 있으며, 이러한 트라우마는 성인이 된 어떤 시기에 특정 계기를 통해 병리적인 증상을 드러낸다. 이러한 증상의 원인을 탐색해 나가는 과정에서 그러한 증상이 현대사회의 억압 메커니즘에 기인한 것임을 드러낸다. 이 소설에서도 소설가 박준이 소설을 쓰지 못하는 이유, 정신병원에 입원해서도 진술을 거부하는 이유를 어린 시절 일방적인 선택을 강요하는 전짓불 체험과 연결시켜 진실을 말할 수 없는 사회 현상을 비판하고 있다. 이 외에도 「매잡이」, 「줄광대」, 「서편제」 등의 소설에서는 소외된 직업군을 소재로 그들이 갖고 있는 장인 정신과 현대 사회의 교환 시스템을 대비하기도 한다. 이처럼 이청준의 소설에서는 특정한 체제를 구축하기 위해 배제되는 것들에 관심을 갖는다. 이문구는 급속한 근대화에 따라 농촌 공동체가 상대적 빈곤에 시달리는 모습, 도시 상업 자본의 침투로 인해 농민의 심성이 각박해지고 황폐해지는 현상을 통해 우리 사회의 구조적 모순과 근대화의 부정성, 파행성을 보여준다. 그의 소설 제목에는 수필, 수록, 만필, 유사 등이 있는데 이처럼 전통적인 한자 문화권에서 고유하게 발전해 온 글쓰기 양식을 소설의 형식으로 차용, 작가와 서술자의 경계, 허구적 세계와 경험적 세계의 경계가 모호한 소설을 창작함으로써 소설 장르의 범주를 확대하고 있다. 그의 소설에서 토속적인 어휘, 속담, 격언 등은 사실성을 부여하고 당대의 풍속을 풍부하게 살려내는 역할을 한다.

조세희는 70년대 기층 민중의 삶에 초점을 맞춘다. 노동자, 억눌린 자, 뿌리 뽑힌 계층을 표상하는 난쟁이 가족이 자본가와 대결해 나가는 과정과 예정된 패배의 모습을 통해 70년대 노사간의 계층적 갈등을 압축적으로 보여준다. 난장이, 꼽추, 앉은뱅이 등으로 소외 집단의 저항은 극단적인 모습을 보이게 되는데, 이는 그만큼 사회적 전망이 불투명한 현실에 대한 준엄한 비판으로 이해할 수 있다. 시점 전환, 몽타주, 간결한 문체 등 압축적 기법으로 주제를 효과적으로 전달하기 위해 모색된 방법이다. 황석영은 사회적 소외자로서 뜨내기 노동자들을 다룸으로써 70년대 문학적 전형을 창조하는 데 성공한다. 「탑」, 「무기의 그늘」 등은 월남전의 실상과 제국주의의 본질을 날카롭게 그린 작품이고, 「삼포가는 길」은 소외된 자들이 겪는 고통을 한국사회가 겪는 시대적 아픔으로 간주하고 그들의 내면에 자리 잡고 있는 인간적 진실과 삶에 대한 의욕을 강조한다. 「객지」는 부조리한 노동 현실에 대항하여 노동자들이 투쟁하는 과정을 통해 경제개발과 근대화라는 이름으로 추진된 한국사회의 산업화 과정의 모순을 비판적으로 보여준다.

윤흥길의 「장마」는 6·25 전쟁을 배경으로 분단의 이데올로기적 갈등을 가족의 문제로 치환하여 제시한다. 「아홉켤레의 구두로 남은 사내」는 안동 권씨의 자부심과는 관계없이 자본주의 사회에 적응하지 못하는 인물을 다룬다. 시위 도중 트럭에서 떨어진 사과를 먹는 사람들, 땅바닥에 떨어진 과자를 주워 먹는 고물상집 아들, 그리고 가족에 대한 책임감 때문에 도둑질까지 하는 권 씨의 모습을 통해 자본주의 체제의 변두리에서 인간의 맨얼굴로 살아가는 사람들의 모습을 그린다. 김원일은 「어둠의 혼」 등의 작품을 통해 유년기에 경험한 좌우익 이데올로기적 갈등의 문제를 혈육의 차원과 국가적 정체성의 차원을 대비하여 조명한다. 박완서 역시 「엄마의 말뚝」 연작을 통해 일제 강점기와 6·25 전쟁, 분단의 시대를 아우르면서 그 역사의 질곡을 살아온 엄마의 삶을 조명하고 있다. 여기에 오빠의 죽음이라는 전쟁의 상처를 극복하는 문제를 다루고 있다. 오정희는 「중국인 거리」, 「유년의 뜰」과 같은 소설에서 월남한 가족이 6·25를 겪고 인천에 뿌리내리는 과정을 소녀의 눈으로 그린다. 전쟁 후, 월남 가정의 불안정성을 통해 자아와 세계의 단절 의식을 부각시킨다. 이제하 역시 「나그네는 길에서도 쉬지 않는다」는 작품을 통해 분단의 비극과 그 극복 과정을 보여준다. 조정래는 「태백산맥」에서 여순반란사건을 중심으로 해방, 6·25, 분단에 이르는 민족사의 의미를 되짚어낸다. 현기영은 「순이 삼촌」에서 제사를 맞아 귀향하는 형식으로 제주도 4·3사건을 다룬다.

최인호의 「타인의 방」은 이상의 「날개」와 상호텍스트적 관계를 가진 작품으로 현대인의 소외감을 인간이 사물이 되어가는 현상을 통해 그려내고 있다. 이문열은 「그해 겨울」, 「사람의 아들」 등의 작품으로 활동을 시작하여 「금시조」, 「변경」 등의 작품을 발표한다. 이문열은 기존의 가치를 부정하고, 삶의 전환을 모색해 나가는 인물이나 예술에 대한 관점으로 대결하는 인물들, 이데올로기적 갈등을 겪은 인물 등을 통해 70,80 사회 전반의 문제를 제기한다.

3. 현대산문문학사 교육의 방법

현행 국어과 교육과정에서 문학사와 관련된 내용은 이전에 비해 매우 축소된 상황이다. 현행 국어과 교육과정에서 문학사는 고등학교 선택과목인 「문학」 교육과정 속에서 다루어진다. 「문학」 과목 교육과정의 내용 체계는 '문학의 수용과 생산', '한국문학의 범위와 역사', '문학과 삶'으로 구성되어 있으며, '한국문학의 범위와 역사'는 한국문학의 전통과 특질, 한국문학과 사회, 한국문학의 갈래와 흐름, 한국문학의 보편성과 특수성으로 나뉘어져 있다. 이 중 '한국문학의 갈래와 흐름'이 문학사에 해당한다. 이 부분에 대한 해설을 살펴보면 우리의 문학 활동의 목적이 한국문학을 더욱 풍성하고 가치 있게 만드는데 있음을 이해하고, 서정·서사·극·교술의 갈래가 구비문학·한문학·국문문학의 세 영역 아래 다양한 역사적 갈래로 구현된 양상과 그 역사적 갈래의 통시적 전개 과정을 파악하는 것을 이 성취 기준의 취지로 삼는다.

문학사에서 작가, 창작 연대, 발표 매체, 동인지, 문예사조, 사회문화적 배경 등과 작품의 관계를 이전, 이후의 시간적 변화를 통해 파악하는 역사적 관점은 문학 작품을 그 생산, 유통, 수용의 과정 속에서 바라보는 소통적인 관점으로 연결된다. 다시 말해 문학사는 문학 작품이 생산되어 독자에게 수용되기까지 관여하는 다양한 변인이 작용하는 양상을 중층적으로 파악하여 문학 작품을 다양한 시각에서 해석할 수 있는 기반을 제공해 준다. 그렇다면 소통의 관점에서 문학사를 교육한다고 할 때, 그 교육 내용이 될 수 있는 것은 무엇인지 구체적인 사례를 제시해 본다.

먼저 생산의 맥락에서 작가와 시대적 조건을 중심으로 작가는 자신이 처한 시대적 조건을 어떻게 형상화하고 있는가, 현실의 어떤 국면을 포착하고 있으며, 그 현실을 어떻게 형상화하고 있는가, 이는 동시대의 다른 작가와 어떻게 다른가 등의 문제를 고려할 수 있다. 이와 함께 문학사 교육은 장르 선택의 의도나 목적, 관습 등을 파악하는 데에도 활용 가능하다. 작가가 소설 장르를 선택한 이유가 무엇인가, 소설 장르는 특정한 주제를 어떠한 방식으로 구체화하며, 이는 시 혹은 수필 장르의 형상화 방식과 어떻게 다른가의 문제를 비교하여 살펴볼 수 있는 것도 문학사적 기반이 있을 때 가능하다.

또한 동인지, 잡지, 신문 등의 출현 배경이나 취지, 참여한 작가들의 경향, 게재된 작품 경향 등을 중심으로 이들 매체들의 역할, 매체들이 문단에 미친 영향력 등을 정리해 보면, 동인지나 잡지, 신문 등의 매체가 문학 작품의 생산과 수용 과정을 어떻게 매개하는가에 대해 분석해 볼 수 있다. 뿐만 아니라 현재의 관점에서 서로 관련성이 없는 문학 작품이나 작가들 사이에서 유사성을 발견하고 그것을 의미화하여, 상호텍스트적 의미를 만들어낼 수도 있다. 이러한 방식은 문학사 기술의 방법론을 문학교육의 대상으로 활용하는 방식이다. 예를 들어 문학사에서 주로 다루는 영향 관계—계승이나 변화의 지점을 탐색하고, 이를 의미화하는 문제—를 중심으로 작가와 작가 혹은 작품과 작품의 관련성을 분석하는 활동이 그것이다. 소재나 모티프, 주제, 배경, 인물의 특성 등을 중심으로 유사성과 차이를 비교해 가는 활동은 문학 작품의 의미나 가치가 인접한 다양한 관계 속에서 생성될 수 있음을 보여준다.

마지막으로 서로 다른 문학사를 비교해 보게 함으로써 문학사가의 사관을 파악할 수 있도록 하는 방법은 문학 작품 간의 공시적이고 통시적 연관성을 고려하면서 문학사를 읽을 수 있는 방법을 제공해 준다. 문학사란 객관적인 사실의 집적물이 아니고 문학사가의 주관적인 문학에 대한 관점이 반영된 결과물이다. 문학사가의 문학관은 주로 특정 작품을 선별하고, 분류하는 양상에서 드러나게 되므로, 특정 시기에 어떠한 작품을 선택, 분류하였는가를 비교해 보는 일은 서로 다른 문학사가의 관점을 파악할 수 있는 방법이다.

✅ ( )에 알맞은 말을 써 넣으면서 주요 개념을 정리합니다.

1 문학사는 (   )과 (   )라는 역사적 관점에서 문학 작품을 이해
   한다.

2 모든 문학 작품들은 이전에 발표된 문학 작품들이나 문학적 관습에 의존해
   있다고 바라보는 관점을 (   ) 관점이라고 한다.

3 문학사는 객관적인 사실의 집적물이 아니고 문학적 사실이나 작품 해석에
   대한 문학사가의 (   )인 관점이 반영된다. 이러한 문학사가의 문학관
   은 주로 특정 작품을 (   )하고 분류하는 양상에서 드러난다.

✅ 지시에 따라 서술하면서 현대소설사의 특징을 이해합니다.

1 개화기 소설에 나타난 형식들을 정리해 보고, 개화기에 다양한 형식을 차용
   한 소설들이 창작된 이유는 무엇인지 설명하시오.

2 이광수의 「무정」을 읽고, 이 소설이 고전소설을 계승하고 있다고 생각되는 부분을 찾아보자. 이 소설을 근대소설의 효시라고 평가하는 이유는 어디에 있는지 구체적인 작품을 예로 들어 설명하시오.

3 채만식의 소설 가운데 풍자적인 경향이 두드러진 소설을 제시한 다음, 이들 소설에서 풍자가 어떠한 역할을 하고 있는지 밝히고, 이러한 풍자적인 경향의 소설이 이후에 많이 창작되지 않은 이유는 어디에 있는지 설명하시오.

4 4·19 혁명과 와 5·16 군사 정변의 성격을 개괄적으로 설명하고, 이들 사건을 다룬 소설들을 제시한 다음, 각각의 소설에서 역사적 사실을 어떠한 방식으로 형상화하고 있는지 비교해 보시오.

✅ 지시에 따라 주요 개념을 적용하면서 실천적 능력을 기릅니다.

1 「혈의 누」와 같이 고향을 벗어나는 형식의 작품에는 어떤 작품이 있는지 구체적인 예를 들고, 시대적 조건과 관련하여 이러한 탈향의 형식이 갖는 의미에 대해 서술해 보시오.

2 고전소설인 「홍길동전」과 「혈의 누」, 「무정」, 「약한 자의 슬픔」을 읽고, 각각의 작품에서 문장의 서술어를 어떻게 사용하고 있는지를 찾아본 다음, 그러한 서술어의 사용이 갖는 효과를 서술자의 태도와 관련하여 생각해 보시오.

3 현대소설 가운데 여로 형식의 소설들을 시대별로 나열해 보고, 각 작품들은 여로 형식을 통해 무엇을 말하고자 하였는지 정리해 보시오.

문학교육의 확장

제12장

문학교육과 한국어교육

제2언어 혹은 외국어로서 한국어교육은 외국인, 재외 한국인을 대상으로 한 한국어교육을 말한다. 한국어교육은 1880년대를 기점으로 개항 이후 본격적으로 시작된 이래, 1959년 연세대학교 한국어학당을 시작으로 체계적으로 이루어져 왔다. 여기서 주목해야 할 점은 기존의 어학 중심의 한국어교육(어휘 교육, 문법 교육, 4기능(말하기/듣기/읽기/쓰기) 교육)에서 점차 문화교육, 문학교육에 대한 관심이 높아지고 있다는 것이다. 외국어로서 한국어교육에서 문학교육에 대한 관심이 의미 있는 교육적 성과로 이어지게 하기 위해서는 그것이 학문적 당위성만이 아닌 교육적 필요성을 전제로 이루어져야 한다. 이를 위해서는 문학이 외국어로서 한국어교육에서 지니는 교육적 가치와 타당성을 바탕으로 한 체계적인 내용론과 방법론을 확보해야 한다.

이 장에서는 먼저 한국어교육에서 문학교육의 전반적인 현황을 살펴보고, 다음으로 한국어교육에서 문학교육의 필요성과 목표, 교육 자료로서 문학 작품, 문학의 교육 방법, 실제 문학 수업의 사례의 순서로 살펴보고자 한다. 이는 이론과 실제 측면에서 전자의 경우, 외국어교육에서 문학교육에 대한 기존 논의를 검토하고, 이를 바탕으로 하여 한국어교육에서 문학교육의 내용론 및 방법론을 제시할 것이다. 또한 후자의 경우, 국내외 한국어교육 현장에서의 교육과정, 개설 교과목, 교재, 수록된 문학 작품, 실제 수업 모형, 학습자 자료를 다룰 것이다. 이와 함께 최근 국어교육에서뿐만 아니라, 한국어교육에서도 주목하고 있는 다문화교육과 관련하여 주요 쟁점을 중심으로 간략하게 언급하고자 한다.

1. 한국어교육에서 문학교육의 현황

한국어교육은 국외와 국내에서 그 수요와 범위가 확대되고 있으며, 이에 따라 한국어교육기관[1]의 수와 규모, 한국어 프로그램 역시 다양해지고 있다. 한국어 학습자의 경우, 양적인 증가뿐만 아니라 학습 목적, 연령, 국적, 직업에 있어서도 확대되어 일반 목적 학습자와 더불어 특수 목적(학문, 결혼 이주, 취업)의 외국인 학습자, 그리고 민족 교육 목적의 재외동포 학습자에 이르기까지 그 범위가 넓어졌다. 이러한 흐름에 따라 한국어교육의 교육과정, 교육 목표, 교육 내용, 교수·학습방법, 교육 자료 또한 점차 전문화, 세분화되는 특징을 보이고 있다.

(1) 국외 한국어교육에서의 문학교육

국외 대학에서의 한국어교육은 크게 한국어 교육과정과 한국학 교육과정에 따라 한편으로는 한국어교육(Korean program)이, 다른 한편으로는 한국 문학, 역사, 철학 등 한국학 교육(Korean Studies)이 함께 이루어지고 있다. 기존의 지역학으로서 한국학 교육이 한국학 교육과정(Korean Studies)에 따라 이루어져 왔다고 한다면 경제적, 문화적, 정치·사회적인 측면에서 한국의 국제적 위상이 높아짐에 따라 한국어 수요가 증가하여 한국어 프로그램이 독립적으로 운영, 활성화된 것으로 이해할 수 있다. 국외에서 한국어교육은 해당 지역 내 한국어 교육의 위상 또는 수요에 따라 크게는 한국학 대학, 한국학과로,

---

[1] 국외 한국어교육기관은 사설 교육을 제외하면 크게 외교부 산하 재외동포재단에서 지원하는 경우와 문화체육관광부 산하 세종학당재단에서 운영하는 경우로 나누어 볼 수 있다. 전자에는 한국학교, 한국교육원, 한글학교가 해당하며, 후자에는 전세계 54개국 130개소(2014년 8월 기준)에 이르는 세종학당이 있다. 또한 국내 한국어교육은 대학 부설 한국어교육원, 사설 한국어교육기관을 중심으로 이루어지고 있다.

작게는 동아시아학과 차원의 전공(major) 또는 부전공(minor), 교양 외국어 프로그램 차원의 단일 강좌(language requirement) 형태로 이루어지고 있다.

한편, 국외 대학에서 한국 문학교육의 실정은 해당 대학의 교육과정 내 개설된 문학 관련 강좌를 살펴봄으로써 엿볼 수 있다. 한국국제교류재단(2007)에 따르면, 한국학 또는 한국어교육이 이루어지고 있는 55개국 632개 대학 중에서 세 개의 지역의 20개국, 즉 아시아 및 오세아니아 지역에서는 뉴질랜드, 대만, 몽골, 베트남, 스리랑카, 인도, 일본, 중국, 태국에, 유럽 지역에서는 네덜란드, 독일, 러시아, 불가리아, 이탈리아, 체코, 터키, 폴란드, 프랑스에, 미주 지역에서는 미국, 캐나다에 위치한 대학에서 문학 관련 교과목이 개설, 운영되고 있다. 그리고 일반적으로 문학 관련 교과목은 '강독', '선독', '연독', '감상'과 같은 문학 독해(읽기), '문학 입문', '문학 개론', '문학사', '번역 작품', '문학 비평', '문학 번역', '역사·문화·매체와 문학' 등의 명칭으로 개설되어 있다. 특히 교육과정을 살펴보면 지역에 따라 문학교육 대상 학습자, 목표에 따라 특징적으로 나타나는 것을 발견할 수 있다. 예컨대, 아시아 지역 내 있다고 할지라도 중국, 일본, 몽골의 동북아시아에서는 문학 자체에 대한 교육에 보다 관심을 두고 있는데 반해, 다른 나라의 대학에서는 교양 차원에서 고전 문학, 현대 문학과 같이 문학 개론 수준으로 문학교육이 이루어지고 있다. 다음으로 미주 지역에서는 번역 작품의 활용을 강조한다든지, 매체와 문학 간의 상호텍스트적 접근에서 교육이 이루어진다든지, 한국계 미국인 혹은 현대 한국 여성 작가와 같은 소수 작가의 문학 작품까지를 포함시켜 보다 현실적이고 대중적인 문학교육을 지향하고 있음을 알 수 있다. 또한 유럽 지역의 경우, 한국학적 관점에서 한국 문학교육이 이루지고 있는데 이때 문학 관련 교과목을 초급 혹은 학부 1학년에서부터 필수 과목으로 지정하고 있다.

(2) 국내 한국어교육에서의 문학교육

■ 한국어 정규과정
일반적으로 한국어 교육과정은
정규과정, 특별과정, 단기과정으
로 나뉜다. 이중 정규과정의 경
우, 급별 교과과정은 하루에 4시
간씩 일주일에 5일(월~금), 총
10주 동안 200시간으로 짜여 있
다. 각 급의 교육과정은 한 학기
씩 총 여섯 학기에 걸쳐 1급에서
6급에 이르는 과정, 즉 초급(1/2),
중급(3/4), 고급(5/6) 단계로 구성
되어 있다.

국내의 경우, 한국어교육에서 문학교육 연구는 점차 활발하게 이루어지고 있는 반면, 실제 교육 현장에서 문학교육은 어휘, 문법, 4기능(말하기/듣기/읽기/쓰기) 수업 중심의 정규 과정에서 매우 작은 비중을 차지하고 있다. 급별로 살펴보면, 주로 4급 이상의 학습자를 대상으로 문학교육이 이루어지고 있으며, 이때 문학 작품은 읽기 교육을 위한 텍스트로서 활용된다. 그러나 최근 일부 대학을 중심으로 정규 수업과는 별도로 문학반, 문학 활용반의 선택반을 개설하여 문학 수업이 전문적으로 운영되고 있다.[2] 한국어교육에서 문학교육의 관심이 높아지는 것은 교육과정에서뿐만 아니라, 교재를 통해서도 찾아볼 수 있다. 최근 편찬된 한국어 교재를 살펴보면 초급에서부터 한국 문학 작품이 수록되어 있으며, 문학 텍스트는 어휘, 문법, 말하기, 읽기, 쓰기 교육과의 통합 교육적 측면에서뿐만 아니라 순수한 문학교육의 일환에서 활용되고 있음을 알 수 있다.

---

2) 최근 연세대학교와 이화여자대학교에서는 문학반 혹은 문학 활용반을 운영하고 있다. 이는 교사나 교육과정 중심의 제한된 문학 수업이 아닌, 학습자 중심에서 '즐기기'를 목적으로 하고 있다. 특히 연세대학교 한국어학당의 경우, 50여 년의 역사를 지닌 문학교육은 정규 과정에서는 어휘, 문법, 4기능(말하기/듣기/읽기/쓰기) 등과 함께 부분적으로 이루어지고 있는 한편, 독립된 문학 수업으로서는 중급 이후부터(4급에서 6급) 선택 수업이 운영되고 있다. 이는 학습자의 한국어 수준, 목적에 따라 문학사에 초점을 둔 전문 차원으로, 혹은 교양 차원으로 나뉜다. 황인교·김성숙·박연경, 「집중적인 한국어 교육과정의 문학교육」, 『외국어로서의 한국어교육』 29, 연세대학교 한국어학당, 2004, 235면.

2. 외국어로서 한국어교육에서 문학교육의 접근

(1) 한국어교육에서 문학의 필요성

외국어로서 한국어교육에서 문학교육을 이해하려면 기존 외국어 교육에서는 문학교육이 어떠한 관점에서 다루어져 왔는지 먼저 참고할 필요가 있다. 외국어 교육에서 문학 작품의 효용성은 네 측면에서 설명될 수 있다.[3] 첫째, 문학은 가치 있고 실제적인 자료(valuable authentic material)이다. 문학은 인간과 삶의 문제를 중심으로 의미 있고 가치 있는 자료를 제공한다. 이러한 의미와 가치는 고정되거나 정지된 것이 아니라 시간과 공간을 초월하여 특수화, 개별화된 의미, 가치를 전달한다. 문학 연구, 문학 비평이 역사·전기, 사회·윤리, 정신 분석, 신화·원형, 원본·주석 등의 접근에서 이루어지는 것은 문학의 이러한 속성과 연관된다. 문학은 그것이 공유되는 사회의 구성원, 즉 원어민의 삶을 반영하는 자연스럽고, 실제적인 자료를 제공한다. 따라서 문학 작품 속에는 해당 사회에서 통용되는 언어적, 문화적 관습, 규칙이 내재해 있다고 할 수 있다.

둘째, 문학은 문화적 풍부함(cultural enrichment)을 지니고 있다. 외국어 학습에 있어서 목표 언어가 사용되는 사회, 사람들, 그리고 그들의 삶을 경험하기 위해서 가장 좋은 방법은 해당 지역을 직접 방문하는 것이겠지만, 다양한 매체, 문학 작품을 통해 접하는 것이 보다 현실적인 방법일 것이다. 특히 문학 작품은 맥락으로서 특정

▪ **문체(文體/style)**
'문체'는 언어의 개념적 의미에 '정의(情意)적 가치'가 부여된 언어 형태 혹은 형식을 가리킨다. 문체는 음성, 어휘, 통사, 의미론 층위에서 맥락(심리적/사회적/문화적)에 따라 언어를 달리 '선택'하거나 '배열'함으로써 다양한 언어 표현으로 구현된다.

▪ **문채(文彩/figure)**
'문채'는 문체론적 관점에서 텍스트의 언어 형식 또는 구조와 관련한 문학적 형식을 말한다. 이는 음운 및 음성학적, 형태론적 차원에서의 운율, 리듬뿐만 아니라, 통사론적 차원에서 도치, 반복, 의미론적 차원에서 비유, 역설, 아이러니 등과 같이 언어 형태와 의미 사이의 관계에 따라 나타나는 변이형으로 볼 수 있다. 특히 '시적 언어(poetic diction)'가 지닌 문채의 '일탈성'은 일반적인 '문법'에 비추어 '비문법적'인 것으로 종종 간주되기도 한다. 비록 이는 규범에서는 벗어나는 용법이지만, 엄밀한 '규칙'을 갖는다. 즉 문학적 텍스트의 맥락 안에서는 나름의 일정한 규칙, 원리, 체계를 지닌 '문법적'인 것으로 볼 수 있다.

---

3) Joanne Colie & Stephen Slater, *Literature in the language classroom : a resource book of ideas and activities*, Cambridge University Press, 1987, pp.3~6.

한 사회문화적 배경을 바탕으로 하여 작가 혹은 등장인물, 화자의 삶을 생생하고 충실하게 구현한다. 여기에는 산물(product)로서의 문화, 행위(behavior)로서의 문화, 사고(idea)로서의 문화가 작품 내 인물들의 삶의 방식을 통해 총체적으로 반영되어 있다. 그리고 독자로서 외국어 학습자들은 문학 작품에서 해당 문화권의 다양한 문화적 산물, 제도, 관습, 규범, 가치관, 믿음, 신념 등을 발견할 수 있다.

셋째, 문학은 언어적 풍부함(language enrichment)을 지니고 있다. 문학이 지닌 또 하나의 교육적 장점은 양적, 질적 측면에서 다양하고 고급스러운 언어적 자원이 된다는 점이다. 즉 문학 작품에서 제시되는 어휘, 표현, 문형, 구문 등은 독자로서 학습자들에게 충분한 언어적 입력을 제공할 것이다. 물론 문학 작품의 언어가 때로는 일상적 언어와 구별되는 소위 '일탈성'을 지닌다는 이유로 언어교육에서 외면되기도 하나 문학 언어는 특정 맥락에서 의도적으로 변형이 가해진 문체(文體) 혹은 문채(文彩)로서 감각적, 개성적인 언어적 자원으로 활용될 수 있다.

끝으로, 문학은 개인적 연관(personal involvement)을 유발한다. 문학은 본질적으로 독자의 반응, 상상, 참여를 촉진한다. 이러한 문학의 속성은 외국어 교육에 있어서 다른 언어 자료가 지닌 그 어떠한 장점과도 비교될 수 없다. 문학 작품을 통해 감정, 정서에 반응하고, 이미지, 상징 등을 통해 상상하고, 등장인물 혹은 화자의 삶과 사상에 동참하는 것은 학습자들에게 매우 의미 있는 교육적 도전이 된다. 이러한 개별화된 문학 경험을 통해 학습자들은 개인적인 성장을 이룰 수 있게 된다. 최근 문학 치료가 문학 기능의 확장에서 중요한 한 축을 담당하고 있는 것은 이에 대한 증거라고 할 수 있다.

■ 문학교육 모델(R. Carter and M. N. Long, 1991 : 1-11)

· 언어 모델(language model) : 문학교육은 일차적으로 학습자의 언어 능력 향상에 그 목표를 두어야 한다. 문학 언어가 지닌 중의성, 다양성을 활용하여 학습자가 자발적, 능동적인 언어 학습, 창조적인 언어 활동을 도모할 수 있다.

· 문화 모델(culture model) : 문학은 해당 사회의 문화를 담고 있으며, 문학교육에서 학습자들은 목표 언어권의 문화를 비판적인 시각에서 이해, 수용할 수 있게 된다. 특히 외국어교육에서 문학교육은 상호문화적, 간문화적 접근에서 자국 문화와 목표 문화 모두를 폭넓게 이해하는 통로가 된다.

· 개인 성장 모델(personal involvement model) : 문학은 외국어 교육에서 언어 자료로서 단순한 도구가 아니라 학습자의 자기 만족적 즐거움을 제공한다. 문학 작품은 학습자 중심적 접근에서 동기 유발, 자발적 참여를 불러일으킬 수 있으며, 궁극적으로는 인격적인 성장을 도모할 수 있다.

(2) 한국어교육에서의 문학교육의 목표

외국어교육, 특히 영어교육에서는 문학교육의 목표를 일반적으로 언어 모델, 문화 모델, 개인 성장 모델의 세 측면에서 설명한다. 먼저, 언어 모델(language model)에서는 문학 작품에 담겨 있는 언어적 자원을 통해 언어능력, 의사소통능력의 신장을 가져올 수 있다는 점을 강조한다. 다음으로, 문화 모델(cultural model)에서는 문학 작품 속의 문화적 배경, 정보를 통해 문화능력을 함양할 수 있으며, 개인 성장 모델(personal growth model)에서는 독자로서 학습자 개인의 정서, 감정의 경험을 통해 내적 발달을 유도할 수 있음에 초점을 둔다. 문학교육에 대한 이상의 세 가지 접근 모델로부터 한국어교육에서 문학교육의 방향을 설정할 수 있다.

먼저, 언어 중심의 문학교육에서는 문학 작품 속에 제시된 어휘, 문법 항목을 포함하여 소위 '언어문화'라고 볼 수 있는 문학 언어를 중심으로 교육할 수 있다. 문학은 어휘 자료, 구어 및 문어 문형, 문체 측면에서 유용한 언어 자료가 된다. 한국어 학습자들은 어휘, 문법뿐만 아니라 한국 문학의 언어가 지닌 다양한 실제적인 맥락 및 양상을 통해 언어 학습을 할 수 있다. 즉 문학 작품 속에 제시되는 일상 언어뿐만 아니라, 문학 언어의 원리에 의한 수사 표현, 즉 문채(文彩, figure)와 문학 언어의 기술 방식, 즉 문체(文體, style)를 교육 대상으로 삼을 수 있다. 다음으로, 문화 중심의 문학교육에서는 문학 작품 내 문화적 정보로 제시되는 '일반 문화'와 '문학 문화'를 중심으로 교육할 수 있다. 일반 문화는 한국에 대한 문화적 배경 지식에 해당하는 문화 정보로서 여기에는 의식주, 예술, 문학, 역사, 경제, 제도, 규범, 사고방식 등의 문화항목이 포함된다. 이러한 접근의 문학교육에서는 주제 및 소재, 상황적 배경 측면에서 상호 연계되는 문학 작품을 교육할 수 있다. 이를 통해 한국어 학습자들은 목표문화인 한국 문화의 맥락에서 한국 문화의 다양한 영역, 즉 사회, 역사, 예술, 종교, 제도, 민속, 한국인의 사고방식, 정서, 가치관, 역사 등에 대한 지식을 학습할 수 있게 된다. 한편, 문학 문화는 한국 문학을 둘러싼 문화로서 학습자들은 한국의 문학사조 측면에서 고전에서부터 현재 한국 대중 문학의 작가 및 작품에 이르기까지 학습할 수 있다. 또한, 문학 중심의 문학교육에서는 학습자 중심의 개인 성장에 초점을 두어 교육할 수 있다. 학습자들은 문학 작품 속에 등장하는 인물들의 심리, 정서, 삶의 방식과 모습을 체험할 수 있다. 그리고 이를 바탕으로 하여 사고와 인식을 확장시켜 자신의 삶을 보다 풍성하게 할 수 있다.

이러한 맥락을 바탕으로 한국어교육에서 문학교육의 방향은 문학을 활용한 한국어 의사소통 교육, 문학을 통한 한국 문화 교육, 한국 문학에 대한 교육으로 제시되기도 한다. 그리고 이와 함께 한국어 문학교육의 구체적인 목표로서 언어 교육, 한국 문화 이해, 공동체 의식 함양 및 정체성 확립, 교양 차원의 국제 이해 교육, 학문 목적의 문학 자체 교육의 다섯 가지를 들기도 한다.4)

---

4) 이 같은 교육 목표는 다음과 같은 지역적 특성과도 관련 있다.
  • 동남아권 : 주로 실용적 차원
  • 유럽권 : 한국학 또는 한국 이해 차원
  • 미주권 : 재외 동포 교육 또는 초강대국의 패권주의 시각
  • 동북아시아권(한자 문화권) : 문학, 문화, 지역 사정(地域事情)을 중시
  윤여탁, 『외국어로서의 한국문학교육』, 한국문화사, 2007.

3. 한국어교육의 자료로서 문학 작품

(1) 문학 정전과 언어학습자 문학

일반적으로 정전(canon)은 '현재 사용되고 있는 권위적 교재의 목록'을 말하며, 때로는 '확립되어야 할 바람직한 교재의 목록'을 뜻한다.[5] 교육적 관점에서 교육 정전은 원전 텍스트뿐만 아니라, 교육 목적이나 학습자 위계에 따라 개작, 재조직한 변형 텍스트 모두에 해당하며, 여기에는 문학 작품과 비문학 제재 등 다양한 텍스트와 함께 해석과 관련된 교수·학습 활동을 포함하고 있다.[6]

한편, 외국어교육에서도 정전(canon)은 그 가치에 있어서 승인된 문학 작품을 대상으로 하며, 문학 연구와 관련해서는 권위 있고 유명한 작가와 그들의 작품들을 가리킨다.[7] 이는 해당 사회의 언어, 문화적 맥락에 보다 초점을 두면서 문학 제재의 대상 역시 그 범위를 확장시킬 것을 요구한다. 특히 제2언어로서 영어교육에서는 학습자를 위해 만들어진 책들을 일컬어 '언어 학습자 문학(language learner literature)'이라고 규정하고, 교육 제재와 관련하여 논의가 이루어져 왔다 언어 학습자 문학은 주로 청소년 문학(young adult literature, literature for youth), 아동 문학(children's literature)을 대상으로 하고 있다. 여기에는 언어 학습자 변인을 고려한, 어형과 문형에 따른 수준별·단계별 독본(graded readers), 안내 독본(guided readers), 그리고 교수 변인을 고려한 원작 그대로의 (authentic, original), 줄이거나 요약, 개작된(shortened, simplified, abridged and adapted) 텍스트가 포함된다.[8] 제2언어 혹은 외국어로서 한국어교육에서는 최근 중,

---

5) 송무, 「문학교육의 '정전' 논의」, 『문학교육학』 1(가을), 한국문학교육학회, 1997, 293면.
6) 윤여탁 「한국의 문학교육과 정전 - 그 역사와 의미」, 『문학교육학』 제27호, 한국문학교육학회, 2008, 138면.
7) Hall, G., *Literature in Language education*, Palgrave Macmillan, 2005, p.243.

고급 학습자 층이 두터워지면서 문학교육에 있어서 기존의 정독 중심의 문학 수업뿐만 아니라 다독 중심의 문학 수업의 필요성이 커지고 있다. 하지만 '한국어 학습자'와 '교육 환경'을 고려한 문학 작품 목록, 즉 선집으로서 문학 정전은 아직 개발되었다고 보기 어렵다.

최근 한국어교육에서는 한국어 교재를 편찬하는 데 있어서 점차 초급 단계부터 문학 작품 목록을 수록하는 경향을 띠고 있다. 이 경우, 문학 작품의 선정 및 수록은 전통적, 문예학적, 미학적 차원에서라기보다 교육적인 측면에 초점을 두고 수용, 적용하고자 시도한 것으로 보인다. 즉 기존의 문학사적 관점에서 벗어나 점차 대중적인 측면에 비중을 두고 있다는 점, 어휘, 문법 익히기를 위한 읽기 텍스트용에서 문학 자체의 감상에 초점을 두고 있다는 점이 특징적이다.

한국어 문학교육에서는 학습자 중심성, 언어-문화-문학 통합성, 즐기기 목적성, 경험 중심성에 입각하여 새로운 '문학 제재' 구축이 이루어져야 한다. 이러한 관점에서 문예사적 관점에서의 '고전적' 정전과 차별화된 외국어교육 관점에서 '언어 학습 문학'식의 새로운 정전이 모색되어야 한다. 즉 문학 제재 선정에 있어서 텍스트 중심에서 상징적으로 이루어지기보다 현실적, 대중적인 시각에서 독자(학습자) 중심의 언어학습자 문학의 구축이 필요하다. 또한 제2언어 혹은 외국어로서 한국어교육에서 문학 제재는 학습자들에게 인류 공동체의 보편적 정서, 경험, 문화를 제시함과 동시에, 한국적 언어, 문화를 제공하고, 개인화된 태도 및 반응을 유도할 수 있어야 한다. 이러한 맥락에서 언어학습자 문학은 고전성(보편성)과 한국적 특수성의 두 방향에서 보다 적극적으로 논의되어야 할 것이다.

---

8) Day & Bamford, *Extensive Reading in the Second Language Classroom*, Cambridge University Press, 1998.

(2) 외국어교육에서 문학 작품 선정 기준

외국어교육에서 문학 텍스트 선정 기준과 관련하여 라자르(Lazar)는 교육의 세 가지 측면, 즉 학습과정 유형(type of course), 학습자 유형(type of students), 텍스트 관련 요소(the relevance of the text)를 고려할 것을 제안한 바 있다.[9]

첫째, 학습과정 유형 측면에서는 학습자 수준, 학습의 이유(요구), 학습 목적(일반, 학문 등), 학습 시간, 교수요목의 성격(탄력성 유무), 문학 작품 포함 유무, 문학 작품 유형(길이, 장르 등)의 요소가 고려되어야 한다. 둘째, 학습자 유형 측면에서는 학습자의 연령, 흥미, 국적, 문화적·인종적 배경, 문학 작품 경험 유무와 같은 변수가 고려되어야 한다. 셋째, 텍스트 측면에서는 학습자의 연령(텍스트를 즐기기에 연령이 너무 높은가, 낮은가), 학습자의 지적 성숙도(텍스트를 이해하기에 충분히 성숙한가), 학습자의 정서적 이해도(텍스트와 관련지을 만큼 성숙한가), 학습자의 언어적 숙달도(텍스트를 해석할 정도의 수준인가), 학습자의 문학적 배경(텍스트에 반응할 만큼의 수준이 되는가), 텍스트 주제 및 내용에 대한 학습자의 흥미 및 관심도, 텍스트 이해에 필요한 학습자의 문화적 배경 등이 고려되어야 한다. 이밖에 텍스트의 효용성(교수 시 자료로서의 활용의 편의성), 텍스트 길이(시간, 텍스트 변형), 텍스트의 활용 가능성(텍스트 기반 과제 및 활동, 부교재 등의 응용, 적용 가능성), 교수요목의 적합성(텍스트의 내용 및 활동에 있어서 교수요목 유형의 적용 가능성) 등이 있다.

---

9) G. Lazar, *Literature and language teaching : A Guide for Teachers and Trainers*, Cambridge University Press, 1983, pp.48~56.

과정의 유형 (type of course)	학습자 수준(Level of students), 학습 목적(Students' reasons for learning English), 학습하고자 하는 언어 종류(Kind of English required), 학습기간 및 정도(Length/intensity of course)
학습자 유형 (type of students)	나이(Age), 지적 성숙도(Intellectual maturity), 정서 발달(Emotional understanding), 흥미 및 취미(Interests/Hobbies), 문화적 배경(Cultural background), 언어 숙달도(Linguistic proficiency), 리터러시 배경(Literacy background)
텍스트 관련 요인 (other text-related factors)	텍스트의 활용성(Availability of texts), 텍스트 길이(Length of text), 이용 가능성(Exploitability), 실라버스와의 적합성(Fit with syllabus)

(3) 한국어 교재에 수록된 문학 작품

한국어 교재에 수록된 문학 작품은 크게 국내에서 편찬된 한국어 교재와 국외에서 편찬된 한국어 교재로 나누어 살펴볼 수 있다. 먼저, 국내의 경우 대학 부설 한국어교육기관 11곳에서 출판된 한국어 교재에서 문학 작품은 장르별로 현대시(노래 포함) 56편, 현대소설 35편, 현대수필기행문 36편, 고전시가 13편, 고전산문(고전소설, 신화, 전래동화, 판소리) 24편 등이 수록되어 있다.[10] 최근에 편찬된 교재의 경우, 문학의 범위를 넓혀 기존의 전통적인 정전 중심의 문학 작품 목록의 틀에서 벗어나 점차 동요, 가곡, 동화, 영화, 드라마 대본과 같이 대중적인 사랑을 받고 있는 텍스트를 목록의 대상으로 삼고 있다.

다음으로 국외의 경우, 국내에서보다는 고전적인 정전의 관점에서 문학 작품을 수록하고 있다. 특히 미주 지역에서는 재미 작가의 작품, 즉 동포 문학

---

10) 이는 건국대, 경희대, 고려대, 동국대, 부산대, 서강대, 서울대, 성균관대, 신라대, 연세대, 이화여대(이상 가나다 순)에서 출판된 교재를 대상으로 살펴본 것이다.

을 교재에서 다루고 있다는 것이 특징적이다. 여기에서는 미국과 중국을 중심으로 주요 대학에서 사용되는 한국어 교재 내 문학 작품 목록을 제시하고자 한다.

[국외 한국어 교재 내 문학 작품 목록][11]

한국어 교재명	장르	문학 작품
Intermediate College Korean (U.C.Berkeley, 2002)	설화	바보 온달과 평강 공주
	시	진달래꽃(김소월), 캥거루(고은), 내가 꽃이라면(강옥구), 달팽이(김경년)
Reading Modern Korean Literature (Hawaii, 2004)	수필	장미(피천득), 새해에도 묵은 일들을(한무숙), 무소유(법정), 지란지교를 꿈꾸며(유안진), 생생한 일상을 위한 연습(최윤)
	시	진달래꽃(김소월), 님의 침묵(한용운), 향수(정지용), 사슴(노천명), 청포도(이육사), 국화 옆에서(서정주), 자수(허영자), 태평가(황동규), 농무(신경림), 파도(강은교), 외딴 마을의 빈집이 되고 싶다(이해인)
	소설	사랑 손님과 어머니(주요섭), 집보기는 그렇게 끝났다(박완서), 흰 철쭉(이청준), 양수리 가는 길(김인숙)
한국어 3, 4 (북경대학교, 2003/2004)	수필	무소유(법정), 방망이 깎던 노인(윤오영)
	시	서시(윤동주)
	판소리	심청가
	소설	사랑 손님과 어머니(주요섭)
한국 현대 문학 (북경대외경제무역대학, 1997)	수필	헐려 짓는 광화문(설의식), 독서와 인생(이희승), 메모광(이하윤), 송년(피천득), 자화상(모윤숙), 삶의 슬기(전숙희), 현이의 연극(이경희), 네 잎의 크로우버(이어령)
	시	님의 침묵(한용운), 진달래꽃(김소월), 나의 침실로(이상화), 거울(이상), 서시, 별 헤는 밤(윤동주), 사슴(노천명)
	소설	광화사(김동인), 메밀꽃 필 무렵(이효석), 소나기(황순원), 잔해(송병수), 수난 이대(하근찬), 서울, 1964년 겨울(김승옥), 익명의 성(이문열)

11) 윤여탁, 앞의 책, 2007, 108면.

4. 한국어교육에서 문학교육의 방법

(1) 한국어교육에서 문학 교수·학습의 접근 관점

한국어교육에서 문학교육의 방법론으로서 먼저 비교문학적 접근이 가능하다. 전통적 의미에서 비교문학은 상이한 두 나라 문학이 지니고 있는 유사점과 차이점에 의해서 두 나라 문학의 관계가 무엇인지를 규명하는 연구 분야이다. 비교문학적 접근에서 문학교육은 크게 서로 다른 문학의 영향과 수용 관계에 초점을 둔 '비교 연구'와 비영향적이고 비수용적인 현상까지 포함하는 총체성을 띤 연구 방법으로서의 '대비 연구'로 나누어 접근할 수 있다. 전자는 한국 문학에 영향을 끼친 외국 문학과의 관계를 탐구함으로써 한국 문학에 대한 이해 및 해석의 문학 능력을 함양하는 데 초점을 둔 것이며, 후자는 서로 영향이나 수용관계가 없더라도 서로 다른 국가의 문학 작품을 대비하거나 나아가 다른 장르와 대비 연구함으로써 한국 사회, 문화, 문학에 대한 이해. 세계문학으로서의 이해에 초점을 둔다.[12]

비교문학적 접근의 한국어 문학교육에서 학습자는 세계 보편적 맥락에서, 혹은 특수한 맥락에서 한국 문화로서 문학 작품을 이해하며, 자국의 문학 작품 및 사회문화적 맥락과의 대비를 통해 세계 보편의 정서, 자국 및 한국 문화의 특수성을 이해하게 된다. 이를 통해 학습자는 세계 문학의 보편성을 통해 문학의 즐거움을 느끼고, 한국 문학의 특수성을 통해 다른 문화, 세계 문화에 대한 인식의 폭을 확장시키며, 더 나아가서는 문화적 정체성을 형성시킬 수 있다.

다음으로 스토리텔링(storytelling) 또는 스토리라이팅(storywriting) 기법이 있다.

---

12) 윤여탁, 「비교문학을 적용한 외국어로서의 한국 현대문학교육 방법」, 『한국언어문화학』 6-1, 국제한국언어문화학회, 2009, 53~70면.

이는 내러티브 텍스트로서 문학 작품이 지닌 담화 구조로서의 '이야기 문법'을 기반으로 한다.

이야기 문법(story grammar)은 바틀레트(Bartlett) 이래로 많은 학자들이 '이야기 구조가 이야기 이해에 미치는 효과에 대한 연구'에서 유용한 방법으로 널리 사용되어 왔다. 이야기 문법이란 이야기를 수용하는 자(독자), 생산하는 자의 내적 표상으로서, 이야기 구조 내에서 통사적, 의미적 규칙들에 의해 상호 논리적, 시간적 관계로 연결된 위계적, 구조적 모형이다. 스타인과 글렌(Stein & Glenn)에 의하면 이야기는 배경(setting)과 일화(episode)로 구성되어 있고, 6개의 기본적인 정보 카테고리, 사건(initiating event), 내적 반응(internal response), 시도(attempt), 결과(consequence), 반응(reaction)의 문법적 구조로 이루어져 있다.13) 문학의 교수·학습 과정에서 독자 또는 필자로서 학습자는 이야기 문법을 통해서 배경, 사건 등의 이야기 구조와 관련한 통사적, 의미적 규칙들을 발견함으로써 이야기를 이해, 표현하는 데 도움을 받을 수 있다.

또 다른 문학교육의 방법론으로서 번역을 들 수 있다. 번역은 일반적으로 원어 텍스트(ST)와 번역 텍스트(TT) 간의 등가성을 기반으로 한다. 이는 텍스트 외적 측면과 내적 측면에서 이해할 수 있다. 먼저 텍스트 외적 측면은 텍스트를 둘러싼 문화 요소, 기능(목적) 요소, 텍스트 형식 요소와 관련되며, 텍스트 내적 측면은 어휘, 의미, 통사, 문체 차원에서의 등가성과 관련된다. 번역 과정에 있어서 원어에서 목표어, 즉 원문언어(Source Language : SL)의 텍스트(Source Text : ST)를 목표언어(Target Language : TL)의 번역 텍스트(Target Text : TT)로 바뀌는 과정에서, 시·공간적, 문화적 배경의 차이가 발생하기 때문에, 이때 원어텍스트 본래의 명제적 의미가 충실히 유지되는 것이 관건이 된다.

---

13) 오지혜, 「이야기 문법을 활용한 한국어 고급 학습자의 이야기 쓰기 교육 연구」, 『작문연구』 9, 한국작문학회, 2008, 288면.

(2) 한국어교육에서 문학 교수·학습 방법

한국어교육에서 문학의 교수·학습은 네 가지 원칙, 경험의 원칙, 반응의 원칙, 모방의 원칙, 비교의 원칙으로 설명할 수 있다.[14] 첫째, 경험의 원칙은 문학의 교수·학습이 학습자의 경험을 구체화하고 확대시키는 방법이어야 한다는 것이다. 이는 문학을 단순히 이해 차원에서 머물러 단편적인 지식으로 남는 것이 아니라, 학습자의 경험의 일부가 되어 언어 능력을 도모해야 한다는 것이다. 둘째, 반응의 원칙은 문학 텍스트에 대해 학습자가 반응을 보이도록 교수·학습을 설계해야 한다는 것이다. 텍스트에 대해 글이나 말로 표현하는 일차적인 반응 활동, 다른 학습자, 교사와의 상호작용을 통한 활동은 문학을 학습자 개인과 연관시키는 방법이 될 수 있다. 셋째, 모방의 원칙은 특정 문학 작품을 모방하여 표현함으로써 학습자가 자기화시키는 방법이다. 이는 학습자의 경험을 더욱 유의미하게 만드는 수단이 될 수 있다. 넷째, 비교의 원칙은 문학 작품의 문화적 요소에 대해 학습자가 자국의 것과 비교함으로써 이해를 도모하는 방법이다.

이상의 원칙에 따라 문학 수업에서는 스토리텔링, 패러디, 교육연극, 감상 일지, 번역 및 번역비평의 방법을 활용할 수 있다. 각각의 방법을 통해 학습자들은 문학 텍스트를 기반으로 하여 말하기, 듣기, 읽기, 쓰기, 읽기―쓰기 통합 활동을 수행할 수 있다.

(3) 한국어교육에서 문학 수업의 실제 : 시 수업을 중심으로

외국어교육에서는 문학 장르로서 시 텍스트의 유용성을 다음과 같은 10가

---

14) 김대행, 「한국문학사와 한국어 능력」, 『외국인을 위한 한국어교육연구』 6, 서울대학교 외국인을 위한 한국어교육지도자과정, 2003, 37~39면.

지 측면에서 설명하고 있다.15)

ㄱ 보편성(universality)
- 시가 다루는 주제, 시의 언어와 관련된 관습은 모든 문화에서 일반적임.

ㄴ 사소한 성격이 아님(non-triviality)
- 학습자에게 유의미한 경험 제공함.

ㄷ 동기 유발(motivation)
- 흥미를 끄는 내용을 통해 학습자 중심의 학습 가능함.

ㄹ 언어 조작의 용이성(hands on)
- 시의 언어가 지닌 '관용성'을 기반으로 어휘, 문장의 조작 가능함

ㅁ 모호성과 학습자의 상호작용(ambiguity and interaction)
- 일반적인 해석과 개인적인 해석 간의 차이, 다양한 해석을 통해 상호협력적 토론 가능함

ㅂ 반응과 개인적 관련성(reaction and personal relevance)
- 개인적 반응과 연관됨.

ㅅ 암기의 용이함(memorability)
- 자연스러운 맥락에서 언어 입력으로서 시 구절을 무의식적으로 수용함.

ㅇ 리듬(rhythm)
- 강세와 리듬을 이용하여 문장의 모방 가능함.

ㅈ 활동 가능성(performance)
- 시어의 명확성, 구절법, 강세와 리듬, 속도의 통제와 다양성 등과 같은 유창한 발화, 낭송이 가능함.

ㅊ 압축성(compactness)
- 시어의 압축성은 어휘 차원에서 연상 조직망 등의 감각 훈련이 가능함.
- 독자는 소량의 언어 입력으로부터 다양한 출력 생산이 이루어짐.

---

15) Maley Alan & Duff Alan, *The inward ear : Poetry in the language classroom*, Cambridge University Press, 1989, pp.8~12.

한편, 시 수업과 관련하여 킨젠(Kintgen)은 다음과 같은 교수·학습 모델을 제안한 바 있다. 이는 크게 시 텍스트 전체적인 읽기-반응 중심 읽기-언어 중심 읽기-해석적 읽기-이해 점검 읽기-재구성적 읽기의 여섯 단계로 구성되어 있다. 여기에서는 킨젠(Kintgen)의 시 읽기 교수·학습 모델을 문학 수업의 틀로 삼아 실제 문학 수업의 내용을 제시하도록 하겠다.

[시 읽기 교수·학습 모델][16]

■1단계(Group 1 moves) : 텍스트 전체적으로 읽기
  • Read : 전체적으로 한번 읽기. 다시 읽기
  • Select : 학습자는 특정 단어, 행을 골라 집중하기
  • Illustrate : 초점 또는 요지라고 생각하는 시의 일부분을 소리 내어 읽기
  • Locate : 학습자는 시에서 특징적인 부분을 찾아 읽기

■2단계(Group 2 moves) : 정의적, 인지적 측면에서 반응적 읽기
  • Comment(Narrate) : '재미있다', '이상하다'…와 같은 반응, 감응 서술하기

■3단계(Group 3 moves) : 언어적 특질(linguistic Features) 중심 읽기
  • Phonology : 음운론적 측면. 예) 리듬, 운율
  • Form : 시의 형식(형태) 또는 구조 예) _행 _구
  • Word : 어휘 및 표현
  • Syntax : 통사적 측면. 예) 지시하는 의미
  • Tone : 어조 예) 아이러니, 풍자

■4단계(Group 4 moves) : 보다 해석적인 읽기
  • Paraphrase : 학습자가 자신의 말로 바꿔 말하기
  • Deduce : 유추, 추측
  • Connect : 세상 지식 활용, 비유적 의미 연결 짓기
  • Generalize : 보다 거시적인 차원에서 중요한 의미 찾아내기

■5단계(Group 5 moves) : 이해 확인을 위한 읽기
  • Test, Justify : 이해 문제 풀기

---

16) Kintgen, E. R. *The perception of poetry*, Bloomington, IN : Indiana University press, 1983, p.38.

> ■6단계(Group 6 moves) : 정리를 위한 읽기
> * Restate : 좀 더 세련되게 다시 말하기
> * Illustrate, Qualify : 좀 더 정확하게 이해하기
> * Recall : 정리

① 문학 수업의 사례 — 비교문학적 접근 수업[17]

비교문학적 접근에서 시 수업은 앞선 킨젠(Kintgen)의 교수·학습 모델을 토대로 하여, 수업의 내용과 방법을 설계해 볼 수 있다. 전체 수업은 세 단계, 도입(질문/소개) – 제시(낭송/읽기) – 활동 단계로 진행하되, 여섯 단계의 읽기 과정(전체적인 읽기 – 반응 중심 읽기 – 언어 중심 읽기 – 해석적 읽기 – 이해 점검 읽기 – 재구성적 읽기)을 거쳐 비교문학적 접근에서 한국 문학 텍스트와 학습자 자국 문학 텍스트를 상호 연계하는 수업을 할 수 있다. 비교문학적 접근의 시 교육[18]을 위해 사회·정치적 맥락이 강하게 반영된 시 작품을 선정할 수 있다.

여승은 합장하고 절을 했다.
가지취의 내음새가 났다.
쓸쓸한 낯이 옛날같이 늙었다.
나는 불경(佛經)처럼 서러워졌다.

평안도(平安道)의 어느 산(山) 깊은 금덤판

---

17) 구체적인 수업 설계 및 내용은 다음 논문을 참고하기 바란다.
오지혜·윤여탁, 「한국어교육에서 비교문학을 활용한 현대시 교육 연구」, 『국어교육』 131, 한국어교육학회, 2010.
18) 비교문학적 관점의 시 교육을 위한 텍스트는 언어적, 정서적, 텍스트 외적 맥락의 세 측면을 고려하여 선정할 수 있다. 즉 1) 시어(상징, 비유, 이미지) 혹은 표현방식(역설, 반어, 도치), 2) 시의 주제, 분위기, 어조에 반영된 정서, 그리고 3) 시인, 시의 소재 및 주제와 관련한 사회 문화적 맥락을 통해 보편성과 특수성에 기반을 둔 문학 수업이 이루어질 수 있다.

나는 파리한 여인에게서 옥수수를 샀다.
여인은 나 어린 딸아이를 따리며 가을밤같이 차게 울었다.

섶벌같이 나아가 지아비 기다려 십 년(十年)이 갔다.
지아비는 돌아오지 않고
어린 딸은 도라지꽃이 좋아 돌무덤으로 갔다.

산꿩도 섧게 울은 슬픈 날이 있었다.
산 절의 마당귀에 여인의 머리오리가 눈물 방울과 같이 떨어진 날이 있었다.

— 백석, 「여승」 전문, 『사슴』(1936)

여기에서는 백석의 「여승」을 예로 들어 다음과 같이 6단계의 수업 과정을
구성해 볼 수 있다.

1단계	• 이 시에서 낯설거나, 특별히 눈에 띄는 단어나 표현 찾기 • 자신에게 마음에 드는 표현을 찾고, 이유 말하기
2단계	• 시의 분위기는 어떤지 이야기하기 • 시적 화자가 갖는 느낌에 대해 이야기하기
3단계	• 한국적이라고 생각되는 단어 찾기 • 시 분위기를 표현하고 있다고 생각하는 단어, 표현 찾기
4단계	• 맥락 추측하기(시간적, 공간적 배경, 인물, 사건 등) • 시간 순서대로 연 재배열해 보기
5단계	• 시인과 시의 배경에 대해 같이 이야기하기 • 시의 내용, 주제에 대해 같이 이야기하기
6단계	• 자국의 시 중 특수한 사회, 정치적 배경 하에서 쓰인 자국 시 찾아서 한국어로 번역해 오기

② 문학 수업의 사례 – 감상일지 활용 수업[20]

감상일지는 반응일지의 한 유형으로서, 읽기 텍스트에 대한 필자 개인적이며 독백적인 반응, 즉 느낌, 감정, 생각, 정서, 태도 등을 표현한 글이다. 이는 일정 기간 동안 학습자들이 문학 수업과 관련하여 기록한 내면 성찰적 표현 활동이기도 하다. 감상일지 활동을 통해 독자이자 필자로서 학습자들은 인지적, 정서적 측면에서 읽기와 쓰기 활동을 할 수 있다.

> ㉠ 사랑이란 도대체 뭐야? 행복도 느끼고 슬픔도 느낄 수 있다.
> (중략)
> 거짓말은 이 세상에서 제일 슬픈 말이다. 얼마나 그 사람을 보고 싶어도 그냥 잊었노라다고(*잊었노라고) 말하다(*말한다). 이런 쌀쌀한 태도는 깊은 그리움이다. 사람들은 참 이상한 생물(*존재)이다.
> 시인은 반어를 쓰고(*써서) 자신의 고통을 경감하고 싶은데 더 슬퍼졌다.
> (중략)
> 그런 말할 수 없는 고통과 상처는 아름다운 상처이다.
> (이하 생략)
>
> ─「먼 후일」에 대한 감상일지 일부(여자, 5급 학습자)

> ㉡ (이상 생략)
> 그 사람들 중에서 시인이 '제일 값싼' 사람은 프란츠 카프카이다고(*이라고) 말하다(*말한다). 프란츠 카프카는 독일 소설가이고 그의 명저「변신」을 제가

▦ 감상일지

일반적으로 일지(diary)란 언어교육에서 언어 학습이나 교수 경험에 대한 일인칭 서술로서, 학습자의 자기 성찰적 성격을 띠고 있는 일종의 1인칭 보고서라고 볼 수 있다[19]. 감상일지는 반응일지, 비평적 에세이, 독서일지, 독서감상문 등의 용어와 혼용되고 있는데, 이는 비형식성, 필자 반응 중심의 주관성, 독서 후 단계의 기록물이라는 점에서 감상일지와 구별된다. 굳이 말하자면 감상일지는 반응일지의 한 유형으로서 독서감상문에 가깝지만, 내면성찰, 즉 내성(introspection)의 측면이 강하고, 일정 기간의 기록이라는 측면에서 감상문과도 차이를 갖는다.

---

19) Nunan, D., *Research Methods in Language Learning*, Cambridge University Press, 1992, 안미란·이정민 역, 『외국어 학습 연구 방법론』, 서울 : 한국문화사, 2009, 338면.
20) 구체적인 수업 설계 및 내용은 다음 논문을 참고하기 바란다. 오지혜, 「국외 한국어교육의 문학 교재 구성을 위한 언어학습자문학 연구」, 『새국어교육』 95, 한국국어교육학회, 2013, 269~302면.

(*나는) 고등학교 때 봤다. 변신 주인공은 어느 날에 갑충을(*으로) 변하다(*변한다). 그 후에 친구들과 가족들이 주인공을 싫어하다(*싫어한다). 주인공은 온갖 고통을 다 받고 마지막으로(*마지막에) 절망하게(*절망적으로) 죽다(*죽는다). 프란츠 카프카는 「변신」에 통해서 그 당시의 사회의 잔혹을 강하게 비판하다. 프란츠 카프카와 그 사람의 작품을 이해하면 그 시의 중심과 왜 '제일 값싼' 사람은 프란츠 카프카가(*인지) 이런 문제(*를) 다 이해하다(*이해할 수 있다).

　(이하 생략)

— 「프란츠 카프카」에 대한 감상일지 일부(남자, 4급 학습자)

5. 다문화교육에서의 문학교육

(1) 한국어교육에서 다문화교육의 접근 관점

최근 한국어교육은 소위 '다문화 학습자'로 불리는 결혼 이주 여성, 국제 결혼자 자녀 등을 대상으로 하는 다문화교육까지 그 범위를 확장하고 있다. 다문화교육과 관련하여 다양한 학문 영역에 걸쳐 벌어지고 있는 일련의 논쟁들, 예를 들어 교육의 주체가 누구인지와 같은 문제들은 다루지 않겠다. 다만 여기에서는 다문화교육에 대한 일반적으로 논의되고 있는 내용을 중심으로 설명하고자 한다.

일반적으로 다문화교육은 다문화주의의 정책적 접근으로서 문화적 다원주의와 통합주의에 따라 크게 다양성 지향과 통합 지향의 두 축을 중심으로 이루어진다. 이러한 틀 속에서 다문화교육의 체계는 네 측면, 즉 문화적 소수자의 적응을 위한 교육, 문화적 소수자의 정체성 형성을 위한 교육, 문화적 소수자 공동체 상호 간의 조화를 위한 교육, 다수자를 대상으로 하는 소수자에 대한 이해 증진 교육으로 유형화할 수 있다.21) 한국의 경우, 다문화 관련 정책은 정책 대상별로 이들의 생활 적응과 보호, 나아가 사회 통합화를 위한 동화주의의 성격을 띤다고 볼 수 있다.

첫째, 문화적 소수자 대상의 적응 교육은 문화적 소수자들이 한국 사회에 적응하도록 하여 문화적 단일성과 사회적 통합성을 유지하도록 하는 데 초점을 두고 있다. 이 경우, 한국어와 한국문화를 중심으로 한국어, 한국의 의식주, 관습 및 예절, 역사, 정치, 지리 등과 관련한 지식, 기술, 태도 교육이 이루어진다.

둘째, 문화적 소수자 대상의 정체성 교육에서는 문화적 소수자의 정체성을 유지하는 데 초점을 두고, 한국어뿐만 아니라 소수자의 출신 국가 언어를 모두 가르치는 이중언어 교육을 강조한다. 최근 (한)국어교육에서는 이 같은 접근에서의 다문화교육에 대해 관심이 증대되고 있다.

셋째, 문화적 소수자 공동체 대상의 교육에서는 다양한 배경을 가진 문화적 소수자들 간의 평화적 공존을 강조한다. 이 경우, 한국 사회 내에서 더불어 살아가는 문화적 소수자 공동체 간에 문화 상대주의에 입각한 상호 존중, 조화에 초점을 두고 교육이 이루어진다.

넷째, 다수자 대상의 소수자 이해 증진 교육은 다문화교육에서 점차적으로 강조되고 있는 것으로서 문화적 다수자의 다문화적 인식 고양을 목표로 이루어진다. 이는 문화적 소수자에 대한 이해, 인정, 배려를 바탕으로 하여 다수자와 소수자 모두를 공동의 사회 안에서 통합시키는 데 초점을 두고 있다.

---

21) 구정화 외, 『다문화교육의 이해와 실천』, 동문사, 2010, 210면.

(2) 문학을 통한 다문화교육

다문화교육에서는 다인종 문학으로서 '다문화 문학'이 활용될 수 있다. 다문화 문학은 다인종적 접근에서 다문화 요소를 반영한 문학으로서, 인종, 민족과 관련된 주제 영역의 도서, 소위 '다문화 도서(multicultural literature)'로 총칭되는 작품들이 여기에 해당한다. 최근 국내 다문화 가정 아동 대상의 교육에서도 이러한 장르의 문학 작품이 적극적으로 활용되고 있다. 다문화 도서는 '인종, 민족, 종교, 계층, 언어, 성, 장애, 연령, 가족 등과 관련하여 다양한 사회 집단의 문화를 다문화적 관점에서 기술한 책'이라고 정의할 수 있다.[22] 다문화교육을 위해 활용되는 도서 자료는 아동 도서, 어린이 책, 아동 문학, 동화, 민간 서적, 상업 서적 등과 같은 다양한 용어로 불리며, 다문화 도서의 성격과 범위를 한마디로 정의하기는 쉽지 않다. 다문화 도서는 해당 사회의 소수집단에 대한 내용을 다룬다는 점을 강조하며, 소수 문화 및 그 집단 구성원의 삶을 문화 다양성의 관점에서 기술하여 특정 집단에 대한 편견과 고정관념을 해소할 수 있는 방식으로 그려낸다.[23] 문학이 지닌 고유의 교육적 속성에 비추어 볼 때, 다문화 도서를 통해 학습자들은 자신의 경험을 성찰할 수 있을 뿐만 아니라 다양한 문화와 관련하여 간접 경험을 통해 인식의 폭을 확장할 수 있다. 즉 문화적 소수자인 학습자들에게는 긍정적인 자아정체성을 형성하고 학습 능력을 신장시키는 한편, 문화적 다수자인 학습자들에게는 소수자 문화를 포함한 다양한 문화와 관련한 편견, 고정관념을 감소시킬 수 있다.

이상에서는 국내외 한국어교육에서 문학교육의 현황을 살펴보고, 교육의 필요성 및 목표를 언급하였다. 그리고 이를 바탕으로 하여 한국어교육의 교

---

22) 박윤경, 「지식구성과 다문화 문식성 교육」, 『독서연구』 18, 한국독서학회, 2007, 109면.
23) 구정화 외, 앞의 책, 255면.

수・학습 자료로서 언어학습자 문학의 선정 기준을 제시하고, 현재 한국어 교재에 수록된 문학 작품을 목록화하였다. 또한 한국어교육에서 문학 작품의 교수・학습을 비교문학, 내러티브, 번역의 관점에서 논의하는 한편, 시 읽기 교수・학습 모델에 기반을 두어 실제 수업의 사례를 제시하였다.

이 장을 마치면서 앞으로 한국어교육에서 문학교육이 해결해야 할 문제를 제언하고, 이와 함께 '문학교육과 한국어교육'의 방향에 대한 고민을 나눌까 한다. 첫째, 한국어교육에서 문학교육의 접근은 국내외 한국어교육의 환경을 고려하여 한국어교육학으로서 문학교육과 한국학으로서 문학교육의 두 측면에서 이루어져야 할 것이다. 둘째, 한국어교육을 위한 문학 교육과정의 개발 및 체계화가 시급하다. 셋째, 한국어교육에서 문학교육의 교재 구성을 위한 언어학습자 문학의 선정 작업이 병행되어야 한다. 넷째, 한국 문학 작품의 교수・학습 방법 개발은 학습자 중심성을 지향하면서 다양화되어야 할 것이다. 끝으로, 질적 측면에서 한국어교육에서 문학교육과 관련하여 자질과 역량을 갖춘 한국어 교사의 전문성이 요구된다.

✅ (   )에 알맞은 말을 써 넣으면서 주요 개념을 정리합니다.

1 문학 작품은 외국어교육에 있어서 네 가지 교육적 효용성 즉, (   ), (   ), (   ), (   )을 지니고 있다.

2 외국어교육에서 문학교육은 세 가지 모델 즉, (   ), (   ), (   )(으)로 설명할 수 있다.

3 (   )은/는 제2언어 혹은 외국어 학습자를 위해 만들어진 책을 일컫는 용어이다.

✅ 지시에 따라 서술하면서 외국어로서 한국어 문학교육의 내용과 방법을 이해합니다.

1 한국어교육에서 문학 텍스트를 선정하는 기준을 제시하시오.

2 한국어교육에서 문학교육의 방법을 세 가지 측면에서 서술하시오.

- 비교문학

- 이야기 문법

- 번역/번역비평

3 외국어로서 한국어교육에서 '시' 텍스트의 교육적 유용성을 설명하시오.

✅ 지시에 따라 활동하면서 외국어로서 한국어 문학 수업에 대한 실천적 능력을 기릅니다.

1 다음 질문에 답하면서 외국어로서 한국어 문학교육에 대한 자신의 생각을 정리해 보시오.

■ 한국을 대표한다고 생각하는 문학 작품은?

■ 외국인들에게도 한국문학을 가르쳐야 할까? 그렇다면 그 이유는?

■ 외국인들에게 한국문학을 가르친다면 어떤 작품이 좋을까? 그 이유는?

■ 외국어로서 한국어교육에서 문학 교수·학습 시 어려운 점은 무엇일까?

2 한국 시 한 편을 선정하여 시 읽기 교수·학습 모델(Kintgen, 1983)을 토대로 실제 문학 수업의 교안을 작성해 보시오.

■ 작품
■ 학습자 언어 수준
■ 목표

■ 1~6단계 수업 내용

제13장

북한문학·동포문학·세계문학과 문학교육

　　문학 작품이 창출한 세계와 그 세계를 구성하는 언어와 논리, 또 그 세계에 속한 사물은 우리에게 '낯선' 것이다. 그 낯섦과 만남으로 우리는 익숙함의 영역을 넓히면서 새로운 낯섦에 자기를 열어둘 수 있는 관용적 지혜를 지닐 수 있다. 이렇게 문학 작품을 수용하는 이유가 낯섦과 만나는 데 있다면, 공동체의 문화를 이루고 있는 민족 문학에 비해 우리에게 낯선 북한문학, 재외 한인문학, 세계문학은 이러한 만남을 초래할 가능성이 높은 대상이다.

　　그러나 북한문학, 재외 한인문학, 세계문학 등은 문학교육의 주변부에 머물고 있다. 그렇지만 통일시대를 맞아 북한문한에 대한 시각의 전환이 요구되며, 한민족이 세계 여러 지역에서 문학활동을 하고 있는 현실을 고려할 때 재외 한인문학을 폭넓은 민족 문학이란 범주로 포괄해야 한다는 주장도 있다. 한편, 세계적 규모의 경제적, 인적, 문화적 교류가 진행되는 상황에서 세계시민으로서 소양을 기르는 교육의 중요성도 커졌다. 이 장에서는 북한문학, 재외 한인문학, 세계문학과 문학교육의 관계를 짚어보고, 각 대상 집단에 대한 문학교육적 접근 방법을 모색해 보기로 한다.

1. 북한문학, 동포문학, 세계문학과 문학교육

현재 북한문학, 재외 한인문학, 세계문학은 문학교육의 주변부에 머물고 있다. 그 까닭은 근대적인 학교 교육 형태로 시작된 문학교육이 국가 단위로 향유되는 민족 문학을 중시하기 때문이다. 즉 문학교육에서는 한민족에 의해, 한글로 창작되고 향유되어, 국가적 차원에서 문화 전통을 이루고 있는 민족 문학을 주요한 교육적 제재로 삼았다. 이러한 관행은 민족국가 단위의 문화 계승과 재창조를 도모해 온 근대 학교 제도로 인해 현재까지 지속되고 있다.

그렇지만 삶의 조건이나 세계의 환경이 급변하고 있는 상황은 문학교육의 목표나 제재에 대한 재검토를 요청하고 있다. 통일이라는 민족사적 과업을 고려할 때 북한의 문화를 이해할 수 있게 하는 북한문학에 대해 무관심할 수 없다. 그리고 700만 정도로 추산되는 재외 한인의 문학 활동에 대해서도 '한민족 문학', '디아스포라 문학' 등의 범주로 포괄해야 할 필요성이 제기된다. 또한 세계적인 차원에서 자본과 자원, 노동력이 이동하며, 인터넷을 기반으로 하여 문화의 전파와 수용이 전세계적으로, 그리고 동시적으로 이루어지는 시대에 민족이나 민족국가 단위에만 안주할 수만은 없다는 목소리도 높다.

이 장에서 다룰 내용은 문학교육의 관점에서 북한문학, 재외 한인문학, 세계문학을 어떻게 다룰 것인가 등과 관련된 것이다. 이러한 주제는 여러 문제가 뒤섞여 있어 접근이 쉽지 않다. 이를테면, 교육과정의 이념과 배리될 수 있는 주제의 '북한문학'을 교재에 실을 수 있는가 하는 문제, '재외 한인문학' 중에는 외국어로 쓰이고 거주 국가의 문학으로 인정받고 있는 경우도 있어 어디까지 한국문학, 한민족 문학으로 포괄해야 하는가 하는 문제, '세계문학'에 어떤 지역의, 어떤 내용을 지닌 정전(canon)들을 포함시키는가 하는 문제 등이 산재한다.

특히 이러한 문제들은 정치·사회적으로 상당히 민감한 성격을 갖기도 한다. 그러나 국가적 수준의 교육과정은 시대적 변화나 요구를 반영해야 하지만 문학교육학에서는 자기 원칙과 학문적 논리를 가져야 할 것이다. 이 장에서는 세계문학, 동포문학, 북한문학 등 각 영역의 문학에 대한 문학교육의 기본 입장을 마련하려 한다. 이를 통해 기존의 문학교육학 내에서 충분히 논의되지 않은 세계문학, 재외 한인문학, 북한문학 등에 대한 문학교육적 접근 방식 및 전망 등을 제시할 것이다.

2. 북한문학과 문학교육

(1) 북한문학에 대한 관심

① 교육적 관심으로 본 북한문학

그간 우리 문학교육에서는 북한의 문학 작품을 거의 다루지 않았다. 북한문학의 특성이나 문제점으로, 북한의 문학은 주체사상에 경도되어 선전과 선동의 목적성이 강하다는 것을 지적하면서, 남과 북의 문학을 차별해 왔다. 이렇게 현재의 문학교육에서는 실제 작품을 학생들이 접할 기회를 주기보다는 북한문학을 바라보는 단일한 시각만을 가르쳐 왔다고 할 수 있다.[1] 그러나 북한문학은 비록 지역과 체제는 다르지만 한민족의 문학으로서 엄연히 존재한다.

---

1) 김미혜, 「다문화 교육의 관점에서 본 북한 서정시와 문학교육」, 『국어교육학연구』 34, 서울대 국어교육연구소, 2009, 177면.

최근 이러한 북한문학에 대해 교육적 관심이 높아지고 있다. 다음과 같은 분야에서의 논의는 북한문학에 대한 새로운 이해와 관심을 촉구하고 있다. 우선, 우리 문학의 범위를 넓혀 이해하고자 할 때, 북한문학은 분단 시대를 살아가고 있는 민족 문학의 일환으로서 민족 문학사의 기술 대상이자 교육의 대상이 된다. 이미 국어교과서에서도 북한문학에 대한 관심이 환기되어 왔음을 다음의 설명을 통해 확인할 수 있다.

> 분단 이후 북한에서는 북한식 사회주의 체제를 바탕으로 문학이 전개되어 왔다. 분단으로 인해 북한문학의 전모를 알 수는 없으나 체제와 이념이 남한과 다르기 때문에 내용과 주제 및 표현에서 상당히 다른 것은 분명하다. 그렇지만 같은 민족어로 창작되고, 같은 민족의 삶을 그렸기 때문에 북한문학도 한민족 문학의 일원이다. 분단을 극복하고 민족의 통일을 지향하는 관점에서 북한문학을 올바르게 이해하는 일은 중요하다.[2)]

또, 다문화교육의 분야에서도 북한문학의 교육적 의의가 부각된다. 다문화교육의 관점에서 볼 때, 북한문학은 민족 동질성을 확인해야 할 대상이라기보다는, 차이를 이해하고 다양성을 인정해야 할 대상이 된다. 오히려 불확실한 보편성(민족 동질성)을 가정하고 강요하는 것이 아니라 공감과 비판적 거리두기의 균형을 잡으면서 북한의 문화를 이해하고 그 특수성을 인정하는 것은 우리 문학의 다양성을 확보할 수 있는 길이기도 하다.[3)]

덧붙여, 반공교육을 대체하는 통일교육 분야에서도 북한문학은 유용하다. 통일의 과정은 사회문화적 통합을 수반하는데, 이 과정은 수십 년 다른 체제와 문화 속에서 살아온 남북 주민들이 서로를 차별하지 않고 동등한 주체로

---

2) 김윤식 외, 『(고등학교) 문학Ⅱ』, 천재교육, 2012, 28면.
3) 김미혜, 앞의 글, 2009, 201면.

서 서로를 존중하고 공존하는 문화적 경험을 필요로 한다.[4] 북한문학은 북한 주민들의 삶과 문화를 가장 밀접하게 접하고 공감적으로 이해할 만한 매개로서 통일을 위한 문화적 경험을 제공할 수 있을 것이다.

한편, 김대행은 국어교육적인 입장에서 통일교육의 목표를 분명히 제시한 바 있다. 일찍이 북한문학 및 북한의 문학교육에 관심을 갖고 새로운 국어교육을 설계한 김대행은 저서의 제목을 "통일 이후의 문학교육"이라 붙였다.[5] 이는 통일 과정의 노력이 결국 통일 이후의 삶과 문화를 결정지을 것이라는 혜안의 산물이며, 통일 이후의 국어교육의 이상에 비추어 현재적 교육 내용을 마련하는 실천적 지침이 되고 있다.

> ▨통일 이후 문학교육의 임무
> 통일 이후의 사회가 필요로 하는 것이 통합형 인간이고, 그러한 인간형은 문학을 통해서 기를 수 있다는 점과 교육이 기획이자 성년식이며 사회화의 개념이라는 점을 감안하면 인류 공영에 기여하는 인간형의 개발은 문학교육이 중추적으로 담당해야 할 의무를 가진다고 할 수 있다.

② 학문적 관심으로 본 북한문학

해외에서 한반도 전체를 아우르는 한국학에서는 북한문학을 보다 균형 잡힌 시각으로 보려 노력하고 있다. 북한문학을 정치적 선전 도구이자 공산당 문예정책의 "메아리"일 뿐이라 일방적으로 매도하는 남한의 시각에 대해서도 재고의 여지가 있다. 국외자의 시각에서 보면, 당의 정책에 따르는 북한문학을 "메아리 문학"이라 하는 비판하는 남한의 논리 자체도 남한 국가 정책의 "메아리"에 지나지 않는다고 한다.[6] 이러한 지적은 우리가 그간 북한문학에 대해 가졌던 편향적 시각에 대한 성찰을 촉구하기도 한다.

또, 아무리 '메아리'라도 원래의 소리를 똑같이 재현하는 것은 아니다. 문학 활동에 이를 적용하면, 아무리 당의 요구가 강하더라도 완전히 개인의 의

---

4) 조정아, 「통일교육의 쟁점과 과제」, 『통일연구 논총』 16-2, 통일연구원, 2007, 290면.

5) 김대행, 『통일 이후의 문학교육』, 서울대학교출판부, 2008.

6) 임마누엘 킴, 「악의 축을 넘어서 — 북한문학을 어떻게 가르칠 것인가」, 『비교한국학』 21-2, 국제비교한국학회, 2013, 109~111면.

식과 행동, 담화를 완전히 통제하여 당의 정책을 선전하는 것은 불가능하다. 북한문학도 마찬가지의 관점에서 분석해야 할 대상이다. 이를테면, 공산당이나 김일성 찬양 일색이라는 작품에서도 문학적 형상화의 성취를 발견할 수 있으며, 검열의 틈새에서 개인의 일상에서 자연스럽게 우러나는 정서도 엿보인다.

한편, 남한에서 북한문학을 연구하는 분야[7]에서도 남북한 문학 연구의 접점을 마련하고자 한다. 북한의 문학 연구 자체도 변화하고 있다. 이를테면, 주체사상이 천명된 이후 문학 갈래로서 판소리가 삭제되었다가 극문학의 일부로 1999년에 쓰인 『조선문학사』에 재등장하는가 하면, 국가 조치에 의해 금지되었던 민속놀이가 복귀기도 한다. 한편, 애정윤리와 도덕성이 강조되는 가운데에서도 대중의 흥미를 위한 육담(肉談)을 다수 포함한 소화집이 출판되기도 하였다. "불안함과 갑갑함" 속에서도 이러한 변화의 기미를 확인하며 남북한 문학 연구의 접점을 마련하려는 학문적 노력이 지속되고 있다.[8]

③ 출판계의 관심으로 본 북한문학

북한에서 인기를 얻은 작품이 한국의 문학 시장에서도 그 문학성을 인정받기도 하였다. 대표적인 작품이 홍석중이 지은 「황진이」이다. 이 작품은 북한에서도 인기몰이를 하였던 작품이거니와 2004년 한국에서 권위 있는 문학

---

7) 최근 '통일인문학'이라는 이름으로 통일을 위한 과정으로서 사회 통합, 분단과 냉전 의식의 극복, 남과 북의 인문학적 교류 등을 도모하려는 움직임이 활발하게 전개되고 있다.
8) 김종군, 「북한의 고전문학 자료 현황과 연구 동향」, 『온지논총』 25, 온지학회, 2010; 신동흔, 「남북 고전문학사의 만남을 위하여」, 건국대 통일인문학연구단 편, 『분단극복을 위한 인문학적 성찰』, 선인, 2009; 설성경·김영민, 「통일문학사 서술을 위한 단계적인 방안 연구」, 『통일연구』 2-1, 숭실대 통일문제연구소, 1998 등 참조.

상을 수상하기도 하였다. 이렇게 「황진이」가 수상작으로 선정된 것은 분단 현실과 문학적 분단에 대한 하나의 도전이라는 상징적 의미를 갖는다고 평가되기도 한다.9)

제19회 '만해문학상'의 심사위원들은 짜임새 있는 서사, 치밀하고 질실한 인물 형상화, 전통적인 언어문화의 적절한 활용, 남북 언어의 자연스러운 배합 등, 이 작품의 문학성에 대해 높이 평가하였다. 이러한 평가는 분단과 이념의 벽을 넘어서는 문학적 감동의 힘에서 비롯된 것이라 할 수 있다. 「황진이」와 같은 북한의 문학적 성취가 널리 한국에 소개되고 북한 문학 작품을 통해 북한문학에 대한 편견이 시정될 수 있는 기회가 많아진다면 북한문학에 대한 문학교육적 관심은 더욱 높아질 수 있을 것이라 기대한다.

이처럼 최근의 논의에서는 정책과 이념의 '메아리'처럼 보이는 북한문학에 대해 관용의 태도가 엿보이며, 북한문학을 한민족의 문학이란 큰 틀에서 파악하고자 하는 시도가 행해진다. 이미 한국의 문학 독자들은 출판된 북한문학을 읽고 있는 상황이다. 무엇보다, 반공교육이 아닌 통일교육의 일환으로서 북한문화에 대한 이해가 필요한 시점에서 북한문학은 그 효용 가치가 크다고 할 수 있다.

◾만해문학상 심사평
"이 소설에서 확인되는 작가의 뛰어난 상상력과 창조력은 우리가 언제부턴가 잊고 있던 소설적 서사의 진수를 복원하는 한편, 독자로 하여금 풍부하고 긴장된 이야기의 흐름 속에 한눈팔지 않고 빠져들게 한다. 거대 서사와 작은 에피소드들이 빈틈없이 연결되는 가운데, 주인공 황진이를 비롯한 많은 인물들의 성격과 심리 묘사는 대단히 치밀하고 절실하다. 또한 사실과 야사, 고전적인 속담과 살아있는 비유, 민중적 비속어와 품위 있는 시적 표현, 북한의 언어와 남편의 언어가 자연스럽게 녹아 있어 독자들은 이 소설이 북한문학의 한 성과임을 잊어버리게 한다."

(2) 북한문학 들여다보기

① 북한의 시문학에 나타난 보편적 정서

북한문학은 북에 살고 있는 사람들의 생활 감정, 정서, 사유 방식 등에 가

---

9) 최재봉, 「홍석중의 만해문학상 수상」, 『대산문화』 겨울호, 대산문화재단, 2010.

장 내밀하게 접속할 수 있는 매개가 된다. 남북이 수 천 년에 걸쳐 역사와 문화를 함께 해 온 민족사에 비추어 보면, 50여 년 지속된 분단사는 그리 긴 세월은 아니다. 그리고 분단 시대 북한의 문학 작품에서도 보편적 생활 감정, 인간에 대한 깊이 있는 이해, 인간사 및 자연에 대한 진솔한 서정, 전통적 표현 방식이나 소재 활용 등을 확인할 수 있다.

실을 꿰려 바늘을 손에 드니,/세상 떠난 어머니 얼굴이 떠오른다/밝은 전등아래서도 실을 못꿰어/"얘야 이걸"/바늘실을 나에게 주시던 어머니//내가 오늘 바늘 쥐고 어린 딸을 찾는다./"얘야 이걸"/어머니가 하던 그 말을 내가 한다./인생이 실처럼 긴 줄을 알았더니/지나보면 바늘처럼 짧은 것이 아닌가.

— 문동식, 「바늘」

이 시에는 바늘귀가 잘 안 보여 실 꿰기 어려워진 시적화자가, 어머니가 '나'에게 시키던 실 꿰기를 '어린 딸'에게 청하는 일상적인 장면이 그려지고 있다. '나'는 나이가 들어감에 따라 어머니를 닮아가고, 어리던 '나'의 자리에는 '나'의 '어린 딸'이 있다. 어머니와 '나', '어린 딸'로 건네지는 바늘과, 꿰어지는 실의 형상을 통해 연연하고 아련한 모성적 계보가 표현된다.

이 시를 통해 남한의 독자들은 비록 이념과 체제가 다를지라도 삶의 풍경은 별반 다르지 않음을 잘 알 수 있다. 또 그런 풍경에서 비롯되는 서정이나 깨달음도 매한가지이다. 오히려 북한은 남한에 비해 물질문명이 발달하지 않았기에 북한문학에서는 다소 소박한 삶에서 우러나오는 정서를 더 진하게 느낄 수 있다 하겠다.

한편, 분단 시대에 이산(離散)을 경험한 시인들의 시에는 남한 시인 못지않은 절실함이 담겨 있기도 하다. 분단 및 그로 인한 가족의 이산은 남북을 넘어서는 민족의 아픔이자 민족사적 과제이기도

■ 계관 시인
계관 시인(桂冠詩人, Poet Laureate)은 국가나 왕 등에 의해 공식적으로 임명된 시인 또는 그 칭호를 말한다. 오영재는 북한 시문학 발전에 이바지한 공로로 1989년 '김일성상'을 수상했고, 1995년 12월 '노력영웅' 칭호에 이어 북한 최고 훈장인 김일성훈장을 받은 북한의 계관 시인이다.

하다. 지난 2000년 이산가족 상봉단의 일원으로 서울에 와 형제들을 만났던 북한의 계관 시인(桂冠詩人) 오영재(1935~2011)는 자신을 기다리다 끝내 어머니가 돌아가신 것을 알고 한 맺힌 사모곡(思母曲)을 남겼다.[10]

차라리 몰랐더라면,/차라리 아들이 죽은 줄로 생각해 버리셨다면, 속고통 그리 크시었으랴…/그리워 밤마다 뜬눈으로 새우시어서/꿈마다 대전에서 평양까지 오가시느라 몸이 지쳐서…/그래서 더 일찍 가시었습니까./아, 이제는 이 세상에 계시지 않는/어머니 나의 엄마!/그래서 나는 더 서럽습니다./곽앵순 엄마!

— 오영재, 「슬픔」

이 시는 개인의 역사이자 상처로서 '이산가족'이라는 분단시기 민족 문제를 환기하고 있다. 문학은 공감과 연민을 통해 인간적 연대를 형성할 수 있는 힘을 가지고 있다. 이 시를 통해 세대와 지역은 다르지만 독자들은 이산가족의 아픔에 접속하게 된다. 팔순의 시인이 '엄마'라고 부르며 서러워할 때 독자도 그 슬픔에 감염된다. 이러한 문학의 힘을 바탕으로 통일교육이 실행된다면, 민족적 통합의 노정에 문학교육의 역할을 충분히 기대할 수 있다.

남북이 모두 사랑하는 '황진이' 홍석중의 「황진이」가 황진이를 주인공으로 삼고 있는 소설의 처음은 아니다. 1936년, 이태준이 신문에 연재한 이래, 김형원(작품 발표 년도-1950년 추정), 정한숙(1955), 박종화(1955), 유주현(1967~1968), 최인호(1972), 안수길(1974~1975), 정비석(1976), 임형진(1991), 박덕은(1993), 최정주(1993), 김탁환(2002), 최학(2005), 전경린(2004), 임종욱(2008) 등, 수많은 '황진이'가 있다. 이 밖에도 드라마, 영화, 연극, 마당놀이, 뮤지컬 등 매체를 넘나들며 출연하는 '황진이'는 16세기를 살았지만 현대인들도 사랑하는 21세기 인물이라고도 하겠다.

② 북한의 소설문학에 등장하는 역사적 소재

남한에서와 마찬가지로 북한에서도 역사적·전통적 소재를 활용한 소설 작품이 활발히 창작되고 있다. 그런 창작 활동을 하는 대표적인 작가로 홍석중을 들 수 있다. 그의 작품 중, 조선 중기의 유명한 기녀로서 여성문인의 이름을 높인 황진이를 주인공으로 한 소설 「황진이」

---

10) 최재봉, 「남에 두고 온 어머니 시로 녹여낸 사모곡」, 『한겨레신문』, 2005. 8. 2.

는 앞서 언급한 바대로 2004년, 한국에서 문학상을 받았으며, 이 작품을 원작으로 한 영화가 제작되기도 하였다. 그 일부를 읽어 보자.

진이는 담장 밖에서 들려오는 소리에 귀를 기울이고 있었다. 서로 부르고 찾는 소리, 자리를 다투는 걸직한 욕설들, 느닷없이 터져 오르는 너털웃음들……

저 사람들은 지금 그의 고통을, 그의 슬픔을, 그의 창피를, 그의 굴욕을 구경하고 싶어 저리도 뒤설레고 있는 것이었다.

'그래, 그렇다면 응당 그들이 보고 싶어하는 것을 보여주어야지.'

진이는 자개함 통을 열고 그 안에 깊숙이 간수해두었던 자기의 혼수를 꺼냈다. (중략)

진이는 문을 열었다. 골목을 나서는 순간, 만 사람의 날카로운 눈길이 창끝처럼 날아와 박혔다. 사람들의 웅성거리는 소리가 점점 더 커지더니 마침내 상여노래를 눌러버렸다.

구경군들은 깜짝 놀랐다. 그들은 감히 황진사댁 주인아씨가, 죽은 혼백의 상문살이 무서워 천리만리로 달아났거나 집 안 구석방에 들어박혀 이불을 뒤집어쓰고 숨어 있을 진이가 직접 상행 앞에 나타나리라고는 꿈에도 생각하지 못했던 것이다.

진이는 상두군들의 구정닻줄 우에 흔들거리고 있는 상여 앞으로 다가갔다. '그네뛰기'가 멎었다. 상두군들이 상여를 내려놓았다. 요령 소리가 멎고 상두수번의 선소리도 멎었다.

진이는 죽은 총각의 관곽 앞에 마주섰다. 그리고는 손에 들고 나온 꽃무늬의 붉은 슬란치마를 활짝 펴서 관곽을 덮었다.

골목 안이, 골목 안에 꽉 들어찬 사람들이 물 뿌린 듯 조용해졌다.

진이는 마치 눈에 보이는 그 누구와 속삭이듯 입을 열었다. 그러자 신기하게도 류두날 밤 달빛 속에서 자기를 넋 잃고 쳐다보던 그 총각의 얼굴이 우렷하게 떠오르는 것이었다.

"……여보세요, 나는 당신을 잘 모릅니다. 한번 얼핏 뵈온 일밖에 없으니까요. 그러나 당신이 죽음으로 보여준 나에 대한 뜨거운 사랑은 압니다. 유명의 길이 달라 지금은 당신의 그 진실한 사랑에 보답할 길이 전혀 없군요. 혹시 이후 저승에서 다시 만나뵙게 되는지……이승에서 보답할 수 없었던 사랑을 저승에서는 꼭 갚아드리렵니다. 그 약속에 대한 표적으로 제가 마련해 가지고 있던 혼례 옷을 당신의 령전에 바치오니 알음이 있으면 받아주세요. 인명이 하늘에 매였다고는 하나 인정에 어찌 애닯지 않겠나요. 생사가 영 리별이라고 하지만 후생의 기약이 있으니 바라옵건대 어서 떠나세요……"

— 홍석중, 「황진이」

짝사랑하던 동네의 총각이 상사병으로 죽자 황진이가 그의 관에 꽃무늬 스란치마를 덮어주며 위로하는 대목이다. 황진이가 기생으로 나서는 주요 계기가 되는 이 부분은 설화를 통해서도 이미 널리 알려졌다. 다음은 19세기에 쓰인 김택영(金澤榮, 1850~1927)의 『소호당문집(韶濩堂文集)』에 실린 황진이에 대한 설화이다. 아래 설화와 비교하면서 「황진이」의 소설적 성취를 확인해 볼 수 있다.

진이는 자라서 절색이 있었으며 서책과 역사에도 능통하였다. 15·16세에 이웃에 한 서생이 진이를 애태워 사랑했지만 뜻을 이루지 못하고 병들어 죽었다. 상여는 진이 집 문에 이르러 앞으로 나가려 하지 않았다. 진이를 사모한 일을 알고 있었던 서생의 집에서는 사람을 시켜 간곡히 진이를 설득했다. 결국 진이의 저고리를 가져다가 관을 덮은 연후에야 상여가 앞으로 나아가기 시작했다. 진이는 크게 느낀 바 있어, 초초히 기생의 길로 나아갔다.

설화에서도 이웃 서생의 죽음이라는 사건 때문에 황진이가 기생으로 나아 갔다고 했다. 홍석중의 「황진이」에서는 혼사를 앞두고 진이가 서녀 출신임이 밝혀져 파혼 당한 직후에 이 사건을 배치하였다. 그리고 서생의 집안 사람이 진이를 설득해 저고리를 구하는 게 아니라 진이가 직접 나서서 치마를 덮어주는 것으로 설화의 내용을 변개하였다. 이런 서사의 변화로 인해, 진이가 관곽을 덮은 것이 혼사 때 예복으로 입으려 했던 '꽃무늬 스란치마'라는 점이 자연스럽게 받아들여진다. 특히 이 관곽을 훨씬 덮을 수 있는 넓고 긴 치마가 등장함으로써, 상여 행렬이나 관곽의 흰 이미지와 화려한 붉은 이미지의 강렬한 색채 대비를 지닌 인상적인 장면이 연출되었다.

또 여러 사람들이 창끝처럼 자신을 지켜보는 가운데 보란 듯이 나서서 치마를 관에 덮고 자신 때문에 죽은 서생을 위로하는 진이의 의연하고 담대한 태도는 생생한 인물 형상화에 기여하고 있다. 덧붙여, 이 장면은 독자들로 하여금 기생의 길로 나아갈 수밖에 없는 진이의 처지와 결의에 공감하게 하면서 진이가 만들어 나아가는 서사적 행로에 동참시키는 효과를 거두고 있다.

이렇게 단편적으로나마 살펴 본 북한문학에서는 선전·선동의 문학, 김일성 가계 찬양 일색이라는 우리의 관념에서 벗어나는 면모도 발견된다. 시에서는 자연스럽게 발현되는 생활의 감정이나 남북 공동의 아픔이 호소력 있는 문학적인 형상을 입어 남과 북을 넘어서는 감동을 일으킨다. 한편, 소설에서는 역사적·설화적 소재를 창작에 활용하여 전승사에 기여하면서도 문학적 성취를 얻기도 한다.

(3) 북한문학 작품의 징후적 독해를 위하여

앞선 논의에서 그간 실체가 잘 보이지 않았던 몇몇 북한문학 작품을 들여다보았지만 사실 이러한 작품이 북한문학 전체를 대변한다고 보긴 어렵다. 대다수 북한문학에서는 우리가 가진 관념이 확인된다. 안타깝게도 북한 문인들은 여전히 문학적 상상력과 자유를 억압하고 있는 환경에서 창작을 하고 있는 것이 현실이기 때문이다.

북한의 작가들은 문예총 소속 작가동맹에 속해 있는데, 이는 "북한의 전국 각지에서 글 쓰는 사람들을 하나의 조직에 묶어 조직적으로 통제하기 위한 거대 기구"[11]이다. 작가동맹에 속한 작가들은 창작 활동에 대해 국가 심의실의 감시와 통제를 받는다. 심의실에서는 국가가 제정한 규정에 준하여 표현이나 사상적 경향을, 장편소설에서 손바닥만한 작은 글에 이르기까지 엄격히 검열하며, 문학성에 대한 조언까지 한다고 한다. 또한, 심의실 승인 도장이 찍힌 작품만 신문사나 출판사 편집부에 넘길 수 있으며, 편집된 작품들은 다시 출판승인을 받아야 할 정도이다.[12]

그러나 겹겹의 검열 과정을 거쳐 통제되는 북한의 문학 작품에서도 변화의 기미가 감지된다. 이를테면, 1980년대 후반, 남한의 대학생들 사이에서도 널리 읽혔던 남대현의 「청춘송가」에서는 북한 청년들의 애정 삼각관계를 다루고 있다. 그런데 애정 삼각관계라는 서사적 모티프는 김일성의 교시에 의해 문학 작품에서 금지된 바 있다. 비록 「청춘송가」의 애정 삼각관계는 결국 파국을 맞게 되지만 이 소설이 금기의 모티프를 다룬 것은 일종의 '의거'라고도 일컬어진다.[13]

한편, 북한 사회를 내부에서 비판하는 작품도 존재한다. 김삼복의 「향토」에서는 출신 성분이 좋다고 높은 지위를 부여하여, '능력 없는 놈들이 큰 자리 타고 앉아 다른 사람까지 일 못하게 하고 나라를 다 망쳐' 놓는 사회문제를 다루어 대중적인 공감을 얻었다. 또한 90년대 최고 문제작이라 일컬어지는 김봉철의 「환희」는 김일성의 말만 떨어지면 덮어놓고 떨쳐 일어나 우레와 같은 박수를 조건반사적으로 치는 '박수노예'로 전락한 국민성을 비판하

---

11) 최진이, 「북한문학의 어제와 오늘 : 북한문학 작품과 작가에 대한 이해-「향토」, 「청춘송가」, 「환희」, 「황진이」를 중심으로」, 『민족문화논총』 29, 영남대 민족문화연구소, 2004, 43면.
12) 최진이, 위의 글, 45면.
13) 최진이, 위의 글, 57면.

기도 했다.

북한에서 작가동맹 소속 작가였던 최진이의 회고를 보면, 북한의 작가들도 나름의 고충과 고뇌가 있고, 검열을 피하면서 자기를 표현하는 방식을 고심한 자취가 역력하다.[14]

> (김일성, 김정일 주제 시를 유달리 많이 쓰는) 너는 짬만 있으면 김일성, 김정일을 비난하는데, 왜 그 자를 찬양하는 작품은 도맡아 놓고 쓰느냐는 것이었다. 그러자 그 시인의 대답이 걸작이었다.
> "아, 난 김일성, 김정일을 노래한 것이 전혀 아니요. 내 하나님[필자주 : 하느님]을 바라보면서 쓴 것이요!"
> 작가들은 폭소를 터뜨리며 그의 말을 긍정했고 나 역시 그 시인의 말이 거짓이 아니라고 인정하였다.

사정이 이러하다면, 북한문학을 바라보는 우리의 시각도 유연해질 필요가 있지 않을까 한다. 김일성 가계의 찬양 이면에 존재하는 작품의 틈새와 균열을 발견하고, 이를 통해 검열을 피하면서도 자기를 표현하려는 작가의 고심, 독자들과 공유하고자 하는 고뇌어린 문제의식 등을 읽어내는 '징후적 독해'를 시도해 봄 직도 하다. 아직 북한문학이 본격적으로 소개되지 않은 상황에서 다소 성급한 논의일 수 있으나, 징후적 독해는 북한문학에 대한 비판적이면서도 균형 있는 안목 형성을 도울 것이라 기대한다.

---

14) 최진이, 앞의 글, 59면.

3. 재외 한인문학과 문학교육

(1) 재외 한인문학의 범주

① 문제적 대상으로서 재외 한인문학

2011년을 기준으로 재외 한인의 수는 약 700만 2천 명이 이르는데, 중국에 270만 명, 일본에 90만 명, 이 지역을 제외한 아시아태평양 지역에 45만, 유럽에 65만, 북미지역에 240만 명, 중남미에 11만 명 정도가 거주한다.15) 이들이 창작한 문학이 '재외 한인문학'이다. 이 용어에서 문학 창작 주체가 되는 '한인'이란 한국 국적을 가지고 있는 한국 국민을 의미하지 않는다. 해외에 살면서 형편에 따라 거주 국가의 국적을 취득했을지라도 문화적·의식적 차원에서 '한국인'을 포기하지 않은 이들을 포괄한다.16)

재외 한인문학은 한글로 쓰고 읽히는 문학 작품과 거주국의 언어로 쓰인 작품으로 대별할 수 있다. 그런데 과연 외국어로 쓰인 문학을 한국문학으로 인정할 수 있는가에 대해서는 논란의 여지가 있다. 언어의 국적에 무게 중심을 두는 사람은 외국어로 쓰인 작품들을 한국문학의 울타리 안으로 끌어들이기를 주저하나, 한국적 소재나 중심 주제에 따른다면 재외 한인이 외국어로 쓴 작품들도 한국문학으로 편입시킬 수 있다.

이러한 논란이 발생하는 이유는 우리가 믿고 있는 민족 문학이라는 범주가 다소 협소하고 경직되어 있기 때문이다. 단군

> **좁은 의미의 민족 문학**
> 좁은 의미에서, 한국인이 한국어로 쓴 문학을 민족 문학이라 할 수 있으나 최근 이러한 민족 문학 범주에 대해 많은 비판이 있다.

---

15) 외무부, 『외교백서』, 외교부 홈페이지(www.mofa.go.kr), 2013, 320면 참조.

16) 이들을 일컬어 재외 한국인이라고 하였으나 이 용어가 국적을 환기하기 때문에 본고에서는 국적과 상관없이 '코리안'을 지칭하기 위해 '한인(韓人)'이라고 부르기로 한다.
김종회, 「중국 조선족문학의 어제와 오늘」, 김종회 편, 『한민족문화권의 문학』, 국학자료원, 2003, 399면; 홍기삼, 「재외 한국인 문학 개관」, 『문학사와 문학비평』, 해냄, 1996, 283~364면 참조.

'할아버지'를 시조로 하는 가족 관념으로 구성된 '민족'은 민족 문학의 순혈주의를 중시하며, 한정된 지역 안에서만 유효하다. 즉 한국에만 국한된 국가를 경계로 하는 민족 문학만이 강조되는 것이다. 또한 모국어인 한글로 쓰였는지도 민족 문학을 결정하는 관건이 된다.

이런 속국주의, 속언주의 원칙의 민족 문학으로 보면, 해외에 체류 혹은 주거하는 한인이, 자신이 살고 있는 나라의 언어로 쓴 작품은 민족 문학의 범주에 포괄되기 힘들다. 이렇게 여전히 민족 문학의 범주에 대한 논란은 있을지언정 재외 한인문학은 그러한 논란과는 상관없이 존재한다. 오히려 재외 한인문학은 우리가 익숙한 민족 문학이란 관념의 경계에서, 과연 민족 문학이란 어디까지여야 하는지 묻는 문제적 대상이라 할 수 있다.

② 중국의 한인문학

재외 한인이라 해도 거주하는 지역이나 이주 시기 등에 따라 그 성격이 상이해서 재외 한인문학을 일괄적으로 논하기는 어렵기에 국가나 지역별로 기술할 필요가 있다. 중국의 경우, 길림성, 흑룡강성, 요령성 등에는 200만이 넘는 한인(조선족)이 살고 있으며, 특히 연길에는 한글로 이루어지는 문학 활동이 활발하다. 재중 한인의 국적은 중국인이지만 이들 문학은 "이질스러운 대로 반세기가 넘는 기간 동안 창작 발표되어온 엄연한 실체"17)이며, 우리의 공동체적 경험에 익숙한 절실한 체험들이 반영되어 있어 각별한 주의와 보살핌을 요청하고 있다.18)

재중 한인문학의 기원은 일제강점기 이루어진 문인들의 망명 혹은 정착 과정에서 진행된 문학 활동에 근원을 둔다. 김택영, 신채

■ 재일 한인의 다양한 국적
'조선' 국적은 북한이 아닌, 과거의 '조선'으로 기호상의 국적이라 할 수 있다. 이 중 많은 이들이 '재일본조선인총연맹(조총련, 조총이라고 줄여 부름)'에 속했지만 점차 한국 국적으로 바꾸는 사람들이 증가하여 '조선' 국적은 급격히 줄어드는 상황이라 한다.

---

17) 이명재, 「나라 밖 한글문학의 현황과 과제들―한민족 문학의 통일」, 『통일시대 문학의 길찾기』, 2002, 100면.
18) 김종회, 앞의 글, 2003, 402면.

호로부터 윤동주, 안수길 등 만주에 거주한 이들이 재중 한인문학의 모태를 형성하였다. 1949년 이후 중화인민공화국의 건립 이후, 민족 자치가 실시됨에 따라 본격적이고 독자적인 문학 활동을 활발하게 전개하였다. 현재 재중 한인문학은 민족적 특징을 강하게 내포하고 있으면서 민족의 언어로 문학 활동을 하는 대표적인 소수민족문학으로 인정되고 있다.[19]

특히 일제강점기 항일 민족투쟁사를 소재로 다룬 조선의용군 출신, 김학철 (1916~2001)의 문학은 우리 근대 민족 해방 투쟁사의 거의 유일한 증언의 기록문학으로 평가되면서 주목을 받았다.[20] 그는 등단 직후, 1946년에 월북하여, 이후 한국전쟁의 발발로 1951년 중국에 망명, 연변에서 작품 활동을 재개하였다. 이로 인해 그는 오랜 기간 동안 남과 북의 문학사에서 그 이름조차 잊혔으나 1987년 월북작가들의 작품이 해금되자 이와 함께 그의 작가로서 위상과 작품들이 소개·연구되기 시작하였으며,[21] 현재는 한국의 국어, 문학 등 교과서에도 실리고 있다.

③ 일본의 한인문학

재일 한인의 경우, 국적 문제부터 복잡하다. 이들의 국적은 '한국' '조선', '일본' 세 가지로 크게 나뉜다. 다양한 국적이 보여주듯이 재일 한인의 현실 생활이나 정체성 등은 남북한 및 일본 등 세 나라의 틈바구니 안에서 흔들리며 복잡한 양상을 보인다.[22] 재일 한인 1세는 일제강점기, 도일하였으나 해방 이후 체류하게 된 이들로 현재 일본에서 '특별 영주자'라는 외국인 신분으로 살고 있다. 이들의 국적은 대한민국 또는 조선이다. 그러나 조국에 대

---

19) 김형규, 『민족의 기억과 재외동포소설』, 박문사, 2009, 46~47면.
20) 김윤식, 「항일 빨치산문학의 기원-김학철론」, 『실천문학』 겨울호, 1988.
21) 민지혜, 「항일민족투쟁사의 서사적 형상-김학철의 격정시대를 중심으로」, 김종회 편, 『한민족문화권의 문학』, 국학자료원, 2003, 472면.
22) 한일민족문제학회 편, 『재일조선인 그들은 누구인가』, 삼인, 2003, 13면.

한 기억이나 국적으로 인한 소속감이 옅은 3,4세들은 취업이나 결혼에 즈음하여 일본 국적으로 바꾸는 경우가 많다고 한다. 재일 한인은 스스로를 '재일 조선인'이라 총칭한다.

재일 한인문학(재일 조선인문학)[23]은 쓰인 언어에 상관없이 재일 한인(조선인)이 그들의 삶을 다룬 작품을 의미하는데, 재일 한인문학은 재일 1세대, 2세대, 3세대 문학으로 나뉜다. 재일 1세대의 문학은 일제강점기의 체험이나 광복 후의 조국과 '재일'이라는 상황을 소재로 하면서 일본어와의 긴장 관계에서 생겨난 문체를 지니며, 민족적 성향을 강하게 표출하는 특성이 있다. 그 대표적인 작가로 김달수, 김석범 등이 언급된다. 재일 2세대는 일본사회의 고도 경제 성장을 배경으로 1960년대 후반 등장한 세대로서 직접 자신들의 실존과 생활, 사고방식에 대해 자기 목소리를 내기 시작하였다. 이 시기의 작가들로 이회성, 김학영, 양석일 등이 집중적으로 조명된다.

재일 3세대는 모국어를 상실하였다는 점에서 2세대와 유사하지만 연령, 등단 시기, 작품 경향 등이 2세대와 뚜렷이 구별되는 신세대이다. 이들은 자신의 특수한 실존적 상황에서 맞닥뜨리는 개인적 문제, 언어와 인간 존재의 의미, 현대인의 고독 등 보편적 문제의식을 갖는데, 여기에 속하는 작가로는 이양지와 이기승, 유미리 등이 있다.[24] 민족의식과 분단 이데올로기를 축으로 하는 기존 재일 한인문학의 틀을 벗어나 개성적인 신인 작가들이 잇달아 등장하면서 재일 한인문학은 일본 문학의 본류에 일정한 영역을 구축하고 있다.

---

23) '재일 한국인' 등의 호칭이 다분히 본국 중심주의 또는 분단 구도적 사고에서 비롯되는 용어이기에, 이들의 특이한 입장도 반영하며 객관성을 띤 총칭으로 '재일 조선인'을 사용하는 것이 바람직하다는 의견이 제시되기도 한다. 윤송아, 「재일 조선인문학 개관」, 김종회 편, 『한민족 문화권의 문학』, 국학자료원, 2003, 170면.
24) 유숙자, 『재일한국인 문학연구』, 월인, 2000.

④ 구소련지역의 한인문학

구소련지역의 한인 이주의 역사는 1860년대를 기점으로 하여 150여 년에 이를 정도로 오래되었다. 구소련지역에 거주하는 재외 한인들을 '고려인'이라고 하는데, 이들은 거주국의 정책에 적극적으로 따르면서도 민족의 전통도 잊지 않고 살아왔다. 1923년 무렵부터 약 90여 년의 역사를 보유한 한글신문은 이들이 한민족의 정체성을 잃지 않으려는 노력이 면면히 이어져 오고 있음을 잘 보여준다. 특히 한글신문의 문예란은 고려인 문학의 산실 역할을 해왔다.

고려인의 역사는 자못 눈물겨운 바가 있다. 기근과 불안한 국내 사정으로 러시아로의 이주가 시작된 이래, 고려인은 "행복이 넘치는 약속의 땅"[25]이라 여긴 연해주[遠東]를 중심으로 주거지역을 형성하며 정착하였다. 그러던 중 이들은 1937년 '고려인 집단 강제 이주'를 겪게 된다. 일제의 침략을 피해, 일제강점기의 생활고로 연해주에 이주한 다수의 고려인들은 '일본의 간첩'이라는 치욕스러운 누명을 쓴 채, 그간 피땀으로 일군 농작지와 가정, 고려인 사회에서 쫓겨나야 했다.

고려인 문학은 체험 및 세대의 차이를 고려하여 다섯 계열로 나뉜다. 첫째 계열로 연해주 개열의 문인들이 있다. 이들은 한반도나 연해주에서 출생하여 연해주에서 작품 활동을 하던 문인들이다. 둘째 계열은 일제강점기 징용으로 사할린 섬에서 일하던 동포의 자녀들인데 이들도 고려인 문인 집단에 속해 한글로 창작 활동을 하였다. 또한, 구소련에 유학생이나 노동자로 있다가 탈

⬛ 고려인 강제 이주의 역사
1937년 8월 21일 스탈린은 강제 이주 정책을 결정하고 이듬해인 1938년 첫날까지 이주 완료를 명했다. 이에 따라 원동(遠東, 블라디보스토크 등 극동 지역)의 척박한 땅에서 고려인들은 중앙아시아로 강제 이주당하는 운명에 놓였다. 당시 소련공산당은 한 번에 더 많은 사람들을 싣기 위해 화물칸을 이어놓은 기차에 고려인들을 태웠다. 고려인들은 이 좁디좁은 화물칸에서 한 달여 동안 생활하며 시베리아를 거쳐 중앙아시아로 들어왔다. 한 달 동안 먹고 싸고 자고 일어나는 등 거의 모든 삶의 행위들이 달리는 기차의 화물칸에서 이뤄졌다. 기나긴 이동은 수많은 사람들을 추위와 배고픔으로 몰아넣었다. 그 결과, 첫 목적지에 이르렀을 때 이미 많은 고려인들이 희생됐다.

---

25) 백태현, 「고려인이 까자흐스딴에 정착하는 과정」, 전경수 편, 『까자흐스딴의 고려인』, 서울대학교출판부, 2002, 4면.

북한 북한 출신, 1990년대 이후 개벽, 개방의 분위기 속에서 구소련 지역에 나가 사는 남한 출신들도 문단에 합류하여 셋째, 넷째 계열을 이루었다.

다섯째 계열인 고려인 2,3세대들 가운데 한국어는 서툴지만 러시아어 등 현지어를 통해 작품 활동을 하는 경우가 있다. 그 대표적인 작가는 김 아나톨리(1939~)는 카자흐스탄에서 태어나 소련 극동지역과 사할린 등에서 자란 한인 3세로 장편 「아버지의 숲」이나 단편 「해녀」, 「남매」 등에서 주로 극동지역 고려인의 삶을 현지어로 다루고 있다. 손 라브렌티(1941~)은 고려인의 강제 이주 체험을 다룬 희곡 「기억」 등을 한글로 창작, 공연하여 한글 보존에 큰 기여를 하였다.

⑤ 미국의 한인문학

중국과 일본, 구소련 지역에 비해 자율적 결정에 따라 이주가 이루어진 나라는, 이민자들의 국가라는 미국이다. 미국의 한인 집단은 조선 말기 정치적 망명과 하와이 노동 이민으로, 일제강점기에는 유이민과 망명자 등으로 구성되기 시작했다. 해방 이전 이주자들은 '유민(流民)' 혹은 '일시적 체류자'로 스스로를 인식하며, 고국을 다시 돌아가야 할 곳으로 여겼다. 이로 인해 이 시기 재미 한인문학은 망국의 한, 실향의식 등을 주제로 하고 있다.

해방 이후, 개인적 동기에 의한 경제적, 사회적 자기실현 욕구에 따른 미국으로의 자유 이민이 본격적으로 이루어지게 된다. 특히 1965년 이민법 실행 이후 미국으로 이주한 사람들은 현재 미국 한인사회의 주류를 형성하고 있으며, 미국을 삶의 터전으로 인식하고 미국 사회에 정착·동화되기 위한 노력을 아끼지 않는 한편, 소수민족으로서 갈등을 겪기도 한다.[26] 이로 인해 그 문학적 주제는 미국 주류 사회에 편입하기 위한 노력 혹은 미국 내 소수

---

26) 채근병, 「재미 한인문학 개관 Ⅰ」, 김종회 편, 『한민족 문화권의 문학』, 국학자료원, 2003, 21~23면.

민족으로서의 애환, 가족이나 한인 사회 내의 세대 갈등이 주를 이룬다.

대표적인 작가와 작품을 중심으로 재미 한인문학 역사를 정리하면 다음과 같다. 1928년에 류일한은 「나의 한국 소년 시절(When I Was a Boy in Korea)」을 발표하였는데 이 작품은 영문으로 쓰인 최초의 재미 한인문학이다. 1931년, 강용흘의 「초당(The Grass Roof)」은 미국 문단에 소개되어 호평을 받았다. 이후, 이민 1.5세대와 2세대 작가들의 작품으로 김용익의 「꽃신(The Wedding Shoes)」 (1956), 김은국의 「순교자(The Martryed)」(1964), 차학경의 「딕테(Dictee)」(1982), 김난영의 「토담(Clay Walls)」(1986) 등은 미국 주류 문단에서 긍정적인 평가를 받으며, 한인문학이 미국 내 소수민족문학으로 그 기반을 다지는 데 큰 역할을 하였다.

1990년대는 발표되는 작품 수준 및 양에 있어서 놀라울 만한 수준을 보여주는데, 대표적인 작가로 「네이티브 스피커(Native Speaker)」(1995)의 이창래, 「나의 유령 형님의 기억(Memories of My Ghost Brother)」(1996)의 하인즈 인수 펭클(Heinz Insu Fenkl), 「종군위안부(Comfort Woman)」(1997)를 쓴 노라 옥자 켈러(Nora Okja Keller), 「외국인 학생(Foreign Student)」(1998)의 수잔 최(Susan Choi) 등이 꼽힌다.[27]

현재 재미 한인 다수가 미국의 국적을 갖고 있으며 영어로 창작 활동을 하고 있다. 이로 인해 재미 한인문학의 '국적'을 확정짓기 어려운 것이 현실이다. 그러나 이들 문학의 국적을 문제 삼는 것 자체가 '닫힌 민족주의'의 개념에 제동을 거는 의의가 있다고도 지적된다.[28] 한국계 미국작가의 작품을 한민족의 문학으로 인정할 수 있는가 하는 논의 자체는 민족 및 민족 문학의 개념에 대한 성찰을 요구하기 때문이다.

---

27) 박연옥, 「재미 한인문학 연구의 현단계」, 김종회 편, 『한민족 문화권의 문학 2』, 국학자료원, 2006, 22~23면.
28) 박진영, 「이산적 정체성과 한국계 미국작가의 문학 읽기」, 김종회 편, 『한민족 문화권의 문학 2』, 국학자료원, 2006, 62면.

한국문학은 해외동포문학을 거울로 민족주의적 함몰을 해독하고, 또 후자는 전자를 거울로 탈민족주의적 탈주를 돌아보는 상효균형을 위해 더 늦기 전에 만날 때가 되었다. 차이에 저항하지 않으면서 그럼에도 차이에 투항하지 않는 황금의 고리는 어디에 있을까?[29]

이러한 지적은 비단 재미 한인문학에만 국한되는 것은 아니다. 재외 한인 문학의 존재 및 그것이 제기하는 민족 및 민족 문학 범주에 대한 물음은 경직되고 닫힌 민족주의에 대한 성찰을 요청한다. 즉 재외 한인문학은 남한에 국한된 민족주의를 비춰볼 수 있는 '거울' 기능을 한다는 것이다. 이 관점에서 재외 한인문학은 민족, 전통이라는 이름으로 흡수하거나 배제되는 대상이라기 아니라 그 자체로 이해되고 존중되어야 할 타자이다. 재외 한인문학의 차이를 인정하지만 '그저 다른 것'이라 치부하지도 않는 "황금의 고리"가 절실한 시점이다.

(2) 디아스포라 문학으로서 재외 한인문학

① 디아스포라라는 관점

'디아스포라'라는 용어는 이산(離散)을 의미하는 그리스에서 비롯되었으며, 주로 팔레스타인이나 이스라엘 지역 바깥으로 흩어진 유대인들이나 유대인 공동체를 칭하였다.[30] 이후, 이 용어는 그 외연을 확대하여 유대인만을 지칭하는 용어가 아니라, 근대성과 제국주의로 말미암아 발생한 거대한 이주 현상과 유민을 포함하게 되었다.[31] 근래에는 탈식민지화, 이주의 증가, 세계적

---

29) 최원식, 「민족문학과 디아스포라— 해외동포들의 작품을 읽고」, 『창작과비평』 봄호, 2003, 39면.
30) 서경식・김혜진 역, 『디아스포라기행』, 돌베개, 2006, 13면.
31) 윤인진, 『코리안 디아스포라』, 고려대학교출판부, 2004, 5면 참조.

커뮤니케이션, 항공교통의 발전 등으로 과거와는 양상을 달리하게 되었으며, 또한 디아스포라라는 개념 자체도 보다 폭넓고 유연하게 사용되고 있다.[32]

이러한 맥락에서 세계 여러 나라에 퍼져 있는 재외 한인을 디아스포라 관점으로 보려는 시도가 많이 행해지고 있다. 재외 한인문학에 디아스포라라는 관점을 적용함으로써 얻는 효용은 다음과 같다. 첫째, 지역이나 국적, 언어에 구애되지 않고 다른 나라에 살고 있는 한인이 창작한 문학을 바라볼 수 있는 시야가 확보된다. 둘째, 여러 나라에 존재하는 디아스포라의 고유한 역사적·문화적 상황에 대한 인식을 배경으로 각 지역 재외 한인문학의 특수성을 이해할 수 있다.

무엇보다 중요로운 점은, 디아스포라가 현대 사회의 세계적 현상이라는 점을 고려할 때, 재외 한인문학이 가진 보편성이 확인된다는 것이다. 이를테면, 소수자가 지닌 배제와 차별에 대한 경험, 그로 인한 소외의식과 정체성에 대한 탐구, 역사적 기억의 문제, 모국어와 고향에 대한 정서, 현지 사회에 정착하고 그 문화에 적응하려는 의지 등은 비단 재외 한인문학뿐만 아니라 세계적인 다이스포라 문학의 주제가 된다.

② 디아스포라적인 주제와 재외 한인문학

앞 장에서 살펴본 것처럼 재외 한인문학은 지역에 따라, 세대에 따라 그 양상이 상당히 다르게 전개되었기 때문에 일괄적으로 논하기 어렵다. 그렇다고 다양성 자체가 재외 한인문학의 특성이라 할 수도 없으며, 재외 한인문학의 총합이 그 전모(全貌)를 드러내주는 것도 아닐 것이다. 이러한 상황에서, 이 글에

■ 디아스포라의 삶 엿보기
"디아스포라에게는 조국(선조의 출신국), 고국(자기가 태어난 나라), 모국(현재 '국민'으로 속해 있는 나라)의 삼자가 분열해 있으며 그와 같은 분열이야말로 디아스포라적 삶의 특징이라고 쓴 적이 있다. 다수자는 대부분 자신의 선조와 같은 나라에서 태어나 그 나라에 '국민'으로 속해 있다. 즉, 조국·고국·모국이 일치하지 않을 뿐만 아니라, 그 삼자의 지배적인 문화관이나 가치관은 서로 많이 다르고 자주 상극을 이룬다."

---

32) 윤정화, 『재일한인 작가의 디아스포라 글쓰기』, 혜안, 2011, 42면.

서는 디아스포라의 관점을 적용하여, 반복되는 빈번한 주제에 따라 재외 한인 문학들을 소개하면서 이들 문학이 지닌 고민과 경향의 단면을 드러내 보겠다.

- **■ 고향과 모국어에 대한 애정과 그리움**

    ㉠ 드메의 봄은 짧다//내 살든 곳은 거울이 없어도 괜찮었다.//
        사슴 뿔솟는 샘엔/입분 색씨 얼골 돌고//
        뒷 고개는/양춘 삼월에도 힌 눈을 이고 앉었겠지//
        내 향수도/차거운데//이런 밤엔 으레 뻐꾸기가 울었다.

    — 천청송(재중, 1917∼?), 「드메」[33]

    ㉡ 한국어는 참 희한하다//외로움과 괴로움이 운이 맞고//슬픔과 기쁨도 운
        이 맞는다//반가움은 즐거움과 잘 맞고//두려움은 어려움과 잘 맞는다

    — 김경년(재미, 1940∼), 「한국어」[34]

- **■ 소수자로서 차별 경험과 소외의식**

    ㉠ 조수석에 앉아 있던 남자가 나의 승무원증을 보았다. 그 남자는 '양'이
        라는 성에 흥미를 보이며, "참 드문 이름이군요. 뭐라고 읽습니까?" 하
        고 호기심을 띤 표정으로 질문을 해왔다. 그들은 으레 '중국인입니까?'
        하고 묻는다. 결코 '한국인입니까?'하고는 묻지 않는다. 재일 외국인의
        구성 비율에서 추측해보면 한국인일 가능성이 절대 다수를 차지하고 있
        는데도 불구하고 한국인이라는 이미지는 일본인들의 마음속에 그리는
        풍경 속에서 그만한 구멍이 뻥 뚫린 종유동처럼 완전히 공간을 이루고
        있다. "한국인입니다." 하고 내가 대답하자 승객은 의외라는 듯이 내 얼
        굴을 뚫어지게 쳐다보았다.

    — 양석일(재일, 1936∼), 「달은 어디에 떠 있나(택시狂騷曲)」[35]

---

33) 해외동포문학편찬사업추진위원회 편, 『해외동포문학－중국 조선족 시1』, 해토, 2007.
34) 김경년, 『달팽이가 그어놓은 작은 점선』, 답게, 2010.

ⓒ 얼굴에서 잠을 쓸어내며 나는 내가 어린시절 한동안 새벽이 오기도 전
에 잠에서 깨어나 밖의 베란다로 나가곤 했음을 기억해냈다. 그럴 때면
세상은 마치 나 이외에는 아무도 존재하지 않는 듯 완전한 적막과 어둠
에 싸여 있었다. 한국인 아버지, 어머니도 없고, 나를 조롱하는 아이들
도 없는 듯. 그럴 때면 나는 곧 안으로 뛰어들어가 거울을 들여다보곤
했다. 그 고독한 한순간이나마 진정한 나는 누구인가 그 모습을 잠깐이
라도 보고 싶은 처절한 희망을 가지고 있었다.

— 이창래(재미, 1965~), 「영원한 이방인」[36]

■ 고국의 역사와 현실의 인식 혹은 재구

㉠ 식료품 상점 덕대에 매여달린/마른 명태 두름/교수대에 매여달린/배반당
한 오늘의 現代史인가//한때는 대양을 거슬러 海流를 몰고 오던 바다의
왕자/군단을 불러 파도를 가르던/용감한 진군은 어데서 좌절되었는가//
인간이 던진 그물에 걸려/물에 오르는 순간에 너는 죽었고나/권력과 투
항,/사기와 협잡,/치부를 위하여선/아들이 아버지를 모해하는/땀냄새에
숨 막혀 죽었고나//죽어서도 자유롭게 해염치던/바다가 그리워/밝고 푸
른 불빛을 못 잊어/두 눈깔 뜬 채로 걸려 있구나/눈 감지 못하고 있구나

— 김조규(재중 이후 재북, 1914~1990), 「한 식료품 상점 앞에서」[37]

ⓒ 안락한 소파에 틀고 앉아/안락하지 못했던 동학의 전기를 읽는다.
헐벗은 백년 전 전라도, 충청도 땅에/볼품없이 씻겨가는 인골을 본다//
외국에 나와서 보면 더욱 힘들다/삿대 없이 흐르던 가난한 나라,
흙먼지에 얼굴 덮인 죽창의 눈물,/그 날의 선조가 야속한 관군이 아니고,
감투 눌러쓰고 돌아앉던 양반이 아니기를.
한 여름 냉방 장치의 응접실에서/문득 얼굴에 흙칠을 하고 싶다.

35) 양석일 · 한양심 역, 『달은 어디에 떠 있나(택시狂騷曲)』, 외길사, 1981, 38~39면.
36) 이창래 · 정영목 역, 『영원한 이방인』, 나무와숲, 2003, 300면.
37) 해외동포문학편찬사업추진위원회 편, 『해외동포문학ー중국 조선족 시1』, 해토, 2007.

돌아앉아 숨죽이던/그 양반의 버선짝 냄새.

— 마종기(재미, 1939~), 「일상의 외국2」[38]

■ 집단적·개인적 정체성에 대한 탐구

㉠ 나는/기나 긴 간난신고의 길가에서,/황량한 시베리아 벌판에서/영원히 헤매고 있는 유령,/억울한 중상, 추방을 당하고도/공손히 떠나오다 숨이 졌고/죄없이 피살된 어른들,/피기도 전에 애처롭게 꺼져버린 어린이들—/수만 겨레들의 넋이기도 합니다./ 나는 / 하나님 앞에 손이 닳도록 빌고 빌어서도/ 끝내 구원을 못 받은/ 소리 없는/ 그러나 크나 큰 비명이기도 합니다.

— 양원식(재카자흐스탄, 1936~2006), 「우리의 상속은」[39]

㉡ 나는 어째서 조선사람일까? 풀잎을 살랑거리게 하며 불어오는 신선한 바람 속에서 쓰레기 소각장 쪽으로 걸어가면서 준길은 생각하고 있었다. 그것은 준길이 자주 생각하는 문제였다. 주위는 모두 일본인인데 어째서 자기 혼자만이 조선인일까? 태어나고 보니까 조선인이었다. 조선인으로 태어나려면 조선에서 태어났으면 좋았을텐데, 고르고 골라서 아마도 세계를 통틀어 가장 조선인을 학대하는 일본에서 태어나 버렸다. 이렇게 재수가 없을 수가 있을까?

— 김학영(재일, 1938~1985), 「알콜램프」[40]

---

38) 마종기, 『모여서 사는 것이 어디 갈대들뿐이랴』, 문학과지성사, 1986.
39) 양원식, 『카자흐스탄의 산꽃』, 시와진실, 2002.
40) 김학영·장백일 역, 『알콜램프』, 문학예술사, 1980, 140면.

(3) 세계문학과 문학교육

① 세계문학의 의미와 영역

가. 세계화 시대의 세계문학

일찍이 독일의 문호 괴테는 문학이 인류의 공동 자산이라는 생각을 바탕으로, 민족 문학은 그다지 중요하지 않을 것이며 앞으로 세계문학의 시대가 와야 한다고 역설하였다.[41] 괴테에 따르면, 세계문학은 민족 문학들과 민족들 사이를 중개하고 각 민족들의 정신적인 자산을 교환하는 문학이다. 괴테는 이러한 세계문학을 통해 다양한 민족과 국가, 집단은 서로 알고 이해하고 평가를 내리고 존중하고 허용하는 법을 배울 수 있기를 희망하였다.[42]

그러나 이러한 세계문학이라는 이상(理想)은 오늘날 많은 도전을 받고 있다. 현대가 아무리 세계화 시대라고는 하지만 그 세계는 이미 경제적·권력적 위계질서를 갖고 있으며, 호혜(互惠)와 공존관계가 아닌 경쟁과 이해관계로 점철되어 있다. 문화적인 측면에서도 마찬가지이다. 이러한 점에 대해 세계적인 문호인 밀란 쿤데라(Milan kundera)는 다음과 같이 지적하였다.

커다란 국가들은 자신들의 문학만으로 충분히 풍부해서 다른 나라에서 쓴 것에 대해 별다른 관심을 보이지 않기 때문에 세계문학이라는 괴테의 생각에 저항한다.(…) 작은 국가들은 정반대의 이유로 커다란 콘텍스트에 소극적이다. 그들은 세계문화를 높이 숭상하지만 그것은 낯선 어떤 것, 그들 머리 위에 있는 하늘같이 멀리 떨어져 있어 닿지 못하는 것으로 나타나며, 그들의 민족 문학과는 별 상관이 없는 이상적 실체로 간주된다. 작은 국가는 자신의 작가에게 그는

---

41) 윤태원, 「세계화 개념을 통해서 본 괴테의 "세계문학"」, 『독어교육』 33, 한국독어독문학교육
학회, 2005.
42) 윤태원, 위의 글, 288면.

오직 자신에만 속해 있다는 확신을 주입했다. 시선을 조국 너머에 고정하는 것,
예술의 초국가적 영토에서 동포들과 합류하는 것은 건방지거나 동포들을 무시
하는 것으로 간주된다.[43]

쿤데라는 세계문학이라는 이상과 멀어지게 된 현실을 진단하고 있다. 그에
따르면 강대국은 문화적 자신감 때문에, 약소국은 기성 세계문학에 대한 소
외로 자기 문제에 몰두하는 경향 때문에 세계문학에 큰 관심이 없다고 한다.
그렇지만 최근 세계문학을 둘러싼 현상은 쿤데라의 진단과 다소 거리가 있
는 듯하다. 미국에서 '세계문학'과 관련된 대학의 강좌는 거의 모든 대학에
개설되어 있을 정도로 필수적이다.[44] 한편, 2000년대 들어 한국에서는 출판
사들이 다투어 세계문학전집을 출판할 정도로 그 수요가 높아졌다.[45]

현대인들은 자신이 원하든 원하지 않든 다양한 국가와 민족의 문화가 국
경을 넘나들며 동시적으로 공존하는 세계화된 시대를 맞이하였다. 이러한 시
대를 살아가는 시민 의식을 갖추기 위해 다른 국가나 민족의 문화를 이해할
필요성은 더욱 커졌다. 또한 국가적·민족적 자산인 문학 작품을 세계적으
로 공유할 기회도 많아졌다. 문학을 매개로 한 문화의 교류와 혼종은 세계문
화에 기여하는 한편, 우리가 속한 문화적 전통을 더욱 풍부하게 하기도 한다.

---

43) Kundera, Milan, *(The) curtain : an essay in seven parts*, Harper Perennial, 2008, 박성창 역, 『커튼』,
   민음사, 2010, 57~58면.
44) 미국의 경우, 세계화 교육에 있어서 중요한 부분을 차지하고 있는 것이 세계문학으로서 거의
   모든 대학들이 이를 교양 필수 과목으로 지정해 놓고 있다고 한다.
   한재남, 「읽기를 통한 세계화 교육 – 인문학으로서의 세계문학 과목 개발하기」, 『인문학지』
   39, 충북대 인문학연구소, 2009, 149~166면.
45) 이러한 문학 현상에 대해 비판적인 시각도 있다. 조영일은 최근에 경쟁적으로 출간되고 있는
   세계문학전집 출간 현상에 대하여 "한국에서의 세계문학은 상업주의와 결코 분리될 수 없는
   것이며, 80년대의 '사회과학 시대'에서 90년대의 '교양 시대'로 넘어가면서 탄생한 문화적 경
   향일 뿐"이라 일축한다.
   조영일, 『세계문학의 구조』, 도서출판b, 2011.

나. 세계문학이라는 문제적 영역

세계문학에 대한 문제를 본격적으로 다루기 전에 확정되어야 할 사항이 있다. 그것은 과연 세계문학이란 대상에 어떤 작품들이 속하느냐 하는 것이다. 세계문학의 작가라고 하면, 도스토예프스키, 괴테, 빅토르 위고, 존 스타인벡 등을 떠올리지만 이들 유럽, 북미 작가들이 작품이 점유하고 있는 세계문학도 회의와 재검토의 대상이 된 지 이미 오래이다.[46]

그렇다고 개별 국가들이 가지고 있는 작품들의 총합이 세계문학이 될 수는 없다. 더 많은 자료를 수집할수록 세계에 대한 독서의 올바른 좌표를 설정하기는 더 힘들어지며, 세계문학을 구성하는 개별 작품에 대한 독서는 결코 완결될 수도 없고 가능하지도 않다는 설명[47]은 세계문학이라는 지시 대상 자체에 접근하는 어려움을 잘 말해 준다.

이런 상황에서 댐로쉬(Damrorsh)는 세계문학이라는 영역을 유연하게 설정하여 좋은 참조가 된다. 댐로쉬가 제안한 세계문학의 영역은 셋으로 나뉠 수 있다. 첫째, 고전(classic)이라는 이미 확립된 범주, 둘째, 걸작들의 변화하는 정전, 셋째, 세계를 향한 다양한 창들(windows).[48]

첫째 범주에는 시경(詩經), 사기(史記) 등 동양의 고전을 비롯해 그리스·로마 신화, 플라톤의 대화 등이 포함될 수 있다. 이 범주의 고전은 오랜 시간에 걸쳐 검증받은 작품들이라는 점에서 세계문학의 목록에 포함된다. 현재 첫

▣ 교육과정에서 보는 '고전'
다음과 같은 고전 교육과정의 설명을 통해 고전에 대한 시각을 재확인할 수 있다. "고전에는 동서고금의 인간의 경험이나 사유 또는 상상의 정수가 담겨 있으며, 우리는 고전을 통해 자신의 삶을 돌아보고, 현재를 판단하며 미래를 기획할 수 있다. 고전은 인류의 높은 수준의 지적·정의적·심미적 활동의 산물로서 인간과 세계의 발전에 긴요한 지혜를 담고 있다는 점을 이해하고, 세계의 변화가 빠르고 예측 불가능할수록 고전을 통한 성찰이 필요함을 인식하도록 한다."

---

46) 세계문학이란 장의 불평등성에 대한 문제에 대해서, 파스칼 카자노프스키는 "세계문학의 중심부와 주변부(또는 반주변부)가 하나의 관계로 묶여 있지만 양자의 관계에서는 불평등이 점증하고 있는 체제"라 하였으며, 모레티는 월러스틴의 세계체제론을 원용하여, 세계문학 또한 '세계문학체제'로 지칭한 바 있다. 박성창, 『글로컬시대의 한국문학』, 민음사, 2009.

47) Lawell, Sarah, *Reading World Literature*, University of Texas Press, 1994.

48) Damrosch, D., *What is World Literature?*, Princeton University Press, 2003, pp.12~16.

번째 범주의 세계문학에 대한 교육은 고등학교 국어 과목의 선택과목 중 하나인 '고전'에서 집중적으로 행해지고 있다.

이제 세계문학의 두 번째 영역인 '걸작들의 변화하는 정전'의 문제를 생각해 보자. 정전(canon)은 비평가들에 의해 반복적으로 칭송되거나 교육과정에서 중시되는 작품들을 말한다. 새로이 정전의 반열에 오르고 높이 평가되는 작품이 있는가 하면, 현대인의 가치관 및 관심사에 따라 예전에 인정받던 정전의 내용이 재해석되는 경우도 있으며, 그 가치가 다시 평가되기도 한다. 즉 정전의 목록은 끊임없이 재검토되고 재구성된다는 것이다.

셋째, 세계를 향한 다양한 창들(windows)이라는 가치로 인해 세계문학의 영역에 포함되는 작품들도 존재한다. 이러한 창들은 보다 총체적인 세계를 보고 경험하기 위해 필요하다. 우리에게 익숙하지 않은 문화권에서 생산된 작품들을 수용하기 위해 독자들은 자신의 사유 방식이나 감정 구조를 변형시켜 가면서 낯선 작품에 적응한다. 이러한 과정에서 독자들은 자기 확장을 경험하며 보다 총체적인 안목으로 세계를 볼 수 있는 시야를 확보하게 된다.

다. 세계문학 교육의 목표

앞서 설명한 바처럼 세계문학은 서로 다른 문제적인 영역이 공존하며 유동적인 경계를 갖고 있기에 '돌아다니는 개념(traveling concept)'이라 일컬어지기도 한다.49) 백낙청도 세계문학은 세계의 위대한 문학 고전들을 한데 모아 놓은 작품의 목록이 아니라, 세계문학을 위한 '초국적인 운동' 즉 민족 문학을 벗어나 세계문학으로 향하고자 하는 지식인들 사이의 개인적인 접촉이나 정기적인 유대를 아우르는 일종의 '운동'의 차원으로 파악할 것을 제안했

괴테(1749~1832)의 세계문학론 만년의 괴테의 문학활동 중 가장 특징적인 것은 '세계문학'의 제창(提唱)과 그 실천이었다. 괴테는 "민족들이 동일하게 사고해야 한다는 것이 아니라 서로를 알아보고 이해하며 서로를 사랑하지는 못할지라도 최소한 허용하는 것을 배워야 한다."(1828년)고 지적하며 '다름의 긍정'을 통해 다양한 민족의 문학과 문화의 교류를 강조하였다.

---

49) 박성창, 앞의 책, 2009.

다.[50] 민족과 국가를 넘어 세계문학이라는 지향점을 향해 나아가야 한다는 점에서, 세계문학을 고정된 목록이 아니라 운동으로 보자는 것이다.

이를 학습독자의 세계문학 경험에 적용을 해본다면 다음과 같다. 독자의 세계문학 경험도 확정된 목록에 있는 작품들을 섭렵하고, 작가나 작품들에 대한 지식의 축적하는 것은 아니어야 한다. 학습독자는 세계문학을 통해 이질적인 사유 방식과 정서구조를 경험하고, 국지적인 문화에서 비롯된 편견을 극복하면서 보다 너른 보편성으로 나아가야 할 것이다. 그리하여 문화의 다양성을 관용의 태도로 받아들이면서 그것을 자양분으로 삼아 자기를 성찰하고 확장할 수 있는 세계시민적 교양의 점진적인 형성을 도모하는 것이야말로 세계문학의 이상적 학습독자상이자 세계문학교육의 목표이다.

② 세계문학을 읽는 태도와 방법

세계문학을 작품 목록의 문제가 아니라, 인간의 성장이나 교양의 성취, 민족·국가적 한계의 극복과 인류애적 화합에 대한 추구하는 움직임으로 이해할 수 있다면, '무엇을 읽을 것인가'보다 '어떻게 읽을 것인가'라는 질문이 더 중요해진다. 세계문학에 대한 독서가 결코 완료될 수 없으며, 세계문학에 대한 교육 시간이 한정된 상황을 고려할 때 더욱 그러하다.

세계문학 읽기 방식의 교육은 다른 작품을 읽는 데도 적용되는 전이력이 높으며, 세계문학의 평생 독자로서 습관을 형성하게 하는 데 유의미하다. 따라서 이 절에서는 개별 세계문학 작품에 대한 소개나 세계문학의 목록 자체보다는 세계문학을 읽는 태도와 방법을 중심으로 설명하고자 한다. 특히 세계문학이 지닌 보편성보다는 차별성에 주목하여, 다르고 낯선 문화적 산물을 수용하는 태도와 방법에 대해 초점을 맞추도록 하겠다.

---

50) 백낙청, 「지구화 시대의 민족과 문학」, 김영희·유희석 편, 『세계문학론』, 창비, 2010, 31면.

세계문학 독자에게 가장 먼저 요구되는 읽기의 자세는 작품을 '존중'하는 태도이다. 이는 작품이 고유한 문화적 전제를 가지고 있으며, 특수한 언어 운영 방식을 가지고 있음을 인정하고, 작품에 대해 '문화특유적 내용에 대한 의식'을 적용하는 것이다. 이를 바탕으로, 개별 작품을 수용할 때 그 작품 세계를 떠받치는 문화적 전제들을 재구성할 수 있으며 궁극적으로는 작품을 제대로 이해할 수 있다.

한편, 독자들에게는 자기중심적인 시각을 전환하는 능력도 요구된다. 신념, 지식, 기대 등에 있어서 자기문화 중심적 틀을 유연화하며 문화적 내용을 받아들여야 작품에 그려진 세계와 현상들을 제대로 파악할 수 있다.[51] 이와 같이 자신의 것을 상대화하는 문제나 시각 전환 능력을 독서 상황에서 발휘할 때, 다른 문화나 문화적 산물을 통해 배우면서 자기를 확장하는 효용을 얻을 수 있을 것이다.

◾ 상호문화성
상호문화성이란 근본적으로 자신에게 고유한 문화든 낯선 문화든, 두 집단을 동시에 초월하는 개방적 문화 전망을 포함하는 개념으로서 오늘날 전 지구적 문화의 교류와 접촉의 시대에 하나의 문화 혹은 자국의 문화를 세계문화화 시키고자 하는 경향을 막을 수 있고, 차이는 유지하되 차별은 배제할 수 있는 단초를 제공할 수 있다는 점에서 주목받고 있는 개념이다.

이러한 태도로 다른 문화적인 산물을 파악하는 방식을 '상호문화적 관점'의 독서라 하기도 한다. 이러한 독서 방식에서 요구되는 태도는 앞서 설명한 것처럼 문화특유적 내용에 대한 의식, 자기중심적 시각의 전환 등이다. 이러한 태도가 필요한 까닭은 바로 대상 자체의 낯섦에서 연유한다. 다른 시공간의 문화적 산물은 세계문학은 우리에게 낯설다는 느낌을 동반하는데 '낯섦 이해'는 세계문학 교육이 제공할 수 있는 소중한 경험이다.

낯섦은 익숙함의 경계를 돌아보게 한다. 익숙한 인지 방식이나 세계는 우리에게 이미 자동화되어 있어 잘 의식되지 않는다. 그러나 어떤 대상이 낯설게 느껴질 때, 대상을 쉽게 받아들이지 못하는 익숙함 자체가 드러

---

51) 이하의 '낯섦 이해'와 관련된 논의는 다음 논문을 주로 참조한다. 권오현, 「독어교육 : 상호문화적 문학교육에서 "낯섦 이해"의 문제―세계문학 교육과 관련하여」, 『독어교육』 49, 한국독어독문학교육학회, 2010, 12면.

나 보이기도 한다. 이렇게 익숙함을 돌아보고, 익숙함의 문화적 전제들을 검토하는 자기성찰이나 자기상대화는 낯섦과 만나는 이유 중 하나이다.

나아가 낯섦 이해는 자신의 지평을 이해의 기준으로 삼는 일방성에서 벗어나게 하는 효용이 있다. 낯섦 이해는 낯선 것 자체에 대한 이해에 머무는 것이 아니라, 익숙한 관점을 벗어나는 다른 사유 방식, 다른 정서구조에 대해 우리의 가능성을 열어준다는 점에서 중요하다. 즉 세계문학이라는 낯선 대상에 자기를 서서히 열면서 낯선 것과 더불어 경험하고 사고하는 이해의 과정이 소중하다는 것이다. 그 과정에 머무는 순간이 오랠수록 세계문학이라는 낯섦에 대한 이해의 결과는 더욱 풍성해질 것이다.

다른 문화권의 문학 작품에서 낯섦은 세 가지 정도로 정리될 수 있다. 첫째는 '일상적 낯섦'인데, 이는 문학 작품 속에 존재하는 인물의 일상적인 생활공간이 자신의 생활공간과 다름에서 비롯된다. 이런 생활공간을 구성하는 낯선 사물, 생활 방식을 인지, 경험하고 이해하는 것은 우리의 세계지식을 확장한다는 점에서 유의미하다.

둘째는 '구조적 낯섦'으로, 이는 다른 가치 체계나 규범 체계를 운영하는 구조적인 질서에 대한 낯섦에서 연유한다. 비록 「춘향전」이 다른 시대의 문화 산물이기는 하지만 우리는 「춘향전」을 통해 구조적 낯섦을 경험하기는 힘들다. 이 작품은 전승사 안에 존재하며 공유된 문화적 기억으로 자리 잡고 있기 때문이다. 그러나 다른 갈래의 전승사 안에서 거기에 속한 사람들의 정신 체계와 문화적 기억의 일부가 된 작품들을 만날 때, 우리는 구조적 낯섦을 경험하며 궁극적으로는 다른 전승사와 접속하여 자신의 문화적 토양을 비옥하게 할 수 있다.

마지막으로 '근본적 낯섦'인데, 이러한 종류의 낯섦은 경험적 질서의 경계를 넘어서며 우리를 존재의 경계 지점으로 이끌어 간다. 이러한 낯섦은 충격으로 다가오며 우리의 내면을 뒤흔들어 놓기도 한다. 이러한 충격적인 낯섦의 내파(內波)로 인해 변화된 자기를 경험하는 것, 특히 자신이 믿고 있던 세계나 가치 체계가 뒤흔들리면서 재편되는 문학적 경험의 반복은 보다 지혜로운 인간으로 성장하게 하는 효용이 있다.

낯섦 이해를 경험하는 과정 자체가 세계문학 교육의 요체라 할 수 있다. 모든 문학 작품들이 본질적으로 낯섦 이해의 요소를 갖고 있지만 다른 문화권의 세계문학은 일상적, 구조적, 근본적 낯섦을 초래하며 이해를 강력히 요청하고 있다는 점에서 유다르다. 그렇지만 이런 낯섦에 접근하는 우리의 인지 체계나 감정구조는 변형되고 때로는 재편되어야 함을 고려할 때 세계문학 읽기는 불편함을 동반하게 마련이다.

이런 불편함을 기꺼이 감수해야만 낯섦 이해를 통한 '나'의 열림이 가능하다. 이 열림을 통해 한정된 시공간에 결박된 '나'라는 존재가 살아보지 않은 과거의 시간 속에 갈마들며, 가보지 않은 지역에 스며들어, 궁극적으로는 인류 문명의 참된 가치를 깨닫고 그 가치를 일구는 데 참여하고 있다는 생각을 갖게 되는 것. 이는 세계문학이 줄 수 있는 가장 큰 기쁨이라 할 것이다.

이런 기쁨을 누리기 위해 절대적으로 필요한 것은 마음의 여유이다. 아무리 번역이 잘 되어 있다고 하더라도 언어 기호의 질서나 운용 방식이 달라 세계문학은 다소 읽기 어렵다. 또한 세계문학의 작품세계에 존재하는 인물, 그리고 그들을 움직이는 세계의 논리, 작품 전체의 의미를 구성하며 전달하는 방식 등의 낯섦을 이해하기 위해 시간과 공을 들여야 한다. 세계문학 독서를 통해 마음의 여유 갖기를 훈련하는 것은 세계문학 교육의 잠재적 교육과정이 할 만큼 중요한 태도 교육이 아닐까 한다.

☑ (   )에 알맞은 말을 써 넣으면서 주요 개념을 정리합니다.

1 체제 찬양 일색인 듯한 북한문학의 이면의 틈새와 균열을 발견하고, 이를 통해 검열을 피하면서도 자기를 표현하려는 작가의 고심, 독자들과 공유하고자 하는 문제의식 등을 읽어내는 (   )를 시도해 볼 수 있다.

2 재외 한인문학에 (   )라는 관점을 적용함으로써 얻는 효용은 다음과 같다. 첫째, 지역이나 국적, 언어에 구애되지 않고 다른 나라에 살고 있는 한인이 창작한 문학을 바라볼 수 있는 시야가 확보된다. 둘째, 여러 나라에 존재하는 재외 한인들의 고유한 역사적·문화적 상황에 대한 인식을 배경으로 각 지역 한인문학의 특수성을 이해할 수 있다.

3 (   )를 경험하는 과정 자체가 세계문학 교육의 요체라 할 수 있다. 모든 문학 작품들이 본질적으로 (   )의 요소를 갖고 있지만 다른 문화권의 세계문학은 일상적, 구조적, 근본적 낯섦을 초래하며 이해를 강력히 요청하고 있다는 점에서 유다르다.

☑ 지시에 따라 서술하면서 북한문학, 재외 한인문학, 세계문학의 교육에 대해 이해합니다.

1 통일을 담당해야 할 후세대에게 북한문학을 가르치는 것이 어떤 가치가 있는지 서술하시오.

2 재외 한인문학과 민족 문학의 관계에 대해 논하시오.

3 세계문학을 왜 배워야 하는지 설명하시오.

✔ 지시에 따라 주요 개념을 적용하면서 실천적 능력을 기릅니다.

1 홍석중의 「황진이」를 자료로 하여 '황진이 설화'의 현대적 변용을 가르치려
   한다. <조건>에 맞춰 이를 위한 학습 활동을 제시하시오.

조건	남북이 공유하는 전통문화의 가치를 활용할 것. 통일 이후 시대에도 교육 내용으로 적합해야 할 것.

2 『달은 어디에 떠 있나(택시狂騷曲)』에서 '나'가 경험한 차별의 경험을 정리하고, 그 경험이 왜 소외의식을 갖게 했는지 공감적으로 서술하시오.

3 세계문학을 이해하고 감상하는 데에는 '마음의 여유'가 필요하다. 왜 마음의 여유가 필요한지 동기를 부여하는 설명을 하고, 어떻게 마음의 여유를 갖게 할 것인지 학습 활동으로 구체화하시오.

참고문헌

강한영, 「신재효의 판소리사설 연구」, 『신재효 판소리 전집』, 연세대 인문과학연구소, 1969.

경규진, 「반응 중심 문학교육의 방법 연구」, 서울대학교 박사학위논문, 1993.

고미숙, 「대중가요의 선구, 20세기 초반 잡가 연구」, 『역사비평』 24, 역사문제연구소, 1994.

교육과정평가원, 『국어과 교육과정 해설서』, 2012. 12.

교육과학기술부, 『국어과 교육과정(교육과학기술부 고시 제2012-14호)』, 2012.

교육부, 『제7차 고등학교 국어과 교육과정 해설』, 교육부, 1997, 303면.

구모룡 외, 『현대 한국문학 100년』, 민음사, 1999.

구인환 외, 『문학교육론』, 삼지원, 1988.

구인환 외, 『문학교육론』, 삼지원, 2001.

구인환 외, 『문학교육론』, 삼지원, 2012.

구인환 외, 『한국전후문학연구』, 삼지원, 1995.

구정화 외, 『다문화교육의 이해와 실천』, 동문사, 2010.

권영민, 『한국현대문학사 1』, 민음사, 2009.

권영민, 『한국현대문학사 2』, 민음사, 2009.

권오현, 「독어교육 : 상호문화적 문학교육에서 "낯섦 이해"의 문제－세계문학 교육과 관련하여」, 『독어교육』 49, 한국독어독문학교육학회, 2010.

권재일, 「다문화 사회와 언어」, 『다문화 사회의 이해』, 동녘, 2008.

김 임마누엘, 「악의 축을 넘어서－북한문학을 어떻게 가르칠 것인가」, 『비교한국학』 21-2, 국제비교한국학회, 2013.

김경년, 『달팽이가 그어놓은 작은 점선』, 답게, 2010.

김경용, 『기호학이란 무엇인가』, 민음사, 1996.

김기탁, 「도이장가에 대하여」, 『한민족어문학』 9, 한민족어문학회, 1982.

김남희, 「현대시의 서정적 체험 연구」, 서울대학교 박사학위논문, 2007.

김대행 외, 『문학교육원론』, 서울대학교출판부, 2000.

김대행, 「시교육의 내용」, 김은전 외, 『현대시교육론』, 시와시학사, 1996.

김대행, 「한국문학사와 한국어 능력」, 『외국인을 위한 한국어교육연구』 6, 서울대학교 외국인을 위한 한국어교육지도자과정, 2003.

김대행, 『문학교육 틀짜기』, 역락, 2006.

김대행, 『통일 이후의 문학교육』, 서울대학교출판부, 2008.

김동욱, 『춘향전 연구』, 연세대학교 출판부, 1965.

김동환, 「비평적 에세이 쓰기」, 『문학과 교육』 7 봄, 문학과교육연구회, 1999.

김미혜, 「관계적 가치의 체험으로서의 시 읽기와 시 교육」, 김은전 외, 『현대시 교육의 쟁점과 전망』, 월인, 2001.

김미혜, 「다문화 교육의 관점에서 본 북한 서정시와 문학교육」, 『국어교육학연구』 34, 서울대 국어교육연구소, 2009.

김상욱, 『소설 교육의 방법 연구』, 서울대학교출판부, 1996.

김성룡, 「고전 비평과 문학능력」, 『문학교육학』 28, 한국문학교육학회, 2009.

김성진, 「비평의 논리로 본 문학 수행 평가의 철학」, 『문학교육학』 3, 한국문학교육학회, 1999.

김성진, 「문학 작품 읽기 전략으로의 비평에 대한 시론」, 『문학교육학』 9, 한국문학교육학회, 2002.

김성진, 『문학비평과 소설교육』, 태학사, 2012.

김소월, 『진달내꽃』, 매문사, 1925.

김영수, 「공무도하가 신해석」, 『한국시가연구』 3, 한국시가학회, 1998.

김용직, 『한국현대시사 1』, 한국문연, 1996.

김용직, 『한국현대시사 2』, 한국문연, 1996.

김우창, 「구체적 보편성에로」, 이상신편, 『문학과역사』, 민음사, 1982.

김욱동, 『은유와 환유』, 민음사, 1999.

김윤식 외, 『고등학교 문학Ⅱ』, 천재교육, 2012.

김윤식 외, 『고등학교 문학』, 천재교육, 2014.

김윤식, 「항일 빨치산문학의 기원-김학철론」, 『실천문학』 겨울호, 실천문학, 1988.

김윤식, 『한국소설사』, 예하, 1994.

김윤식, 『한국현대문학사』, 서울대학교출판부, 1992.

김윤식, 『한국현대문학사』, 현대문학, 2008.

김윤식, 『한국현대시사연구』, 시학, 2007.

김은전 외, 『한국현대시의 쟁점』, 시와시학, 1991.

김재용 외, 『한국근대민족문화사』, 한길사, 1993.

김정우, 「시 교육과 언어 능력의 향상」, 김은전 외, 『현대시 교육의 쟁점과 전망』, 월인, 2001.

김정우, 「시 이해를 위한 시 창작교육의 방향과 내용」, 『문학교육학』 19, 2006.

김정우, 「시의 복합양식 텍스트화, 그 양상과 특성」, 『국어교육』 136, 한국어교육학회, 2011.

김정우, 「학습자 중심의 문학사교육 연구―정지용의 시론을 예로 하여」, 『국어국문학』 142, 국어국문학회, 2005.

김정우, 『시 해석 교육론』, 태학사, 2006.

김종군, 「북한의 고전문학 자료 현황과 연구 동향」, 『온지논총』 25, 온지학회, 2010.

김종회 편, 『한민족 문화권의 문학 2』, 국학자료원, 2006.

김종회 편, 『한민족 문화권의 문학』, 국학자료원, 2003.

김준오, 「현대시사에 대한 반성적 검토」, 『서정시학』 3, 1993.

김준오, 『가면의 해석학』, 반도 출판사, 1987.

김준오, 『시론』, 삼지원, 1982.

김준오, 『시론』, 삼지원, 2002.

김중신, 『소설감상방법론 연구』, 서울대학교출판부, 1995.

김창원, 「문학교육과정의 구성원리」, 『문학교육과정론』, 삼지원, 1997.

김창원, 『국어교육론』, 삼지원, 2007.

김창원, 『문학교육론』, 한국문화사, 2011.

김창원, 『시 교육과 텍스트 해석』, 서울대학교출판부, 1995.

김학동, 『한국 개화기 시가 연구』, 시문학사, 1981.

김학성, 「잡가의 생성 기반과 사설엮음의 원리」, 『세종학연구』 12·13, 세종대왕기념사업회, 1998.

김학성·권두환 편, 『신편 고전시가론』, 새문사, 2002.

김학영·장백일 역, 『알콜램프』, 문학예술사, 1980.

김현양, 『한국고전소설사의 거점』, 보고사, 2007.

김현자, 「한국 현대시에 나타난 '서정'의 본질과 의미」, 『한국시학연구』 16, 한국시학회, 2006.

김형규, 『민족의 기억과 재외동포소설』, 박문사, 2009.

김홍규, 「고전문학 교육과 역사적 이해의 원근법」, 『현대비평과 이론』 봄, 한신문화사, 1992.

김홍규, 「신재효 개작 춘향가의 판소리사적 위치」, 『한국학보』 10, 일지사, 1978.

김홍규, 『한국문학의 이해』, 민음사, 1986.

남민우, 「시 교육 평가의 개선 방안 연구」, 『문학교육학』 34, 한국문학교육학회, 2011.

노진한, 「문학사의 문학교육적 의의 연구」, 『국어교육』 97, 한국국어교육연구회, 1998.

노 철, 「시 낭송교육에서 운율과 독자의 상호작용태와 의사소통방식으로서의 연희성」, 『한국문학이론과비평』 29, 한국문학이론과비평학회, 2005.

류보선, 「1970년대, 80년대의 자유주의문학」, 민족문학사연구소, 『새 민족문학사 강좌 02』, 창비, 2009.

류수열, 「문학사 교육의 위상과 성격」, 『고전문학과 교육』 1, 한국고전문학교육학회, 1999.

류수열, 『문학@국어교육』, 역락, 2009.

마종기, 『모여서 사는 것이 어디 갈대들뿐이랴』, 문학과지성사, 1986.

문영진, 「서사 교육의 방향 설정에 관한 일 연구」, 『국어교육학연구』 13, 국어교육학회, 2001.

민재원・김창원, 「'학문중심교육과정'의 지향과 시교육의 이데올로기-3・4차 교육과정기의 중
등 시 교육」, 『독서연구』 25, 한국독서학회, 2011.

민재원・김창원, 「국가 교육과정의 시행과 현대시교육의 구도-1・2차 교육과정기 중등 현대시
교육의 방향」, 『문학교육학』 37, 한국문학교육학회, 2012.

민재원・김창원, 「문학교육에 대한 교육사회학적 접근-"기능(機能)"의 제도화와 학교 시교육의
지향-5~7차 교육과정기 중등 현대시교육의 점검」, 『문학교육학』 42, 한국문학교육학
회, 2013.

민족문학사연구소 엮음, 『새 민족문학사 강좌』, 창비, 2009.

박성창, 『글로컬시대의 한국문학』, 민음사, 2009.

박소영, 「심미적 체험으로서 "시낭송 UCC" 제작의 교육적 활용 방안」, 『배달말』 54, 배달말학
회, 2014.

박순영, 「이해의 개념」, 『우리말 철학 사전』, 지식산업사, 1999.

박연옥, 「재미 한인문학 연구의 현단계」, 김종회 편, 『한민족 문화권의 문학 2』, 국학자료원,
2006.

박윤경, 「지식구성과 다문화 문식성 교육」, 『독서연구』 18, 한국독서학회, 2007.

박이문, 『통합의 인문학』, 지와 사랑, 2009.

박인기 외, 『국어과 수행평가』, 삼지원, 1999.

박종보・조용만, 『다문화가족지원법 마련을 위한 연구』, 여성가족부정책연구팀, 2006.

박희병, 『조선후기 전의 소설적 성향 연구』, 성균관대 대동문화연구원, 1993.

방인태 외, 『초등 시 창작교육론』, 역락, 2007.

백낙청, 「지구화 시대의 민족과 문학」, 김영희・유희석 편, 『세계문학론』, 창비, 2010.

백태현, 「고려인이 까자흐스딴에 정착하는 과정」, 전경수 편, 『까자흐스딴의 고려인』, 서울대학
교출판부, 2002.

산사김재홍교화갑기념논문집간행위원회 편, 『한국현대시사연구 : 산사 김재홍 교수 화갑기념논
문집』, 시학, 2007.

서거정, 『사가문집』, 민족문화추진회, 1993.

서경식・김혜진 역, 『디아스포라기행』, 돌베개, 2006.

서대석, 『한국의 신화』, 집문당, 1997,

서유경, 「역사적 실천으로서의 문학사교육」, 『선청어문』 28, 서울대 국어교육과, 2000.

설성경·김영민, 「통일문학사 서술을 위한 단계적인 방안 연구」, 『통일연구』 2-1, 숭실대학교 통일문제연구소, 1998.

손진은, 『시 창작 교육론』, 푸른사상, 2011.

송무, 「문학교육의 '정전' 논의」, 『문학교육학』 1, 한국문학교육학회, 1997

송지언, 「'감동천지귀신'의 의미와 「제망매가」의 감동」, 『국어교육』 139, 한국어교육학회, 2012.

신동흔, 「남북 고전문학사의 만남을 위하여」, 건국대 통일인문학연구단 편, 『분단극복을 위한 인문학적 성찰』, 선인, 2009.

신영명, 「강호시조의 문학사적 연원」, 『어문논집』 29, 안암어문학회, 1990.

신윤경, 「한국어 교육을 위한 문학 텍스트 연구 : 문학 텍스트 선정기준과 교수 방법을 중심으로」, 고려대학교 박사학위논문, 2008.

신진욱, 「삶의 역사성과 추체험−딜타이의 의미 이론과 해석학적 재구성방법론」, 『담론 201』 12, 한국사회역사학회, 2009.

신해진, 『조선조 전계소설』, 월인, 2003.

신형철, 「문제는 서정이 아니다」, 『몰락의 에티카』, 문학동네, 2008.

신형철, 『몰락의 에티카』, 문학동네, 2008.

심경호, 『선인들의 자서전−나는 어떤 사람인가』, 이가서, 2010.

양석일·한양심 역, 『달은 어디에 떠 있나(택시狂騷曲)』, 외길사, 1981.

양영자, 「한국의 다문화교육 현황과 과제」, 오경석 외, 『한국에서의 다문화주의 : 현실과 쟁점』, 한울아카데미, 2007.

양왕용, 『현대시교육론(제2판)』, 삼지원, 2000.

양원식, 『카자흐스탄의 산꽃』, 시와진실, 2002.

양정실, 「서사교육의 평가」, 『서사교육론』, 동아시아, 2001.

오규원, 『현대시작법』, 문학과지성사, 1990.

오세영, 『문학과 그 이해』, 국학자료원, 2003.

오세영, 『한국현대시사』, 민음사, 2007.

오지혜, 「국외 한국어교육의 문학 교재 구성을 위한 언어학습자문학 연구」, 『새국어교육』 95, 한국국어교육학회, 2013.

오지혜, 「이야기 문법을 활용한 한국어 고급 학습자의 이야기 쓰기 교육 연구」, 『작문연구』 9, 한국작문학회, 2008.

오지혜·윤여탁, 「한국어교육에서 비교문학을 활용한 현대시 교육 연구」, 『국어교육』 131, 한국어교육학회, 2010.

외무부, 『2013년 외교백서』, 외교부 홈페이지(www.mofa.go.kr), 2013.

우한용 외, 『고등학교 국어Ⅰ』, 비상교육, 2014.

우한용 외, 『고등학교 문학Ⅱ』, 두산동아, 2013.

우한용, 「서사의 위상과 서사교육의 지향」, 『서사교육론』, 동아시아, 2001.

우한용, 「언어 활동으로서의 문학」, 『국어교육연구』 6, 서울대 국어교육연구소, 1999.

유숙자, 『재일한국인 문학연구』, 월인, 2000

유영희, 「시에 나타난 가면의 유형과 그 의의」, 『한국시학연구』 21, 한국시학회, 2008..

유영희, 『이미지로 보는 시 창작 교육론』, 태학사, 2003.

윤여탁 외, 『매체언어와 국어교육』, 서울대학교출판부, 2008.

윤여탁, 「「불노리」는 최초의 자유시도 산문시도 아니다」, 『시와시학』 여름호, 시와시학사, 1998.

윤여탁, 「다문화 사회의 문식성 신장을 위한 한국어교육의 전략—문학교육의 관점을 중심으로」, 『새국어교육』 94, 한국국어교육학회, 2013.

윤여탁, 「문학교육에서 상상력의 역할」, 『문학교육학』 3, 1999.

윤여탁, 「문학사의 시대 구분과 문학교육」, 『선청어문』 28, 서울대 국어교육과, 2000.

윤여탁, 「비교문학을 적용한 외국어로서의 한국 현대문학 교육 방법」, 『한국언어문화학』 6-1, 국제한국언어문화학회, 2009.

윤영, 「한국어 교육에서 영화를 활용한 소설 교육 연구」, 연세대학교 박사학위논문, 2011.

윤인진, 『코리안 디아스포라』, 고려대학교출판부, 2004.

윤정화, 『재일한인 작가의 디아스포라 글쓰기』, 혜안, 2011.

윤태원, 「세계화 개념을 통해서 본 괴테의 "세계문학"」, 『독어교육』 33, 한국독어독문학교육학회, 2005.

이돈희, 『교육철학 개론』, 교육과학사, 1983.

이명재, 「나라 밖 한글문학의 현황과 과제들—한민족 문학의 통일」, 『통일시대 문학의 길찾기』, 새미, 2002.

이명찬, 「시 창작교육 방향의 탐색—창작 과정에 대한 이해를 바탕으로」, 『문학교육학』 27, 2008.

이문규, 『고전소설비평사론』, 새문사, 2002.

이민희, 『16~19세기 서적중개상과 소설 서적 유통관계 연구』, 역락, 2007.

이봉인, 「삼국유사의 상징성 연구」, 『삼국유사연구』 상, 영남대 민족문화연구소, 1983.

이상택 외, 『한국 고전소설의 세계』, 돌베개, 2005.

이성호, 『교육과정과 평가』, 양서원, 1985.

이숭원, 「다시 '서정'을 말하는 이유」, 『세속의 성전』, 서정시학, 2007.

이숭원, 「시 교육과 상상력의 문제」, 김은전 외, 『현대시 교육의 쟁점과 전망』, 월인, 2001.

이승훈, 「나는 타자다―나의 반시론」, 『시와 반시』, 가을호, 1995.

이윤석・大谷森繁・정명기 편, 『세책고소설 연구』, 혜안, 2003.

이임수, 『한국시가문학사』, 보고사, 2014.

이장욱, 「꽃들은 세상을 버리고―다른 서정들」, 『창작과비평』 128, 창작과비평사, 2005.

이장욱, 『정오의 희망곡』, 문학과지성사, 2006.

이재선, 『한국소설사』, 민음사, 2004.

이재선, 『한국현대소설사』, 홍성사, 1982.

이창래・정영목 역, 『영원한 이방인』, 나무와숲, 2003.

이홍우, 『교육의 목적과 난점』, 교육과학사, 1995.

일연, 권상로 역해, 『삼국유사』, 동서문화사, 2007.

임경순, 「경험의 서사화 방법과 그 문학교육적 의의 연구」, 서울대학교 박사학위논문, 2003.

임경순, 「서사교육의 의의, 범주, 기능」, 『서사교육론』, 동아시아, 2001.

임경순, 『국어교육학과 서사교육론』, 한국문화사, 2003.

임경순, 『서사표현교육론 연구』, 역락, 2003.

임병빈 외, 『영어 학습지도를 위한 문학텍스트 활용방법』, 한국문화사, 2007.

임수경, 『디지털시대의 시창작교육방법』, 청동거울, 2007.

임주탁, 「한국 근대시의 형성 과정 연구」, 『한국문화』 32, 서울대 한국문화연구소, 2003.

장상호, 『학문과 교육 상 : 학문이란 무엇인가』, 서울대학교출판부, 1998.

장정일, 『장정일의 독서 일기 2』, 미학사, 1995.

장효현, 『한국고전소설사연구』, 고려대학교출판부, 2002.

전경수, 『문화시대의 문화학』, 일지사, 2000.

전경수, 『제2판 문화의 이해』, 일지사, 1999.

전숙자・박은아・최윤정, 『다문화 사회의 새로운 이해』, 도서출판 그린, 2009.

정범모, 『인간의 자아실현』, 나남출판, 1997.

정병욱, 『(증보판) 한국고전시가론』, 신구문화사, 1993.

정소연, 「설화교육의 의의와 방향 탐색을 위한 「천냥점」 설화 연구」, 『국어교육』 55, 국어교육학회, 2014.

정영근, 『삶과 인격형성을 위한 인간이해와 교육학』, 문음사, 2004.

정재찬, 「문학 교수학습 방법의 성찰과 전망―상호텍스트성을 활용한 활동 중심의 현대시교육」, 『국어교육학연구』 47, 국어교육학회, 2013.

정재찬, 「문학사교육의 현상과 인식」, 『민족문학사 연구』 43, 민족문학사학회, 2010.

정재찬, 「상호텍스트성을 통한 현대시교육 연구」, 『국어교육학연구』 29, 국어교육학회, 2007.

정재찬, 『문학교육의 현상과 인식』, 역락, 2004.

정정순, 「맥락 중심의 시 창작교육」, 『문학교육학』 30, 2009.

정현선, 「시교육과 언어교육」, 김은전 외, 『현대시교육론』, 시와시학사, 1996.

정효구, 「한국 근·현대시 속에 나타난 「자화상」 시편의 양상과 그 의미-근대적 자아인식의 극복을 위한 하나의 시론」, 『인문학지』 43, 충북대 인문학연구소, 2011.

조규익, 「선초악장의 국문학적 위상」, 국어국문학회 편, 『고려가요·악장 연구』, 태학사, 1997.

조동일 외, 『한국문학강의』, 길벗, 1994.

조동일, 『문명권의 동질성과 이질성』, 지식산업사, 1999.

조동일, 『문학연구방법』, 지식산업사, 1980.

조동일, 『학문론』, 지식산업사, 2012.

조동일, 『한국문학의 갈래 이론』, 집문당, 1992.

조동일, 『한국문학통사 1』, 지식산업사, 2005.

조동일, 『한국문학통사 2』, 지식산업사, 2005.

조동일, 『한국문학통사 3』, 지식산업사, 2005.

조성기, 『졸수재집(拙修齋集)』 12.

조연현, 『한국현대시문학사』, 일지사, 1974.

조영일, 『세계문학의 구조』, 도서출판b, 2011.

조윤미, 「고려가요의 수용양상-조선조 정치·문화상황과의 관련을 중심으로」, 이화여자대학교 석사학위논문, 1987.

조윤제, 『조선시가사강』, 동광당서점, 1937.

조일제, 『영어교육을 위한 영어문학 텍스트 활용법(How to Teach English Literary Texts for English Education)』, 우용출판사, 2009.

조정아, 「통일교육의 쟁점과 과제」, 『통일연구 논총』 16-2, 통일연구원, 2007.

조하연, 「감상(鑑賞)의 개념 정립을 위한 소고」, 『문학교육학』 15, 한국문학교육학회, 2004.

조하연, 『문학 감상 교육 연구-고려속요를 중심으로』, 서울대학교 박사학위논문, 2010.

조현일, 「미적 향유를 위한 소설교육-감정이입과 미적 공체험을 중심으로」, 『새국어교육』 96호, 한국국어교육학회, 2013.

조희정, 「고전시가 쓰기 교육(2)-소악부 소재 한역 고전시가의 재구를 중심으로」, 『국어교육』 132, 한국어교육학회, 2010.

주창윤, 『텔레비전 드라마』, 문경, 2005.

채근병, 「재미 한인문학 개관 Ⅰ」, 김종회 편, 『한민족 문화권의 문학』, 국학자료원, 2003.

최미숙 외, 『국어 교육의 이해』, (주)사회평론, 2012.

최미숙, 「국어과 수행 평가」, 『고등학교 국어과 수행평가의 이론과 실제』, 한국교육과정평가원, 1999.

최미숙, 「대화 중심의 현대시 교수·학습 방법」, 『국어교육학연구』 26, 국어교육학회, 2006.

최미정, 『고려속요의 전승 연구』, 계명대학교출판부, 1999.

최원식, 「민족문학과 디아스포라―해외동포들의 작품을 읽고」, 『창작과비평』 봄호, 창비, 2003.

최유찬·오성호, 『문학과 사회』, 실천문학사, 1994.

최재남, 「경기체가 장르론의 현실적 과제」, 『한국시가연구』 2, 한국시가학회, 1997.

최재봉, 「남에 두고 온 어머니 시로 녹여낸 사모곡」, 『한겨레신문』, 2005. 8. 2.

최재봉, 「홍석중의 만해문학상 수상」, 『대산문화』 겨울호, 대산문화재단, 2010.

최지현, 「감상의 정서적 거리―교육과정변인이 문학감상에 미치는 영향」, 『문학교육학』 12, 한국문학교육학회, 2003.

최지현, 「한국 근대시 정서체험의 텍스트 조건 연구」, 서울대학교 박사학위논문, 1997.

최지현, 『문학교육과정론』, 역락, 2006.

최진이, 「북한문학의 어제와 오늘 : 북한문학작품과 작가에 대한 이해―「향토」, 「청춘송가」, 「환희」, 「황진이」를 중심으로」, 『민족문화논총』 29, 영남대학교 민족문화연구소, 2004.

최홍원, 『성찰적 사고와 문학교육론』, 지식산업사, 2012.

한경구, 「다문화 사회란 무엇인가?」, 『다문화 사회의 이해』, 동녘, 2008.

한국고소설연구회 편, 『고소설의 저작과 전파』, 아세아문화사, 1993.

한국고소설학회 편, 『고전소설 교육의 과제와 방향』, 월인, 2005.

한국교육개발원, 『초·중학교 교육발전사업종합보고서』, 1981.

한국국제교류재단, 『해외한국학백서』, 을유문화사, 2007.

한귀은, 「초단편실내극 만들기의 교육적 의미」, 『배달말교육』 32, 배달말교육학회, 2012.

한용운, 김용직 주해, 『(원본)한용운 시집』, 깊은샘, 2009.

한일민족문제학회 편, 『재일조선인 그들은 누구인가』, 삼인, 2003.

한재남, 「읽기를 통한 세계화 교육―인문학으로서의 세계문학 과목 개발하기」, 『인문학지』 39, 충북대 인문학연구소, 2009.

한창훈, 『시가교육의 가치론』, 월인, 2001.

해외동포문학편찬사업추진위원회 편, 『해외동포문학―중국 조선족 시 1』, 해토, 2007.

허남춘, 「황조가 신고찰」, 『한국시가연구』 5, 한국시가학회, 1999.

홍경자, 「세계화시대의 문화다양성에 대한 해석학적 문제들」, 『해석학연구』 29, 한국해석학회, 2012.

홍기삼, 「재외 한국인 문학 개관」, 『문학사와 문학비평』, 해냄, 1996.

황인교, 「한국문화 및 한국문학교육 연구」, 『이중언어학』 47, 이중언어학회, 2011.

황인교·김성숙·박연경, 「집중적인 한국어 교육과정의 문학교육」, 『외국어로서의 한국어교육』 29, 연세대 한국어학당, 2004.

황현산, 「젊은 세대의 시와 두 개의 감옥」, 『잘 표현된 불행』, 문예중앙, 2012.

황현산, 「지성주의의 시적 서정」, 『잘 표현된 불행』, 문예중앙, 2012.

Alan, Maley & Alan, Duff, *Drama techniques in language learning : a resource book of communication activities for language teachers*, Cambridge University Press, 1982, 조일제 역, 『학습자 활동 중심의 (영)시 지도법과 언어교육』, 한국문화사, 2005.

Alan, Maley & Alan, Duff, *The inward ear : Poetry in the language classroom*, Cambridge University Press, 1989.

Aristoteles, 이상섭 역, 『시학』, 문학과지성사, 2005.

Bakhtin, M. M., *Estetika Slovesnogo Tvorchestva*, 김희숙·박종소 역, 「미적 활동에서 작가와 주인공」, 『말의 미학』, 길, 2007.

Banks, James A., *An introduction to multicultural education*, University of Washington, 2008. 모경환 외 역 『다문화교육 입문』, 아카데미프레스, 2008.

Benjamin, Walter, 반성완 역, 『발터 벤야민의 문예이론』, 민음사, 1996.

Blackmur, Richard P., *Hermeneutics*, Northwestern University Press, 1969.

Bolton, Gillie(eds.), *Writing cures : an introductory handbook of writing in counselling and psychotherapy*, Taylor & Francis, 2004, 김춘경·이정희 역, 『글쓰기 치료』, 학지사, 2012.

Brumfit, C. & Carter, R., *Literature in language teaching*, Oxford University Press, 1986.

Bruner, Jerome, Actual Minds, *Possible Worlds*, Harvard University Press, 1986.

Carter, R. & Long, M. N., *Teaching literature*, Longman, 1991.

Colie, Joanne & Slater, Stephen, *Literature in the language classroom : a resource book of ideas and activities*, Cambridge University Press, 1987, 조일제 역, 『영어교사를 위한 영문학 작품 지도법』, 한국문화사, 2002.

Damrosch, D., *What is World Literature?*, Princeton University Press, 2003.

Day & Bamford, *Extensive Reading in the Second Language Classroom*, Cambridge University Press, 1998.

Dilthey, Wilhelm, *Poetry and experience*, Princeton University Press, 1985, 김병욱 외 역, 『딜타이 시학-문학과 체험』, 예림기획, 1998.

Frye, Northrop, *The Educated Imagination*, Univ of Toronto Pr, 2007, 이상우 역, 『문학의 구조와 상상력』, 집문당, 1992.

UlrichBeck, *Reflexive modernization*, Princeton University Press, 1985, 임현진 역, 『정치의 재창조-성찰적 근대화 이론을 향하여』, 한울, 1998.

Gribble, James, *Literary Education : a revaluation*, Cambridge University Press, 1983, 나병철 역, 『문학교육론』, 문예출판사, 1987.

Hall, G., *Literature in Language education*, Palgrave Macmillan, 2005.

Helbo, André, *L'adaptation. Du Theatre au Cinema*, Armand Colin, 1997, 이선영 역, 『각색 연극에서 영화로』, 동문선, 2002.

Hernadi, P., *What Is Literature?*, Indiana, 1978, 김준오 역, 『장르론』, 문장, 1983.

Hinchman, L. P. (ed), *Memory, Identity*, Community, SUNY, 1997.

Johnson, Mark, *The Body in the Mind*, University Chicago Press, 1987, 이기우 역, 『마음 속의 몸』, 한국문화사, 1992.

Kayser, Wolfgang, 김윤섭 역, 『언어예술작품론』, 예림기획, 1999.

Kermode, Frank, *The Sense of an Ending : Studies in Tehe Theory of Fiction*, Oxford Univ. Press, 1966, 조초희 역, 『종말의식과 인간적 시간』, 문학과지성사, 1993.

Kintgen, E. R. *The perception of poetry, Bloomington*, Indiana University press, 1983.

Kundera, Milan, *(The) curtain : an essay in seven parts, Harper Perennial*, 2008, 박성창 역, 『커튼』, 민음사, 2010.

Lamping, Dieter, 장영태 역, 『서정시 이론과 역사』, 문학과지성사, 1994.

Lauritzen, C. & Jaeger, M., *Integrating Learning Trough Story : The Narrative Curriculum*, Delmar Publishers, 1997, 강현석 외 역, 『내러티브 교육과정의 이론과 실제』, 학이당, 2007.

Lawell, Sarah, *Reading World Literature*, University of Texas Press, 1994.

Lazar, G., *Literature and language teaching : A Guide for Teachers and Trainers*, Cambridge University Press, 1983.

Lentricchia, Frank & McLaughlin, *Thomas, Critical terms for literary study*, The University of Chicago Press, 1990, 정정호 역, 「정전」, 『문학연구를 위한 비평용어』, 한신문화사, 1994.

Lichtheim, *George, György Lukács*, Viking Press, 1970, 이종인 역, 『루카치』, 시공사, 2001.

MacIntyre, Alasdair C., *After Virtue*, Notre Dame, 1987, 이진우 역, 『덕의 상실』, 문예출판사, 1997.

McKay, S. L., *Researching Second Language Classrooms*, New Jersey : Lawrence Erlbaum Associates. 2006, 김영주 역, 『제2언어교실 연구방법론』, 한국문화사, 2009.

McLuhan, Marshall, *Gutenberg Galaxy The Making of Typographic Man*, Univ. of Toronto Press, 1962, 임상원 역, 『구텐베르크 은하계』, 커뮤니케이션북스, 2001.

Nunan, D., *Research Methods in Language Learning*, Cambridge : Cambridge University Press, 1992, 안미란 · 이정민 역, 『외국어 학습 연구 방법론』, 한국문화사, 2009.

Prince, Gerald, *Narratology : the Form and Functioning of Narrative*, Mouton, 1982, 최상규 역, 『서사학』, 문학과지성사, 1988.

Richardson, Robert, *Literature and Film*, Indiana University Press, 1969, 이형식 역, 『영화와 문학』, 동문선, 2000.

Rimmon-Kenan, Shlomith, *Narrative Fiction*, Routledge, 2002, 최상규 역, 『소설의 시학』, 문학과지성사, 1990.

Scholes, Robert E., Phelan, James & Kellogg, Robert, *The Nature of Narrative*, Oxford Univ Pr, 2005, 임병권 역, 『서사 문학의 본질』, 예림기획, 2001.

Robert Scholes, *Textual power : literary theory and the teaching of English*, New Haven, CT : Yale University Press, 1985, 김상욱 역, 『문학이론과 문학교육 : 텍스트의 위력』, 하우, 1995.

Sontag, Susan, *Regarding the Pain of Others*, Farrar Straus Giroux, 2003, 이재원 역, 『타인의 고통』, 이후, 2004.

Staiger, Emil, 이유영·오현일 역, 『시학의 근본개념』, 삼중당, 1978.

찾아보기

작품 찾아보기

■저자 소개

류수열 한양대학교 사범대학 국어교육과 교수
서울대학교 사범대학 국어교육과 졸업
서울대학교 대학원 국어교육과 졸업(교육학박사)
고전시가 교육의 구도 / 문학@국어교육 외

한창훈 전북대학교 사범대학 국어교육과 교수
제주대학교 사범대학 국어교육과 졸업
고려대학교 대학원 국어국문학과 졸업(문학박사)
고전문학과 교육의 다각적 해석 / 시가교육의 가치론 외

정소연 이화여자대학교 사범대학 국어교육과 교수
이화여자대학교 인문대학 국어국문학과 졸업
서울대학교 대학원 국어국문학과 졸업(문학박사)
<용비어천가>와 <월인천강지곡> 비교연구 / 한시 화답문화의 국어교육적 가능성 탐구 외

김정우 이화여자대학교 사범대학 국어교육과 교수
서울대학교 사범대학 국어교육과 졸업
서울대학교 대학원 국어교육과 졸업(교육학박사)
시해석교육론 외

임경순 한국외국어대학교 교육대학원 국어교육전공 교수
서울대학교 사범대학 국어교육과 졸업
서울대학교 대학원 국어교육과 졸업(교육학박사)
서사, 연대성 그리고 문학교육 / 국어교육학과 서사교육론 외

한귀은 경상대학교 사범대학 국어교육과 교수
부산대학교 사범대학 국어교육과 졸업
부산대학교 인문대학 국어국문학과 졸업(문학박사)
모든 순간의 인문학 / 연행을 통한 문학교육 외

서유경 서울시립대학교 인문대학 국어국문학과 교수
서울대학교 사범대학 국어교육과 졸업
서울대학교 대학원 국어교육과 졸업(교육학박사)
고전소설교육탐구 / 인터넷 매체와 국어교육 외

조하연　아주대학교 인문대학 국어국문학과 교수
　　　　서울대학교 사범대학 국어교육과 졸업
　　　　서울대학교 대학원 국어교육과 졸업(교육학박사)
　　　　문학 감상 교육 연구–고려 속요를 중심으로 외

이민희　강원대학교 사범대학 국어교육과 교수
　　　　연세대학교 문과대학 국어국문학과 졸업
　　　　서울대학교 대학원 국어국문학과 졸업(문학박사)
　　　　16~19세기 서적중개상과 소설 서적 유통 관계 연구 / 고전산문교육의 풍경 외

최지현　서원대학교 사범대학 국어교육과 교수
　　　　서울대학교 사범대학 국어교육과 졸업
　　　　서울대학교 대학원 국어교육과 졸업(교육학박사)
　　　　국어과 교수·학습방법 / 문학교육과정론 외

김혜영　조선대학교 사범대학 국어교육과 교수
　　　　전북대학교 사범대학 국어교육과 졸업
　　　　서울대학교 대학원 국어교육과 졸업(교육학박사)
　　　　서사교육론 외

오지혜　세명대학교 미디어문학부 한국어문학과 교수
　　　　연세대학교 문과대학 노어노문학과 졸업
　　　　서울대학교 대학원 국어교육과 졸업(교육학박사)
　　　　시적 텍스트 변형을 통한 한국어 어감 이해 교육 연구 /
　　　　외국인 유학생을 위한 한국어 글쓰기–기초편 외

황혜진　건국대학교 인문대학 국어국문학과 교수
　　　　서울대학교 사범대학 국어교육과 졸업
　　　　서울대학교 대학원 국어교육과 졸업(교육학박사)
　　　　애정소설과 가치교육 / 고전소설과 서사론 외

문학교육총서 **7**

문학교육개론 II : 실제 편

초판 1쇄 발행 2014년 9월 1일

초판 **2쇄 발행** 2015년 9월 1일

초판 **3쇄 발행** 2018년 2월 23일

초판 **4쇄 발행** 2019년 9월 1일

지은이 류수열 한창훈 정소연 김정우 임경순 한귀은 서유경

　　　　조하연 이민희 최지현 김혜영 오지혜 황혜진

펴낸이 이대현 | **책임편집** 권분옥

펴낸곳 도서출판 역락 | **등록** 1999년 4월 19일 제303-2002-000014호

주소 서울시 서초구 동광로 46길 6-6 문창빌딩 2층

전화 02-3409-2060(편집부), 2058(영업부) | **팩시밀리** 02-3409-2059

전자우편 youkrack@hanmail.net

ISBN 979-11-5686-081-5 94370

　　　978-89-5556-845-5(세트)

정가 20,000원

* 파본은 구입처에서 교환해 드립니다.

이 도서의 국립중앙도서관 출판예정도서목록(CIP)은 서지정보유통지원시스템 홈페이지(http://seoji.nl.go.kr)와 국가자료공동목록시스템(http://www.nl.go.kr/kolisnet)에서 이용하실 수 있습니다.(CIP제어번호: CIP2014025083)